論点・ジェンダー史学

山口みどり/弓削尚子/後藤絵美/長志珠絵/石川照子 編著

ミネルヴァ書房

はじめに
──ようこそ，ジェンダー史学へ──

「ジェンダー史学」という言葉をはじめて目にするみなさん，日本史や西洋史，東洋史といった枠組みにとらわれずジェンダーの歴史を学びたいみなさん，歴史教育の現場でジェンダーの視点を取り入れようと尽力されているみなさん，『論点・ジェンダー史学』を手に取ってくださり，ありがとうございます。対象地域も研究方法も異なる編者5名が議論を重ね，120名を超す執筆者の協力をいただいて，本書は完成しました。

「ジェンダー」という言葉はもともとヨーロッパ言語で名詞の「文法性（grammatical gender）」を表す用語でした。たとえば太陽はドイツ語では「女性」名詞ですが，フランス語では「男性」名詞となっています。隣接する地域であっても，文化によって一つの概念に異なる「性」が与えられているのです。この文法用語をアメリカの性科学者や文化人類学者，社会学者が援用し，1970年代までに，文化的・社会的に作られた性別という概念として使うようになりました。

歴史研究者は，さらに「男らしさ」や「女らしさ」の形が時代によって異なり，時代的にも作られてきたことに着目します。「近代アメリカが求めた男らしさ」とか「1920年代の新しい女性像」などといった切り口で，その歴史的構築性を論じるのです。また，男性と女性を区分する性別二元論や異性愛以外のセクシュアリティを抑圧する性規範も，時代の価値観や思想に左右され，決して不変ではないという前提を共有しています。

ジェンダー概念は日本では1980年代末頃から学術研究に取り入れられ，1990年代以降，豊かな成果を生んできました。その一方で，伝統的な男女役割や家族像を覆すものとして社会的な反発を生み，現在もバッシングやバックラッシュにさらされることがあります。

日本語では，「ジェンダー」は外来語としてカタカナで表記していますが，フランスでは genre，ドイツでは Geschlecht という語が使われています。「性」や「性別」を表す語に，ジェンダー概念の新たな意味が付与された形です。中国では，1995年に第4回国連世界女性会議が北京で開催されてから，本格的にジェンダー概念の受容と理解が始まりました。そして「社会性別」という語が広く用いられ，現在までの中国社会の課題や問題を射程に収めながら，ジェンダー研究が進展しています。アラビア語を含めイスラーム文化圏の主な言語においては，ジェンダーの訳語として「性」や「性別」を意味する言葉が用いられたり，日本語同様，音訳で表したりしています。

政治や経済，社会の政策においても，「ジェンダー主流化」の理念は国際的な流れとなり，男女共同参画やダイバーシティが推進され，同性婚や性の多様性への理解促進など，「ジェンダー平等」の実現が目指されてきました。今やジェンダーは，グローバルに広く用いられている重要な概念の一つといえるでしょう。日本でも近年では，「ジェンダー・ギャップ指数」のランキングが毎年の話題になるように，なじみのある概念として定着しつつあります。

このように，ジェンダー概念は世界のさまざまな地域や国で獲得され，諸分野の研究だけでなく人々の暮らしを豊かに紡いできました。その成果の上に本書は成り立っています。ジェンダー史学は学際的な学問な

ので，本書の執筆者は，歴史学だけでなく，文学，社会学，人類学，経済学，地域研究，芸術論など幅広い分野に及びます。男女の関係性や身体，セクシュアリティについての考え方には，宗教や文化からの影響が色濃く反映され，各時代や地域の違いがあります。読者のみなさんには，多彩なテーマから時空間を縦横断し，歴史を眺めていただきたいと思います。家族関係や身体，性を歴史の対象にすることで，過去はもちろん現在の見え方も変わってくるでしょう。

女性の教育や参政権，家族像や性の多様性をめぐる問題はそれぞれの地域ではいつ頃から，どのように議論されてきたのでしょうか？　現代の教育や職業，政治参加にジェンダーによる格差があるのはなぜなのでしょうか？　売春にたいする規制はいつ，なぜ，どのように強められたのでしょう？　今も昔も，戦争はジェンダーの問題にどのような影響を与えているのでしょうか？　LGBTQ＋にまつわる議論はどこに向かっているのでしょうか？

自分ごととして歴史をとらえられるのもジェンダー史の魅力です。ジェンダーについて考えることは，「女らしさ」や「男らしさ」に対する自分の意識に向き合うとともに，日常の生活と政治や経済の大きな動きをつなげて考えることでもあるのです。本書を通して，ジェンダー史の旅を楽しんでいただければと願っています。

〈本書の構成と使い方〉

本書は〈Ⅰ　前近代〉〈Ⅱ　「近代」のはじまり〉〈Ⅲ　「帝国主義」の時代〉〈Ⅳ　第一次世界大戦から戦間期〉〈Ⅴ　第二次世界大戦から戦後の社会へ〉そして〈Ⅵ　現代〉という6つの章に分かれています。それぞれの項目では，見開き2ページのなかに，その事項の〈概要〉，〈当時の議論〉，〈その後の展開〉，〈論点〉，〈探究のポイント〉，〈関連項目〉，〈語句解説〉，そして〈参考文献〉がコンパクトに収められています。ジェンダー史学では，従来歴史学の対象と考えられていなかった事象が研究対象となります。そのため，史実・背景の〈概要〉は長めに設定しています。また，〈当時の議論〉として，それぞれのテーマに関連して，同時代にはどのような議論がなされていたかも扱いました。読者のみなさんに歴史的想像力をふくらませてもらいたいという願いから，図像史料も数多く掲載しています。

〈論点〉の部分が本書の中核となります。これまでの『論点』シリーズでは，研究史上の議論や論争を紹介しましたが，ジェンダー史学はまだ歴史が浅く，議論や論争にまで発展した事柄はそれほど多くはありません。『論点・ジェンダー史学』では，〈論点〉部分で，歴史的事象の解釈が固定的なものではなく，さまざまな研究視座が加わることで広がっていく，あるいは逆転するのだということを見せたいと考えています。〈当時の議論〉と〈論点〉（現代の研究者の議論）を対置させているのも，そのためです。支配的な見解に，新しい視点・学知が加わっていくことで，新しい世界が開かれていく，その「鍵」として論点を挙げています。

〈関連項目〉には，内容的に関連のある項目やコラムを幅広く掲載しています。この欄を参照することで，同じような事柄が，別の時代，別の地域ではどうであったのか，時空間を縦横断してたどっていくことができます。

高校の「歴史総合」や大学の授業でも使えるように，〈探究のポイント〉には，学びを深めるためのアクティヴ・ラーニング用問題を提示しています。関連する映画，小説などを使ったアクティヴィティも多く設定しています。

研究史の蓄積が少なく，論点を示しにくいテーマや，今後の研究の発展が期待されるテーマは〈コラム〉の形をとりました。その中では，当時の議論や主要な論点が紹介されています。

本文で紹介された文献は，側注の〈参考文献〉あるいは〈巻末参考文献〉に載せました。〈参考文献〉は一般書が中心，〈巻末参考文献〉では学術書や外国語の文献も紹介しています。ぜひ参考文献に──さらに学びを深めたい方は巻末参考文献にも──手を伸ばしてください。

目　次

Ⅳ　第一次世界大戦から戦間期　　131

I　前近代

宮川長春　「三侍」

トプカプ宮殿入り口

フェミニズムの先駆者
メアリ・ウルストンクラフト（1759-97）

Introduction

　前近代という概念には様々な定義が可能です。自由・平等の自然権思想や人権思想，女性の権利という概念が生まれる前の時代，あるいは男性を公的領域で「生産する性」，女性を私的領域で「再生産する性」とする政治的，経済的，社会的性別二元制が成立する以前の時代といえるかもしれません。西洋列強諸国による帝国主義が勃興する以前，世界各地のジェンダーやセクシュアリティが，近代科学という名の西洋科学から影響を受ける以前の時代と定義することもできるでしょう。このような定義は，いうまでもなく，起点となる「近代」を各地域のジェンダー史研究者たちがどのように解釈してきたのかに関わってきます。ここでは，前近代の終わりを緩やかに設定しました。近代的なジェンダー秩序解体の時代に生きる私たちにとって，前近代を対象とするジェンダー史研究はどのような見地を与えてくれるでしょうか。

父系原理と男耕女織

◇◇中国◇◇
1

野村鮎子

【関連項目：イスラーム法と家族，貞節と男女隔離，家庭重視イデオロギー，家父長制】

概　要

　中国はごく一部の少数民族を除き，伝統的に父系制（男系の血縁集団を基礎とする制度）を原則とする。その婚姻形態は父系血統を基準とした外婚制であり，**同姓不婚**[1]，**異姓不養**[2]である。夫婦別姓で，生まれた子は通常，父の姓を名乗る。家を継承するのは男子であり，他家から嫁いできた女性には，男児を産むことが求められた。ただし，中国の場合**男子均分相続**[3]であり，日本のように長男のみが全財産を相続することはない。

　殷周時代には父系制はすでに存在しており，本来儒教とは無関係であった。しかし，家の倫理秩序を重んずる儒教が漢代に国教化されて以後の中国では，家のヒエラルキーの上位にある男性，とくに年長の男性が家族成員を治めるという家父長権が強まっていく。儒教思想に基づく**女訓書**[4]では，女性はあくまで父や夫や子（男子）に従う存在とされた。

　一方，**男耕女織**とは，農業社会における性別分業をいう言葉で，男は耕作し，女は機織（採桑・養蚕・紡績・裁縫などを含む布の加工）を担当することを意味する。元来，農業の生産活動において肉体的な能力の差異に応じた合理的な分業の形態だったと考えられる。しかし，儒教思想に組み込まれると，男耕女織は社会経済の理想的な形態として標榜されるようになる。儒教が国教化された漢代には，皇帝・皇后による**親耕・親蚕**[5]の礼が行われ，「男は外，女は内」という男女の役割を固定する根拠ともなった。のちに明清時代になると商品経済が発達し，紡織は女性の専業とはみなされなくなり，女性の役割は出産や育児，あるいは裁縫などに限定され，女性の地位のいっそうの低下を招いた。

「採桑織機図」（中国清代・木版画）

その後の展開

　宋代，官僚・**士大夫**[6]を中心に宗族という父系の共通の先祖を祀る親族集団が誕生する。これはかつて周代の諸侯で行われていたとされる宗法（同祖の父系親族を統制する原理）の復活を目指したものだが，その背景には**科挙**[7]に合格して官僚となった者がその家を存続させ，科挙官僚を輩出し続けるためには小家族よりもより大きな家族＝宗族が必要となったことがある。宗族の形成は明清時代の士大夫層や有産階級にも継承され，経済・文化の先進地

▷**1　同姓不婚**
同じ姓の者同士は同じ共通の始祖をもつとみなされ，結婚できないこと。現代の中国では法律で禁じられているわけではない。韓国では1997年に違憲判決が出て，1999年に民法が改正されるまで，同姓同本（姓と先祖の出身地が同じ）の結婚は禁止されていた。

▷**2　異姓不養**
父系の血統に連なる者以外，姓を異にする者を跡継ぎとして養子にできないこと。

▷**3　男子均分相続**
諸子均分相続とも。先祖の祭祀に必要な家産を除いて，嫡出，庶出あるいは年齢にかかわらず，男子が亡父の遺した家産を均分に相続する中国の相続慣習。

▷**4　女訓書**
女性の娘・妻・嫁・母としてのあるべき姿を訓えるための書物。『列女伝』のような説話的なものや『女誡』『女論語』『内訓』『女範捷録』のように男尊女卑・三従四徳を唱える教説的なものがある。漢代から清末まで女性の言動を束縛し続けた。Ⅰ-9 も参照。

▷**5　親耕・親蚕の礼**
藉田親蚕とも。皇帝が自ら田を耕し，皇后が自ら桑の葉を摘んで蚕を養う儀式。勧農の意味をもつ。

▷**6　士大夫**
旧中国において国家の政治や文化を担った知識人のこと。支配者階級であるが，必ずしも世襲の身分階層というわけではない。

域である江南や広東地方を中心に普及し，地域社会に定着した。一般に宗族は族譜（一族の系図），祠堂（一族の祖先を祀る堂）と族産（共有地）を有する。現在でも世界各地から子孫が一年に一度，あるいは数年に一度祠堂に集まって祭祀を行う宗族も存在しており，父系の原理は社会の隅々までに及んでいる。

論点

1．中国史とジェンダー

1980年代以前，中国研究は女性史やジェンダーの視点で論じられることはほとんどなく，中国女性史も清末の男性知識人を中心とした婦女解放の思想から論述されるのが常であった。しかし，近年，歴史，文学，考古学，社会学など幅広い分野でジェンダーの視点からの研究が増え，その実態はどうであったかということについて，新しい知見が得られるようになった。たとえば，考古学では男女の役割分業が新石器時代前期にすでに存在していたこと，父系原理に基づく封建的な家父長制が女性のみならず男性にとっても抑圧的に働いていたこと，父系制社会の中でも母系による結びつきはある程度保たれていたことなどが明らかにされつつあり，近年，中国史はジェンダーの視点によって，深化しつつある。

2．母権制から父権制へは本当か

中国雲南省永寧のナシ族に属するモソ人は，今も母系制社会を形成し，通い婚の風習を有している。従来はこれをバッハオーフェンやモルガンの**母権制先行説**◁8にあてはめて，モソの母系制を父系制に移行する前の原始母権社会の生きた化石だととらえる考え方が主流であった。しかし，最近の研究では，モソの女性は家庭内で力をもつことはあっても外で権力を有することはないこと，母系制＝母権制ではないことが指摘されており，父権制の前に母権制社会があったという説にも，疑問が呈されている。

3．男耕女織の起源

近年の考古遺跡の発掘によって，文献資料の乏しい時代における男女の役割についての研究が進展している。最新の知見によれば，龍山文化期（新石器時代後期，紀元前3000年頃）には農工具は男性の墓からしか発見されておらず，一方，紡錘車や針は女性の墓から出土することが多いという。このことは，農業の主な担い手が植物採集から農業へと移行する過程で大きな役割を果たした女性から，男性に移っていたこと，養蚕が女性の仕事になっていたことを示していよう。

探究のポイント

①中国の父系制は，日本を含めて周辺のアジア諸国にどのような影響を与えたかについて考えてみよう。

②家長は家族成員に対してどのような権力をもったか，戦前の日本を例に具体的に考えてみよう。

③男耕女織の理念に基づく親耕・親蚕の儀式は，日本の奈良時代の宮中でも行われていたことがわかっている。正倉院の宝物検索サイトで，儀式に使用された「子日手辛鋤」第１号・第２号，「子日目利箒」第１号・第２号を確認してみよう。

▷7 科 挙
かつて隋から清代末期に行われていた，学問への素養が問われる高等文官試験。隋や唐では前代の，家柄に応じて貴族の子弟を官に任用していたが，宋以後は科挙に及第した者が官僚として力を握った。

▷8 母権制先行説
ヨハン・ヤーコプ・バッハオーフェン（1815～87）やルイス・ヘンリー・モルガン（1818～81）らによって，社会進化論の立場から提唱された説。人類社会の進化史上，父権制に先だって母権制が普遍的に存在していたとする。モルガンの影響を受けたエンゲルスによって，マルクス主義にも影響を与えた。

参考文献

滋賀秀三『中国家族法の原理』創文社，1967年。
井上徹『中国の宗族と国家の礼制――宗法主義の視点からの分析』研文出版，2000年。
大浜慶子「母系社会の存在」関西中国女性史研究会編『増補改訂版 中国女性史入門――女たちの今と昔』人文書院，2014年。
下倉渉「父系化する社会」小浜正子・下倉渉・佐々木愛・高嶋航・江上幸子共編『中国ジェンダー史研究入門』京都大学学術出版会，2018年。
内田純子「考古学からみた先秦時代のジェンダー構造」小浜正子・下倉渉・佐々木愛・高嶋航・江上幸子共編『中国ジェンダー史研究入門』京都大学学術出版会，2018年。

◦イスラーム圏◦

2　イスラーム法と家族

小野　仁美

【関連項目：父系原理と男耕女織，伝統家族，結婚をめぐる法，法廷とジェンダー，近代家族像と文明規範，家族関係の変化，婚姻法の変化，国際的な女性活動】

▷1　啓典クルアーン
神が預言者ムハンマド（570頃〜632）に授けた啓示を，その死後に集めて一冊の書物にまとめたもの。クルアーンは「家族」を明示的に説明していないが，結婚や離婚，扶養，相続など家族関連の規範を数多く含んでいる。

▷2　ハディース
預言者ムハンマドの慣行（スンナ）を伝承，記録したもの。教友（ムハンマドに接したことのある人々）によって伝承された内容を，その伝承者とともに記録している。内容は宗教的なもの，政治的なもの，日常生活に関するものなど多岐にわたり，ムハンマドの妻の一人であったアーイシャは，家庭生活におけるムハンマドの様子を含む多くの伝承を詳しく伝えている。

▷3　四大法学派
ハナフィー派，マーリク派，シャーフィイー派，ハンバル派。イスラーム法は，それぞれの法学派の学説を継承しつつ発展し，一つにまとめられることはなかった。

▷4　シャリーア法廷
イスラーム法（シャリーア）に基づく裁判を行う法廷。裁判官を示すアラビア語を付して，カーディー法廷とも呼ばれる。

▷5　ムスリム・フェミニズム
イスラーム諸学を典拠とし，その語彙や論理を利用しつつ新しい解釈を提示することで，女性の権利拡大を目指す人々の思想や運動。

📖　概　要

　イスラーム法とは，**啓典クルアーン**[◁1]と，預言者ムハンマドの慣行の伝承（ハディース）[◁2]に基づいて議論された学問体系であり，ムスリム（イスラーム教徒）にとっての行為規範であった。西暦10世紀頃までに，多数派のスンナ派では**四大法学派**[◁3]が，シーア派でも複数の法学派がおおよその内容を確立させた。各法学派の古典法学書には，礼拝や断食，巡礼などの儀礼行為や，財産法，刑法，訴訟法など幅広い分野の法規定が記録され，夫婦や親子，親族に関する家族法の分野はとりわけ詳細である。19世紀以降のムスリム諸国では，ヨーロッパ近代法の影響を受けた立法が進んだが，家族法についてはイスラーム法を裁判規範とした**シャリーア法廷**[◁4]が存続し，さらに20世紀半ば以降は，イスラーム法をもとに，各国の家族法が法典化された。一夫多妻や夫からの一方的離婚宣言の許容などについては，フェミニズム運動の高まりと連動して，イスラーム法における男女間の不平等を指摘する研究が増えるようになった。しかし近年は，イスラーム法を再解釈し，見直すことによってジェンダー公正を目指す**ムスリム・フェミニズム**[◁5]の動きも活性化している。

当時の議論　前近代において，イスラーム法は，男性のムスリム法学者たちによって議論され継承されるものであった。各法規定は成人男性の自由人を基準に法学書にまとめられたが，未成年者や女性，奴隷の権利義務についても詳述された。たとえば，男子は成人するまで，女子は結婚し夫のもとに行くまで，父による後見下で扶養を受ける権利を有し，奴隷はその所有者によって管理され，扶養されると定められた。相続については，女性の取り分は男性の2分の1とされた。19世紀以降，ヨーロッパ各国による植民地化とムスリム諸国の独立後の立法に伴い，非ムスリムによるイスラーム法研究は，主に家族法分野で大きく進展した。

その後の展開　イスラーム法の実践については，20世紀後半以降，法廷文書等を利用した研究が進み，古典法学書の学説を踏襲した運用がなされていた事例が確認されている。前近代のムスリム女性が，財産を保有・処分し，婚姻関係についても法廷で権利を主張していた様子が断片的にではあるが明らかになっている。フェミニズムの立場からの研究は，イスラーム改革主義思想家ムハンマド・アブドゥフ（1849〜1905）らが，一夫多妻など男女間に不平等の生ずる法について，クルアーンの再解釈による改革を主張したことに注目した。さらに，21世紀になると，各国の家族法における女性の権利拡大を求める運動の中で，「**ムサワ**」[◁6]などのグローバル運動団体によるイスラーム法の再検討が加速している。

🔑 論点

1. 前近代のムスリム社会での女性の立場

古典法学書に記述された事柄が実際に運用されていたことを証明する史料は少ないが，婚姻や子の養育に関する法廷文書を利用した研究は進みつつある。女性が収入を得ることは一般的ではなく，女性からの離婚もイスラーム法上は困難であるとされることが多い一方で，マムルーク朝史研究者のヨセフ・ラポポートが示したように，女性が経済力をもつ社会では高い離婚率がみられることもあった（Rapoport 2005）。女性が婚資や遺産相続で得た財産により，家産維持のため主体的に貢献した様子は，イラン研究者の阿部尚史が分析している（阿部 2020）。また，17～18世紀のオスマン朝における**ファトワー**[7]を分析したジュディス・タッカーは，法学者たちが柔軟に女性の権利を考慮していたことを明らかにしている（Tucker 1998）。

「誰が養うのか？ 誰がケアするのか？」（平等と平和のためのグローバル運動「ムサワ」による論考，2018年）

2. 現代ムスリム諸国のイスラーム法受容

20世紀初頭から各地域で制定されたムスリム家族法は，イスラーム法の古典学説を取捨選択して取り入れた。多くの場合，当該地域で有力であった法学派の学説だけでなく，異なる法学派の学説を混合したり，両者をつなぎ合わせたりする形で，法の近代化が試みられた。一夫多妻や夫からの一方的離婚権などのジェンダー不平等のある項目について，一定の制限を付す国もあることが，各国家族法の研究からわかっている。一方で，男性に2倍以上の権利を付す相続規定については，改革がほとんど進んでいない。21世紀に入り，チュニジアで始まった相続の男女平等を求める運動については，いくつかの研究が現れている。

3. クルアーンの再解釈と家族

古典法学書は，夫婦間，親子間，親族間それぞれの権利義務を規定したが，「家族」という概念を明示的に記述してはいなかった。19世紀以降，ムスリム社会においても一組の夫婦とその子どもで構成される家族のイメージが共有されるようになると，それまでの男性優位のイスラーム法解釈を疑問視する声が上がり，これを乗り超えようとする動きが現れている。イスラーム法を否定するのではなく，啓典の再解釈によってジェンダー公正を目指す研究者や活動家たちは，たとえば，「夫が稼ぎ，妻が家事・育児を担う」という役割分業の根拠が前近代のクルアーン解釈にあるとし，変化を続ける現代の社会状況や家族のあり方に適合しないと主張している。

--- 探究のポイント ---

①前近代の他の地域における結婚や親子関係をめぐる法や規範と比べてみよう。

②現代ムスリム諸国の家族法には，イスラーム法が具体的にどんな影響を与えているのか，『結婚と離婚』（森田・小野編 2019）の各章を比較しつつ調べてみよう。

▷6 ムサワ
マレーシアのクアラルンプールを拠点に，2009年に設立された団体。「ムサワ（Musawah）」とは，アラビア語で「平等」の意味を示し，とくに家族法における男女間の平等の実現を目指した活動を行っている。

▷7 ファトワー
イスラーム法学者が，質問に回答する形で発する法的意見。ファトワーを発行することのできる法学者をムフティーという。法学者同士や一般の人々だけでなく，カーディーが判決を下す際にファトワーを求めることもあった。

参考文献

柳橋博之『イスラーム家族法――婚姻・親子・親族』創文社，2001年。

小野仁美『イスラーム法の子ども観――ジェンダーの視点でみる子育てと家族』慶應義塾大学出版会，2019年。

森田豊子・小野仁美編，長沢栄治監修『結婚と離婚』（イスラーム・ジェンダー・スタディーズ1）明石書店，2019年。

阿部尚史『イスラーム法と家産――19世紀イラン在地社会における家・相続・女性』中央公論新社，2020年。

鷹木恵子編，長沢栄治監修『越境する社会運動』（イスラーム・ジェンダー・スタディーズ2）明石書店，2020年。

伝統家族

仙石 知子

【関連項目：父系原理と男耕女織，イスラーム法と家族，家庭教育と女性文化，貞節と男女隔離】

📖 概　要

　中国近世では，朱子学のもと女性の貞節が強く求められるようになった，とされる。朱子と呂祖謙が編纂した『近思録』巻六には，寡婦が餓死するほど貧しい場合には，再婚してよいか，との問いに，朱子の師である北宋の程伊川が，「餓死は事 極めて小なり，失節は事 極めて大なり」と答えた，と記録される。一方で，朱子の母が再婚しているのも事実である。いかなる場合にも女性は守節すべしとする理想と，宗族の維持に違背しなければ再婚も許されたという現実との乖離は，すでに南宋の朱子の頃から存在していた。朱子学から展開した明の陽明学が，民間に教説を伸張していくことにより，そうした理想と現実との矛盾は，女性の教訓書を代表する劉 向の『列女伝』へも変容を促していく。

　劉向は，女性の教誡を目的として『列女伝』を著したわけではなかった。『列女伝』の執筆目的について，『漢書』劉向伝には，「天子を戒めて女性への認識や対応を正すためであった」とある。劉向は，手本とすべき女性の話だけでなく，国の存続を危機に陥らせる悪女の話も記すことで，女性に溺れる成帝を戒めようとした。しかし，劉向の思いとは別に，劉向の死後，『列女伝』は女性の教訓書として受容された。

　劉向の『列女伝』は，一時散逸していたが，北宋の曾鞏らにより，『古列女伝』九巻本として編定される。やがて清代には，顧広圻の『列女伝攷證』，王照円の『列女伝補注』，梁端の『列女伝校注』，蕭道管の『列女伝集注』といった正確に読むための研究書を生む。研究書の著者は，いずれも考証学者の妻や娘であり，上位の社会階層を生きた女性たちであった。高度な学問環境をもつ女性たちでなければ，漢代の古文を読むのは難しかったのである。そのため，民間では「俗本列女伝」と総称すべき列女伝が読まれた。劉向の『列女伝』にはない女性の話を大幅に増広した汪道昆の『明刻歴代列女伝』，白話小説集の「三言」も編纂している明末清初の馮夢龍の子が著したという『列女伝演義』などはその代表である。「俗本列女伝」には，古代とは異なる中国近世の伝統家族の改革に沿った社会通念が反映されている。『列女伝演義』は，劉向の『列女伝』にはあった巻七 孽嬖伝を欠き，文体を話し言葉である白話文に直すことで読みやすくし，中国近世における社会通念と合わない場合には，違和感をなくすために字句を改め，作者評に説明を加えることで調整を図った。さらには馮夢龍の編纂した『情史類略』を藍本に新しく創作した作品も収録している。こうして，『列女伝演義』は，劉向の『列女伝』の扱う王妃や皇女など朝廷の女性だけの善行にとどまらず，市井を生きる庶民の女性たちの善行をも取り上げている。『列女伝演

▷1　朱子学
南宋の朱熹がまとめた思想体系。明清時代の官学となった。

▷2　呂祖謙（1137〜81）
朱子の友人。南宋の人。朱子と対立する学説を主張する陸象山とを仲介し，対論させた。

▷3　程伊川（1033〜1107）
程頤。北宋の人。兄の程顥とともに朱子学・陽明学の源流の一人で，兄とあわせ「二程子」と呼ばれる。

▷4　曾鞏（1019〜83）
北宋の散文家。唐宋八大家の一人で，王安石の友人。古典籍の保存に努め，『戦国策』も校訂している。

義』が劉向の『列女伝』のすべてを訓戒として中国の近世社会において適合するとは考えていなかったことは，たとえば，同じ貞順伝の物語でも，男乗りの車にこだわって乗らない女性の様子を極端すぎて滑稽にさえ映るとして，それを「道学先生」にたとえていることからもわかる。そこには，朱子学の規範の形骸化が反映されている。『列女伝演義』は，真心から現れる「貞」と「順」の重視，という中国近世の新たな女性への規範を尊重し，それに基づき伝統的な女性の規範を改革せんとしている。ここに，中国伝統家族の改革への端緒を見ることができるといえよう。

『大同書』
康有為は，1901年頃にまとめたとされる本書の中で，経済の均分，政治の民主とともに社会生活上の男女平等を主張した。

その後の展開　19世紀になると，キリスト教系の思想をもつ太平天国が主張した纏足[5]の廃止を受けて，康有為・梁啓超ら変法自強運動の指導者たちは，「男女同権」を掲げ女性の解放を唱えていく。孫文らによって日本で結成された政治結社である中国同盟会に加入した政治家であり，また翻訳家でもあった馬君武が，イギリスの社会学者ハーバート・スペンサーの「女権篇」を漢訳した。それは，梁啓超が創刊した『新民叢報』に掲載され，中国における女権思想の普及に大きな影響を与えた。やがて秋瑾[*]が，孫文の革命運動に協力しながら，女性は男性と同じく愛国と救国の義務を負わねばならないと主張していくのである。

論点

1. 女性の地位の変容を考えるための史料　中国伝統家族における女性の地位の変容は，正史などの編纂史料に明記されるわけではない。仙石知子(2011)では，民間の風習を描いた白話小説[*]や，宗族の規範を記した族譜[6]の凡例などを利用している。それ以外にもあるだろうか。

2. 目に見えるものと見えにくいもの　中国近代における革命的な女性の地位の変容は理解しやすい。従来の研究では，革命的な社会変化に伴い，大きく変容したことが目に見えるものについて明らかにされている。しかし，真の女性の地位を考えるためには，前近代社会における，中国伝統家族のゆっくりとした社会変動にも留意する必要があるのではないか。

探究のポイント
①劉向の『列女伝』と『列女伝演義』を読み比べ，古文の難しさを実感しよう。
②『列女伝』は中国近世だけではなく，李氏朝鮮や江戸時代の日本でも広く読まれている。その影響を調べてみよう。
③清末に康有為らが起こした国政改革運動である変法自強運動について調べ，その社会的意義について考えてみよう。

▷5 **纏足**
女児の足に布を巻いて，足が大きくならないようにするという，かつての中国にあった奇習をいう。Ⅱ-12側注4も参照。

* **秋瑾**
Ⅱ-12側注3参照。

* **白話小説**
Ⅰ-13側注4参照。

▷6 **族譜**
宗族の系譜。近世の族譜は，凡例に宗族としての規範を示すことも多く，そこから近世の社会通念を把握することができる。

参考文献
小野和子『中国女性史——太平天国から現代まで』平凡社，1978年。
夏暁紅（清水健一郎・星野幸代訳）『纏足をほどいた女たち』朝日新聞社，1998年。
仙石知子『明清小説における女性像の研究』汲古書院，2011年。
須藤瑞代『中国「女権」概念の変容——清末民初の人権とジェンダー』研文出版，2007年。

≫ヨーロッパ≪

4　ペストとジェンダー表象

新保淳乃

【関連項目：キリスト教世界と魔女狩り，家族を襲った感染症，疫病とジェンダー】

📖　概　要

14世紀半ばに東方交易船を介してヨーロッパに持ち込まれたペスト◁1は，パンデミックを引き起こして大きな犠牲と恐怖心を生んだ。18世紀初頭まで周期的に流行を繰り返す中，海港都市ヴェネツィアを筆頭に衛生局が設置され，感染情報網，検疫・隔離，都市封鎖，消毒など，古代からの疫病理論と経験値に基づきペスト対策が整備されていった。

罪に対する神罰というキリスト教のペスト観に，外来性の疫病という認識が加わり，個人の悪徳が都市全体の危機を呼び込むというペスト特有の罪観念が強まると，自らを鞭打つ苦行が流行した一方で，敵軍や外国人のほかユダヤ教徒，売春婦，ハンセン病◁2患者ら平時から差別されていた人々がペスト毒塗りの嫌疑をかけられ，暴行虐殺も起きた。15世紀には行政府の名で聖母や守護聖人に加護を祈る行事が一般化し，流行が終息すると公的な記念祭壇画が注文された。16世紀から身障者を除く都市極貧層が不信仰の罪人とみなされ，ペストが発生すると隔離施設（ラザレット）に強制収容されたり市外に追放されたりした。造形芸術の先進地だったイタリアでは，1575年と1630年の大流行を機にラザレットの悲惨さが描かれ始めた。地面に積み重なる半裸の男性犠牲者は，敗者と貧者の伝統的表現を想起させる。仰向けに倒れる女性とその胸にすがる乳児は，画家ラファエロが考案したモチーフで，ペストの残酷さを表す表現として頻繁に用いられた。遺体を運ぶ男性労務者の姿は，衛生官吏の厳重な監視のもと，囚人や貧民男性が患者の移送や遺体埋葬の危険業務に動員された疫病対策の現実を反映している。

▷1　ペスト
古代より悪性伝染病を総称したが，医学的にはペスト菌に感染した齧歯類やノミを介してリンパ腺腫を起こす腺ペスト（黒死病），敗血症性ペスト，重篤な急性肺炎を起こす肺ペストを指す。抗菌薬の開発前は30〜60％の高い致死率で最も恐れられた。

▷2　ハンセン病
らい菌に皮膚と神経を侵される慢性感染症。外観を損なう症状から古代よりレプラ等の名で知られ，患者は根深い差別や偏見と強制隔離・断種等の人権侵害にさらされ続けた。1873年にハンセンが病原体を発見，1970年代に治療法が確立した。

当時の議論とその後の展開　西洋医学におけるペスト原因論は体液病理学と腐敗した大気による説が主流を占め，プルタルコスから16世紀の外科医パレまで「娼婦との性交や暴飲暴食は悪い体液を生じる」と男性に警告した。臨床経験が蓄積されると1546年にフラカストロが微小粒子説，1658年にキルヒャーが伝染性生物説，1720年のマルセイユのペストを研究した医師が寄生生物説を唱えて，19世紀のペスト菌発見に至った。対策の現場では15世紀から伝染論に基づく隔離と消毒が行われ，安全・健康の大義のもと，劣悪な居住環境にあっ

G・レーニ「ボローニャ市ペスト終焉祈願行列幟」（1630〜31年）

L・ジョルダーノ「ナポリ市ペスト墓地聖堂祭壇画」（1660〜61年）

た貧困層が都市の外に排除された。

論 点

1. ペストへの恐怖心が構造的差別をあぶり出す

公文書や年代記をもとに14世紀の黒死病から18世紀までヨーロッパ諸都市のペスト史研究が進み，交易の発展や軍隊の移動，寒冷気候による飢饉と都市人口の増加が流行拡大の要因となったことや，都市ごとの対策の差異，ラザレットの悲惨な状況，非定住者や農村から流入した貧困層への排斥と暴力の歴史も明らかになった。恐怖心や危機意識に着目する心性史では，ペストは宗教的対立や経済格差など構造的矛盾が表面化する契機として重視される。

L・ラーナ「モデナ市ペスト終焉記念祭壇画」（1636年）

2. ペストと表象文化の関係

西洋美術史では，聖セバスティアヌスと聖ロクスに代表される反ペスト聖人への信仰が注目され，社会史的観点から疫病と美術の関係が考察されている。たとえば，中世末における罪の悔悛と救済を祈る図像の増加は，ペストによる死生観の変化と関係づけられる。公式の行列幟や記念祭壇画では，有力団体の守護聖人が選ばれることが多く，一部の男性市民が都市全体の利害を代表していた。また美徳の模範としての聖母信仰が，異教徒や売春婦への排斥を正当化した可能性も指摘されている。

3. ペスト犠牲者像のジェンダー

ジェンダーの視点からペスト図像を再考すると，14世紀から18世紀まで聖母が一貫して最も強力な加護者と崇められ，その対極にペストの瘴気に覆われた都市や「死」の擬人像，地面に折れ重なる犠牲者を描く構図が重要となる。なぜならこの構造はマリアとイヴ，美徳と悪徳，救済と堕地獄を上下に配する伝統的なキリスト教図像と同じだからであり，ナポリの祭壇画のように，息子に寄り添う聖母と対照的に描かれた女性犠牲者は，子を養育できない悪しき母の象徴となる。ジェンダー表象はラザレットの情景だけでなく，ペスト終息記念にモデナ市が注文した祭壇画に描かれた，死んだ子を哀悼する若い母，元気な男児を掲げる女性，聖母と聖人に祈る老女と病人のように，都市内部で秩序回復に協力する理想化された庶民像にも見出せる。

▷3 **ジェンダー表象**
男女二元論に基づく性差に，階級や民族など他の社会的属性と連動した象徴性を結びつけた表現全般を指す。表現の主体と客体に男女間の権力関係が組み込まれることが重視される。

▷4 **ペスト文学**
デフォーの『ペストの記憶』（1722）とマンゾーニの『いいなづけ』（1827）はそれぞれ1665年のロンドン，1630年のミラノのペスト大流行を歴史史料に基づき再現した小説で，個々の男女から行政まで異なる視点から近世ヨーロッパのペスト禍を理解できる。

参考文献

ミラード・ミース（中森義宗訳）『ペスト後のイタリア絵画』中央大学出版部，1978年。

ジャン・ドリュモー（永見文雄・西沢文昭訳）『恐怖心の歴史』新評論，1997年。

岡田温司『ミメーシスを越えて——美術史の無意識を問う』勁草書房，2000年，第3章。

新保淳乃「ペスト危機とジェンダー表象——近世イタリア諸都市におけるペスト犠牲者イメージの創出」『ジェンダー史学』6，2010年。

山崎明子・黒田加奈子・池川玲子・新保淳乃・千葉慶『人はなぜ乳房を求めるのか——危機の時代のジェンダー表象』青弓社，2011年，第4章。

宮崎揚弘『ペストの歴史』山川出版社，2015年。

探究のポイント

①デフォーやマンゾーニなど史実に基づくペスト文学を読んでみよう。
②感染症の流行をきっかけに表面化した差別や格差について考えてみよう。
③ジェンダーの視点を入れると西洋美術の読み方がどう変わるのか比較してみよう。

5　西洋　キリスト教世界と魔女狩り

荒木純子

【関連項目：ペストとジェンダー表象，科学とジェンダー】

📖 概　要

　西洋キリスト教世界では教会の聖書解釈に基づき，女性のあり方が議論された。イヴとマリア[1]が二つの原型で，誘惑する女，そして慈愛と謙遜の母という対極的イメージを女性は与えられた。この誘惑する女のイメージにより，キリスト教社会では伝統的に，女性の身体に対して男性がもつ恐怖，蔑視がみられる。

　古来，西洋には魔女が超自然的な力で人畜に危害をもたらすという民間信仰があった。ローマ教会は12世紀頃よりそのような信仰を含め教会が認める神以外を信じる者を，教会の転覆をはかる異端者として異端審問の形で迫害した。悪魔と結託し教会を倒そうと企てているというのである。その犠牲者に女性が圧倒的に増えたのは1486年の『魔女の槌[2]』出版がきっかけであった。『魔女の槌』では「あらゆる魔術は肉欲から起こり，肉欲は女において飽くことを知らない……それゆえ，その肉欲をみたすため，彼女たちは悪霊とさえ交わる」とされた。さらに魔術を操る者の大多数は女性だとも明記された。

　同じような時期に，魔女のような家庭の敵と対照的なマリアを称揚する動きがみられた。神の子の母として神と人間を仲介し，祝福される女性のイメージは，母性と家庭性を女性の美徳として広める役割を果たした。聖家族がキリスト教絵画のモチーフとして盛んに描かれるのもこの頃である。イヴもマリアも家父長制的秩序の象徴といえる。

　印刷術[3]の発展とともに『魔女の槌』は各地に広まり，その後の魔女裁判の手引き書となった。宗教改革[4]によりプロテスタントとなった社会でも魔女狩りは行われた。

当時の議論　カトリック社会かプロテスタント社会か，また時代や地域により詳細は異なるものの，おおむね共通する教義上の魔女像とは，神に背き悪魔の手下となる契約を交わした者である。魔女たちは深夜に箒にまたがり空を飛んで悪魔崇拝の宴に集まり，神の国の転覆を謀って生け贄を捧げ，乱交にふけると考えられていた。

　『魔女の槌』ではまた，魔女を異端のみならず世俗の罪も併せもつとしたため，「魔女」とされた者は世俗の裁判所でも裁かれた。すると教義から離れ人間関係の悪化による告発が増え，その数は16世紀半ば頃に激増した。裁判では悪魔と契約を結ん

▷1　イヴとマリア
旧約聖書「創世記」で，最初の女性イヴは蛇にそそのかされ，最初の人間である男アダムに神に禁じられた果実を食べさせ自分も食べた。その結果2人は楽園を追放されたため，イヴはアダムの堕落の原因として，誘惑する女性の原型と解釈される。教義上，その罪を負っていない唯一の人間がイエスの母マリアである。

▷2　『魔女の槌』
ドイツのドミニコ会修道士で異端審問官だったハインリヒ・クラーメルがそれまでの悪魔学の文献や異端審問の手引き書をまとめ，トマス・アクィナスの『神学大全』の悪魔版として執筆した。

▷3　印刷術
『グーテンベルク聖書』で知られるように，15世紀のヨーロッパでは紙に印刷した本を大量に安価で出版できるようになった。それまで修道士が羊皮紙に作成していた写本に代わり，知識の伝達が飛躍的に速くなった。

▷4　宗教改革
16世紀前半のドイツやスイスから各地に広まった教会改革の動きで，ローマ・カトリック教会による支配から各教派が分離した。この動きはヨーロッパを二分する対立につながり，宗教面だけでなく政治上にも変動を及ぼし，近代主権国家が誕生することになった。

1520年ケルンで出版された『魔女の槌』の表紙

だという自白が強要され，自白は有罪の重要な証拠となった。17世紀末頃より収束に向かったのは，告発の根拠となる目撃証言などの証拠が信頼性に乏しいと批判が高まったからであった。裁判で理性が尊重されるようになったのだ。

論 点

1．経済的社会的弱者の女性

魔女狩りを一部のエリート層の嗜虐性が引き起こした，中世の迷信が残る暗い過去とみなすような19世紀以来の研究が変化したのは1970年代であった。経済面に焦点を当てたキース・トマス，ポール・ボイヤーらは，魔女狩りの起きた共同体がさらされた経済的変動の影響を明らかにした。より大きな政治的変動と結びつけた研究もある。魔女狩りを近代初期特有の問題ととらえ，それまでは描かれなかった一般の人々に焦点を当てた点で画期的で，その詳細な調査により結果的に女性の経済的立場の弱さ，家父長制的秩序におさまらない女性の末路を浮き彫りにしている。

2．家父長制的秩序に抵抗する女性

同じく1970年代，「魔女」とされた女性を主体的な存在としてとらえる研究が急進的な第二波フェミニズム[5]の活動から生まれた。魔女をキリスト教が前提とする家父長制的秩序に抵抗するヒロインと位置づけたデイリーの書は活動を唱道した（Daly 1978）。バーバラ・エーレンライクらは「魔女」とされた者に産婆が多かったことから，台頭してきた男性医師が医学的知を独占しようと，教育のない女性医療家を排除したと批判した。1980年代になると歴史学においても魔女狩りを男性と女性の対立とみる研究が出ている。しかし「魔女」とされた者には男性も少なからず存在し，また告発し迫害する側にも女性が多くいたことを考えると，男女の権力争いという単純な構図の説明には疑問が残る。

3．性の問題

『魔女の槌』に表れる女性嫌悪，自白強要という裁判での異性間の駆け引きなど，魔女狩りは性の問題と切り離せない。そのため精神分析[6]を用い，ジョン・ディモス（Demos 1982）は告白の記録から「魔女」を疑われた少女が受ける社会的抑圧を描き出した。またリンダル・ローパー（Roper 1994）は女性を含む告発者の標的がなぜ女性だったのかを問い，女性が家父長制的秩序において自身や他人の母性に恐怖や敵意をもつことを指摘した。歴史学では，昔も今も人の心の動きは変わらないという前提に立つ精神分析の知見を生かしつつ，性の問題を女性に限定せず，男性や子どもの「魔女」にまで対象を広げた研究もみられる。魔女の存在を信じ，性を抑圧してきた西洋キリスト教社会における魔女狩りの意味の追究は，視点を変えながら今も続いている。

─ 探究のポイント ─
①様々な時代や地域でみられる魔女狩りの例を一つ取り上げて調べてみよう。
②イヴの対極としてのマリアを称賛することは女性を解放する考え方だろうか。
③魔女の存在を信じる人が少数の現在，魔女狩りは存在しないのだろうか。

▷5　第二波フェミニズム
1960年代以降の欧米諸国を中心とした女性の解放を求める運動。19世紀後半から20世紀初頭にかけての第一波が女性参政権を中心としていたのに対し，第二波はセクシュアリティを含むより広範囲の課題を取り上げた。VI-2も参照。

▷6　精神分析
精神科医ジークムント・フロイトは人間の心理についての理論を生み出した。それは臨床面で様々に発展しただけでなく，ジェンダーやセクシュアリティを心と身体という視点から読み解くときのツールとして，人文科学や芸術にも大きな影響を与えた。

参考文献

キース・トマス（荒木正純訳）『宗教と魔術の衰退』法政大学出版局，1993年。
ジェフリ・スカール，ジョン・カロウ（小泉徹訳）『魔女狩り』岩波書店，2004年。
ポール・ボイヤー，スティーヴン・ニッセンボーム（山本雅訳）『呪われたセイレム——魔女呪術の社会的起源』渓水社，2008年。
黒川正剛『魔女狩り——西欧の三つの近代化』講談社，2014年。
バーバラ・エーレンライク，ディアドリー・イングリッシュ（長瀬久子訳）『魔女・産婆・看護婦——女性医療家の歴史』法政大学出版局，2015年。
池上俊一『増補 魔女と聖女——中近世ヨーロッパの光と影』筑摩書房，2015年。
小林繁子『近世ドイツの魔女裁判』ミネルヴァ書房，2015年。

◦イングランド◦

6 結婚をめぐる法

赤松淳子

【関連項目：イスラーム法と家族，フェミニズムの萌芽，家庭重視イデオロギー，家族関係の変化，婚姻法の変化，婚姻法と家族の今】

📖 概　要

　「夫に愛されようと，できる限りのことをしましたが，無駄でした。ひどく殴られたので，女にこんなことをするなんて，男として恥ずかしくないの？　と言ってやったのです」──18世紀前半のイングランドで，夫の暴力に苦しみ，別居を求めて教会裁判所に訴えたこの女性の言葉には，「善き妻」をめぐる当時の司法の認識と家父長的な社会に生きた既婚女性の感情が織り込まれている。夫に服従する「善き妻」でなければ，法的救済を得ることができないことを知りつつ，自身に暴力をふるう夫に対し抗議の意志を示したのだ。

　市民社会の形成期にあたる18世紀当時，抑圧的な夫と別れるべく法に訴えた既婚女性の苦しみの背景には，新しい結婚観の芽生えがあった。中上流層の結婚では家柄，財産，宗教などが重視されていたが，幸せな結婚をし，家庭を築くことを志向する近代的な恋愛観が演劇，詩，小説において流布されるようになっていた。女性たちは，結婚の動機として愛情を求め，夫となる男性には紳士らしい振る舞いと内面を期待するようになった。ロンドンのフリート監獄周辺の地域で執り行われる結婚は「秘密婚」と呼ばれ，教会法が求める三度の「婚姻予告」等，煩雑な要件を免れる抜け穴となっていたが，費用と時間を節約したいロンドンの民衆に人気があっただけでなく，親の反対を押し切って秘密裏に結婚したい男女からも需要があった。

　しかしひとたび結婚すると，**コモン・ロー**◁1のもと，女性は夫によって庇護される状態（「カヴァチャー」）におかれた。庇護下の妻は法的に無能力であった。妻の法的責任は夫が負ったが，妻の財産は夫のものとなり，子どもの監護権も夫が独占した。そして夫は妻の行いに対して懲罰を与える権利をもち，暴力も容認されていた。正式な離婚には議会の個別法による特別な手続きが必要であり，高額の費用がかかる上，女性から請求することは難しかった。

当時の議論　18世紀半ばの議会では，秘密婚防止法案の是非が議論された。法案成立を求める議員は身分違いの男女の結婚を懸念し，21歳未満の未成年が結婚する際の親の同意の必要性を訴えた。法案に反対する議員は，手続きが簡易な秘密婚が庶民に必要であることを訴えた。1753年に成立したハードウィック婚姻法によって秘密婚は無効となった。ののち，事情を抱えたカップルがイングランドの法が適用されなかったスコットランドに駆け落ちする**グレトナ・グリーン婚**◁2が増加した。結婚

グレトナ・グリーンの位置

観の変化とともに，新聞や雑誌などに，夫の妻への暴力を批判する声が現れた。18世紀の法学者ブラックストンも妻を矯正する夫の権利が疑問視されていると述べている。

その後の展開　19世紀に入ると婚姻法改革が進んだ。1857年の離婚法によって教会裁判所の婚姻事件に関する裁判権は廃止され，議会で扱われていた離婚案件は新設された離婚裁判所の管轄となった。キャロライン・ノートンらによる運動の影響もあり，改革はコモン・ローの「カヴァチャー」にも及んだ。同法は，夫と妻の離婚条件に差を設けるなど，性の二重規範を強固にする規定を含んでいた上に，すべての既婚女性に財産権を与えるものではなかったが，ノートンのような改革者の働きは19世紀後半のより大きなフェミニズム運動へと受け継がれていった。

「妻売り」（妻を縄でつなぎ，市場で次の夫となる男性に売り渡す儀礼，1816年）

🗝 論 点

1. 家父長的な関係から情愛的な関係へ　ローレンス・ストーンは，イングランドの結婚は，17世紀後半から18世紀に家父長的関係から情愛的かつ平等な関係へと変化したと述べた。ストーンの進歩史観を批判する研究は多い。ジョン・ギリスは，庶民においては，夫婦の関係は感情の絆のみでは成り立たず，経済・社会面での絆を強固にする儀礼を伴う親族・共同体の幅広いネットワークの上に築かれていたと論じた。ジェンダー史研究者は，ストーンの研究には女性の経験や両性の力関係をとらえる視点が欠けていると主張している。

2. ハードウィック婚姻法の影響　ハードウィック婚姻法は，当時の人々の結婚にどの程度影響したのだろうか。レベッカ・プロバート（Probert 2009）は，結婚の有効性を争った当時の訴訟を研究し，18世紀の裁判所の判断に対するハードウィック婚姻法の影響力は限定的であった，という見解を示している。

3. コモン・ローによる既婚女性の生活への影響　コモン・ローが既婚女性を法的無能力の状態においたならば，18世紀の既婚女性はどのように家父長制を生き延びたのだろうか。エイミー・エリクソン（Erickson 1993）による近世の女性の財産に関する研究は，コモン・ローとは別の法体系や慣習にも着目し，それらが既婚女性の利益をどの程度守りえたかを論じている。

探究のポイント

①離婚の手続きの費用を払えない庶民はどのように結婚の破綻に対処したのだろうか。「妻売り」について調べてみよう。
②映画『ある公爵夫人の生涯』（2008年）を視聴して，18世紀の貴族女性にとって結婚の破綻は，どのような意味をもっていたかを考えてみよう。
③結婚や結婚の破綻をめぐる文化規範や法は，女らしさ／男らしさをどのようにつくり上げたのだろうか。階層における相違についても調べてみよう。

▷3　キャロライン・ノートン（1808～77）
詩人，作家。夫は議員のジョージ・ノートン。夫から暴力を受け，首相メルバーンとの姦通を疑われる。幼い子どもたちと引き離され，母親の権利を訴えるパンフレットを書き，未成年者監護法（1839年）を成立させた。夫と別居した妻の財産権・扶養の問題にまで主張を広げ，1857年の離婚法にも影響を与えた。

参考文献
ローレンス・ストーン（北本正章訳）『家族・性・結婚の社会史——1500年 – 1800年のイギリス』勁草書房，1991年。
近藤和彦『民のモラル——近世イギリスの文化と社会』山川出版社，1993年（「妻売り」については，第1章を参照）。
ジョン・R・ギリス（北本正章訳）『結婚観の歴史人類学——近代イギリス・1600年～現代』勁草書房，2006年。
赤松淳子「感性——一八世紀虐待訴訟における挑発と激昂のはざま」伊東剛史・後藤はる美編『痛みと感情のイギリス史』東京外国語大学出版会，2017年。

～～グローバル～～
7　女性の経済活動と移動

杉浦未樹

【関連項目：コロニアリズム，女性の海外出稼ぎ労働，グローバル・ヒストリーとジェンダー】

　概　要

　1850年以前のヨーロッパにおける女性には，職種選択，動産・不動産の相続・所有・運用，および経済行為の主体性の面で種々の制限がかかっていた。その中で，17世紀に黄金の世紀を築きあげたオランダ共和国（1579～1795年）は，女性の経済活動および移動が活発であった地域として知られる。様々な制限は継続したが，女性も賃金労働市場の一員となり，晩婚・核家族化が進み，共働きも広まり，女性が世帯の購買力を上昇させる「**勤勉革命**」が起こった。アフリカ・アジア・アメリカへと交易・植民地経営に乗り出したことも女性に影響を与えた。植民地では本国とは異なる相続形態がとられて女性が家業存続の要となるように調整された。

　当時の議論　オランダ共和国の都市部を訪れた同時代の旅行者は，驚きの声で女性が物売りや宿屋経営など公的な場で経済活動していることを報告している。男性が植民地活動，軍役，水運などで国外流出したため，女性が周辺地域から単身で移動し，賃金労働に携わった。したがって17世紀を通してアムステルダムの人口男女比は女性のほうが多かった。また，**西ヨーロッパ型結婚パターン**といわれる女性の晩婚化や核家族化も顕著に進んだ。17世紀のアムステルダムでは生涯未婚の女性の割合が3人に1人であったと考えられている。しかし，制限も多かった。女性は，家内奉公人・お針子・物売り・セックスワーカーなど限られた職種に集中した。また，女性も不動産・動産の相続・所有ができたが，経済取引を実行するのには男性後見人を必要とした。共和国では男女均分相続が徹底的に実施され夫婦間相続は例外的であったため，女性も父系と母系から相続できた。家屋の8分の1などの細かい相続権利も普及し，相続家屋の家賃の割合分で長期間相続分を得た。女性は，こうした不労収入などを元手に生活運営と財産形成を全人生にわたって行い，雇用主とも投資家ともなっていた。

　論　点

　1．勤勉革命論　アメリカの経済史家，デ・フリースが1994年頃から論じ始め学界で大きな影響力をもつようになった勤勉革命論（de Vries 2008）は，イギリスとオランダの女性の経済活動に新たな光を照らした。この論は，女性の賃金労働参加の拡大を主要因に，世帯購買力が上昇し消費財を購入する余地が産業革命に先行して拡大していたことを指摘した。

　2．ガール・パワー論　一方，オランダの研究者デ・ムーアとファン・ザンデンによる「ガール・パワー」論（de Moor and van Zanden 2010）は，共和国の晩婚化の背景に，女性が結婚するよりも労働に従事すること

本節で紹介したデ・フリースに先行して，速水融の論が存在する。こちらは世帯あたりの購買力ではなく，土地あたりの労働集約性の変化に着目した。

▷2　(西)ヨーロッパ型結婚パターン
ヨーロッパ型結婚パターンとは，イギリス・オランダ・北フランス・北欧を中心とした西ヨーロッパに晩婚で生涯未婚率が高く，結婚しても核家族化するという，東・南ヨーロッパの早婚・大家族とは異なる結婚パターンが生じたことを指す。相続制度は必ずしもこれらとリンクして考察されていないが，フランス中部を境として，その北方に男女配分が均等かそうでないかは地域によって差があるものの，均分相続制度，その南方に長子相続制度が広がっている。

を自発的に選択していたことを指摘した。これらの女性の労働参加こそ，共和国全体の経済成長の大きな要因であったのだという。この論は，女性の就労と近世期の経済発展とを結びつけた点で画期的である。これに刺激されて，1850年以前の女性の様々な就労形態とその経済的貢献の議論が進んだ。

　このように1850年以前の女性の経済活動と移動をめぐる論議が，禁止や制限という消極的側面に注目した「負」の論議から，「勤勉革命」論，「ガール・パワー」論に代表される，女性による労働や消費の経済成長や資本主義経済の発展に対する積極的貢献を位置づける「正」の論議へと大きく転換した。これらの議論では女性の賃金労働

女主人と女中
（ピーター・ファン・デン・ベルヘ〔1694-1737〕『朝』）

がもっぱら注目されてきたが，それ以外の財産相続などの女性の経済活動がどのように貢献したのかを関連づけていく必要があるだろう。

3．本国と植民地

　本国と植民地の男女比の偏りは，その双方で移動を促した。上述のように本国の主要都市部の多くでは女性人口が男性を上回っていた。一方，植民地は男性過多で，基本は男性優位のロジックで動き，自由民の女性は職種制限が厳しくほとんどが家庭に取り込まれた。奴隷として連行された者や周辺地域から移動した者の中にも多くの女性がいた。家内奉公人や奴隷は，日々の食料などの物流に携わった。それらを監督するのは妻の役目であった。これらの人々の存在のため，植民地では，本国とは異なり夫婦間相続が一般化され，夫の死亡時，現代と同じように夫の財産の半分を引き継ぎ，女性が家や商業経営の要となっていった。つまり，男性の移動が激しいため逆に女性が世帯運営と経済維持の要となったのであった。植民地における女性の経済活動の研究は幅広く（水井ほか編 2015，2016），本国と植民地の繊維産業の絡み合いの中で女性の就労を論じるグローバルな女性労働研究も発展しつつある（van Nederveen Meerkerk 2019）。

探究のポイント

①女性が歴史的に行ってきた経済活動を，就労以外の広い視点からあげてみよう。
②均分相続や長子相続，夫婦間相続があるか否かで，どのように女性の仕事，結婚，財産形成が変わるのかを考えてみよう。
③移動は，本国都市と植民地の男女比，夫婦間相続の適用をはじめとする大きな変化をもたらした。移動がジェンダー関係をめぐる制度に与えた変化を考えてみよう。

参考文献

ルドルフ・デッカー，ファン・ドゥ・ポル（大木昌訳）『兵士になった女性たち――近世ヨーロッパにおける異性装の伝統』法政大学出版局，2007年。
杉浦未樹「専門商の成長と女性の結婚・相続――近世アムステルダムにおける1701-1710年のワイン・コーパーの結婚契約から」『東京国際大学論叢 経済学部編』36，2007年。
水井万里子・杉浦未樹・伏見岳志・松井洋子編『世界史のなかの女性たち』勉誠出版，2015年。
水井万里子・伏見岳志・太田淳・松井洋子・杉浦未樹編『女性から描く世界史 17-20世紀へのアプローチ』勉誠出版，2016年。
浅田進史・榎一江・竹田泉編『グローバル経済史にジェンダー視点を接続する』日本経済評論社，2020年。

◇イスラーム圏◇

8 イスラーム社会における女子教育 秋葉　淳

【関連項目：家庭教育と女性文化，家族関係の変化，幼児教育，中等教育，女子職業教育，近代公教育とジェンダー・ポリティクス，仏教の「近代化」と女子教育，女子教育（台湾），イスラーム革命と女子宗教学院】

📖 概　要

イスラーム社会において宗教的，学問的な知の伝達を担ってきたのは圧倒的に男性だった。イスラームの専門的知識の教育のために**マドラサ**[1]という学校が10世紀以降各地に建設されたが，これは寄宿制で，男性のみの世界だった。それに対して，クルアーン朗唱，**読み書き**[2]，基礎的な教義などを教える初等学校であるマクタブは，女子にも開かれていた。男女共学のマクタブがあったほか，女性教師による女子学校が存在していた。女性教師の学校は自宅に子どもを集めるものも多く，また，しばしば男子も受け入れていた。地域・時代・階層によっては，女子教育はよりインフォーマルな形で行われ，女子は父親など家族の男性から学んだほか，女性または男性の家庭教師から教えを受けた。

マドラサでの学問・教育は男性の独占下にあったが，預言者の言行録であるハディース*の伝承は，女性が活躍できた領域だった。ハディースはモスクや学者の自宅などでも教えられ，その場に女性が加わることもしばしば許された。とくに，幼少時に父親に連れられて高名な学者のもとに通い，ハディースを伝授された女性は，自身が高齢になったときに，その学者から学んだ最後の世代となって高い権威を得ることができた。女性ハディース伝承者は，とくにマムルーク朝（1250〜1517年）において顕著な活躍を見せた。

当時の議論　13世紀の神学者トゥースィー*は，その倫理書で女子には読み書きを学ばせるべきでないと説いた。一方，オスマン帝国の**クナルザーデ**[3]は，女子が読むのはよいが書くことは禁止すべきという他の学者の見解を紹介しつつ，「知識を求めることはすべてのムスリム男女の義務である」というハディースを引いて女子教育の重要性を主張した。しかし彼においても，女子に必要なのは良き妻としての道徳であるとされていた。

また，マムルーク朝の学者**サハーウィー**[4]の著した大部の伝記集の最終巻は女性の伝記（1075名）に充てられ，ハディース伝承者はその中で重要な位置を占めていた。サハーウィー自身もそうした女性に学び，彼女たちの学識を高く称賛したが，それは他方で，ハディース学に限定され，教授職に就けない女性伝承者たちが男性学識者の地位を脅かす存在ではなかったからであったともいえる。

その後の展開　19世紀に入ると，欧米の学校制度や教授法を導入する改革がイスラーム世界各地で始まり，その動きは女子教育にも及んだ。また，同時期に，欧米のキリスト教宣教団が中東各地に設立した女子学校には，現地のキリスト教徒に続いて，やがてムスリムの女子も通うようになった。オスマン帝国では，1859年に女子の近代的学校として初めて公立の女子高等小学校が

▷**1　マドラサ**
マドラサは，ワクフ（Ⅱ-5側注4参照）という宗教寄進制度を利用して建設・運営された。支配層の女性の中には，自らの財産を寄進してマドラサを建設する者もあった。

▷**2　読み書き（読むことと書くこと）**
前近代のイスラーム社会においては，一般的に「読むこと」は宗教的に求められた能力だったのに対し，「書くこと」は特殊な技術とされ，男子のマクタブにおいても皆が学んでいたわけではなかった。

＊　**ハディース**
Ⅰ-2側注2参照。

＊　**ナスィールッディーン・トゥースィー**（1201〜74）
Ⅱ-5側注1参照。

▷**3　クナルザーデ・アリ**（1510〜72）
オスマン帝国の学者で，彼がトゥースィーやガザーリー（1058〜1111）などを踏まえて著した『アラーイーの倫理学』は広く読まれた。

▷**4　ムハンマド・サハーウィー**（1427〜97）
マムルーク朝の学者で，12巻に及ぶ伝記集（人名辞典）『（ヒジュラ暦）9世紀の貴顕の輝く光』を著した。

設立され，旧来のマクタブの後に学び続けたい女子の受け皿となった。その後，男女の義務教育が法律で定められ（1869年公教育法），女子小学校および高等小学校の教師育成のための女子師範学校が開設された。女子学校の課程には，男子の学校にはない，裁縫，家政学，音楽なども含まれていた。エジプトでは1873年に近代的な女子小学校が設立され，1900年には女性教師の養成も始まった。イランでも1897年に**新方式**[5]の私立女学校が初めて開かれた。

イスタンブルの女子高等小学校の生徒（1880〜90年代）

19世紀末から，これらの地域では女性たちの手によって女性雑誌が刊行され，女性の地位の向上や女子教育の普及が訴えられるようになった。20世紀に入るとムスリムの女性団体も設立され，女子教育の推進に貢献した。

 論 点

1．女子教育推進の言説
19世紀にまず男性知識人，のちに**エリート女性**[6]が唱えた女子教育推進論は，女性の妻・母親役割を強調し，女性が教養を身につけることが国民の文明化や国家の強化を助けるという，ナショナリズムの主張と結びついて展開した。それはこの運動の限界でもあったが，国家・国民への貢献という議論が，女性にも専門的職業の機会を与えよという要求に発展しうるものであったことも指摘されている（ナジュマバーディー 2009）。

2．女子教育は上から／外来の近代化か
一般的に女子教育の歴史は，上から，あるいは西洋由来の近代化の歴史として描かれる。しかし，初等教育に限れば，少なくともオスマン帝国の首都では，本格的な女子教育推進政策が始まる以前の1868年の時点で，学校に通う女子の数は男子の6割に達した（Akiba 2019）。そもそも，1859年に女子高等小学校を開設したのは，年長の女子が男女混合の初等学校で勉強し続けることが問題視されたのがきっかけだった。つまり，社会の側に女子教育への需要が先にあったかもしれないのである。

3．社会階層と女子教育
上流家庭では女子に家庭教師をつける慣習があったので，学校教育を受けていた女子には，より広い社会層の出身者も含まれていたと考えられる。また，女性教師たちの出身階層や，学校を出た女性の社会的地位についても検討する必要がある。

─ **探究のポイント** ─
①欧米からの影響とともに，欧米との同時代性についても調べてみよう。
②日本やアジアの他の地域とも比較してみよう。
③国家の政策決定者や，子を学校に入れた親たちは，学校教育に何を期待したのだろうか，考えてみよう。女子と男子の場合で違っただろうか。

▷5 **新方式**
19世紀後半にオスマン帝国で考案された新しい教育法で，初等教育においては効率的な識字教育と現地語（クルアーンのアラビア語でなく）の重視に特色があり，算数，歴史，地理など新しい科目も導入された。この新方式教育は，その後ロシア帝国支配下のムスリム社会や中央アジア，カージャール朝イランにも広まった。

▷6 **エリート女性**
19世紀末以降から20世紀前半にかけて文筆活動や社会運動で活躍した女性たちの多くは，王族や官僚，軍人，ウラマー（イスラーム学者）など上・中流層の家庭に生まれ，教育機会に恵まれたエリートだった。

参考文献

ライラ・アハメド（林正雄ほか訳）『イスラームにおける女性とジェンダー』法政大学出版局，2000年。
アフサーネ・ナジュマバーディー「教養ある主婦をつくり出す──イランにおける取り組み」ライラ・アブー＝ルゴド編（後藤絵美ほか訳）『「女性をつくりかえる」という思想──中東におけるフェミニズムと近代性』明石書店，2009年。
秋葉淳「タンズィマート以前のオスマン社会における女子学校と女性教師」『オリエント』56(1)，2013年。
秋葉淳・橋本伸也編『近代・イスラームの教育社会史──オスマン帝国からの展望』昭和堂，2014年。
服部美奈・小林寧子『教育とエンパワーメント』明石書店，2020年。

9 家庭教育と女性文化

中国

杉本史子

【関連項目：イスラーム社会における女子教育，中等教育，女子教育（台湾），近代教育と女子大生】

📖 概　要

　中国の伝統社会において，女性は主に家の中の切り盛りをすることが求められ，幼少時より母から糸つむぎや機織り，裁縫などの技術を教え込まれた。余裕のある階層ではこれに刺繍が加わり，衣類や靴などに華麗で縁起の良い図柄を施すことが，女性のたしなみとされた。女性が家の外で学ぶ機会はほとんどなかったが，士大夫層であれば家の中で**女訓書**や**『列女伝』**などを使って，読み書きを教えられることもあった。それらの書には柔順で和を尊ぶことが女性の守るべき教えであることが説かれ，才気をひけらかす女性は嫌われた。読み書きを習得した女性は，本格的な**科挙**の勉強に入る前の息子や孫に手習いを教えることもあった。

　文才に秀でた女性たちの中には，女性詩人として名を馳せた者もいる。家の中で詩を詠んだ**閨秀詩人**たちは，家庭教師や親族から教養を授けられて才能を伸ばした。8世紀後半から9世紀にかけての唐代の薛濤と魚玄機は，恋愛を含む自らの心情を歌い上げ，名のある詩人たちと詩を交わし合った**青楼詩人**であるが，やはり2人とも幼少時に父から詩の教育を受けていた。文芸だけでなく，書道や絵画，琴などの楽器演奏をたしなむ女性もいた。13世紀に生まれた元代の管道昇は夫から絵の手ほどきを受け，その才能を発揮した画家で，竹の絵などが現在でも残されている。

　明末から清代にかけての17世紀以降，朱子学の厳格な規範が浸透すると，「**女子の才無きはすなわち是れ徳**」という言葉が行き渡り，女性は何も知らないかのように慎み深く振る舞うことが理想とされた。だが実際にはこの時期，長江下流域の江南地域を中心に文芸に親しむ女性たちが増えており，家族のサポートを受けた閨秀詩人たちの詩文集が編まれることも少なくなかった。このように限られた階層だけではあったが，家の中には豊かな女性文化が存在していた。

当時の議論　　伝統社会でも教養のある女性が一律に疎まれていたわけではない。むしろ詩文集を出すほどの才女がいることは，家の誉れとされていた。「女子の才無きはすなわち是れ徳」という語が出現したことは，裏を返せばそれだけ学問を身につけた女性たちの活動が認知されていたことを示している。またこの語に反対する意見も，当時より相次いで出されていた。ただ賢い女性とはあくまでも家に繁栄をもたらす女性のことを指し，家の規範をはみ出すような振る舞いをすると，批判の対象となった。それは12世紀の宋代の詩の名手として知られる李清照への評価が，彼女の再婚・離婚の伝承をめぐって，大きく揺れ動いたことからもわかる。

*　女訓書
Ⅰ-1 側注4参照。
*　『列女伝』
Ⅰ-3 参照。
*　科　挙
Ⅰ-1 側注7参照。
▷1　閨秀詩人
学問・芸術に秀でた上流階層の女性を閨秀と呼ぶ。閨とは奥まった女性の寝室を指し，そこからほとんど出ないことが上流階層の女性のあるべき姿とされていた。閨秀詩人たちは，家の中で詩作に励み，嫁いだ後も嫁ぎ先で著作に従事した。
▷2　青楼詩人
高度な教養を身につけ，士大夫たちと詩を交わし合った妓女。青楼とはもともと青の漆が塗られた高貴な家の建物を指したが，妓楼を指す言葉ともなる。
▷3　「女子の才無きはすなわち是れ徳」
16世紀後半から17世紀前半にかけての明末に現れ，清代に定着したとされる。学のある賢い女性は徳に欠けるとされ，女性への教育を妨げる根拠となった。

その後の展開　清朝末期の19世紀に列強の中国侵出が始まると，開明的知識人たちは，国家の富強のためには女性にも学校教育が必要であると声を上げた。清朝政府は，女子の教育は家庭内で行えば十分であると考えていたが，1907年にようやく重い腰を上げて女子学校教育の法制化に踏み切った。中華民国期に入ると，女子の教育も徐々に家庭教育から学校教育へと移行していった。

論　点

1. 女性は従順なだけの存在であったのか　明清期に儒教規範が強まるにつれ，女性に求められる規範も厳しくなっていった。一昔前の研究ではその規範のみに焦点が当てられ，前近代の女性は家の中でも抑圧された存在として描かれがちであった。だが1990年代以降，女性自身が書いた資料や女性が描かれた資料を，時代や地域ごとに異なる社会背景を踏まえながら丁寧に読み解く研究によって，必ずしも従順なだけの存在ではなく，立場によっては，その才覚を活かして家の内外で大きな力をふるうことがあったことも明らかにされている。墓誌銘▷4などの発見により，従来の説を覆す新たな女性像が浮かび上がることも少なくない。

2. これまでの家庭内文化の見直し　明清期江南における女性文化の研究に先鞭をつけたのは中国の研究者であるが，その後日本や在米の研究者もこの分野に注目し始めた。ドロシー・コウ（Ko 1994），スーザン・マン（2015）らは士大夫層の女性による活発な執筆活動を取り上げ，彼女たちが著述や出版活動によって社会的なネットワークを深化させていったことなどを明らかにした。またコウ（2005）は近代より一貫して男性による女性支配の象徴とされてきた纏足の靴にも注目し，そこに施された意匠をこらした刺繍の数々は，母から娘に代々受け継がれる豊かな文化であったことを論じた。ただし，女性たちに大きな苦痛をもたらした纏足文化については，今でも否定的にとらえられることが多い。

3. 近代の女性と家庭教育　19世紀末以降の女性教育研究は学校教育が中心となる。家庭教育については，その当時に書かれた育児法の分析が進められた。女性に賢く健康な子どもを育てるノウハウを授けようとする育児法からは，育児という役割を通して女性に近代的な知識が授けられたという一面は認められる。だが子を自らの手で教育する母親像が形づくられ，新たなジェンダー規範となっていったと指摘する研究が多い。

┌─ **探究のポイント** ─────────────
│ ①女性の外出が制限されていた社会の中で育まれた女性文化のもつ意味を考えてみよう。
│ ②現在でも女性が家庭教育の主な担い手となっているのはなぜなのだろう。また今後どのように変化していくのが望ましいのだろうか。
│ ③規範を乗り越えようとする才女が疎まれる風潮は今でも残っていないだろうか。
└────────────────────────────

壁に現れた文字を写し取ったという孝女

▷4　墓誌銘
墓の中に埋める死者の事績を刻んだ方形の石。「誌」と呼ばれる死者の伝記文と，「銘」と呼ばれる死者を称賛し，追悼する韻文からなる。

宋若昭の墓誌銘
（唐代，828年）

参考文献

大島立子「元代における女性と教育」中国女性史研究会編『論集中国女性史』吉川弘文館，1999年。
関西中国女性史研究会編『ジェンダーからみた中国の家と女』東方書店，2004年。
ドロシー・コウ（小野和子・小野啓子訳）『纏足の靴——小さな足の文化史』平凡社，2005年。
スーザン・マン（小浜正子，リンダ・グローブ監訳，秋山洋子・板橋暁子・大橋史恵訳）『性からよむ中国史——男女隔離・纏足・同性愛』平凡社，2015年。
板橋暁子「「才女」をめぐる視線」『中国ジェンダー史研究入門』京都大学学術出版会，2018年。

科学とジェンダー

西洋
10

川島慶子

【関連項目：産科学とジェンダー，啓蒙思想と女性の学識，科学と宗教，高等教育】

▷1　アリストテレスの生気論的自然観

古代ギリシアの哲学者アリストテレス（B.C. 384〜B.C. 322）の自然観。自然を大きな一つの生命体のようにみなしてその運動原理や法則を考える思想。科学革命期に注目された機械論的自然観はこれと反対に，自然を部分からなる大きな機械のようなものとして数学と実験で解明できるとする思想。

📖　概　要

　科学革命とは17世紀西欧における近代科学の誕生過程である。この革命は当時主流であった**アリストテレスの生気論的自然観**▷1を転覆させた。

　変革の当初には，長く学問の埒外に置かれていた女性たち，あるいは「女性的概念」とされたものが，女性嫌悪のアリストテレス理論への対抗原理として登場する場面もあった。しかし最終的には，自然を受動的（＝女性的）とみなし，その謎を明らかにして，自然を征服して人間のために利用する能動的（＝男性的）行為こそが自然研究の真のあり方とされた。自然は受動的で機械のような存在（＝機械論的自然観）に変わり，実験（観測）と数学によってのみ，探求可能となったのである。

　方法論こそ激変したが，この間常に自然研究の主体は当時の父権制社会の強者たる男性のままであった。ただ，17世紀にデカルトが強調し，18世紀の行動原理となった「人間に生得的な理性」という概念がこれ以降ジェンダーと関係してくる。つまり，「理性に性差なし」として諸分野への女性の参加を認める動きが，細い流れとして存在し続けたのである。たしかに18世紀の博物学はそれ以前よりも男女の差異を強調し，フランス革命後の社会がこの理論を法的に利用したため，19世紀前半には女性の科学研究への参加が18世紀より後退した。しかし先の「理性の平等」概念が消えることはなく，それが世紀半ばの高等教育への女性の正式参入を可能にした。最終的には人類初で，未だにその記録の破られていない，科学における二分野のノーベル賞受賞者**マリー・キュリー**▷2を生み出すことになる。キュリーは正規の女子学生として大学の理学部教育を受け，科学革命の方法論に忠実な科学研究を行う職業科学者として，大発見を成し遂げたのだ。

▷2　マリー・キュリー（1867〜1934）

ポーランド生まれでフランスに帰化した物理学者。夫のピエール・キュリー（1859〜1906）とともに，放射能現象の解明と，新放射性元素ポロニウムとラジウムを発見した。

▷3　ガレノス（129頃〜200頃）

ローマ帝国時代のギリシア人医学者。古代医学の集大成をなし，彼の説はその後の西洋世界およびイスラーム世界において支配的な医学の学説となった。

当時の議論　18世紀までの医学では，男女の違いを「熱」の差に帰すという**ガレノス**▷3説が主流であった。男は女より熱が多いので活発で強いとされた。つまり，もし何らかの方法で女に熱を与えることができたら，その個体は男になり得るのだ。これは科学革命以前の主流物質論である四元素論とも関係している。宇宙の構成要素である四元素は，温・乾・冷・湿という四性質の影響で互いに変換可能だからである。17世紀に物理学や天文学での科学革命が達成された後，18世紀には化学や博物学もまた，質ではなく量を重視し始める。ガレノス説と違

ラヴォワジエの実験室（18世紀後半）
妻（画面右）が実験記録をとっている。個人蔵。

い，性差は細部に至るまで補完的で転換不可能な物理的差異であるという理論が主流になる。こうして女性の役割は，男性に不可能な「出産」「授乳」に収束されていく。じつに「哺乳類」という言葉が生まれたのは18世紀である。これが母性を強調する19世紀西洋の社会制度を「科学的に」保証することになったのだ。

論点

1．科学と自然の定義

第二波フェミニズム*以前は，今でいうジェンダーと科学に関する研究は，「科学の中の女性」といった類のものが圧倒的であった。つまり，近代科学の方法論を唯一無二の中立的真理として，その中で女性の貢献を訴える研究である。ここにあったのは「女性も仲間に入れてほしい」「女性も貢献できる」という弱者の切なる願いであった。第二波フェミニズムがこの方法論を変える。科学とは何か，科学で扱う自然とは何かを考え，そこに社会のジェンダー・イメージが投影されてはいないかと問う者が出始める。ケラーやマーチャントは，科学革命の中で自然が死した機械とみなされ，自然と女が重ね合わされる過程の重要性を示した。

2．表に出てこない「参加者」たち

左頁の図の実験室はラヴォワジエ[4]の自邸内である。〈論点3〉とも関係するが，18世紀までは科学研究の場が私的空間であることがまれではなかった。つまり，公的な研究所とは違い家族や友人が入りやすい。図ではラヴォワジエの妻が記録係として実験に参加している。ただ，こうした家族，それも女性の名前は論文の著者としては出てこない。社会制度上，女性は科学の公職（科学アカデミー会員，大学教員，天文台職員など）に就けず，社会からの期待もなかったからである。

第二波フェミニズム以降では，実際に科学研究をした女性を扱う場合でも，シービンガーの研究にみられるように，上記のような科学を取り巻く社会制度とジェンダーの関係を考察した上で，当該女性の「貢献」についての評価がなされるようになる。「個人の」環境も「社会的産物」だという視点を獲得したのだ。

3．「科学者」誕生の時期

われわれは17世紀のガリレオやニュートンを「科学者」と言ってしまうが，この時代に科学者という言葉はない。彼らの肩書は哲学者や数学者である。だから時期によって「女性の科学研究への参入」の意味は異なる。これがマリー・キュリーと，科学史に登場するそれ以前の女性との違いである。18世紀から20世紀にわたる川島慶子の一連の研究は，こうした差異を踏まえた上で，女性科学研究者の存在とその心理についてジェンダーの視点から分析するものである。

探究のポイント

①科学的という言葉で，あなたは何を思い浮かべるだろう。そのことと，あなたの中のジェンダー・イメージは関係しているだろうか。
②18世紀以前では，科学の著書に自分の名前を出さなかった女性がたくさんいた。彼女らは何を恐れていたのだろう。今でもそういう分野はあるだろうか。

＊ 第二波フェミニズム
I-5 側注5参照。

▷4 アントワーヌ・ラヴォワジエ（1743〜94）
近代科学の父と呼ばれるフランスの化学者。質量保存の法則の基本原理化，化学実験方法の革新，燃焼と呼吸における酸素の役割の解明などを行った。妻のマリー・アンヌ・ラヴォワジエ（1758〜1836）は夫の研究協力者。

参考文献
キャロリン・マーチャント（団まりな訳）『自然の死——科学革命と女・エコロジー』工作舎，1985年。
エヴリン・フォックス・ケラー（幾島幸子・川島慶子訳）『ジェンダーと科学』工作舎，1993年。
ロンダ・シービンガー（小川眞里子・財部香枝訳）『女性を弄ぶ博物学』工作舎，1996年。
川島慶子『エミリー・デュ・シャトレとマリー・ラヴォワジエ——18世紀フランスのジェンダーと科学』東京大学出版会，2005年。
川島慶子『マリー・キュリーの挑戦——科学・ジェンダー・戦争』トランスビュー，2010，2016（改訂版）年。

11 産科学とジェンダー

長谷川まゆ帆

【関連項目：科学とジェンダー，疫病とジェンダー，植民地朝鮮の医療空間とジェンダー，「女医」をめぐる論争，台湾原住民女性の経験，一人っ子政策と生殖，医療技術とジェンダー】

▷1　床屋外科医

瀉血用ナイフやメス，ヘルニア用の補正具など治療用器具の調達を背景に，王権の認可を受けて団体をなし，風呂屋や食料品店など都市の関連業種の間で社会経済的ネットワークを形成した。

▷2　瀉　血

古くからある民間療法。患部の血を抜き，血中の毒素を減らし，血圧を下げて，痛みを和らげる。ヒルによる方法が広く実践されていたが，一方で，ナイフを操る職業者がその専門家とみなされていった。

▷3　モケ・ド・ラ・モット（1655〜1737）

パリの施療院で学び，ヴァローニュ（ノルマンディ）で開業。40年近い助産経験から手技に精通していた。この技を「ポケットからハンカチを取り出すほど容易」と著書に記した。これは今でいう内回転術と骨盤位牽出術を組み合わせた方法であり，実効性もあった。

▷4　『百科全書』

1751年から72年にかけて，ディドロやダランベールなどの知識人を総動員して編集された。既成の知的権威を否定し自由な人間精神による社会進歩を信じる立場にある百科事典であるが，執筆者に女性は含まれていなかった。

▷5　鉗　子

逆子に際して，膣内に左右順に挿入し頭部を挟んで引き出す器具。形態改良が進んだが，細菌感染の理解がなかった時代にはまさに産褥熱の感染源となっていた。

概　要

　出産／助産は，長らく女の領域とされていたが，近世末以降，産科学とその後の病院制度の確立を経て，男性中心の医療体制の中に組み込まれていった。その起源は床屋外科医にある。床屋と外科医が一つの社団をなすのは13世紀のことであり，戦時の傷病者の手当を主たる目的としていたが，彼らは鉤の手や瀉血用の刃物など金属具を所有し操ることから，まれに難産の際に呼ばれて胎児の摘出にも携わった。とはいえその施術は，子のみならず産婦も死に追いやる危険があり，外科医は不吉な徴として忌避された。

　近世期に入り，アンブロワーズ・パレやフランソワ・モリソーらに加え，モケ・ド・ラ・モットが故郷コタンタンで得た豊富な臨床経験から，危険な金属具を極力使わず，手技だけで母子の命を救う特殊な技の実践を書物に著すと，床屋外科医の倫理的プレゼンスは高まった。しかし助産が外科学の重要な一領域となるのは18世紀半ば以降である。世紀初頭から，床屋外科医は，解剖の権威を背景に外科学を「純然たる科学」とすることを目指し，1740年代初めに床屋業をその社団から切り離した。『百科全書』にも外科医によって「外科医は助産婦よりも上手に助産する」と記された。その頃から「鉗子」がヨーロッパ中で推奨されるようになり，これを駆使する専門医として産科医は誕生したのである。

　しかし，鉗子の普及と濫用は産婦の内粘膜を傷つけ，感染症による死を増大させていた。イギリスの内科医たちがこの熱病にいちはやく注目し「産褥熱」と命名していたが，鉗子と産婦の死の因果関係は19世紀末になるまで解明されなかった。18世紀後半のフランスでは，地方長官らが農村の女たちを対象とした助産技術の無料講習会を開設し，鉗子を操る外科医たちの補助者としての助産婦養成に着手している。この男性外科医を中心とする助産の構造は，大学病院の附設学校などでの助産婦教育を通じて，革命後にも引き継がれていった。

当時の議論　　パリ大学医学部の内科医フィリップ・エッケは，助産は「太古から女の領域」であり，外科医の助産への介入は聖書の教えに反する「不適切な」ものだと批判した。一方，モケ・ド・ラ・モットは「女に聞いてみれば，みすみす命を落とすより男の助産を欲することがわかるだろう」と述べてこれに反駁した。彼は助産婦は「無知」で「危

外科医を揶揄する諷刺絵（1793年）

険」な存在だと貶め，教育の必要を否定したが，エッケは助産は女の領域である
がゆえに女をこそ助産者として育てるべきだと主張した。2人はジャンセニスト
と改宗カトリックという宗教上の違いがあり，外科医と内科医の宿命ともいうべ
き確執の中で，王権をめぐる立ち位置にも隔たりがあった。図は男の産科医を揶
揄する諷刺画である。こうした嘲笑は18世紀になっても消失せず，産科医が男で
あることへの違和感や恐れが根強かったことを物語る。

✎ 論 点

1. 出産の場はいつから医療の領域に包摂されていったのか

中世の医学書には，受胎や発生に関わる項目
はあっても，分娩や助産がそれそのものとし
て記述されることはなかった。ルネサンス以降，古代の医学書の再評価とともに
産科学書も掘り起こされ，**お産椅子**◁7にも目が向けられたが，その主たる関心は命
を救うことよりも子殺しの防止にあった。17世紀になってようやく，難産に際し
て母子の命を救うことが模索されるようになるが，難産／自然出産を問わず，出
産が医療の領域にあるものとして包摂されていくのはごく最近のこと，病院出産
が普及し家庭出産が消失していく1960年代以降のことである。

2. 女たちの出産における主体性と多様性

1970年代までは，民俗学や民族学，人口史研究を除
くと，過去の女性たちの出産をそれそのものとして
考察する研究は存在しなかった。その後，女性史研究の隆盛の中で女の場として
の出産／助産にもようやく関心が向けられ，多様な実践が掘り起こされていった。
たとえば西川麦子や落合恵美子らの**聞き書き**◁8による助産婦の経験の掘り起こしで
ある。またミレイユ・ラジェ（Laget 1982）は南仏エロー県の史料から革命以前
の出産の歴史に取り組み，ドイツでもバーバラ・ドゥーデンが地方都市の内科医
の臨床記録をもとに，女たちの抱く身体観や想念を抽出した。

3. 国家の介入と近代化過程におけるジェンダー差

その後，2000年以降には，「女の場」と考えられ
ていた領域も，当該社会の秩序や変動から孤絶し
ていたわけではないとの認識から，同時代の諸権力との関係を問う方向へと研究
関心が移っていった。たとえば20世紀前半の中国を対象にした姚毅，19世紀にド
イツの助産婦制度を導入した日本の助産婦史を描いた木村尚子，18世紀アルザス
南部の助産婦をめぐる紛争を扱った長谷川まゆ帆等の研究である。出産／助産の
場や空間，産み方，ジェンダーには，国や地域によって差異があり，さらにイン
ドやイスラーム諸国も含めて，比較史の可能性が考えられる。

┌─ 探究のポイント ─────────────
│ ①産科医は誕生から長らく男性に限られてきたが，これをどう考えるか。
│ ②昭和初期までの日本の農村では，家族や隣近所の男が産婦の体を支えるなど，男も
│ 　助産に加わることがありえた。助産に男が入ることをどのように考えるか。
│ ③1960年頃までは都市でも家庭出産が珍しくなかった。たとえば，ドラマ『コール・
│ 　ザ・ミッドワイフ──ロンドン助産婦物語』（2012年〜）を観て，考えてみよう。
└──────────────────────

▷6 フィリップ・エッケ
（1661〜1737）
フランス・ピカルディ出身
の内科医。専門は胃の消化
や食事療法などの生理学で，
母乳育児を推奨した。ジャ
ンセニスムに傾倒し，医学
部社団を守る立場から王権
にも不満を抱いていた。晩
年は痙攣する身体に関心を
深め，菜食主義者となり，
隠遁生活を送った。

▷7 お産椅子
産婦が産むときに座る椅子。
14〜15世紀に古代の文献か
ら見出され，印刷本で流布
した。当初は簡素な腰掛が，
17世紀になると，床屋外科
医の助産への介入を警戒し
た内科医により，改良が進
み，複雑な形態に変化して
いった。

▷8 聞き書き
個人の語りを筆記すること
で，それまで文字に残され
てこなかった体験から，過
去の歴史を掘り起こしてい
く手法。

（参考文献）
落合恵美子「ある産婆の日
本近代──ライフヒスト
リーから社会史へ」『制度
としての「女」──性・
産・家族の比較社会史』平
凡社，1990年。
西川麦子『ある近代産婆の
物語──能登の産婆・竹島
みいの語りより』柏書房，
1997年。
長谷川まゆ帆『さしのべる
手──近代産科医の誕生と
その時代』岩波書店，2011
年。
姚毅『近代中国の出産と国
家・社会──医師・助産士・
接生婆』研文出版，2011年。
木村尚子『出産と生殖をめ
ぐる攻防──産婆・助産婦
団体と産科医の100年』大
月書店，2013年。

∾∾ヨーロッパ∾∾
12 啓蒙思想と女性の学識

弓削尚子

【関連項目：科学とジェンダー，科学と宗教，高等教育，近代教育と女子大生，新制大学と女子学生】

概　要

　理性を用いる勇気をもて——ドイツの哲学者カントが「啓蒙とは何か」（1784）という小論でこう述べたとき，必ずしも女性が念頭にあったわけではなかった。女性は「美しき存在」であり，理性や学識といった概念は，学問探究という崇高な（男性の）営みのためにある。カントは「学ある女性」は男性化していると皮肉っている。**百科全書**派のディドロは「われわれは女性よりも理性にめぐまれている」（「女性論」1772）といい，ルソーは「女性の教育はすべて男性に関連させて考えられなければならない」（『エミール』1762）として，「自己目的」的な女性の学識を不自然なものとして嫌悪した。授乳している農婦に花を授けるルソーを描いたイラストが残されているが，彼が理想とする女性像は，育児にいそしむ女性であって，文人を相手に知的な議論を導くサロン女性などではなかった。

　彼らが男性こそ理性的な存在だと主張し，女性の学識を批判したのは，裏を返せば，それだけ「学ある女性」のプレゼンスが目立っていたからともいえる。「女性初」と冠された「学者」，つまり「女学者」の活躍は啓蒙の時代に顕著になる。ボローニャ大学で物理学教授に就任したラウラ・バッシ，ドイツのハレ大学で医学博士号を取得したドロテーア・エアクスレーベン。ニュートン力学を翻訳し，物理学や数学の著作活動を行ったエミリー・デュ・シャトレ，『イングランド史』（1763〜83）で高い評価を得たキャサリン・マコーリはイギリス最初の女性の歴史家とされる。『黒人についての考察』（1788）や『女性の権利宣言』（1791）で平等理念を説いたオランプ・ド・グージュは，『女性の権利の擁護』（1792）を世に出したメアリ・ウルストンクラフト**とともに，カントがいうところの「理性を用いる勇気」をふるい，「理性の公的使用」を実践した女性である。

　　　　　　　　　女性の理性や学識に対して否定的な議論がなされる一方で，こう
　当時の議論　した否定論に疑義を唱える者もいた。ドイツの歴史家で文筆家であるアウグスト・シュレーツァーは女性の学識の可能性を証明すべく娘を教育した。娘のドロテーアは幼い頃から古典語と外国語を習得し，幾何学，数学，鉱山学，建築学などを学び，17歳のとき，父親が教鞭を執る大学で，多分野にわたる教授による「審査」を受け，哲学博士号が授けられた。

　シュレーツァーのように，女性の学識を是とする啓蒙思想家はたしかにいた。コンドルセは男女平等の思想を盛り込んだ公教育を構想し，カントの友人のテオドーラ・フォン・ヒッペルは女性の啓蒙を提唱して市民社会における女性の解放を説いた（『女性の市民的改善について』1792）。ウルストンクラフトがルソーの教育論を鋭く批判したことは知られているが，マコーリもまた「理性をもつすべて

---

*　**百科全書**
Ⅰ-11側注4参照。

▷1　**啓蒙の時代**
人間の理性を重視し，社会の不条理や不合理，差別や偏見に対する批判精神が活発な言論活動によってはぐくまれた時代。17世紀後半の「科学革命」以降，フランス革命までを指す。「啓蒙の世紀」「理性の時代」ともいわれる。

*　**メアリ・ウルストンクラフト**
Ⅰ章扉図参照。

▷2　**「性器以外の男女の身体的差異について」**
ドイツの解剖学者ヤーコプ・アッカーマン（1765〜1815）の博士論文（1788）のタイトルで，当時，医科学者が身体的性差に関心をもち始め，外性器だけでなく，様々な身体の部位や「皮膚の下」にまで性差を探究しようとする動向を表している。

▷3　**フェミニズム史学**
19世紀に成立した近代歴史学は，研究対象という観点

の人間の行いに関する正しさの基準は一つしかない」として，男女の教育に違いを設けることに反論した（『教育に関する書簡集』1790）。

だが，こうした反論をたたみかけるように，理性に性差を見，女性の学識を自然に背くものとする論調は強まっていった。医者や解剖学者が「性器以外の男女の身体的差異について」探究し，19世紀以降，大きな影響力をもつ科学的性差論が産声をあげたのも，啓蒙の時代だった。

A・C・ル・グランによる1785年頃の銅版画

 論　点

1．啓蒙思想の評価

1970年代以降のフェミニズム史学において，女性の従属を説くルソーの思想が注目され，啓蒙思想の負の側面が強調されるようになった。それまでの啓蒙思想に対する一面的な評価を修正した点で大きな意義があったが，今日では，ドリンダ・ウートラムのように，ルソーの位置づけを相対化し，啓蒙思想家の女性観の多様性を主張する歴史家もいる。そもそも啓蒙思想家＝男性という前提は見直されるべきで，ウルストンクラフトといった女性もまた「啓蒙思想家」とみなされるべきであろう。

2．自己目的的な学識か，妻・母・主婦になるための教養か

啓蒙思想は，無知の闇に知の光を投じるという教育改革の思想でもあった。「読書する女性」は増加し，女性向けの啓蒙雑誌も次々に創刊された。貴族・市民層を対象に女子教育施設も設立され，サロンや読書会など，女性が主宰する知的な社交組織も多くみられた。「女学者」の偉業を含め，女性の知の底上げをとらえる研究がなされる一方で，女性の学識と教養を女性の利己主義と利他主義に置き換え，「公的な学術界」と「私的な家庭」という二項対立的な性別領域論と絡めてアプローチする研究もある。

3．科学史研究の意義

啓蒙期の哲学や文学，社会評論を対象とする研究に加え，博物学や医学，解剖学といった自然科学を含む知の総体をとらえる科学史研究は，啓蒙思想をテーマとするジェンダー史研究の新たな地平を開いた。トマス・ラカーのいう**ワンセックスモデルからツーセックスモデルへの変換**は18世紀にゆっくりと着実に起こっていた。ロンダ・シービンガーは，知の担い手におけるジェンダーの問題と知に内包されるジェンダーの問題を論じるが，これは西洋近代科学の揺籃期に限ったことではない。

─── 探究のポイント ───
①啓蒙思想について近代歴史学の評価とフェミニズム史学の評価を比較しよう。
②大学に籍のない「在野の研究者」についてジェンダーの視点から考えてみよう。
③女性の学識を阻む今日の諸問題について話し合ってみよう。

からも男性中心の権力構造の上にあり，その担い手も大半が男性だった。これを女性という契機（モメント）から批判・解体し，歴史学の刷新を目指そうとするもの。

▷4　ワンセックスモデルからツーセックスモデルへの変換

アメリカの科学史家トマス・ラカーのテーゼ。古代ギリシアから17・18世紀頃の西洋まで，熱量の多寡の違いなど，性差は相対的なもので，基本は同じ（ワンセックス）としてとらえられたのに対し，卵子を「発見」するなど，男女の身体は別のもの（ツーセックス）として，絶対的性差をとらえるようになった身体観のパラダイムチェンジ。

（参考文献）

ロンダ・シービンガー（小川眞里子・財部香枝訳）『女性を弄ぶ博物学──リンネはなぜ乳房にこだわったのか』工作舎，1996年。

トマス・ラカー（高井宏子・細谷等訳）『セックスの発明──性差の観念史と解剖学のアポリア』工作舎，1998年。

ジルヴィア・ボーヴェンシェン（渡邉洋子・田邊玲子訳）『イメージとしての女性──文化史および文学史における「女性的なるもの」の呈示形式』法政大学出版局，2014年。

ドリンダ・ウートラム（田中秀夫監訳，逸見修二・吉岡亮訳）『啓蒙』法政大学出版局，2017年。

ロンダ・シービンガー（小川眞里子・藤岡伸子・家田貴子訳）『科学史から消された女性たち──アカデミー下の知と創造性』工作舎，改訂新版，2022年。

中国

13 貞節と男女隔離

仙石知子

【関連項目：父系原理と男耕女織，伝統家族，宮廷のハレム，家族重視イデオロギー，ヴェール】

▷1　五朝八姓
五代十国時代に，王朝が激しく入れ替わる中，馮道は，後梁以外の王朝（後唐・後晋・後漢・後周）すべてに仕え，後晋を滅ぼして一時的に中原を支配した遼にも仕えた。五つの王朝において，八つの姓の者に仕え，いつも高官であったことからこのように称される。

＊『列女伝』
Ⅰ-3 参照。

📖 概　要

　貞節とは，女性が複数の男性と関係をもたないことを評価する徳目をいうが，もともとは節義ある男性を称える表現であった。前漢の司馬遷が著した『史記』田単伝では，「忠臣は二君に事へず，貞女は二夫を更へず」と記されており，後世の「貞節」は，未だ「貞女」と表現されている。同一の行為に対して，「貞」と「節」が共に用いられる事例は，北宋の欧陽脩が著した『新唐書』に見られる。『新唐書』列女伝は，夢で再婚を迫られたため，容姿を自ら毀損した寡婦を官僚が「堅貞節婦」と称えたと記す。ここでは，「貞」に「節」が加えられている。欧陽脩は，『新五代史』の中で，五朝八姓に仕えた馮道を「無廉恥漢」（破廉恥）と批判する。そうした中で「二夫を更」えない女性は，一朝に仕え続ける男性の「節義」に準えられて，「貞」「節」と称されていったのである。

当時の議論
　もちろん，「貞節」という表現の成立は遅れるものの，そうした考え方を女性の徳目として宣揚する書籍は，前漢末に成立していた。劉向の『列女伝＊』である。『列女伝』は，母儀伝（手本とすべき理想的な母）・賢明伝（夫を支える賢い妻）・仁智伝（運命を見通す力に優れた女性）・貞順伝（貞節な妻）・節義伝（私情を捨て節義を重んじた女性）・弁通伝（弁論に優れた女性）・孽嬖伝（国を滅ぼす悪女）の全7巻で構成され，各巻それぞれに15人ほどの女性の話が収められる。手本とすべき女性たちの逸話が数多く収められており，女性が母として，妻として，国の存続に多大な影響を与える存在であることが鮮明に描き出されている。

　中国には，古来より，世界を構成する二つの根源的存在者として，女性は男性と対等である，という認識があった。ところが，儒教が政治的・社会的に浸透する中で，男女を尊卑で区別し，男性が社会活動を主導する責務を負い，女性は卑の立場から，尊の立場にある男性を支える立場に位置づけられた。それでも，儒教の中心的な考えであった孝という道徳理念の根底には，親・子を大切にするという奉仕の精神が存在する。孝は，女性による母性の力により，子の心の中に養成されるものである。そのため，女性は必須の存在だとみなされていた。『列女伝』が後世，長く読まれ，古典として尊重されたのは，儒教に基づく社会秩序の維持の上で，女性が欠かせない存在であったことを示している。

　そうした儒教による社会秩序を保つために，男女隔離が唱えられた。その典拠は，前漢の戴聖が編纂したとされる『礼記』である。全49篇のうち，儒教的女性観を体現する夫婦や婚姻などに関する論述は，曲礼・楽記・郊特牲・内則・哀公問・昏義の諸篇にみられる。ことに『礼記』内則篇には，「七年にして男女 席

を同じくせず，食を共にせず」とあり，物心つく頃から，「男女の別」を意識させるべきことが描かれている。また，婚姻については，『礼記』昏義篇に，「昏礼者，将に二姓の好を合はせ，上は以て宗廟に事へて，下は以て後世に継ぐなり」とあり，女性は宗廟として表現される「家」や「一族」に嫁ぐこと，そして，祖先の祭祀を後世に継承するために子孫を残すことが婚姻の目的であると記されている。婚姻の目的は，男系宗族の存続のためにあると規定されているのである。後漢に「儒教国家」が成立することにより，『列女伝』と『礼記』により宣揚された貞節と男女隔離は，長く伝統中国で尊重されていく。

とりわけ，中国宋代以降になると，女性の貞節は，女性倫理規範の中心となっていく。同一の始祖に連なる男系同一血統の集団である宗族が，長年にわたり蓄積してきた情報を集めて編纂した書物である族譜は，女性の貞節を重視した文言を載せている。女性は夫の死後に再婚せず，貞節を守り抜くことが理想であるとする考え方である。しかし，中には，女性が再婚した場合に言及した文言もみられる。宗族が何よりも重視していた男系同一血統の維持を阻害しないのであれば，再婚する女性が必要以上に非難されることはなかった。これに対して，婚姻中の不貞行為は強く非難された。血統の維持に支障をきたすおそれがあるからである。そのため，族譜では，男性が僧侶や道士になることも厳しく批判される行為であった。宗族という拡大した家族制度を維持するために，中国近世においても女性の貞節は守るべき女徳とされたのである。

論点

1. 貞節はいつから強調されていくのか　前漢の『列女伝』では，貞節はまだ女性の徳目の中心ではなかった。正史における女性をまとめた列伝の始まりとなる『後漢書』の列伝の中心は，班昭ではなく，匈奴に連れ去られたのち曹操が買い戻した蔡琰（蔡文姫）が著した3篇の詩である。女性の文学的才能を范曄は最も評価したと研究されており，「貞節」が強くいわれるようになるのは朱子学，さらには陽明学が民間に受容されていく過程と考えられる。

2. 父系継承社会の秩序と女性　女性は中国の伝統社会において，家庭の中に閉じ込められていながらも，社会秩序の中心に置かれていた。近年の研究によれば，父系継承社会の秩序は，女性を男性が活躍する社会から，すなわち性的な欲望や婚姻外の性関係から隔離することによって保たれていたともいう。そうした矛盾に対する女性たちの動向を明清時代を中心とする白話小説などから読み取っていけるであろうか。

「梁寡高行」（16〜17世紀）
再婚を迫られた女性が鼻を削ぐところ。『列女伝』の版本の中で，明の画家として著名な仇英の挿絵を加えたもの。

▷2 宗廟
祖先のみたまや。宗族と呼ばれる中国近世の同族により建てられ，同族意識の中心となった。

▷3 儒教国家
後漢の章帝期に儒教の経義により定められた国家体制と社会秩序を規範とするもので，近代まで続いた。

＊ 族譜
I-3 側注6参照。

＊ 朱子学
I-3 側注1参照。

▷4 白話小説
白話とは，口語体で書かれた文章をいう。伝統的な文語文で記述された文言小説に対して，話し言葉に近い口語文で書かれた小説を白話小説という。IV-15 側注1も参照。

（参考文献）
スーザン・マン（小浜正子，リンダ・グローブ監訳）『性からよむ中国史──男女隔離・纏足・同性愛』平凡社，2015年。
渡邉義浩「劉向の『列女伝』と『後漢書』列伝」『中国女性史研究』28，2019年。

┌─ 探究のポイント ─
│ ①『列女伝』に示された理想的女性像が，東アジア社会に現在ももつ影響力について討論しよう。
│ ②『礼記』に規定された男女隔離が中国社会にもたらした影響について考えてみよう。

◇イスラーム圏◇

14　同性愛／異性愛

辻　大地

【関連項目：イスラーム法と家族，江戸文化と男性同性愛，ロマンティック・フレンドシップ，同性愛，戦後日本における男性同性愛者の「悩み」，家父長制，セクシュアリティ】

📖　概　要

前近代のアラビア語史料，とくに詩や文学作品には，男性同士の性愛にまつわる描写が散見する。有名な『千夜一夜物語』[1]一つとってみても，美少年に思いを寄せる老人や，少年奴隷を寵愛する大臣が登場することに気づくだろう。多くの史料に共通するこうした性愛関係の特徴に，成人男性が社会的に未熟とみなされる者を性の対象とする点があげられる。つまりこの関係は，両者が対等なものでなく，成人男性が主体的立場（能動側）で少年や奴隷[2]を性的客体（受動側）として扱う一方向的なものであった。当時の成人男性中心の社会秩序では，それ以外の者（女性や子ども，奴隷など）は性別によらず，性の対象となりえたのである。

当時の議論　イスラーム法学者の間でも，一般的な通念においても，同性愛は禁止とみなされてきたが，クルアーンに直接的な言及はない。根拠とされている箇所は，旧約聖書とも共通する預言者ロトとその街（旧約聖書ではソドム）の住人の醜行の物語である。キリスト教圏ではソドミーとして，不自然な性行為全般を指すとされたこの醜行は，イスラーム圏では同性愛と解釈された。現在アラビア語で同性愛を意味するルーティーという語は，ロトに由来する。また，姦通を戒める章句「それをなした二人は痛めつけよ」の「二人」を男性同士と理解して同性との性行為の禁止を表すとする解釈も存在し，後にはラシード・リダーやサイイド・クトゥブ[3]など，近現代の著名な思想家によって採用された。その一方，楽園の描写には酔わない酒や永遠の処女と並び，酌取りの美少年が報奨としてあげられている。これをめぐる議論も交わされたが，多くの場合，あくまで比喩的な表現にすぎないと解釈された。いずれにせよ，同性愛の禁止については合意がなされているが，その根拠は法学者の議論によって形成されたものであり，具体的な処罰対象や刑罰は一律に定まらなかった。

一方，成人男性と少年や奴隷との性愛の実態も史料から窺える。たとえば9世紀には，女性と少年とではどちらが性の対象として優れているか，各支持者が論争するという作品が著された。実際に優劣を決めるものではなく，論争形式で逸話や詩を紹介

▷1　『千夜一夜物語』
『アラビアン・ナイト』ともいう。枠物語の形をとる説話集で，14世紀までに現存する写本の形に至った。18世紀以降オリエンタリズム熱とあいまって翻訳・校訂がなされたが，収録話の選定や誇張を含む翻訳などの問題も指摘されてきた。その内容はあくまで娯楽や教育を目的としたフィクションであるため扱いには注意が必要であるが，様々な社会階層の人々の価値観を写し出す社会史研究の史料としての価値は高く，ジェンダー史研究にも活用されうる（アーウィン 1998）。

▷2　奴　隷
奴隷は前近代イスラーム社会の重要な構成要素であった。最低限の生活は保障されつつも，あくまで主人の所有物として扱われた彼／彼女らは，社会的・法的には自由人女性や子どもと同格の「半人前」の存在であった（清水 2015）。

▷3　ラシード・リダーやサイイド・クトゥブ
リダー（1865〜1935）とクトゥブ（1906〜66）は共にイスラーム主義（宗教としてのイスラームを，積極的に政治と結びつけようとするイデオロギー）の源流ともされる思想家。彼らのような影響力のある思想家が，イスラーム主義の文脈であえて採用したこうした解釈は，現在でもムスリムの間に広く流布し一定の共感を得ている。

16世紀イランの写本絵画
髭のある男性たちが女性や若男を相手に性交を行っている。

する文学作品である。この作品を見る際に重要なのは，論争し合う支持者たちがどちらも成人男性であり，また論争の対象となるのが「成人男性でない者」という点である。ここでの論点は，性の対象が女性か男性かではなく，精通を迎えているか髭は生えているかといった，成人男性か否かの曖昧な境界にあった。

その後の展開 当時の史料にも少数ながら成人男性同士の性愛の記述はあるが，とくに強い非難の言葉を伴った。また古典ギリシア語著作の翻訳などを通じて，受動側での性交を求める成人男性を病とみなす記述が，11世紀までのアラビア語の医学書にみられるようになる。しかしここで異常視されているのは，同性との性行為よりも，あくまでも成人男性が受動側を指向することにあった。

こうした性愛の形は，イスラーム圏にその後もみられる。美少年への憧憬というモチーフは，神秘主義の文脈で神への愛を示す喩えや，文学作品の修辞表現，さらには絵画の題材としても用いられた。また法学的には，性行為を伴わない関係性や，少年を見つめることの是非も議論に上った。しかし，同性との性行為で実際に処罰された者の記録はほとんどない。イスラーム社会が現代的な「同性愛／異性愛」と出合うのは，近代化で西洋的価値観が流入する19世紀だといわれている。

論　点

1. 前近代イスラーム社会の「同性愛」研究の展開 同性との性愛はバートン[4]を筆頭に，長らくオリエンタリズムの文脈で本質主義的にとらえられてきた。この状況を根本的に変えたのは，フーコーの「性の歴史」研究以降の研究者たちである。彼らは，古代ギリシアの事例を対象に起こった**ハルプリンとボズウェルの論争**[5]なども踏まえて構築主義的な視点を取り入れ，イスラーム社会の事例においても近代以前・以後の「同性愛」の断絶を強調した（小林 2021）。

2. 女性同性愛のとらえられ方 当時の「女性同性愛」については，男性のもの以上に史料に残りにくく詳細は明らかではない。時代が下ると法学議論や逸話の中に記述が現れるものの，どれほど実態を反映したものかは不明である。近年，医学書や文学作品を用いて女性の性愛を扱う研究も現れており（Myrne 2020），今後の進展が待たれる。

3. 現代のLGBT運動における「歴史」の利用 現在では欧米を中心に，イスラームとLGBTの関係について活発な議論がある（Kugle 2010）。同性愛を擁護する新たなクルアーン解釈や同性愛者だと公表する宗教指導者の活動なども行われているが，多くのムスリムからは受け入れられていない。また問題点として，近代の「断絶」を無視して前近代の同性との性愛を持ち出し，「同性愛者」は伝統的に寛容に扱われていたと強調する論者もみられる。

探究のポイント
①古代ギリシアの少年愛や日本の男色など，他地域の事例との比較は可能だろうか。
②現在，我々がいう「同性愛」の定義とは何なのか考えてみよう。

▷4　リチャード・F・バートン（1821〜90）
イギリスの外交官，探検家，東洋学者。『千夜一夜物語』を翻訳した際には，とくに性愛に関する好事家的知識から独自の考察や脚色を多く加えた。たとえば翻訳に付した巻末論文では，地中海周辺・中東地域を「男色帯」と区分し，そこでは日常的に同性との性行為がなされるといった偏見を含む主張を行った。

▷5　ハルプリンとボズウェルの論争
フーコーの影響を受け，古代ギリシアでは性交時に，性別よりも行為者の社会的立場と能動／受動の区別が重視されたと主張するハルプリン（1952〜）と，中世西洋社会にも同性への性的指向を自覚する者は存在したと主張し，現代と古代の同性愛の断絶を強調すべきではないとするボズウェル（1947〜94）による論争。実際に「論争」ととらえるべきかどうか異論もあるが，いわゆる構築主義対本質主義論争の代表とされる。

ロバート・アーウィン（西尾哲夫訳）『必携アラビアン・ナイト——物語の迷宮へ』平凡社，1998年。
清水和裕『イスラーム史のなかの奴隷』山川出版社，2015年。
辻大地「アッバース朝期のセクシュアリティと同性間性愛——ジャーヒズ著『ジャーリヤとグラームの美点の書』の分析を通じて」『東洋学報』98 (4)，2017年。
小林昭博『同性愛と新約聖書——古代地中海世界の性文化と性の権力構造』風塵社，2021年。

江戸文化と男性同性愛

鈴木則子

【関連項目：同性愛／異性愛，ロマンティック・フレンドシップ，同性愛，戦後日本における男性同性愛者の「悩み」，セクシュアリティ】

 概　要

　戦国期，女性を伴うことのできない合戦の場で，武将が小姓を身近に置くことが定着して以降，江戸前期までの武家社会では，男性同性愛はほぼ習俗化していた。それは基本的には年上でかつ社会的に上位の立場にある男性と，年少者との関係に限定された。17世紀半ばには，「念者」と呼ばれる成人男性と，「**若衆**」^{◁1}と呼ばれる元服前の前髪のある少年との男色関係を指す「衆道」という言葉も成立する。男性同性愛にも道義（モラル）と作法を求めた結果，「道」になったと考えられている。

　一方，豊かになっていく町人社会でも，振り袖姿の美しい若衆を愛でる武家の耽美的衆道風俗を模倣する形で，男色が流行した。井原西鶴の『好色一代男』（天和2年，1682）には，主人公世之介が54歳までに契った人数は，女性3742人，「少人」（少年）725人とある。女性の数は在原業平が契った数を踏襲し，「少人」の数の根拠は不明だが，当時の性愛における，女色に対する男色の比率を反映させた数とみる研究もある。

　また，同じく西鶴の『男色大鑑』（貞享4年，1687）は前半が武家の衆道，後半が町人社会の男色を題材とした短編小説を集めている。後半は多くが「**色子**」^{◁2}と呼ばれた歌舞伎若衆の売色を扱っていることから，町人社会の男色の実態が少年買春であったことがわかる。やがて18世紀後半には，遊女の性を売買する巨大買春社会（Ⅱ-10参照）のさらなる拡大の中で，町人の男色文化は急速に衰退し，女装した色子の買春の主たる客層は，妻帯を禁じられた僧侶となっていく。

**当時の議論と
その後の展開**　武家の衆道については17世紀後半以降になると，幕府も諸藩も徐々に批判的な姿勢に変化し，罰する方向に進み始め，18世紀以降，衆道は武家社会の表舞台から消えていく。その背景には，幕藩体制国家に

▷1　若衆
元服前の前髪のある少年で，若い歌舞伎役者に対しても使われた言葉。大名高家では美少年に華やかな衣装を着せ，小姓として主君のそばに侍らせ寵愛した。江戸時代前期には最新流行の振り袖をまとった姿が，町方女性憧れのファッションリーダーとして浮世絵に描かれる。

▷2　色子
歌舞伎役者に奉公人として抱えられ，舞台に立ちながら売色を強要された少年で，子ども，舞台子，陰間などとも呼ばれた。18世紀中頃までに色子の売春の場として陰間茶屋が形成される。19世紀に入ると，役者ではない陰間茶屋の経営者も登場して色子の商品化は本格化するが，天保改革で陰間茶屋は壊滅する。

菱川師宣「桜下遊楽図」（17世紀後半）
手前左グループは若衆，右側グループは遊女，奥の舟上は歌舞伎の色子が宴で芸を披露している。

おける官僚制の進展や，跡継ぎをつくることが武家の「家」継承のために重要な課題となったことがあげられる（氏家 1995）。官僚制は将軍・藩主と家臣間の個人的寵愛関係に基づく**出頭人**政治を否定した上に成り立つ。衆道は能力重視の官僚制的秩序や幕政・藩政の合理化と相反する動きとして抑制されることになる。とくに17世紀後半の五代将軍徳川綱吉の治政では，綱吉の男色趣味が能役者をはじめとする出自を問わない美男の大量の登用を引き起こすとともに，大名であっても意に沿わなければ短期間で役職を解く恣意的人事が，御家人たちの不満や綱紀のゆるみに結びついた。綱吉死後，六代将軍家宣は男色人事の温床とみなされていた，綱吉が新設した側近職をすべて廃止している。

また，色子の売買春は幕末の19世紀半ばに至ると，老中水野忠邦による天保改革のもとで**岡場所**の私娼とともに風俗統制の対象となった。色子の売買春の場であった陰間茶屋は廃業に追い込まれる。もともと衰退していた陰間茶屋は，これを契機に壊滅的な打撃を受けて幕末を迎えることになる（神田 2013）。

論点

1. 武家の男性同性愛と政治　武家社会の衆道が批判や処罰の対象とされる中で，武家の衆道は公的史料に残りにくくなり，江戸時代の衆道と政治権力との関係についての研究は進んでいない。その中で，衆道を好んだ綱吉政権下の家臣団から見た批判的言説の史料は多く残されていて，支配の継続と安定を求める将軍権力と，支配の公平さを求める家臣団との力関係のバランスが，武家の男色嗜好を大きく規制していった状況を確認することができる（鈴木 2015）。

2. 巨大売春社会の中の男色売春の位置づけ　江戸時代の男色売春が性的指向に基づくものではなく，男色・女色の二つの色道のうちの一領域という位置づけであったがために，遊女の売春が拡大することによって男色売春市場は縮小していった。また，幕末の男色売春に対する統制策は，遊女への施策にほぼ連動して展開していることが指摘されており，女装する色子の売春は，遊女の売春の亜流にすぎなかったとみられている（神田 2013）。

探究のポイント

①明治以降，西洋文明が入ってくることで，日本の男性同性愛をめぐるまなざしはどのように変わっていっただろうか。それはなぜだろうか。『全訳 男色大鑑〈歌舞伎若衆編〉』などを手がかりに考えてみよう。

②現在，ボーイズラブの文化が女性を中心に流行し，江戸時代の衆道や色子もボーイズラブの一形態と理解されてそのイメージが消費されている。衆道や色子の歴史を現在のボーイズラブの概念で説明できるだろうか。参考サイト（全訳『男色大鑑』特設サイト bungaku-report.com/blog/2018/07/post-235.html）から検討してみよう。

③江戸時代に女性同性愛を示す史料はほとんど残っておらず，欲求不満の奥女中が互いに性具を使いあおうとする春画などがあるにすぎない。女性同性愛の史料はなぜほとんどないのだろうか。

▷3　出頭人
将軍や大名などの側近で，主君の寵愛を得てその権威のもとに出自と無関係に政治的権勢を握った者。

▷4　岡場所
江戸で，公娼を置く吉原遊郭以外の私娼地を指す言葉。主な場所として品川宿・内藤新宿・板橋宿・千住宿などがあげられる。吉原よりも手軽に遊べる遊興地としてとくに18世紀後半以降大きく発展し，幕府の取り締まりの対象とされた。

参考文献

氏家幹人『武士道とエロス』講談社，1995年。

神田由築「江戸の子供屋」『シリーズ遊郭社会1　三都と地方都市』吉川弘文館，2013年。

鈴木則子「元禄期の武家男色」三成美保編著『同性愛をめぐる歴史と法』明石書店，2015年。

長島淳子『江戸の異性装者たち――セクシュアルマイノリティの理解のために』勉誠出版，2017年。

鈴木則子「江戸前期の男色・恋愛・結婚」奈良女子大学生活文化学研究会編『ジェンダーで問い直す暮らしと文化』敬文舎，2019年。

≈イギリス≈ 16 ロマンティック・フレンドシップ　川津雅江

【関連項目：同性愛／異性愛，江戸文化と男性同性愛，フェミニズムの萌芽，同性愛，戦後日本における男性同性愛者の「悩み」，一夫多妻婚，セクシュアリティ】

📖 概　要

　アリストテレスから16世紀のモンテーニュまで長い間，友情は男性間だけにあるとみなされてきたが，大陸では17世紀中頃から女性作家によって女性間の友情も語られ始めた。イギリスでは，17世紀後期のキャサリン・フィリップスの詩の登場からである。18世紀には女性たちが続々と女性間の友情を描く詩や小説などを出版し，女性同士の知的・社会的なつながりや精神的絆を称え，男性との結婚よりも高潔であると強調した。このような女性間の親密な友情は，18世紀後期までには，「ロマンティック・フレンドシップ」と呼ばれるようになった。その関係にあった女性たちの典型は，スランゴスレンの貴婦人たちこと，アイルランドの貴族出身のエレナー・バトラー（1739～1829）とセアラ・ポンソンビィ（1755～1831）である。2人は駆け落ちしたあと，北ウェールズのスランゴスレンで，一方が亡くなるまで50年以上にわたり一緒に暮らした。**メアリ・ウルストンクラフト**も幼馴染みの女性とロマンティック・フレンドシップの関係を結び，小説『メアリ』（1788）でその語を用いた。女性同士の親密な関係は多くの場合，一方が男性と結婚したことにより終わりを迎えたが，結婚後も変わりなく続いたとしても，それは，姦淫のように結婚生活を脅かすものではなく，したがって社会の秩序を乱すものでもないとして社会的に容認されていた。なお，同時代の小説家メアリ・ヘイズによれば，「ロマンティック」とは，理解不能や模倣したくないものすべてを指す曖昧な言葉だった。

当時の議論
　現在ならば，スランゴスレンの貴婦人たちは同性愛者であるとみなされるであろう。だが，18世紀後期のイギリスにおいては違った。2人の独身女性は，当代一流の詩人たちによって，その清らかで不変の友情やエデン的な無垢の愛が称えられ，彼女たちが隠棲した家には多くの著名人が次々と表敬訪問した。
　その一方で，ロマンティック・フレンドシップの流行と同時期頃から，女性間の「過剰」に親密な関係が異常で不自然であるとして，「**サフィズム**」を疑う声も出始めた。たとえば，貴族階級の寡婦で彫刻家のアン・デイマー夫人がサフィストであるという噂がロンドンや貴族の保養地バースに広がっていた。スランゴスレンの貴婦人たちについても，地

ジェイムズ・ヘンリー・リンチ「スランゴスレンの貴婦人たち」（1887年頃）

▷1　キャサリン・フィリップスの詩
『詩集』（1676）には女性間の友情をテーマにした多くの詩が所収されている。詩「友だち」では，その友情を，「あらゆる不純物を取り除いた，純化された愛／天使の愛と同じでないとしても，それに次ぐもの」，「血縁もしくは結婚の絆よりももっと高潔なもの／なぜならもっと自由だから」，と称えた。
＊　メアリ・ウルストンクラフト
Ⅰ章扉図参照。

▷2　サフィズム
現在の用法と同じく性的な関係を仄めかす「女性同性愛」の意。「サフィスト」は「女性同性愛者」の意。これらの語の初出は，『オックスフォード英語辞典』が示すより100年以上遡ることが今では判明している。

方新聞が「女性同士の異常な愛情」という記事を掲載し、「**女性の夫**」[3]の話のように、年上のバトラーを男装し男性的な振る舞いをする女性として紹介した。また、日記作家のヘスター・リンチ・スレール（のちのピオッツィ夫人）は密かに2人を「忌むべきサフィスト」と呼んだ。

論 点

1. 女性同性愛とは違うのか

1970年代の女性同性愛研究は、20世紀以前の女性同士の親密な関係を示す証拠史料をあげたが、それらを現代的な女性同性愛（レズビアニズム）／異性愛の二分法にそって分析することは意義がないとしていた。しかし、リリアン・フェダマン（Faderman 1981）が性的関係を含意する女性同性愛と区別するために、18世紀の用語であるロマンティック・フレンドシップを20世紀以前の中・上流階級の女性たちの間にみられる強い愛着関係を指すのに適用して以来、ロマンティック・フレンドシップに焦点を当てる研究が盛んになった。今では、ロマンティック・フレンドシップは20世紀以前の女性間の愛の様々な形の一つとしてみなされている。

2. フェミニズムとどのように絡んでくるか

フェダマンは20世紀以前の女性同士の親密な関係から完全にセクシュアリティを消去し、男性や男性的なものとはまったく関係のない女性中心的なものとして提示した。このように女性間の愛をセクシュアリティの問題ではなく、ジェンダーの問題としてとらえる考えでは、女性同性愛はフェミニズムに結びつけられることになる。すなわち、異性愛の支配する家父長制社会に対する批判精神のあらわれとみるのである。そのため、モイラ・ファーガソン編のアンソロジー『最初のフェミニスト』（Ferguson ed. 1985）には、エレナー・バトラーの日記が所収されている。

3. 実際にプラトニックな関係だったのか

フェダマンのようないわゆる「1900年以前はノー・セックス」学派の説は、同性と性的関係を結び、自分が同性愛者であることを自覚していた**アン・リスター**[4]の日記の発見後、エマ・ドノヒュー（Donoghue 1993）などの女性同性愛史家たちによって一蹴された。その後、既存史料の読み直しがされ、ロマンティック・フレンドシップは多くの人にとって肉体的な愛のパブリックな顔にすぎなかったとされている。ロマンティック・フレンドシップが異性愛社会で容認されたのは、18世紀末期から19世紀初期に興隆した「情欲のない」女性像という支配的考えと結びつくからだという指摘もある。

探究のポイント

①イギリスは女性同性愛を法的な処罰の対象としたことがない。他の国はどうだろうか。歴史をたどり調べてみよう。
②アン・リスターの半生を描いたイギリスのTVドラマ『ミス・アンの秘密の日記』（DVD、2010年）を観て、20世紀以前の女性同士の友情や愛について考えてみよう。
③本書の男性同性愛の議論と比べてみよう。どのような違いがあるだろうか。

▷3 女性の夫
男性を装い、別の女性と結婚した女性。ヘンリー・フィールディングによって書かれた伝記『女性の夫、あるいはミセス・メアリ、通称ミスター・ジョージ・ハミルトンの驚くべき物語』（1746）の話が最も有名。メアリ・ハミルトンは女性同性愛の罪ではなく、女性を騙して結婚した詐欺罪で罰せられた。

▷4 アン・リスター（1791〜1840）
19世紀初頭の西ヨークシャー州のジェントリー階級の独身女性。女性たちとの性的関係を暗号で克明に綴った日記が1981年に発見され、1988年と1992年に出版された。

参考文献

リリアン・フェダマン（富岡明美・原美奈子訳）『レスビアンの歴史』筑摩書房、1996年。
川津雅江『サッポーたちの十八世紀――近代イギリスにおける女性・ジェンダー・セクシュアリティ』音羽書房鶴見書店、2012年。
川津雅江「アン・リスターの隠れたセクシュアリティ」『人文科学論集』92、2013年。

Column **1**　イスラーム圏

前近代西アジアの歴史叙述

イスラーム教的普遍史　イスラーム教的な世界史認識は，ユダヤ教やキリスト教とその根を同じくしており，世界は神による天地創造に始まり，最後の審判に終わるという歴史の流れに基づいている。その歴史叙述においては，登場する人物や人間集団が，最初の人間アダムとイヴに始まる人類の系譜のどこに位置づけられるのかが関心事となっており，時の為政者の中には，自らの系譜を支配の正当性の根拠とする者もいた。そこには，父系制社会の影響が色濃く見られ，父の名が強調される一方で（ただし，イエスの場合は母マリアの名が強調される），女性家族の体系的な情報が記録されることはなかった。また，文学書などとは異なり，歴史書で重要視されるのは政治的役割であるため，初期イスラーム時代の預言者ムハンマドの家族などを除けば，女性家族が題材とされることは少なかった。

テュルク・モンゴル系諸王朝と女性君主　しかし，11世紀以降に成立したテュルク・モンゴル系諸王朝では，王朝の婚姻政策にとどまらず，君主の母后や王妃による実権掌握などといった形で，女性が政治的に重要な役割を担う場面も描かれるようになる（これは，中央アジアの遊牧民的伝統の影響によるものだともいわれている）。さらに13世紀になると，各地域に相次いで女性君主の誕生をみた。たとえば，奴隷王朝（1206〜90）第5代君主ラディーヤ（位1236〜40），マムルーク朝（1250〜1517）初代君主シャジャルッドゥッル（位1250），サルグル朝（1148〜1282）第10代君主アビシュ・ハトン（位1263〜82），キルマーン・カラヒタイ朝（1222〜1307）第5代君主クトルグ・テルケン（位1257〜82），第7代君主パードシャー・ハトン（位1292〜96）があげられる。ほとんどの場合，その治世は短期間だったが，キルマーン・カラヒタイ朝に関しては，

2人の女性君主が長期にわたり王位に就いた。さらに，パードシャー・ハトンには，無名氏『王の歴史』（1292頃）というペルシア語による王朝史が献呈され，その美徳が男性君主にも劣らない形で賞賛されている。これ

モンゴル帝国の宮廷図（14世紀）

はきわめて稀有な事例ではあるが，この時代になると，歴史書の主要な登場人物として描かれる女性が現れ，中には，歴史書編纂の庇護者となった者もいた。とはいえ，人名事典などで母親や娘の名前が記されるのとは対照的に，歴史叙述では女性家族の体系的な情報は確認できなかった。

『集史』と女性家族　それが大きな変化を遂げたのは，14世紀初頭であった。モンゴル帝国史の重要史料であるラシードゥッディーン著『集史』（1307）では，各君主の伝記の冒頭で，その君主の系譜に加えて，王妃や子ども（娘も含まれる）たちの情報が掲載されている。ここからは，政治的に重要な役割を果たすことのなかった王妃や子どもたちの出自や経歴までもが明らかとなる。この『集史』写本に挿入される宮廷図でも，家族の様子が生き生きと描かれている（図参照）。有力支配階層の女性家族に限定された話ではあるものの，男性中心の歴史叙述に新しい風を吹き込んだという点で，『集史』は特異な歴史書であった。イスラーム圏の歴史叙述というと，一つのものが想定されてしまいがちだが，時代や地域によって様々なあり方が確認できるのである。　　　　（大塚　修）

参考文献
大塚修『普遍史の変貌──ペルシア語文化圏における形成と展開』名古屋大学出版会，2017年。

ランケ以前の歴史叙述

18世紀に書かれた『女性の歴史』　1779年のロンドンで『女性の歴史——古代から現在まで』（全2巻）という書物が刊行され版を重ねた。古代から始まるヨーロッパの女性の歴史を「東洋と未開社会における女性の不変の歴史」と対比させながら描くことを目的とした。著者のウィリアム・アレクサンダーはエディンバラの王立協会の在外会員であり、スコットランド啓蒙主義の流れをくむ。

一方、1788年から1800年にかけてはドイツ・ハノーファーで『女性の歴史』（全4巻）が出されている。こちらもヨーロッパ女性の歴史が世界の諸民族の女性の生活や風俗習慣と比較して書かれている。1808年には英訳も出された。著者は『人類史概説』（1785）などで知られるゲッティンゲン大学の教授クリストフ・マイナースだ。

これらは、19世紀、レオポルト・フォン・ランケによって確立された近代歴史学の叙述方法とは趣が異なる。ランケ流の厳密な史料批判によって「事実」を「客観的に」叙述するといったものではなく、また国家中心の歴史でもない。政治や外交に限らず、生活史や人類学的なテーマを広く扱っている。

マイナースはアレクサンダーの著作を「信用ならな

い」と酷評しているが、両者の叙述スタイルは共通している。ヘロドトスやタキトゥスといった古典、騎士道を論じる中世文学、17世紀以降に書かれた旅行記やモンテスキュー、ビュフォンらによる同時代の著作を参考に、世界各地の女性の境遇を「奴隷状態から自由へ」進歩のプロセスとしてとらえる。

女性蔑視は野蛮状態の特徴　「女性のおかれた状況は民族の文明度を示す」という認識は、広く啓蒙思想家にみられるものだった。アダム・スミスは狩猟から牧畜、農耕、商業へと人類の経済発展を段階的にとらえたが、これを踏まえて、当時の「女性史家」も、たとえばアフリカやアメリカの「野蛮民族」の女性は「隷属状態」にあり、牧畜民の「タタール人やアラブ人」には改善がなされたとする。

他方、「洗練された、市民的な状態」では、男性が女性に対して暴君のように振る舞わず紳士的であり、「弱き性」を尊重する。女性もまた「家庭の徳」や「貞操」を重んじる「女らしさ」を備えているという。

啓蒙のヨーロッパを自負する男性性の投影　結局、二つの『女性の歴史』に描かれているのは、西洋男性の「文明化された者」という自負であり、西洋女性の「あるべき」規範である。20世紀後半に書かれた「女性の、女性による、女性のための歴史」とは似ても似つかない。

とはいえ、ランケ以前にグローバルな視点で女性史を書く試みがあったことは確かである。21世紀の「グローバル時代の歴史学」においては、このような歴史叙述を批判的に振り返ることも必要であろう。西洋（West）のジェンダー規範を基準とし、それ以外の地域（Rest）を「遅れている」とみなしていないか。今一度、問うてみよう。

（弓削尚子）

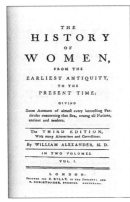 

W・アレクサンダー『女性の歴史』　C・マイナース『女性の歴史』

参考文献

弓削尚子「啓蒙主義の世界（史）観」秋田茂ほか編著『「世界史」の世界史』ミネルヴァ書房、2016年。

◦オスマン帝国◦

17

法廷とジェンダー

秋葉　淳

【関連項目：イスラーム法と家族，結婚をめぐる法，家族関係の変化，婚姻法の変化】

▷1　イスラーム法
Ⅰ-2 参照。裁判に適用されるのはイスラーム法であったが，イスラーム法がカバーしない領域については，君主の定めた法や慣習に照らして判決が下された。オスマン帝国では公式にスンナ派のハナフィー学派の解釈が採用された。

▷2　婚姻
イスラーム法のもとでは，婚姻契約は，男性の証人2人（ハナフィー派では男性1人，女性2人でも可）の立ち会いのもとで締結され，夫が妻に支払う婚資の額が決められるとされた。

▷3　離婚
イスラーム法上の離婚の代表的な形式として，夫が一方的に宣言して離婚できる代わりに，後払い婚資を支払い，待婚期間中の扶養と住居を提供する義務を夫が負うタラーク（一方的離婚）と，妻が代償を払うことにより合意に基づき離婚が成立するフルウ（身請け離婚）があった。

▷4　エビュッスウード・エフェンディ（1490〜1574）
1545年にオスマン帝国のイスラーム法の最高権威シェイヒュルイスラーム職に就任し，没するまでその地位に留まり，スルタン・スレイマン1世のもとで法体系の整備に貢献した。

▷5　女性・ジェンダー史研究の発展
1970〜80年代に，法廷台帳を利用する欧米やイスラエルの社会経済史研究者が史料中に女性を「発見」し，

📖　概　要

　オスマン帝国では中央・地方の各地にカーディー（法官）の主宰する法廷（シャリーア法廷）が置かれ，民事・刑事の裁判が行われた。法廷は裁判の場だけでなく，契約が結ばれる場でもあった。そこでは売買や貸借などの契約が交わされ，証書が作成された。法廷で適用されるのは**イスラーム法**（シャリーア）[1]であり，イスラーム法では女性にも財産権・相続権が認められていたため，女性本人あるいは代理人が法廷で契約を結び，所有する財産を活用できた。**婚姻**[2]もまた契約なので，婚姻契約も法廷で文書化されることがあったが，それ以上に，金銭的な権利義務関係が生じる**離婚**[3]において多くの証書が書き残された。契約，相続，婚姻，離婚などをめぐって問題が生じたときには，女性もまた訴訟の当事者となった。このように男女双方によって利用される法廷は，ジェンダー秩序が可視化される場所でもある。ジェンダーによって差別化された規定（婚姻・相続など）を含むイスラーム法と，社会におけるジェンダー規範が出合うのが法廷であった。

当時の議論　　16世紀オスマン帝国のイスラーム法の最高権威**エビュッスウード・エフェンディ**[4]は，妻またはその代理人が法廷に行くことを夫は妨げてはならないというファトワー（法判断）を下している。女性の法的権利を侵害してはならないという見解だが，イスラーム法自体が女性に不利な規定を含み，社会的慣行もまた女性に都合のよいものではなかった。たとえば，法廷で事実を立証するには男性2人の証言が必要で，女性の場合は2人で男性の証言の1人分の価値をもつと定められていた。しかし，たとえ半分の価値でも女性の証人が立てられることはまれであり，女性は自らの主張を証明するために男性の証人に頼る必要があった。

🔑　論　点

1. 女性の「発見」　オスマン帝国では，法廷が発給した証書類や法廷が受領した命令などを記録した法廷台帳が作成され，各法廷で保管された。その結果，トルコをはじめ旧オスマン帝国領の各国に法廷台帳が多数伝存している。この法廷台帳が，1990年代以降，オスマン帝国史における**女性・ジェンダー史研究を飛躍的に発展**[5]させた。法学の理論上，女性に財産権や相続権があることは知られていても，実際に女性

女性の遺産目録2点が記録された法廷台帳（イスタンブル，1777年）

が確かに（夫とは別に）財産を所有し，売買や貸借を行い，あるいは法廷に訴え出ていたことは，法廷台帳研究によって初めて証明されたとさえいえる。売買文書や遺産目録から，機織りなどの手工業や，織物などの商売に従事していた女性の存在も明らかにされた。また，法廷台帳を使って，婚姻や離婚，性的規範をめぐる問題など，ジェンダー関係の様々な局面にも光が当てられている。

女性史に関する研究を発表し始めた。そして，1990年代になると本格的な女性史研究が各地で盛んになった。

2．法廷は女性の味方か

女性が男性に，妻が夫に訴訟で勝つことは普通にみられ，また，女性が望まぬ相手との結婚を法廷で拒否することもあった。こうした事例から，法廷は女性の権利を擁護する機能をもち，弱者の味方だったという議論がある。ハイム・ガーバー（1996）ははっきりと，法廷には女性有利の傾向があったと主張したが，後に訴訟文書の数量的分析から，女性が優遇されていた事実はなく，勝訴の確率は社会的地位の高さと最も大きな相関があることを示す研究も現れた（Coşgel and Ergene 2016）。しかし，女性が法廷で権利を主張したのは，その権利が確定され，保護されることを期待してのことであったとも考えられ，法廷における柔軟な法の適用とともに，女性が法廷でどのように自らの立場を守る戦略を利用したのかをみる必要がある。

3．女性の声を聞き取ることができるか

法廷台帳からデータを集めて提示する研究に対して，史料が作られる過程を軽視し，書かれた内容を額面どおりに受け取りすぎているとの批判がなされ，1990年代後半以降，法廷でのプロセスを理解し，台帳に記録された文書の1点1点を深く読み込むことが重視されるようになった。そこでは，オスマン帝国の**法廷文書**は現実の事態を法的な言語に「翻訳」したものであることが強調される。たとえば，文書上は女性が自ら行動しているようにみえても，書式に従って書かれるのが普通なため，実際に女性にどれだけ主体性があったかは自明ではない。また，法廷文書の特徴として，発言が直接話法で記されるが，それも当事者が語ったままとは限らず，むしろ法的言語に編集されている場合が多い。しかし，レスリー・ピアスは，定まった筋書きのない訴訟，とくに性に関わる名誉（性的な中傷，結婚外の男女関係など）が争点になる場合に，発言の内容自体が法的に重要な意味をもつため，しばしば口語表現を含む発話が記録されることを指摘し，女性は自らの権利と名誉を守るため，法廷で声を上げ，それを文書に書き残させることが可能だったのだと論じた（Peirce 2003）。彼女たちは自分の陥った問題を公の場に持ち込み，カーディーだけでなく周囲の人々をも巻き込み，問題の解決を図ろうとしたのである。

▷6　法廷文書
オスマン帝国の法廷台帳は，法廷で行われたやりとりの詳細な記録ではなく，法的な効果や判決の理由と直接関係のない部分をそぎ落とした定型的な文書を記録したものである。そのため，契約や訴訟の具体的経過や背景を知ることは難しいという特徴をもつ。

参考文献

ナタリー・Z・デーヴィス（成瀬駒男訳）『帰ってきたマルタン・ゲール──16世紀フランスのにせ亭主騒動』平凡社，1993年。
ハイム・ガーバー（黒田壽郎訳）『イスラームの国家・社会・法──法の歴史人類学』藤原書店，1996年。
三浦徹「19世紀ダマスクスのイスラム法廷文書（1）──サーリヒーヤ法廷をめぐる人間関係」『東洋文化研究所紀要』135，1998年。
秋葉淳「シャリーア法廷台帳（Sicil）」東洋文庫研究部イスラーム地域研究資料室HP内「オスマン帝国史料解題」2014年。
秋山晋吾『姦通裁判──18世紀トランシルヴァニアの村の世界』星海社，2018年。

探究のポイント

①法廷文書以外に，一般の女性が登場する史料として何がありうるだろうか。
②女性の識字率が低く，書く能力がある女性がきわめて少なかったオスマン朝社会では，女性自身が書き残した史料は19世紀以前にはほとんど存在しない。法廷文書のように間接的な記録を読む際に，どこに気をつければよいだろうか。
③同時代のヨーロッパの裁判記録を使った研究（デーヴィス 1993，秋山 2018）を，ジェンダーの視点から読んでみよう。

◇オスマン帝国◇

18 宮廷のハレム

小笠原弘幸

【関連項目：貞節と男女隔離，女性君主・王妃】

▷1　トプカプ宮殿
1453年，ビザンツ帝国の首都コンスタンティノープル（イスタンブル）征服後に建てられた宮殿。政治の中心である外廷，君主の日常の場である内廷，そして君主の家族が生活するハレムという三つの空間から構成され，19世紀中葉にドルマバフチェ宮殿が建設されるまで，帝国の中枢としての役割を担った。I章扉図参照。

▷2　ハレムの区画
トプカプ宮殿建設当初，ハレムの大部分は旧宮殿（現在のイスタンブル大学本部の場所に建設）にあり，トプカプ宮殿のハレムは小規模なものだった。スレイマン1世（位1520～66）は寵姫ヒュッレムのためにトプカプ宮殿のハレムを拡大，ムラト3世（位1574～95）は旧宮殿のハレム機能を全面的にトプカプ宮殿に移した。

▷3　宦官
トプカプ宮殿では，白人宦官が内廷の小姓たちを，黒

📖　概　要

　ハレムとは，アラビア語（より古くはアッカド語に遡る）のハラムという言葉が，トルコ語に入って転訛した名称である。元来は「神聖な」あるいは「禁じられた」という意味をもつことから，たとえばイスラーム教の聖都メッカとメディナは「ふたつのハレム」と通称される。この意味から転じて，ムスリム諸王朝における君主の後宮が，ハレムと呼ばれるようになった。

　イスラーム教登場以前より，古代地中海世界の諸王朝では，後宮制度が広く導入されていた。これを受け継ぐ形で，ムスリム王朝のウマイヤ朝やアッバース朝は後宮を擁していたとされるが，史料不足から詳細は明らかではない。現在，私たちがハレムについて抱くイメージは，建築物が現存しているオスマン帝国（1299頃～1922年）のハレムに由来する。帝都イスタンブルの**トプカプ宮殿**では，16世紀後半より本格的に**ハレムの区画**が整備され，君主の家族と，それをとりまく**宦官**や女官たちが住まう場となった。トプカプ宮殿は19世紀中葉に王宮としての役割を失うが，ハレムは新しい諸宮殿に移され，帝国の滅亡まで続いた。

当時の議論　ハレムは君主のプライベート・スペースであるため，オスマン帝国側の史料は，これに直接言及することを忌避するのが常であった。一方，西洋人は，17世紀頃からハレムを興味と好奇の対象とするようになった。ただし，実際にトプカプ宮殿を訪れえた西洋人はわずかであり，彼らにしても，やはり断片的な情報をもたらしたにすぎない。こうした情報の欠如が逆に想像力を刺激し，ハレムについて煽情的な，実態に基づかない作品が著されることもあった。

　ハレムに関する初めての学問的研究は，帝国滅亡後の1936年，東洋学者ペンザーが著した『ハレム（邦訳：トプカプ宮殿の光と影）』である。この著作には，トルコ共和国政府から許可を得て行われたハレムの実地調査の報告が含まれており，現在でも価値が高い。しかしその後も，いくつかの実証的研究はあるものの，ハレム研究は低迷した。その理由は，帝国衰退の原因が，ハレム女性たちの政治への容喙，いわゆる「女人の天下」にあると考えられたことである。総じてハレムには否定的な評価が与えられ，研究に値するテーマではないとみなされる時期が長く続いたのだった。

ハレムの風景（フランツ・ヘルマンほか画，17世紀）

その後の展開　ハレム研究の刷新は，オスマン帝国史家のピアースが1993年に著した『帝室ハレム』を画期とする。ピアースが批判したのは，男性が公的な政治空間を，女性が私的な家内空間を，それぞれ固定的に占めていたとみなす二分法である。実際にはハレムの女性たちは，こうした枠組みを様々な方法で横断しており，性別にとらわれない，年少者と年長者，あるいは一般人と特権をもつ貴顕という区分も重要性をもっていた。また王族女性が政治に介入したのは，君主の家組織が16世紀後半から拡大したことの必然的帰結でもあった。ピアースの著作はハレムのイメージを一新し，その後のハレム研究の基礎を築いた。現在では，トルコにおけるオスマン帝国研究の隆盛や，史料の電子化などの理由により，ハレムを題材にした研究が多数著され，実証的な水準も進展している。近年の代表的な研究として，女官の暮らしと引退後を扱ったイプシルリ＝アルグトがあげられる。

左から黒人宦官長，小人，白人宦官長（ジャン・ブリンデスィ画，19世紀）

🗝 論　点

1. オリエンタリズムのハレム観　西洋人がハレムに対して抱いてきたイメージは，退廃，悪徳，放埒，そして陰謀にまみれた，君主が酒池肉林を繰り広げる空間というものであった。そのエキゾチシズムとエロティシズムは，西洋の人々を強く惹きつけた。こうしたハレム観は，オリエンタリズムに基づく偏見であるとして批判されているが（El Cheikh 2005），いまなお一般の人々のあいだに根強く残っている。

2. 王位継承と権力構造　16世紀までは君主が死去すると，太守を務める王子たちが実力をもって王位を争った。しかし17世紀に入ると，王子は長じたのちもハレムに留め置かれ，争うことなく年長者順に即位することとなった。王位継承方法の変容は，必然的にハレムの政治的重要性を増す結果につながったことが指摘されている（Peirce 1993，小笠原 2018）。「女人の天下」の出現は，権力構造の変容に伴う必然だったのである。

3. イスラーム教とハレム　かつてハレムの存在は，イスラーム教における一夫多妻の容認と結びつけられてきた。しかし現在の研究では，宮廷のハレムにおいて，イスラーム教に関わる要素はさほど重要視されていない。イスラーム世界に限らず，世襲制の君主制国家において後宮は，後継者の育成という政治的かつ実際的な役割を担っていた。そのため，宮廷のハレム制度の根幹に，宗教が関わる余地は少なかったといえよう（小笠原 2022）。

人宦官がハレムの女性たちを監督するという役割分担があった。とくに17世紀以降はハレムの政治的影響力の拡大に伴い，黒人宦官の長は大きな権力を握るようになる。

─── **探究のポイント** ───
①現在の日本における「ハレム」という言葉は，どのようなイメージで用いられているだろうか。そしてそれは適切だろうか。
②オスマン帝国の王位継承や後宮を，日本や他の国と比較してみよう。
③ハレムを題材とした小説やコミック（篠原千絵『夢の雫，黄金の鳥籠』小学館，2011年〜，既刊17巻など）を読んで，ハレムの機能や暮らしについて考えてみよう。

参考文献
Ｎ・Ｍ・ペンザー（岩永博訳）『トプカプ宮殿の光と影』法政大学出版局，1992年。
小笠原弘幸『オスマン帝国——繁栄と衰亡の600年史』中央公論新社，2018年。
小笠原弘幸『ハレム——女官と宦官たちの世界』新潮社，2022年。

女性君主・王妃

中澤達哉

【関連項目：啓蒙思想と女性の学識，宮廷のハレム，女王のジェンダー・イメージ】

📖 概　要

　マキャベリの名著『君主論』（1513頃）以来，君主の資質と力量が統治のための重要な要素として再認識されるようになった。とくに16世紀の後期ルネサンスの人文主義者は，理想の君主を論じる際に，男性君主と女性君主の力量について言及し始めた。たとえばドイツのアグリッパは，女性には男性と同等もしくはそれを凌ぐ素養が備わっているとの主張を展開した。

　こうした人文主義の議論の枠組みは，その後の歴史の叙述に影響を与えた。つまり，近世の女性君主の数々の事績からその才覚を高く評価する傾向が生まれたのである。1831年のアンナ・ジェームソン『高名なる女性君主たちの回想録』は，スウェーデンのクリスティーナ（位1632～54），グレートブリテンのアン（位1702～07），オーストリアおよびハンガリーのマリア＝テレジア（位1740～80），ロシアのエカチェリーナ2世（位1762～96）を女傑として讃えた。啓蒙君主の後二者は，啓蒙思想あるいはフェミニズムの文脈からも好意的な関心の的となった。

　これに対して，近年の研究視角の変化は著しい。世襲王政と選挙王政を峻別した上で，女性君主や王妃の表象を考究するジェンダー史研究が登場したのである。後述するようにジェンダー史学は，近代の価値体系ともいうべき人文主義と啓蒙思想が孕む君主政史叙述における「男性」性をも相対化することになる。

当時の議論　　フィリップ5世（位1316～22）は，姪ジャンヌへの王位継承を阻止するために，古代ゲルマン法の一つサリカ法第59章の土地相続条項を拡大解釈して，これを王位継承にも適用することで，自らが正統なフランス王たることを主張した。

　こうした中世後期の感覚は，後期ルネサンスの人文主義を通じて徐々に変質する。マキャベリの『ローマ史論』（1517）によれば，幸福な国は君主政・貴族政・民主政のいずれによっても実現可能であるが，三政体の混合が最も良い。混合政体論が広くヨーロッパで共有される過程で，トマス・モアは著書『ユートピア』（1516）において，女性は司祭にも兵士にもなることができるが，なにより妻として夫に仕えるべきと主張した。論理的帰結として，女性君主の即位にはきわめて慎重な姿勢をとることになったのである。

その後の展開　　これに対して，人文主義の次世代にあたるアグリッパやエリオットは，決断力や理性においてむしろ女性のほうが男性に優ると主張した。前者の著書『女性の高貴さと優秀さ』（1529）によれば，男女はあらゆる点で同等であるが，女性は男性より

▷1　**人文主義**
ギリシア・ローマの古典や聖書の研究を軸に，人間を学問の中心に据えながら神や人間の本質を考察することによって，教会の権威から人間を解放し人間性の再興を求めた精神運動。ペトラルカ（1304～74）に始まる。

▷2　**サリカ法**
ゲルマン部族の一つサリー系フランク族が建てたフランク王国で，クローヴィス（位481～511）の治世末期に制定された。第59章は王家の土地相続から女子を排除することを定めていたが，王位継承についての規定はなかった。

メイテンス「1755年の皇帝一家の肖像」
（1755年）

「美しく」「知的」で，神の創造物の中で最も完璧なものである。このようにして統治者たる女性の資質が称揚された。以上の人文主義期の叙述が19世紀のジェームソンの叙述にも受け継がれていることは先に見たとおりである。

とはいえ，男性君主と同等以上のものとして女性君主の力量を称賛するという叙述スタイルは，ときとして君主政史の「男性」中心性を隠蔽しつつ補強することにもつながる。その意味において近年のジェンダー史研究の進展は注目に値する。

❧ 論 点

1. 王妃——男系王朝の「威厳」と正統性の確保

女性君主研究と切り離すことのできないカタジナ・コシオールの王妃研究は，西欧の世襲王政と中・東欧の選挙王政の儀礼を検証し，興味深い結論を導き出している。神聖性を纏わせるための王妃戴冠時の塗油[3]儀礼が実際には，妻である王妃に油を注ぐことによって，王自らの政治的身体[4]（body politic）に王妃を組み込み，嫡子へと続く男系王朝の威厳と正統性を永続化させる狙いがあったと結論するのである。王妃の戴冠儀礼は，世襲王政と選挙王政という異なる政治状況に適合して微妙にその形式を変化させるので，権力の動態が可視化されやすいのである（Kosior 2019）。

2. 女性君主①——世襲王政のエージェントと「産む性」

コシオールの視点は，女性君主の分析にも応用が可能である。アナ・マリア・ロドリゲスの編著『王朝の変化』（2020）は，男性の王位継承者の数的不足や不適格など，王朝が危機に直面した際，これを打開するためにいかなる戦略を講じたのかを詳述した。ここで着目されたのが，次世代の男性相続者に王位を継承しようとする王妃や女性君主たちの行動や機能，そして表象であった。重要なのは，王位継承に際しての積極的なエージェントとしての主体像と，血統原理の上に立つ世襲王政において（男系・女系に関わりなく）常に「産む性」を強要し続けられるという客体像である（Rodrigues 2020）。

3. 女性君主②——選挙王政の「性」の利用と隠蔽

王位の血統相続原理に依拠する世襲王政に対して，合意原則に基づく選挙王政には民主的な印象が伴う。実際に，1764年のポーランドの国王自由選挙に際して有権者は約20万人もいた。しかし，ジェンダー表象に着目すると，選挙王政にも論点が浮かび上がる。バーバラ・シュトルベルク＝リリンゲルによれば，ハンガリーの戴冠式でマリア＝テレジアは女主ではなく王として戴冠した。だが，ハプスブルク家の絵画では「皇帝の母」像が強調された（左頁の図参照）。「男性」性のほか「女性」性すらも，当時の啓蒙思想家や政治権力によって強調と隠蔽が随時繰り返されたのである（Stollberg-Rilinger 2017）。

探究のポイント

①世襲王家の王妃や女性君主は現在も「産む性」を強要されているのか否か。
②女性君主の「男性」性と「女性」性を強調しようとする政治権力の意図は何か。
③君主政を廃止した共和政国家では，女性君主はどのように記憶されているか。

▷3 塗 油
カトリックの戴冠式において，首座大司教が王および王妃の頭ないし両肩甲骨の間に聖油を注ぎ，神への奉仕を誓わせる聖別の儀式のこと。これにより，聖職者としての要素も付与されると理解された。

▷4 政治的身体
カントロヴィッチによれば，王は生身の「自然的身体」と不可視の抽象的な「政治的身体」という二つの身体をもつ。後者は，政体の持続性や王朝の連続性・威厳を体現する法的人格と考えられた。

参考文献

エルンスト・H・カントロヴィッチ（小林公夫訳）『王の二つの身体——中世政治神学研究』平凡社，1992年。
荒木敏夫『可能性としての女帝——女帝と王権・国家』青木書店，1999年。
石井美樹子『挑まれる王冠——イギリス王室と女性君主』御茶の水書房，1999年。
篠原琢・中澤達哉編『ハプスブルク帝国政治文化史——継承される正統性』昭和堂，2012年。
中澤達哉「ヨーロッパの選挙王政と世襲王政——天皇譲位に寄せて」加藤陽子編『天皇はいかに受け継がれたか』績文堂出版，2018年。

フランス革命とジェンダー

武田千夏

【関連項目：啓蒙思想と女性の学識，女性と政治参加，フェミニズムの萌芽】

概　要

　フランス革命とは旧体制を特徴づけた特権に基づく身分制度を廃止し，自由，平等，博愛を是とする近代市民社会への移行を促した政治革命である。しかし，これらのスローガンが主眼としたのは男性だった。女性は「離婚や財産管理権，親権，相続権」など主に家庭に関わる市民権を得たが，政治家になったり投票をしたりという政治的権利からは貧しい男性，外国人，子どもらとともに除外された。

　それでも多くの女性は別の方法で革命に参加した。都市部の女性は政治クラブに参加し，新聞，政治パンフレットを出版した。庶民階層の女性はパンを求めてヴェルサイユ宮殿へ行進し，国王夫妻をパリへ連れ戻した。貴族階級の女性は身の危険にさらされた男性をかくまって亡命を助けた。しかしすべての階層の女性は革命が急進化するに及んで「家庭に帰ること」を強制された。19世紀に入るとナポレオン法典（1804年）は女性の男性への従属的な立場を決定づけ，近代的な家父長制度を成立させた。

　フランス革命期にはフェミニズム思想も誕生した。ニコラ・ド・コンドルセ，**メアリ・ウルストンクラフト***らは，女性は男性と同等な教育を受け投票者として政治に参加すべきである，と主張した。オランプ・ド・グージュは人権宣言（1789）が実際には男性のみの権利を指したことを批判し『女性の権利宣言』（1791）を発表した。グージュは女性も「自由，所有，安全，圧政への抵抗」の権利を有すると訴えると同時に「男性が女性に対して繰り返し示す横暴さ」について糾弾した。

　近代市民社会の形成に向けて，政治，社会が再組成される中，無名の女性たちもまた自分たちが生きていくための公的アクションを起こした。市場で働く女性たちが経済活動に貢献する一方，売春が禁止される中で売春婦らは生存権を求めて国家に物申した。男装した兵士として革命戦争に参加した女性は「女性ではなく，勇気ある善良な市民として従軍した」と訴えて国に年金の支払いを求めた。

当時の議論　　ジェルメンヌ・ド・スタールはフランス革命期を代表する政治思想家である。彼女はルソーの良妻賢母論を受け入れて女性の政治的権利を否定しつつ，旧体制の**サロン**の申し子として文化を基軸とした独自のフェミニズム論を展開した。

　「女性を政治や民事から除外することは正しい。男性との競争につながるあらゆる事柄は女性の本来的な運命に逆行する。女性が職業的栄光を勝ち取った暁には，女性としての幸福をあきらめなければならない。」（『ドイツ論』1813）

　スタールは家庭という親密圏で「会話の技巧」に長けた上層階級のサロンの女

主人が招待客である男性に好影響を及ぼすように，女流作家が啓蒙サロンに由来する「よい趣味」に根ざした文学を広く社会に伝搬することで，暴力を伴う政治対立を緩和させフランス革命を終焉させることができると訴えた。このような社会の道義的審判としての役割は革命から排除された女性だからこそ全うできるものであり，それゆえ女性も教育を受けたり文化を発信したりする社会的権利があると主張した。

ジャック・ルイ・ダヴィッド「ホラティウス兄弟の誓い」（1784年）
ローマのホラティウス3兄弟がアルバ国のクラティウス兄弟に打ち勝つことを父親に誓うというシーンはフランス革命が体現する共和主義を象徴している。女性は良妻賢母として背後に佇み，目を開けて男性の公的活動を見ることすら許されない。

論 点

1. フランス革命期の女性史研究におけるマクロとミクロの視点

第一派フェミニズムが女性の参政権運動を重視したのに対して，**第二波フェミニズム***は雇用や社会慣習における様々な性差別の撤廃を求めた。リン・ハントはフランス革命期の言葉，儀礼，シンボルなどに注目しつつ家族についての集団的，無意識的なイメージの変化が新たな政治秩序構築を支えたことを指摘し「政治文化論」を確立した。この考えに沿って当時の絵画や文学に表象された古代以来の共和主義の政治文化が，近代の良妻賢母イデオロギーの要因の一つであると指摘された。これらのマクロな研究とは対照的に，近年資本主義，環大西洋などのグローバルな現象に着目しつつ，個々の無名な女性たちのユニークなジェンダー・アイデンティティに依拠したミクロな研究も増加した。

2. フランス革命のトランスナショナルな側面とジェンダー

1791年にサン・ドマングで起こった黒人奴隷たちの反乱は1804年に黒人初のハイチ共和国を誕生させた。人種，ナショナリズム，ジェンダーなど複数の要因によって政治的抑圧を受けたハイチの女性は武器を取って独立革命に参加した。一方フランス国内で人類愛，家族，宗教と結びついた奴隷廃止の訴えは，女性作家が論じることのできる数少ない公的なテーマの一つだった。

3．フランス革命と男性性

フランス革命期からナポレオン帝政期にかけての男性性研究は二つの領域に区分される。一つは家庭内の男性性研究，もう一つは戦争の文化史の一部としての，軍隊などの**ホモソーシャル***な領域における男性性研究である。革命期には家族と軍の間でジレンマを感じ軍役から逃れようとする兵士が存在した。一方革命期の博愛の精神はナポレオン帝政期にはホモソーシャルな友情や愛情へと変化したが，後者には争うことのできない異性愛イデオロギーが伴った。

* 第二波フェミニズム
Ⅰ-5 側注5参照。

* ホモソーシャル
Ⅴ-3 側注1参照。

（参考文献）

スタール夫人（梶谷温子ほか訳）『ドイツ論』1～3，鳥影社，1996～2002年。
浜忠雄『ハイチ革命とフランス革命』北海道大学図書刊行会，1999年。
佐藤夏生『スタール夫人』清水書房，2005年。
オリヴィエ・ブラン（辻村みよ子監訳）『オランプ・ドゥ・グージュ——フランス革命と女性の権利宣言』信山社，2010年。
リン・ハント（松浦義弘訳）『人権を創造する』岩波書店，2011年。
クリスティーヌ・ル・ボゼック（藤原翔太訳）『女性たちのフランス革命』慶應義塾大学出版会，2022年。

探究のポイント

①『マリー・アントワネット』（2006年）や『マリー・アントワネットに別れを告げて』（2012年）などの映画を観て，当時の女性像について話し合ってみよう。
②一般に表現，結社，信仰の自由，財産権などの諸権利を市民権というが，フランス革命期の女性はこれらの権利をもつことができたといえるだろうか。
③フランス革命期からナポレオン帝政期にかけて誕生したフェミニズム思想について調べてみよう。

女性と政治参加

21

梅垣千尋

【関連項目：フランス革命とジェンダー，福音主義的社会改良運動，家庭重視イデオロギー，女性参政権運動とミリタンシー，議員，「女性保守」政治家・社会運動家の台頭】

▷1　奴隷制に抗議
アフリカから奴隷船で西インド諸島へ運ばれ，強制労働に従事させられている黒人奴隷の過酷な実態が明らかにされると，18世紀後半から奴隷制廃止運動が盛り上がった。1807年には奴隷貿易が，1833年には奴隷制そのものが廃止された。Ⅱ-2も参照。

▷2　穀物法の廃止
1815年の穀物法で，地主の利益を保護するために安価な外国産穀物の輸入が禁止されると，1830年代から産業資本家層を中心に反対運動が起こった。この法律は1846年に廃止された。

▷3　チャーティスト運動
1830年代末から1840年代末にかけて，普通選挙権の実現などを目標に掲げて労働者階級が起こした全国規模の政治運動。

▷4　ピータールーの虐殺
1819年にマンチェスターで議会改革を求める民衆の集会が開かれた際，軍隊が乱

📖　概　要

　国の議会に送る代表（議員）を投票で選ぶことを「政治参加」ととらえるなら，ほぼすべての女性は20世紀に入るまで，政治に参加しなかったことになる。しかし，「政治」の世界を議会や政党だけに限定せず，その外部に開かれたものとして広くとらえるなら，選挙権をもたない女性でも，様々な機会を使って政治に参加できたことになる。

　実際，18〜19世紀の近代イギリスでは，各階級の女性たちがそれぞれに見合った方法で，広い意味での政治に参加していた。たとえば，議員の夫をもつ貴族の女性は，地元での影響力を発揮して，社交の場で選挙戦に向けての票集めをしたり，文通を交わして政治家同士のコネクションを強めたりした。中流階級の女性は，**奴隷制に抗議**して砂糖の不買運動や請願への署名活動を行ったり，**穀物法の廃止**を求めて政治文書の出版や公的な集会への出席をしたりした。**チャーティスト運動**では，女性組織も存在した。貧しい民衆女性が，市場での食糧暴動や，「ピータールーの虐殺」で知られるような選挙権要求の政治集会に加わることもあった。

当時の議論

　イギリスではエリザベス1世の治世後に取りまとめられた，女性の法的地位に関する規則集で，「女性は議会において発言権をもたない。女性は法をつくらず，承認も廃止もしない」と明言された（『女性の権利の法的決議』1632）。議会改革運動によって実現した1832年の第一次選挙法改正では，有権者の数そのものは増えたが，それまでの「パーソン」という規定の前に「メイル（男性）」という言葉が挿入され，女性が国政選挙での投票権をもたないことが初めて法的に確定した。

　メアリ・ウルストンクラフト[*]は『**女性の権利の擁護**』（1792）で，女性が政治の審議に直接参加することが許されない状況を疑問視し，女性も自分たちの代表者をもつべきであると主張した。それに対して，より保守的な立場をとるハナ・モアは，ベストセラーとなった小説『妻を探すシーレブズ』（1807）の中に，ウルストンクラフトを思わせる，学識があり政治に関心をもつ女性を登場させ，この女性を規範から逸脱した女らしくない存在として否定的に描きだした。ただし，モアは民衆に向けて現状維持の大切さを説く政治パンフレットを出版したこともあり，彼女自身が政治に関わる女性であったという事実を見逃してはならない。

　中流階級女性の多くが関わった奴隷制廃止運動や慈善活動は，国やコミュニティのあり方に関わるという点では政治的な含意も

図1　トマス・ローランソン「デヴォンシャー家の人びと，あるいは票を確保するための広く公認された方法」（1784年）
1784年の総選挙では，デヴォンシャー公爵夫人が，ウェストミンスター選挙区の候補者チャールズ・J・フォックスを大々的に支援したことが話題となった。この諷刺画は，公爵夫人が「色仕掛け」によって肉屋の庶民から票を取り付けている様子を描いたもの。

あったが，宗教的性格が前面に出されたこともあり，女性がこうした活動に携わることへの強い反対論は聞かれなかった。やがて19世紀後半になると，こうした**シングル・イシューの政治運動**を経験した女性たちの中から，公に向けて女性として声をあげることに正当性を見出し，法制度や教育において女性が被っている不利益の是正を求める，新たな女性運動が生まれることになった。

論点

1. 女性はどこで政治に関わったのか　19世紀には，女性の本拠を家庭内に定める家庭重視イデオロギーが強まったが，広い意味での政治の場は，こうした「公／私」の領域区分を跨ぐものであったことが，キャサリン・グリードル（Gleadle 2009）らによる最近の研究で明らかになってきた。子育てや家族の団欒にも政治が関わっていたとすれば，女性は家庭にいても政治から遮断されていなかったことになる。まさしく政治は家庭から始まる，と論じることも可能かもしれない。

2. 女性の政治的経験の多様性　従来の女性史研究では，女性の政治的経験の中でもとくに中流階級主導の「改革的」な運動に注目が集まる傾向があった。しかし2000年代からは，アマンダ・ヴィッカリ（Vickery ed. 2001）らの研究に代表されるように，貴族のような特権的地位にある女性たちの政治力に関心が向けられたり，体制擁護的な女性の政治活動にも光が当てられたりしている。階級や政治的立場の異なるこれらの女性の政治的経験のあいだには，どのような違いや相互の関連性があったのか。さらに考察を深めるべき論点は多い。

3. 政治運動はどのような「男らしさ」に依拠していたのか　従来はジェンダー・ニュートラルなものとして語られてきた政治運動史を，「男らしさ」という視点から分析する研究も進んでいる。たとえば，政治的権利の平等を求めて19世紀前半に盛り上がった急進主義的な民衆運動の中で，職人層の女性嫌悪的（ミソジニー）な性格や，**国王に虐げられた王妃**[46]への騎士道的なまなざしなどが交錯して，いかに女性を周縁化する政治文化が生まれたのか，といった研究である。

図2　アン・ナイト（1855年頃）
クエーカー教徒として奴隷制廃止運動に関わっていたナイトは，1840年にロンドンで開かれた反奴隷制世界会議で，アメリカの女性代表が登壇を拒否された事件をきっかけに，女性の問題に目覚め，1851年にイギリス初の女性参政権要求集会を召集した（Ⅱ-2参照）。

入して多数の死傷者を出した事件。

＊　メアリ・ウルストンクラフト
Ⅰ章扉図参照。

▷5　シングル・イシューの政治運動
特定の個別的な問題だけを争点にして，政府への対応を求める運動。

▷6　国王に虐げられた王妃
ジョージ4世の妻，キャロライン王妃は結婚後まもなく別居を余儀なくされていたが，1820年，王妃としての地位の回復を求めると，国王に批判的な世論を喚起し，広範かつ熱狂的な国民の支持を集めた。詳しくは，トムプスン（2001）や古賀（2006）を参照。

（参考文献）
ドロシー・トムプスン（古賀秀夫・小関隆訳）『階級・ジェンダー・ネイション——チャーティズムとアウトサイダー』ミネルヴァ書房，2001年。
古賀秀夫『キャロライン王妃事件——〈虐げられたイギリス王妃〉の生涯をとらえ直す』人文書院，2006年。
レイ・ストレイチー（栗栖美知子・出淵敬子監訳）『イギリス女性運動史1792-1928』みすず書房，2008年。

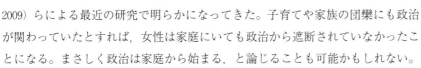

探究のポイント
①国政選挙での投票以外に，広い意味での政治参加の方法として，どのようなものがあったのだろうか。本書のほかの時代・地域についても考えてみよう。
②歴史上有名な男性の政治家たちの家族関係を調べてみよう。どのような両親のもとに生まれ，姉妹たちはどのような生き方をし，自身はどのような結婚をして（あるいは結婚せず），どのような家庭生活を送ったのだろうか。
③「ピータールーの虐殺」を描いた映画『ピータールー——マンチェスターの悲劇』（2018年）を鑑賞し，男女の民衆がどのように政治に関わっていたのか考えてみよう。

Column **3**　ヨーロッパ

フェミニズムの萌芽

**近代フェミ
ニズムの源流**　「フェミニズム」とは，性の違いによって生じた女性の不利益を不当なものとみなし，その是正を求める主張のことをいう。この言葉が初めて使われたのは1890年代のフランスだったが，それ以前の時代に，フェミニズム的な思想がみられなかったわけではない。18世紀末のイギリスに生きたメアリ・ウルストンクラフト（I章扉図）は，『女性の権利の擁護』（1792）を書いたことで，しばしば「近代フェミニズムの母」と呼ばれる。だが，この本の中で彼女が暗黙のうちに依拠していたのは，さらにそれ以前の時代にまで遡る，ヨーロッパの知的世界の様々なフェミニズム的遺産だった。

神からの平等な愛　その一つは，キリスト教信仰の中に見出せる。たしかに教会は，女性に沈黙を強いる男性優位の伝統を生み出した。しかし，神がすべての人間を，性を問わず平等に愛してくれるという確信は，とくに女性にとって，自敬の念をもつ上で大きな支えとなった。

たとえば，12世紀ドイツの修道女，ヒルデガルト・フォン・ビンゲンの場合があげられる。彼女は，自分が女性として「劣位」にあることを疑わなかったが，

『道を知れ』（1151年）に描かれた「女性幻視者」ヒルデガルト・フォン・ビンゲン

自身の幻視体験を神の愛のなせる業だと信じ，神の知恵を伝えるべき者としての強い自意識をもった。

**古代以来の
「女傑」賛美**　二つ目の遺産は，古代以来の「女傑」賛美の伝統である。古代ギリシアのプルタルコスの「烈女伝」，中世フィレンツェのボッカッチョの『名婦列伝』な

ど，武勇や学芸に優れた女性たちの記録は，文芸上の一ジャンルとなっていた。必ずしも称賛されるばかりではなかったにせよ，歴史に名を残した女性たちの実例は，現状の社会に不満をもつ女性読者にとっては希望を抱かせるものにもなりえた。

4人の男性を相手に議論するクリスティーヌ・ド・ピザン（1410〜14年頃）

たとえば，14〜15世紀のフランスで活躍した，イタリア生まれのクリスティーヌ・ド・ピザンの場合，彼女が『女の都』（1405）で，当時の女性蔑視的な言説に立ち向かうことができたのは，こうした歴史上の女性たちの存在を知っていたからだった。

**精神に
おける平等**　三つ目の遺産は，17世紀のデカルト哲学によって心身二元論が確立し，人間の肉体的な能力と知的な能力（魂）とが，切り離して考えられるようになったことである。

たとえば，17〜18世紀のイギリスに生きたメアリ・アステルは，『結婚に関する考察』（1700）で，デカルトの二元論をもとに，「もっとも腕っぷしの強い荷物の運び人が，もっとも賢い人にならないのはなぜか」と問うた。たとえ女性が身体的に男性より弱くても，精神的に劣るわけではなく，教育によって女性はいくらでも知的に向上できるという主張である。

**フェミニズムは
継承されるか？**　さて，冒頭のウルストンクラフトに再び戻れば，じつは彼女は『女性の権利の擁護』で，これら先達の女性思想家のうち，誰の名前もあげていない。フェミニズムが，時代を超えた継承関係を実証するのがきわめて難しい思想であることを，この事実は如実に物語っている。

（梅垣千尋）

（参考文献）

アンドレア・ホプキンス（森本英夫監訳）『中世を生きる女性たち』原書房，2002年。

「人種」概念の誕生とジェンダー

ジョージア女性の頭蓋骨 現在も日本の高校世界史の教科書に登場する「コーカソイド」という概念は，18世紀末のドイツで生まれた。形質人類学の父とされるJ・F・ブルーメンバッハ（1752～1840）は，頭蓋骨の形状と肌の色などを基準に世界の住民を五つに分類し，第一にして人類の起源としたのが「コーカサス変種（Kaukasische Varietät）」であった。

「この人種の名前を，私はコーカサス山脈からとった。隣接する国々，とくに山脈の南方地帯には最も美しい民族，すなわちジョージア［グルジア］人が住んでいるからだ」。

コーカサス山脈は，西に黒海，東にカスピ海を見渡し，南方には，ノアの箱舟が大洪水の後にたどりついたとされるアララト山がそびえたつ。このような聖書に基づく伝説もさることながら，ブルーメンバッハにとって重要だったのは，ジョージア人の美しさだった。彼はロシアの知人経由でジョージア女性の頭蓋骨を入手し，「美しい頭蓋骨」を自らスケッチしている。

ジョージア人の美しさに関して，ブルーメンバッハが依拠したのは，彼が「旅する哲学者（フィロゾーフ）」と評したフランスのJ・シャルダンによる旅行記『ペルシア紀行』（1711）であった。

「ジョージア人の系統はオリエントで一番美しい。世界で一番の，と言ってもいいだろう。［中略］ジョージア女を見て惚れないことは不可能だと思う。ジョージア女のものほど魅力的な顔を描くこと，美しい体つきを描くことはできない相談だ」。

ジョージアはペルシア

J・F・ブルーメンバッハ

のハレムに美しい女奴隷を送ることで有名な地であった。I・カントもまた「自然地理学」の講義において，この地は「美女の苗床である」と述べている。

なぜ「ヨーロッパ人種」ではないのか？ ブルーメンバッハは，18世紀最大の博物学者C・リンネと異なり，「ヨーロッパ」という概念を分類名に選ばなかった。ブルーメンバッハは，世界各地から頭蓋骨を集め，「第一の人種」には，ジョージア人女性に加え，トルコ人男性やヴォルガ川中流に位置するカザンのタタール人男性，ユダヤ人少女などの頭蓋骨を分類した。コーカサス地域がアジアとヨーロッパをまたぐ「文明の十字路」とされるように，彼は「第一の人種」をヨーロッパ人に限定したわけではなかった。

「人種」概念の変容 ブルーメンバッハの5分類は，やがて彼の意図を超えて，知的優劣や文明の度合いといった価値基準が付与され，アメリカをはじめ世界各地で受容され変容していった。日本では，幕末から明治にかけて渡辺崋山や内田正雄らが紹介し，帝国日本の将来を担う子どもたちの地理教育にも採り入れられた。明治20年代以降の教科書の挿絵には，「莫古人種（モンゴル）」の日本人男性が「高加索人種（コーカサス）」のヨーロッパ人男性と並置され，あるいは「高加索人種」を凌駕する第一の人種に描かれた。

「美しい頭蓋骨」をもつジョージア女性への主観的で男性的なまなざしは，19世紀以降，帝国主義にかつがれた人種学という「科学的」言説によって覆い隠されていく。何よりも，ジェンダー秩序を基盤とする近代社会の医学者たちは，「産む性」としての女性の身体の探究に熱心で，女性の頭蓋骨よりも骨盤に関心を注いだのだった。 （弓削尚子）

参考文献
ロンダ・シービンガー（小川眞里子・財部香枝訳）『女性を弄ぶ博物学』工作舎，1996年。
弓削尚子「「コーカソイド」概念の誕生」『お茶の水史学』55，2011年。

Ⅱ　「近代」のはじまり

ウィンザー城での家族の団らん
（ヴィクトリア女王夫妻と長女）

イスタンブルの女子学校の生徒たち
（1880〜1900年代）

現在の横浜公園にあった港崎遊郭

Introduction

　国民国家の形成や産業化を特徴とする「近代」。流動化した社会に生きる人々は，社会秩序のもととして従来の身分に代わってジェンダーの区別を強く求めるようになりました。男性は理性的で女性は感情的といった対照的あるいは相補的な特質をもっているとし，宗教，科学や医学の言説がそれをがっちりと支えたのです。東洋においても近代化の過程では，新しいジェンダー秩序がその基盤として導入されました。生来的な特質の違いゆえ，男性は政治や経済といった公の世界，女性は家庭という私的領域に生きるべきだという考えは，資本主義社会に都合のよいものに思われました。家庭が神聖な場所として重視され，良き妻，良き母を育てるための女子教育にも力が注がれました。しかし，そのジェンダー観のひずみは各所に現れていったのです。

∞ フランス ∞

1 異性装

新 實 五 穂

【関連項目：ロマンティック・フレンドシップ，家庭重視イデオロギー，スポーツ（イギリス）】

▷1 異性装に関する警察条例

警視総監デュボワによって発令された警察条例の条項は5条から構成され，1条から3条までは許可書に関すること，4条は法令に従わない場合の措置，5条はどの地域を対象にした条例なのかが明記されている。2条には，「男性服の着用を望むすべての女性は，許可書を得るため警視庁に出頭しなければならない」とある。

▷2 男性による異性装
フランスでは，1949年2月1日にパリ警視庁の警視総監ロジェ・レオナールが制定した警察条例により，余興や興業での男性による異性装が禁止された。また20世紀後半になると，男性による異性装が若年層の性病や売春の増加をはじめ，街

📖 概 要

　フランスでは，1793年10月29日に国民公会によって旧制度の衣服令を否定し，服装の規制や強制，服装による差別化を禁じる宣言がなされた。これにより，身分や階級に関係なく個人の服装の自由が認められたものの，男女それぞれの性に適合した服装が求められ，暗に自身の性別ではない服装を着用する行為（異性装）が禁止された。さらに多くの女性たちが異性装をしている状況を危惧した，パリ警視庁の警視総監デュボワによって，セーヌ県やサン＝クルー，セーヴル，ムードンの地域圏の女性のみを対象として，1800年11月7日に「**異性装に関する警察条例**^{◁1}」が制定された。その結果，パリやパリ近郊で暮らす女性たちは，健康上の理由から許可書を申請した場合を除き，異性装をすることが禁じられた。条例に違反し逮捕された異性装者は，少額の罰金刑や5日以下の拘留刑に処せられたとされている。ただし，健康上の理由が異性装の唯一の許可理由とされるも，詳細は不明瞭である上，医師や警察官などの許可書を発行する側の裁量に委ねられる部分が大きいなどの手続き上の問題が存在した。加えて，許可書は期限付きで更新制であり，たとえ許可書を所持していたとしても，多くの人々が集まる公共の場所では異性装が禁止されるなどの制約があった。

　いずれにせよ，この警察条例の存在により，ヨーロッパ各国の中で，とりわけフランスは女性の異性装に対して厳格であったといわれている。なお，19世紀半ばのフランスでは，**男性による異性装**^{◁2}は公然わいせつ行為の容疑に該当するも，裁判では寛容に扱われ，刑法の適用外とされた事例がある。

当時の議論　警察条例が発令される一方で，19世紀後期のパリやその周辺では主に次の二つの理由から女性による異性装が行われた。一つ目は男性優位の職業領域へ侵入し，自由な行動を手に入れ，男性と対等の待遇を獲得する手段として異性装が活用される事例で，経済的・社会的な動機に裏づけられているものである。二つ目は女性身体の範囲を外れる風貌から，見かけの不自然さを取り除き，外見や見た目を社会規範に適合させるため，異性装を許可せざるを得なかった事例である。これらの二つの動機が共存しながら，能力があり著名な女性たちは異性装に対する許可書を申請する際，医師による証明を定期的に何度も得る必要がないという特権的な例外措置が作り出され，女性たちの間にも差が生み出されていた。

その後の展開　警察条例は1892年と1909年に改定され，サイクリングや乗馬の際には女性のズボン着用が許可されて，

女性の異性装に対する許可書（1862年）

法令が緩和されたといわれる。その後，廃れて失効している状態でありながらも，法令の条文は21世紀まで存続していた。2013年1月31日の元老院の官報に記された「警察条例はもはやパリ警視庁が保管すべき古文書の一つにすぎない」という，当時の女性権利相ナジャ・ヴァロー゠ベルカセムの発言により，同条例は法的な効力をもっていないことが確認された。しかしベルカセム女性権利相は，条文の削除などの具体的な行為で警察条例の撤廃を実現したわけではなかった。

娼として客引きをする同性愛者の増加，精神病などと結びつけられ，社会問題化していった。

🗝 論 点

1. 異性装はどのような着衣行為か
『聖書』の「申命記」[3]を拠りどころとして，キリスト教を信仰する国や地域では異性装は好ましくない逸脱行為であると考えてきた。1886年に医学者リヒャルト・フォン・クラフト゠エビングが異性装を「服装へのフェティシズム」と定めて以降，1990年代におけるジュディス・バトラー*およびトマス・ラカーらのジェンダー研究の影響によって，異性装は社会・文化の構築物としての立場を確立した。また異性装という行為は，「二項対立的な文化構造を危機に陥らせるための手段」（Garber 1992）や「ジェンダーで線引きされた領域への象徴的侵略」（Vern L. Bullough, Bonnie Bullough 1993）とみなされ，1990年代にはその着衣行為を定義づけることが盛んになった。

2. 女性が異性装をする理由とは
文化史家ルドルフ・デッカーとロッテ・ファン・ドゥ・ポル（2007）は，女性による異性装の動機を次の四つにまとめている。一つ目は修道士や隠遁者になる例で，望まぬ結婚や悲惨な結婚生活から逃れるための手段とされるものである。二つ目は兵士や船乗りなどとして長期間働く例で，貧困生活からの脱出を図るため賃金の高い男性の職業に潜入するものである。三つ目は愛国心に駆り立てられて戦時に母国を救うため，さらには革命や暴動に加わり権利要求をするために男性服が活用されるものである。四つ目は同性同士の恋愛において性役割を分担するため，衣服が使用されるものである。また歴史家シルヴィ・シュタインベルクは，女性による異性装の動機に関して，社会的制約との関係を重要視している（Leduc éd. 2006）。

3. 「異性装に関する警察条例」の存在とは
歴史家クリスティーヌ・バールによれば，同条例は発令された当初，体制への政治的な反発を抑え込む目的で異性装および性の混同を禁止したとされる。さらにバールは，パリ警視庁に所蔵されている関連資料，とりわけ異性装に対する許可書の管理・保存状態が非常に悪いことを根拠として，同条例は抑圧的ではなく，抑止的な効果をもつにすぎなかったのではないかと結論づけている（Bard 2010）。

┌─ 探究のポイント ─
①異性装の動機には，ほかにどのようなものがあるだろうか。
②ほかの時代や地域における異性装の事例と比較してみよう。時代や地域によって，どのような共通点・相違点があるだろうか。
③女性のズボン姿には，どのようなジェンダー規範が表象されてきただろうか。

▷3 『聖書』の「申命記」
第22章には，「女は男の着物を着てはならない。また男は女の着物を着てはならない。あなたの神，主はそのようなことをする者を忌みきらわれるからである」と記されている。
＊ ジュディス・バトラー
Ⅵ-2 参照。

（参考文献）
トマス・ラカー（高井宏子・細谷等訳）『セックスの発明──性差の観念史と解剖学のアポリア』工作舎，1998年。
ジュディス・バトラー（竹村和子訳）『ジェンダー・トラブル──フェミニズムとアイデンティティの攪乱』青土社，1999年。
ルドルフ・M・デッカー，ロッテ・C・ファン・ドゥ・ポル（大木昌訳）『兵士になった女性たち──近世ヨーロッパにおける異性装の伝統』法政大学出版局，2007年。
徳井淑子・朝倉三枝・内村理奈・角田奈歩・新實五穂・原口碧『フランス・モード史への招待』悠書館，2016年。
服藤早苗・新實五穂編『歴史のなかの異性装』勉誠出版，2017年。

並河葉子

⁓イギリス⁓ 2 福音主義的社会改良運動

【関連項目：女性と政治参加，家庭重視イデオロギー，女性宣教師，子ども移民，女性参政権運動とミリタンシー】

▷1 福音主義運動

アメリカのジョナサン・エドワーズやイギリスのジョン・ウェスレーなどが主導した信仰復興運動。回心体験やキリストによる贖罪の重視，聖書主義，行動主義を特色として共有し，個人のキリスト教徒としての信仰の実践に重きを置いた。また，女性には子どもたちに宗教心を涵養することなど家庭での役割を果たすことを求めていた。

▷2 クラパム派（テストン・サークル）

グランヴィル・シャープ，トマス・クラークソン，ウィリアム・ウィルバーフォースなどイングランド国教会内で福音主義的社会改良運動を牽引したグループのこと。多くがロンドン南部のクラパムの教区教会に属していたことからこの名で呼ばれる。当初ハナ・モアを中心に集まったケント州の村に因んで「テストン・サークル」と呼ばれることもある。

ハナ・モア（1745〜1833，著述家，福音主義者）

📖 概 要

1780年代以降のイギリスでは，**福音主義運動**の影響を受け，「正しい」キリスト教信仰に基づいた社会の実現のために様々な改革運動が行われた。反奴隷制や刑務所改革，初等学校教育の普及を目指すものや禁酒運動，動物虐待の防止に至るまで多様な目的を掲げた団体が設立されたが，多くの団体で中核にいた人々は重なっていた。福音主義者と呼ばれた彼らは，クエーカーやユニテリアン，バプティストなどの非国教徒とイングランド国教会内で彼らと連携しながら活動をともにした「**クラパム派**」といわれる人々である。イギリスの対外貿易拡大などの商業的な発展によって大きな富を得た中流階級であり，多くは婚姻によって結びついた親族同士でもあった。一連の運動は女性たちを介して価値規範の共有や継承がなされ，救済対象は時代ごとに変化したが，時代を超えてこのネットワークは継承されていった。

運動の現場では中流階級の女性たちも大きな戦力となっていた。たとえば，反奴隷制運動において女性たちは「女性による女性の救済」をスローガンに掲げて男性たちとは別に各地に組織を立ち上げ，それらをネットワーク化して資金を集めながら独自の運動を展開した。印刷物の積極的な活用はこの運動の特色であるが，女性たちは政治色が強くなりがちな新聞を避けて**トラクト（宗教冊子）**を利用するなど，メディアの利用にも工夫がみられた。また，西インド産砂糖のボイコット運動など，消費者運動の先駆けとなる運動でも女性たちの果たした役割は大きかった。さらに，イギリス内外で行われた初等学校教育普及を目指す運動では女子生徒だけを対象に針仕事などのカリキュラムが用意されており，女性の家庭性を重視するイングランドの中流階級の価値観を広く普及させることにもなった。

当時の議論　一連の運動においては，活発に活動する女性たちに向けて批判的なまなざしを向ける男性たちとのあいだに葛藤が生じることもあった。1840年にロンドンで行われた反奴隷制世界会議でアメリカから来た代表団の中に女性が含まれていたのに対して，女性には傍聴のみ認めるとしたイングランド側の主催者の姿勢をきっかけに，女性の公的な場での活動はどこまで認められるのかをめぐってイギリス社会においても大きな論争が起こった（ I-21 図2を参照）。

その後の展開　社会改良運動は，女性たちが家庭の外に活動領域を拡大する足がかりを与えることになった。とりわけ，反奴隷制運動は，先に述べた反奴隷制世界会議での論争を起点として，その後継世代から初期の女性参政権運動の中核となる人々を輩出することにもなった。19世

紀後半になると，「正しい」キリスト教に基づく社会の実現を海外でも目指すキリスト教伝道が福音主義的の伝道団体により本格化した。それぞれの活動地域において現地女性へのアクセスを可能にしたのは，宣教師の妻，娘や独身の女性宣教師の存在であった（Ⅲ-3も参照）。

論 点

1. 福音主義とフェミニズムとの関係について

福音主義は自助や勤勉さを説き，自由主義的な資本主義経済に適合的な新しい道徳規範の基盤となった（Hilton 1988）。一方で福音主義者は女性の政治的な権利拡大には保守的であったとされ，実際にハナ・モアは政治的なスタンスをめぐって同時代のメアリ・ウルストンクラフト（Ⅰ章扉図参照）と鋭く対立した（Stott 2006）。もっとも，福音主義者たちは，資本主義に基づく新しい社会にふさわしい「正しい」キリスト教徒としての行動原理と価値規範を女性たちを通じて普及させようとした。このため，モアもウルストンクラフトと同じく女子校を運営するなど，女子教育にも積極的に関わった。西洋近代的なジェンダー規範を世界的に普及させたのは女性たち自身であったが，その中で提唱された「女性の領域」という考え方と女性の社会活動についてのアンビバレントな関係性の克服は，その後のフェミニズム運動において大きな課題となった。

2. 帝国主義との関係

イギリスの中流階級女性たちは，「文明化の使命」の名のもとに海外の女性や子どもたちに向けた教育や医療活動を行った。彼女たちの活動領域の拡大と帝国の拡大は表裏一体であったのだ（Midgley 2007）。一方，帝国の女性たちの受け止め方やその作用については慎重な検討が必要である。フィリッパ・レヴァイン（2021）らも指摘するように，非ヨーロッパ世界におけるジェンダーや性の規範，慣習はヨーロッパ人が提示するそれとは異なっていることも多かったが，西洋的なものが標準とされ，現地の慣習は克服すべき野蛮なものとみなされた。ヨーロッパ的な規範の受容をめぐっては，ヨーロッパ人と現地の人々とのあいだだけでなく，現地の人々のあいだにもスタンスの違いから複雑な断層が生じた。

探究のポイント

①映画『ベル――ある伯爵令嬢の恋』（2013年）を観て，反奴隷制運動が始まった時期のイギリス社会で，奴隷や黒人がどのようなイメージだったのかを考えてみよう。

②女性たちによる反奴隷制運動では，「女性による女性の救済」を掲げ，日本にもやってきたミッションも女子教育において理想の女性の育成を目指した。19世紀の欧米で女性に求められていた役割や立場とは具体的にどのようなものだろうか。

③社会改良運動を目指して設立された団体の中には現在でも存続しているものが少なくない。現代社会においてそうした団体は何を目指して活動しているのだろうか。また，「人道的であること」とは，現代社会において具体的にどのようなことだろうか。

▷3 トラクト（宗教冊子）
聖書の内容や教理問答などをわかりやすく解説したパンフレットや小冊子。直接は聖書に触れないが，道徳的にふさわしいと制作者が判断した読み物なども含まれる。

参考文献

坂本優一郎『投資社会の勃興――財政金融革命の波及とイギリス』名古屋大学出版会，2015年。

竹内真人「宗教と帝国の関係史――福音主義と自由主義的帝国主義」『社会経済史学』80(4)，2015年。

川分圭子『ボディントン家とイギリス近代――ロンドン貿易商1580-1941』京都大学学術出版会，2017年。

金澤周作『チャリティの帝国――もうひとつのイギリス近現代史』岩波書店，2021年。

フィリッパ・レヴァイン（並河葉子・森本真美・水谷智訳）『イギリス帝国史――移民，ジェンダー，植民地へのまなざしから』昭和堂，2021年。

≈≈ イギリス ≈≈

3 家庭重視イデオロギー

山口みどり

【関連項目：イスラーム法と家族，伝統家族，女性と政治参加，異性装，福音主義的社会改良運動，近代家族像と文明規範，家族関係の変化，幼児教育，中等教育，女子職業教育，女王のジェンダー・イメージ，近代音楽文化と女性，読書，愛・性と近代家族】

📖 概 要

「イングランド人の生活に最も深く根差した伝統といえば，家庭を愛し，強く結びついた家族という理想を挙げるのがお決まりだ」——20世紀初頭のある社会改革者はこう述べた。しかしこの「伝統」の起源はそう古いものではない。産業革命で成功した中間層がこぞって郊外に邸宅を構えたのは，**福音主義**[*]信仰の強まった18世紀末頃のことであった。この頃家庭を神聖視する言説が広められ，詩人コヴェントリ・パットモアは，家業から身を引き専業主婦化した女性たちを「家庭の天使」と称えたのだ。家族が集まる日曜の晩餐，ツリーを囲んで祝うクリスマスなど，イギリス人の考える「伝統的」な家族の行事や慣習の多くは，実は19世紀にかけて広まったもので，**ヴィクトリア女王夫妻**[▷1]もこうした家族観を体現することで国民の支持を取りつけた。熟練労働者たちも，夫が単独の稼ぎ手として家族を扶養する家族賃金を求めて運動した。

夫婦を基盤とした家庭を称えながらも，実際には19世紀のイギリスは**独身者**[▷2]の割合が比較的高かったことで知られる。それでも未婚女性が妻を失った父親や独身の兄弟のために家政を執り，親を亡くした甥姪を引き取るなど，「あるべき」家族像に近づこうとする傾向がみられた。

当時の議論 男女は社会でも家庭でも異なった職分を果たすべきだとする議論は，様々な文脈でみられた。**セアラ・エリス**[▷3]は，女性が法的にも社会的にも男性に劣るとする一方で，家庭に留まる女性は世俗的誘惑にさらされないため，道徳的優位性を保ちうると主張した。慈善家シャフツベリ卿は，理想的家族の特徴をジェンダーや階級，年齢に基づく「秩序」だとし，夫／父親の「権威」と，妻／母親の「温かな感化」が，家族共同体と市民社会のどちらにおいても欠かせない両輪だと説いた。家庭重視はイギリスらしさと強く結びつけられたが，類似した議論は多くの近代国家で展開された。

その後の展開 このイデオロギーは，**男女の領域分離**[▷4]概念を強調するものであったが，女性がその家庭役割の延長としてチャリティや社会改良運動を通して社会に進出する動きを生み出した。20世紀初頭にかけてのフェミニズム運動も，この流れに

＊ 福音主義
Ⅱ-2 参照。

▷1 ヴィクトリア女王夫妻（とクリスマス）
ヴィクトリア（位1837〜1901）はザクセン・コーブルク＝ゴータのアルバート公子との間に9人の子をもうけた。クリスマス・ツリーは1800年頃にドイツからイギリス王室に伝わったが，『絵入りロンドンニュース』が描いたクリスマスを祝うヴィクトリア女王一家の姿（図参照）によって一般に広まったといわれている。Ⅲ-1 も参照。

▷2 独身者
19世紀のイギリスでは，海外植民地への独身男性の流出，海外での軍役等による男女比の不均衡や，十分な収入を得るまで結婚を遅らせる傾向があったことなどから，独身化の傾向がみられた。1851年の国勢調査によると，イングランドとウェールズで，20歳以上の女性の約3割が独身であった。

▷3 セアラ・エリス（1799〜1872）
19世紀の作家，教育家。『イングランドの女性たち』をはじめとする女性向けの一連の指南書で知られる。

▷4 男女の領域分離
男女はその生来的な特質によって活動の場が分かれており，男性は公的領域，女性は私的（家庭）領域で活動するのが正しいとする考え。

クリスマスを祝うヴィクトリア女王一家

位置づけられる。ヴィクトリア的家庭観は広く世界に影響を与え，日本では西洋思想が輸入された明治期に「家庭」や「主婦」といった言葉が造られた。

論点

1. 家庭重視イデオロギーは男女の領域分離をもたらしたのか

女性史研究が増加した1970年代には，女性を縛る思想としての家庭重視イデオロギーに焦点が当てられた。その後，このイデオロギーに内在する矛盾や潜在的破壊性を強調する研究が増加した。とくにレオノーア・ダヴィドフとキャサリン・ホール（2019）は，家庭重視イデオロギーを信奉し男女の領域を分けることで，産業革命期の中間層が一つの階級としてまとまったのだと主張し，家庭重視イデオロギーから中流階級の階級形成という大きな問題を論じた。これに対し，家庭重視が強調されたのは，むしろ現実には分離が十分になされていなかった証左だとする議論もある。近年では，細分化された事例から，女性の経験の多様性が浮かび上がっている。

2. 男性性と家庭性の関係

ジェンダー史においては，男性と家庭性との関係も関心を集めるようになった。たとえば，チャーティスト運動[*]に参加した熟練工たちは「家族賃金」を要求し，中流階級的な家庭重視イデオロギーを包摂することで，自らが市民権をもつにふさわしい男性であることをアピールした。この闘争の中で，市民権や男性性の定義は変容していった。またジョン・トッシュ（Tosh 1999）は19世紀の中流階級男性が家庭の中でも重要な役割を占めていた点を強調し，中流階級の男性が公私の双方の領域を自由に動く「特権」をもっていたとした。

3. 家庭性の議論に人種の要素はどう絡むか

本国（ホーム）に対し帝国は「男の世界」と想定され，帝国史の中で女性の存在はほとんど無視されてきた。しかし帝国の中での女性の姿を追うことで，実は「白人家族」が体現する家庭のあり方や性の問題が帝国統治に中心的な重要性を占めていたことがわかってきた。家庭像は社会の成熟度や道徳的な優劣を判断する指標とされ，道徳的な優位性を打ち出したイギリスの帝国拡張を支えた。では植民地の側からみたらどうだろうか。メラニー・ニュートン（Newton 2005）は，奴隷制廃止後のバルバドスにおいて，人種的優位性を示したい白人プランター層と，新たに発言権を獲得したい非白人富裕層のそれぞれが，女性の家庭性を重視したことを示した。

探究のポイント

①サッカレー原作の『虚栄の市』（BBC版1998年；『ヴァニティ・フェア』2018年）を鑑賞し，ガヴァネス（Ⅱ-7参照）となるベッキーと令嬢アミーリアの描かれ方を比較してみよう。
②「家庭の天使」というイメージは，当時の女性にどのような影響を与えただろうか。
③『お母さんは忙しくなるばかり』（コーワン 2010）という本がある。便利な家電が次々に発明されても，主婦の仕事は増えるばかりだというのだ。「家庭重視イデオロギー」とこうした事象との関係を考えてみよう。
④本書のほかの時代・地域の「家族観・家庭観」と比べてみよう。

巖本善治「日本の家族——一家の和樂團欒」『女學雜誌』（第96號，1888年2月）

* チャーティスト運動
Ⅰ-21側注3参照。

参考文献

マーガレット・シュトローベル（井野瀬久美惠訳）『女たちは帝国を破壊したのか——ヨーロッパ女性とイギリス植民地』知泉書館，2003年。
山口みどり「ヴィクトリア期の家族観と女性——男女の領域分離論をめぐって」河村貞枝・今井けい編『イギリス近現代女性史研究入門』青木書店，2006年，第2章第1節。
ルース・シュウォーツ・コーワン（高橋雄造訳）『お母さんは忙しくなるばかり——家事労働とテクノロジーの社会史』法政大学出版局，2010年。
レオノーア・ダヴィドフ，キャサリン・ホール（山口みどり・梅垣千尋・長谷川貴彦訳）『家族の命運——イングランド中産階級の男と女1780-1850』名古屋大学出版会，2019年。

日本 4 近代家族像と文明規範

長　志珠絵

【関連項目：家庭重視イデオロギー，家族関係の変化，婚姻法の変化，愛・性と近代家族】

📖 概　要

　夫婦と実子による「近代家族」モデルは「文明化」政策と密接に関わる。戦前家族法の基本である明治民法（1896年，1898年）は，伝統社会とは異なる法律婚・異性婚，男系の嫡出子主義を皆婚社会の基礎とした。「家族」をめぐる法整備は近代国民国家形成の要であった。伝統社会は，家産の分配や家業の継承に関わる婚姻に対し慎重で限定的だったが，明治政府は身分制度に替えて性差によって社会を二分し，社会通念として皆婚を求め，男性家長を軸とする「家族」単位で人々を管理した。男性家長は父・夫として，親権・財産権・契約権を占有し，女性は法的「無能力者」と位置づけられた。法制史の比較研究は明治民法が作りだした夫権の強さを日本近代の特徴とみる。家父長に委ねられた法の運用は，しばしば女性に負荷を負わせた。

　しかし近代家族像は，男性にも性別役割を迫る。「彼」は「男性稼ぎ主」役割を果たせただろうか。戦前日本社会の大多数の人々は農村の小作農民家族だった。老人も妻も子どもも重要な労働力で，子ども世代が家を離れ，賃稼ぎをする年齢は早い。農村から流入した都市部の雑業層も，構成員全員の稼ぎが必要な多就労家族を構成していた。産業構造の転換は第一次世界大戦後にずれ込み，男性家長が家族を養える時代はもっと遅い。明治民法は父系の直系家族を理念とするが，養子慣行も長く続いた。家業をもつ家では多くの人手が必要で，子どもは雇い人も含めた大人数の中で育つ。第一次世界大戦後の都市中間層「家庭」には住み込みの家事労働者が同居した。明治の家族制度は伝統社会と異なるが，新たな近代家族規範も「主婦」像も人々の現実からは遠い。女性史は戦前女性の生きづらさを掘り起こし，ジェンダー史は，規範の表象とその展開を射程に入れてきた。

当時の議論

　明治初期の啓蒙知識人は，近代家族モデルを文明国の証とみた。訳語である「家庭」は，豊かな生活と住居等の空間イメージも伴う。新たな女性像は母役割に加えて**生み育てる身体**だった。上層身分も含め，育児のアウトソーシングは，不道徳となる。女児は将来の母として学ぶべきだが，限界を自覚せよと説く。とくに養子慣行は非文明的とされ，「近代家族」規範以外の家族の営みは周辺化された。他方，男系・血縁を重視した明治民法は，男性戸主に「妾」を認めた。明治末期の『万朝報』の反「妾」

▷1　（男性家長の）法的特権
村上信彦『明治女性史』には「男の甲斐性」モデルをもたない父・夫による妻や子どもへのDV事例の聞き書きが多い。妻・娘の「前借金」労働（いわゆる「身売り」慣行による労働契約）は父や夫と業者の間で結ばれたが，戦前明治民法下では合法だった。

▷2　（近代家族モデルの）啓蒙
一夫一婦の近代家族モデルの啓蒙は，世界的に君主一家像に求められたが，幕末生まれの明治天皇世代では，モデルから遠い。期待は次世代が担い，19世紀末での皇太子（のちの大正天皇）の結婚は文明の結婚とも称された。

＊　家　庭
Ⅱ-3 側注図参照。

▷3　生み育てる身体
「善キ母ヲ造ランニハ，女子ヲ教ルニ如カズ」（中村正直『明六雑誌』1875）に加え，福沢諭吉は「小児養育は婦人の専任なれば，仮令ひ富貴の身分にても，天然の約束に従て自から乳を授く可し」（『新女大学』1888）とした。

満谷国四郎「車夫の家庭」（1908年）

キャンペーンは有名だが，大衆ジャーナリズムの露悪的な言説は，婚姻制度外の女性や婚外子への偏見をかきたてた。

その後の展開　家事育児に専念できる「主婦」と主な稼ぎ手である夫，その子どもからなる近代家族像は，戦前日本では豊かさや先進的なイメージをまとい，良妻賢母像は「女性」の地位向上と親和性をもった。植民地への移住政策では「家族」単位が奨励され，宗主国出身の下層の人々は近代家族の暮らしに憧れた。夫婦と子ども，夫の稼ぎによる植民地家族の生活は本土農村家族より「近代」理念に近い。一方で，女性の権限の拡大を家庭内に限定する近代家族モデルは，中等教育以上の女性の教育内容や目的を資格や職業から切り離してきた。

論点

1. 近代家族論研究の地平　戦前日本の家族制度を封建遺制とみる像はジェンダー射程による社会構築主義やP・アリエスによる教育家族を視座とする研究が1990年代に展開し，一変した。家族は歴史的変数であり，生活史も射程に入れた社会構造が史的に問われた（歴史学研究会編 2002）。「良妻賢母」規範は新たな国民教育の課題として，法律婚の定着と戦死者補償等にも議論が及び（北原 2003），比較史を可能とした（比較家族史学会監修 2005）。東アジアの「家」制度や清末・韓末の国民化に関わる同時代の言説も課題として認識されるようになった。

2. 近代家族論と社会　労働者家族が広がりをみせるのは第一次世界大戦後であり，規範と現実との相互関係については，高度経済成長期までを射程にいれた家族像の変遷が農村家族の推移とともに検討される（倉敷 2007）。さらに，炭坑家族や植民地家族と近代家族理念との関係，近代家族像とケア役割の「家庭」への封じ込め，社会福祉政策との関係性など学際領域の課題が広がりを見せる。

3. 近代家族論と性愛　近代家族論の成果の一つは「結婚−性−愛」という情緒的な家族関係の相対化にあるが，異性愛夫婦像は問われず，母性に関心が集中した。母性論の検証として比較史手法は有効だろう（三成ほか編 2021）。他方，ヘテロセクシュアリティ言説・制度の排他性について，近代家族研究の歴史分析は，親子（母子）関係＝生殖パースペクティヴアプローチを優先しがちとされる（宮坂 2020）。近代の法律婚が，異性愛家族像を歴史的に構築してきた点等，今後の課題である。

─ 探究のポイント ─

①明治時代の「国民文学」はどのように家族の中での女性役割を描いたか，斎藤美奈子『妊娠小説』などを手がかりに考えてみよう。

②女性がより高い教育資格を得ることは，制度や社会，あるいは家族が求める家族規範（家族の中で女性が果たす役割イメージ）とどのように衝突しただろうか。身近な人たちにインタビューしてみよう。

（参考文献）
歴史学研究会編『歴史学における方法的転回』青木書店，2002年。
北原糸子「西南戦争の銃後」『日本家族史論集』13，吉川弘文館，2003年。
比較家族史学会監修，田中真砂子ほか編『国民国家と家族・個人』早稲田大学出版部，2005年。
倉敷伸子「近代家族規範受容の重層性」『日本現代史』12，2007年。
成田龍一ほか編『新体系日本史9　ジェンダー史』山川出版社，2014年。
宮坂靖子『避妊言説と家族の親密性』書肆クラルテ，2020年。

▷ イラン

5 家族関係の変化

阿部尚史

【関連項目：イスラーム法と家族，イスラーム社会における女子教育，前近代西アジアの歴史叙述，近代家族像と文明規範，奴隷でもなく，女中でもなく】

▷1 『ナースィル倫理書』
イラン東部ホラーサーンに生まれた当時を代表する神学者ナスィールッディーン・トゥースィー（1201～74）によって1235年に執筆されたペルシア語の倫理書。本書は男性に向けて書かれ，人間の行動規範を論じる。

▷2 シーア派
スンナ派第4代カリフであり，またムハンマドの従弟であり娘婿でもあるアリー（？～661）とその子孫を共同体の指導者と仰ぐイスラームの宗派。スンナ派に比べて少数ではあるが，異端ではない。Ⅵ-10 側注4も参照。

▷3 ウラマー
イスラーム諸学に通じた知識人の総称。歴史的にはマドラサ（学院）にて主にアラビア語学，クルアーン，預言者言行録やイスラーム法学など修学後に，裁判官やモスク導師，マドラサ教

📖 概 要

　日本語の家族という語は，漢語由来として古くから存在していたものの，幕末明治以降に英語の family に対応する語彙として新たに意味が付与され，使用頻度が急増した言葉である。これと類似の現象が中東・西アジアでも起こった。たとえばアラブ圏では主にアーイラ，イランではハーネヴァーデが family に該当する語彙とされたのである。

当時の議論　近代家族観が浸透し始める重大な契機になった立憲革命期（1905～11年）以前のイラン社会において，家族はいかなる集団としてとらえられていたのか，これは文脈によって大きく異なる。年代記や地方史など歴史史料を見ると，男系意識に基づく広い親族集団が重要な役割を果たしていたように描かれている。一方で，13世紀にペルシア語で書かれた『ナースィル倫理書[1]』には，基本的に両親とその子どもを中心にして，非血縁者である召使も加えられた家族構造が想定されている。このように，イランをはじめとする西アジアでは家，家族の概念は社会環境や文脈に応じて読み替えられ，曖昧な社会単位として状況に応じて機能していた。とくにイランは16世紀以降，徐々にシーア派[2]化し，シーア派は相続法上核家族志向が強い。このことは，その後の家族観に影響を与えたとみられる。

その後の展開　19世紀以降の近代的なイデオロギーの流入や政府の近代化政策により，イランも含む西アジア地域の家族のあり方や概念も変化を余儀なくされた。核家族を家族の標準とみなし，非血縁者を家族から排除する傾向が強まったのである。たとえば，乳母を批判し，母親による子育ての重視がみられた。生物学的母親が育児と家政を担ういわば「良妻賢母」的規範は，19世紀中葉から20世紀初頭にかけて，イランやエジプトにも広まったことが知られている。

🔑 論 点

1. 名家研究と家族

　さて，中東・西アジア史分野において，いわゆる名家の研究は日本でも蓄積がある。こうした名家研究は多くの場合，ウラマー[3]，地方有力者，部族有力者，官僚などに関する研究と家族史研究を架橋する試みといえるのだが，実際のところは，家族という枠組みを分析するよりも，前者（ウラマーや地方有力者，官僚など）の社会的役割・機能を研究する手段としての傾向が強いように思われる（日本では比較的その傾向が顕著）。つまり，中

ジャハーンバーニー家の写真（19世紀末／20世紀初頭イラン）

東・西アジア地域に関して，歴史における家族そのものへの関心は必ずしも高いとはいえないのである。

2. 家族を作り出す——家族ワクフ

誰が家族の一員か。家族研究に際して重要な手がかりとして注目されているのが，ワクフ関連文書である。イスラームに独特な寄進であるワクフには，モスクや宗教儀礼などを対象とする慈善ワクフのほかに，自身の子孫を受益者とする家族ワクフがある（両方を兼ねた複合的ワクフもある）。アラブ地域（シリア）の事例ではあるが，アメリカで教鞭を執るシリア地域史専門家ドゥーマーニー（パレスチナ出身）によれば，家族ワクフのための文書を作成する際に，ワクフ寄進者は自身を起点にして特定の人間集団を囲い込み，「家族」を作り出す。ワクフ文書はムスリム社会に広くみられる史料であるが，誰をワクフの受益者に含むか（息子とその子孫のみか，娘の子孫も含むかなど），すなわち，「誰が家族か」に，地域・時代によっても差がある。ドゥーマーニーの研究によれば，アラブ地域のシリアの中にあり，文化的共通性を有するトリポリ（現レバノン領）とナーブルス（現パレスチナ領）を例にとっても，両市の平均的な家族認識に大きな差異がみられる。たとえば，家族ワクフ財産の収益分配において，前者トリポリでは比較的男女平等傾向がみられるのに対して，後者ナーブルスでは女性を排除する傾向が顕著であるという（Doumani 2017）。

3. 家族関係の可視化

近代になると家族関係が社会的に可視化される。イランに関しては，その転機は20世紀初頭と考えられる。イランのイスラーム法廷文書をみると，19世紀末の段階では家族内の訴訟は（法廷に持ち込まれたとしても），しばしば内済が推奨されていた。ところが20世紀とくに立憲革命という政治的大変動と並行して，政府が管轄する公的な法廷で，家族成員間の紛争に判決が下されるようになったことが窺える。実はこのことは，当時の新聞記事にみられる女性の法廷闘争の可視化とほぼ軌を一にしている。長年アメリカで研究・教育に従事してきたイラン近代ジェンダー史研究者のナジュマーバーディー（イラン出身）によれば，徐々に高まる識字能力を背景に，20世紀初頭に女性は自分たちの権利を主張するために新設の法廷に訴訟を持ち込むようになり，さらにそのことを新聞に寄稿し始めたという。当時の新聞『新しいイラン』の1909年11月7日号には，女性が相続をめぐって長兄を訴える家族内紛争の記事が掲載されている。つまり，19世紀末から20世紀にかけて，イランにおいては家族関係が可視化され，公権力による家族関係への介入や，場合によっては女性が公的権力の介入を利用し家族内の成員と対決するという，社会環境の変化が読み取れるのである（Najmabadi 2005）。

探究のポイント

①歴史史料はなぜ男性を中心に家族を描くのだろうか。
②我々は現代の西アジアの家族について，何を根拠に，どのようなイメージをもっているのか，その問題点も含めて考えてみよう。

師などの職に就いた。Ⅵ-10側注2も参照。

▷4 ワクフ
ワクフとはイスラーム法に基づく寄進行為で，財産（主に土地・店舗など不動産）の所有権を停止し（それ以降売買不可），その財産からの収益を寄進者が規定した使途に支出するもの。慈善に利用されることが多い。

▷5 イラン立憲革命
1905〜11年にかけてイランで発生した政治変動。カージャール朝の専制に対する民衆の抗議運動が，立憲制を求める大規模な政治運動に変化。最終的にロシアの介入で頓挫したが，憲法と議会を残した。

参考文献

ライラ・アブー゠ルゴド編著（後藤絵美ほか訳）『「女性をつくりかえる」という思想——中東におけるフェミニズムと近代性』明石書店，2009年。
阿部尚史『イスラーム法と家産——19世紀イラン在地社会における家・相続・女性』中央公論新社，2020年。

Column **5** オスマン帝国

奴隷でもなく，女中でもなく

帝国の家事労働力　オスマン社会では家事の大半は女性が担った。裕福な家では，女奴隷に家事をさせることが一般的だった。しかし19世紀後半，奴隷制度に批判的な国際世論が高まり，近代化改革の一環として奴隷売買が事実上禁止されると，奴隷にかわる家事労働力としてベスレメやエヴラットルックなどと呼ばれる養い子が重宝されるようになった。イスラーム法は養子縁組を禁じる一方，孤児の養育を徳として推奨する。孤児や捨て子，貧しい家の子どもを引き取り，家事を手伝わせる養い子の慣行は古くからあったが，女中を雇うより安価な家事労働力の調達手段として，この時代に広く普及した。奴隷や女中，養い子を家に置くことは，富裕層としてのステイタス・シンボルでもあった（Özbay 1999）。

養い子の供給源　19世紀後半，相次ぐ戦乱により，帝国領内では多くの子どもが親を失った。奴隷として売られることを警戒する政府の斡旋により，女児を中心に，これらの子どもたちは，富裕層や中流階層の家庭に引き取られた。共和国成立後（1923年）も，流行病や飢饉により荒廃したアナトリアの農村から，口減らしのために，娘たちが都市の家庭に送られた。

世帯に含まれる非親族の内訳

(人)

	1885年	1907年
養い子	23（ 6%）	68（18%）
奴　隷	224（58%）	80（21%）
使用人（女中等）	51（13%）	103（27%）
不　明	89（23%）	129（34%）
合　計	387（100%）	380（100%）
うち女性	330	318

注：「不明」には遠戚のほか，申告漏れの奴隷が含まれると考えられる。
出典：Özbay（1999）．オスマン帝国の人口センサス（イスタンブル・ムスリム世帯のサンプル調査）。

奴隷か，女中か　当時の小説には，6，7歳で引き取られ，主人夫妻の足を洗ったり，コーヒーやお茶を運んだり，皿洗いや使い走りをする養い子が登場する。彼女たちは12，13歳になると，より責任ある仕事を任せられ，時間と身体を厳しく管理されるようになる。中流階層の家庭では，奴隷や女中は置かず，養い子が1人で家事と子守りをこなした。休みなく働かせても，養い子を置くことは子どもを救う慈善的行為と説明された。奴隷や女中が行う家事が仕事であるのに対し，養い子が行うそれは，無知な田舎娘のための躾と考えられた。だが，年頃になると花嫁道具をもたせて結婚させる家庭がある一方，養育という「投資」の見返りを求め，結婚を先延ばしにしてなるべく長く働かせようとする家庭もあった。賃金を支払われないだけでなく，しばしば一家の主人や息子たちに性の相手を強要される点で，養い子はむしろ奴隷に近い存在であった。

消える養い子　20世紀初頭，帝国の再建を目指し，トルコ民族主義者が国民の基盤として構想した「新しい家族」は，恋愛結婚に基づく夫婦家族であった。養い子は，性的に放埒な，新しい家族秩序を乱す存在として，世論の批判の対象となった。アパート型住宅の普及と生活様式の欧米化は家事の負担を減らし，住み込みの女中や養い子から手軽な日雇い女中への転換を後押しした。都会に女児を送り出したアナトリアの経済もやがて回復した。1964年，「奴隷的制度・慣行」にあたるとして，養い子は正式に禁じられた。だが，その頃までには養い子はすでにほとんど姿を消していたのだった。　　　（村上　薫）

参考文献

Ferhunde Özbay, *Turkish Female Child Labor in Domestic Work: Past and Present*, Project Report prepared for ILO/IPEC, Istanbul, 1999.

婚姻法の変化

クルアーンの中の婚姻 7世紀に神からの「最後の啓示の書」として知られるようになったクルアーンは，当時のアラビアの人々の生活に多くの変革を求めた。たとえば，男性信徒が結婚を許された女性の範囲についてのこと細かな記述がある。その中では，「過ぎ去った昔のことは問わないが」という表現とともに，父親と結婚したことのある女性や，近親の女性との婚姻，同時に2人の姉妹を娶ることなどが禁じられている（4章22節，23節）。

ムスリムの婚姻制度の中で，しばしば女性抑圧として批難されてきた一夫多妻婚や男性からの一方的離婚や復縁も，クルアーンでそれが許可されたのは，戦争で増えた寡婦や孤児の救済やより劣悪な婚姻慣行の是正など，当時女性たちが置かれていた状況を改善するためだったという見方がある。一方で，とくに19世紀後半以降盛んに議論されたのが，ムスリムを取り巻く環境が変わる中，クルアーンに示された文言をそのまま社会のルールとしてもよいのかという点であった。

最初に声をあげた一人が，エジプトのウラマー（イスラーム学者）で改革思想家としても知られる，ムハンマド・アブドゥフ（1849〜1905）であった。アブドゥフは一夫多妻制や前述のような離婚制度が，イスラーム初期時代の敬虔な人々にとっては有用で健全なものだったが，その後の社会の退廃の中で悪用されるようになり，結果として現状では女性を抑圧し，社会の倫理観を蝕むものとなっていると指摘した。アブドゥフや同時代の，とくに近代的な教育を受けた層の中から，一夫多妻婚や男性からの恣意的な離婚と復縁は，イスラームのルールそのものではないと主張する人々が現れた。

成文化された婚姻法 19世紀末，イスラーム圏の各地では，国家法の制定という形で，商法や刑法，民法の一部などが定められるようになった。婚姻法の成文化が始まったのは，20世紀に入った後のことである。ムスリムが大半を占める国家のうち，とくに大きな変化がみられたのが，トルコとチュニジアであった。トルコでは1926年に，チュニジアでは1956年に，それぞれ一夫多妻婚が法律で禁じられた。その他の国々でも，禁止されないまでも，その濫用を防ごうと，一夫多妻婚を希望する男性に対して経済力の証明を求めたり，妻たちの同意に基づく審査や許可を必要とするなど，制限を課したり，手続きを煩雑にしたりという動きがあった。

男性からの離婚や復縁についても同様の流れがみられた。トルコやチュニジアの法律には，男性の一方的離婚や復縁についての文言が含まれない。代わりに，たとえばチュニジアの法律では，離婚には裁判所による審判が必要で，配偶者双方の合意があるか，配偶者のいずれかが離婚請求をしたときに判断されることになった。他の国々でも，離婚を成立させるために調停期間を設けたり，登記所への届け出や妻への通知などの一定の手続きを求めたりする動きがみられた。

各地ではその後も，イスラームのルールとは何かという議論とともに婚姻法の改正が行われてきた。たとえばエジプトで，それまで認められてこなかった女性からの身請け離婚（代償を支払う形の離婚）が法律上可能になったのは2000年のことである。その可否を論じる声や改正として不十分であると指摘する声も少なくない。今後も，変化と議論はさらに続いていくに違いない。

（後藤絵美）

映画『身請離婚したい』
（エジプト，2005年）

参考文献

森田豊子・小野仁美編著，長沢栄治監修『結婚と離婚』（イスラーム・ジェンダー・スタディーズ1）明石書店，2019年。

6 幼児教育

小玉亮子

【関連項目：イスラーム社会における女子教育，家庭重視イデオロギー，女子職業教育，子ども移民】

ドイツ

📖 概 要

　現在，日本の幼稚園の先生の9割以上が女性である。国際比較においても日本で女性の先生が突出して多いわけではない。しかし幼児教育の始まりからそうであったわけではない。始まりというのは19世紀前半のドイツで幼稚園が構想された頃にまで遡る。

　幼稚園の創設者は，**フリードリヒ・フレーベル**というドイツの教育実践家であり思想家でもある一人の男性である。彼が構想した幼稚園は世界中に普及拡張し，海を渡りイギリス，アメリカへ，そしてさらにアジアの日本，韓国，中国へと普及した。

　フレーベルは，もともと教師として学校教育の実践に携わった人物であった。彼の教育思想の根本には労働に基づく教育があり，それによってドイツ国民の教育を改革しようとした。そしてその教育の開始は幼児期にあると考えた。フレーベルは当初は幼児教育を家庭にゆだねようとしていたが，家族による教育では十分ではないと考えるようになり，幼稚園における幼児教育構想に至った。

当時の議論　では，その幼児教育を誰が担うのか。当初，フレーベルが幼児教育の担い手を募集した際，応募してきたのは男性たちであった。

　この時代，ヨーロッパではフレーベルの幼稚園以外でも同時多発的に様々な幼児教育施設が叢生していた。そういった幼児教育施設の多くは，当時名声を博していたものの，のちに消滅していったものも少なくない。とはいえ，注目されるのは，それらがフレーベルのものと同様に男性によってつくられ，その施設の担い手には男性がいたという点である。たとえば，フレーベルに先駆けて幼児教育を始めたイギリスの**オーエン**の学校にも男女の教師がいたし，また，**ウィルダースピン**は彼自身が男性だっただけでなく，幼児教育の場には男性教員と女性教員がいるべきであると主張していた。

　しかし，男性たちによって始められた幼児教育は，しだいに女性の領分となっていく。このプロセスに，フレーベルとその後継者たちは多大な貢献をした。まず，フレーベル自身がしだいに幼児教育の担い手を女性にターゲットをしぼった養成計画を整えていくと同時に，教育に熱心で母親が子育てに専念できる**近代家族**に向けて自身の幼稚園構想をア

『母の歌と愛撫の歌』の挿絵（1844年）

ピールした。近代家族を実現できる市民層にとって，フレーベルの母子一体性の議論や，フレーベルによる『母の歌と愛撫の歌』と翻訳された歌集は歓迎すべきものであった。また，フレーベルの後継者たちが女学校で教員養成を行ったが，その一人，ヘンリエッテ・シュラーダー＝ブライマン[45]は，「精神的母性」という言葉を用い，すべての女性は母性という優れた特質をもつために，幼児教育の担い手としてふさわしいという議論を展開した。

❧ 論 点

1. 女性固有の専門職と女性解放

幼児教育の担い手を女性とする議論は社会的に承認され，幼稚園というシステムは広く普及していき，上層階層のみならず労働者階層の家族の子どもも幼児教育の対象とされていった（勝山 2021）。幼児教育の普及は，その担い手として女性の職場を拡張するもので，女性解放運動に寄与してきたという評価もなされてきた（岩崎 1995）。しかし，このプロセスで母性が称揚された結果，当初いた男性の幼児教育者が排除されることになったとみることもできる。

2. 幼稚園と学校教育の断絶

幼児教育者としての職が女性の職として確立していった20世紀初頭に，ドイツでは教育改革がすすめられていたが，シュラーダー＝ブライマンの後継者のリリー・ドレシャー[46]は，幼稚園は独自性があるため学校体系から切り離すべきであるという議論を主張した。その結果ドイツの幼児教育は，教育関係省庁の系列ではなく福祉関係系省庁管轄下となり，中央省庁レベルでは現在でもこの位置づけは維持されている。19世紀に学校教師なみの地位を求めた運動がなされていたにもかかわらず，女性固有の職として学校教師との差異化を主張したために，結果的に，現在でも低い地位にとどまっているといえる（小玉 2013）。

3. 母性愛イデオロギーと全体主義

幼児教育は母性との結びつきを強調することによって，母親教育ともつながって展開した。母性を賛美する議論は，子どもの数が多ければ多いほど国家に貢献するという論理と結合し，ナチスの多子家族礼賛イデオロギーとリンクした（Mouton 2007）。国家に寄与する母親への教育が求められ，幼児教育の業界はその担い手として活躍することになる（Dammer 1981）。

女性が礼賛され，女性の職が固定化されてきた歴史において，何が起こってきたのかを注意深く検討する必要があるだろう。

▷5 ヘンリエッテ・シュラーダー＝ブライマン（1827〜99）
フレーベルの姪で，現在も存続している幼児教育者のための養成校であるペスタロッチ・フレーベルハウスの創始者の一人。

▷6 リリー・ドレシャー（1871〜1944）
シュラーダー＝ブライマンの後継者としてペスタロッチ・フレーベルハウスの運営責任者となっただけでなく，全ドイツフレーベル協会のトップも務めた。

参考文献
岩崎次男「フレーベルの幼稚園の成立と幼稚園教育者の教育」岩崎次男編『幼児保育制度の発展と保育者養成』玉川大学出版部，1995年。
小玉亮子「ドイツにおける社会国家形成と教育福祉職の成立──ジェンダーの視点から」広田照幸・橋本伸也・岩下誠編『福祉国家と教育──比較教育社会史の新たな展開に向けて』昭和堂，2013年。
勝山吉章「ドイツの幼児教育施設──託児所から幼児学校そして民衆幼稚園へ」太田素子・湯川嘉津美編『幼児教育史研究の新地平〈上巻〉──近世・近代の子育てと幼児教育』萌文書林，2021年。

探究のポイント

①ドイツ以外で幼児教育「思想」が誰によって展開されたのか，調べてみよう。
②幼児教育を「実践」した担い手はどのような人たちだったのか，調べてみよう。
③自分が受けた幼児教育を振り返り，ジェンダーの視点から考えてみよう。

≈≈ イギリス ≈≈

7 中等教育

中込さやか

【関連項目：家庭重視イデオロギー，幼児教育，女子職業教育，高等教育，仏教の「近代化」と女子教育，マスキュリニティ，スポーツ（イギリス），読書，新しい女，女子教育（台湾），植民地下における女子教育】

 概　要

ヴィクトリア期のイギリスにおいて，中等教育の目的は将来のジェンダー役割に向けて「社会化」することにあり，男女の教育は「領域の分離[*]」を反映して男性性と女性性を対比的に追求した。とくに1830年代のラグビー校で始まったパブリック・スクールの改革以降，上中流階級では，男子は家庭から離し，早くから寄宿制パブリック・スクールの**ホモソーシャル**[*]な環境で教育することがよしとされた。そこではクリスチャン・ジェントルマンの育成を目的に，古典語を中心とした教養教育や，集団スポーツや所属する寄宿舎（ハウス）を競わせるハウスシステムを通じて生徒を規律化した。

一方，良き配偶者を得て「家庭の天使」となるべき少女たちは，競争にさらさず家庭で教育するのが定石であった。ガヴァネス（女性家庭教師）による家庭教育は，音楽・描画・手芸・仏語・会話に役立つ雑学等が中心で，激しい運動はエネルギーを奪うとして御法度であった。中流以上の女性による有給労働がタブーとされた時期にも，実際には未婚の「**余った女たち**^{◁1}」や寡婦は生活のために働く必要があり，ガヴァネスは社会的ステイタスを失わずにすむ例外的な職として認められていた。

当時の議論　19世紀中盤，全国的に教育改革への関心が高まった。男子中等教育では，古典語教育偏重への批判や，新たな知識や技術に基づく産業の発展を背景に，近代的科目や科学教育の導入が議論された。また女子教育においては，ガヴァネスの窮乏への対応から**女子中等教育改革**^{◁2}が起こった。新たに建てられた近代的な女子学校では男子と同等の教養教育が追求されたが，学のある女性は結婚相手として望ましくないという批判をかわすべく家庭性と女性性も同時に追求され，矛盾する二重の責務が課された。先駆的なノース・ロンドン・コリージェト・スクールにおいても，校長フランシス・メアリ・バスは折に触れて生徒に家庭で良き妻や母となることの重要性を説き，授業を午前中心に組むことで，生徒が母親の監督下で過ごす時間を確保した。その一方で，同校では古典語や人文学のみならず数学・科学・近代語等からなる男子と同等のカリキュラムが導入され，大学に女性のためのカレッジ（学寮）が創設される Ⅲ-5 参照）と，進学も推奨された。少女の健康にも目が向けられ，早くから体育や校医が導入された。こうした先進的な女子校にも宗教・科学・医学に基づく批判が寄せられたが，女子高等教育への批判のほうがより激しかった。

その後の展開　19世紀後半には，中等教育に公的な調査の手が入り，様々な改革が行われた。女子教育では通学制女子学校会社（1872年設立）

---

* 領域の分離
Ⅱ-3 側注4参照。

* ホモソーシャル
Ⅴ-3 側注1参照。

▷1 「余った女たち」
1851年の国勢調査で中流階級の女性人口が男性人口を大幅に上回ったことで，結婚できない「余った女たち」が社会問題となった。彼女たちは「領域の分離」の理想と現実の矛盾を象徴した。Ⅲ-3 側注2も参照。

▷2 女子中等教育改革
ガヴァネス互恵協会が1848年に設立したクイーンズ・カレッジは，ガヴァネスのための無料の夜間講義を提供したが，やがてすべての中流階級女子に門戸を開いた。ベドフォード・カレッジ（1849年創立）とともに改革初期の女性校長や女性教師を輩出した。後続の学校群は，ノース・ロンドン・コリージェト・スクールをモデルとした通学制女子ハイ・スクールと，チェルトナム・レディーズ・カレッジをモデルとした寄宿制女子パブリック・スクールに分けられる。

をはじめとする民間団体の尽力もあり，学校数は全国的に増加した。高等教育への道も開かれ，その過程でカリキュラムの男女差は縮まっていった。19世紀末にかけ，古典語や集団スポーツなど，男子パブリック・スクールとほぼ同様の教育を行う寄宿制の女子パブリック・スクールも登場した。

ノース・ロンドン・コリージェト・スクールでの音楽を用いた美容体操（1882年）

🔑 論　点

1. 女性専門職としての女性教師　女子中等学校と女子カレッジの間には人材の循環がみられた。女性教師はスポーツや学生コミュニティ等の文化を女子学校にもたらし，自立した「新しい女」[3]として生徒の新たなロールモデルとなった。堀内真由美（2008）が述べるように，女性教師の中には拡大する帝国に活躍の場を求めた人々もいた。

2. カリキュラムの再編成と家庭科の位置づけ　女子中等教育の大衆化に伴い，1880～90年代に進学・就職・家庭という女子生徒たちの異なる進路に沿ってカリキュラムが再編成された。この際，家庭科関連科目は学力や出身層の低い女子生徒対象であったとして，カリキュラムと生徒の社会階層の関係が論じられてきたが，中込さやか（2014）は家庭科関連科目が雇用・高等教育の新たな道を開いた点に着目している。イギリスの女子教育において，裁縫は常に重視されてきており，教育改革後においても早期から導入した女子中等学校があることも指摘されている。婦人服仕立等は1880年代から課外活動の技術教育の一環として行われていた。

3. 帝国と人種主義　キャロル・ダイハウス（Dyhouse 1981）は，19世紀末から社会ダーウィニズムや優生学，国民的効率[4]の議論から「帝国を支配する人種的にすぐれた兵士」と「兵士を産む母」の重要性が高まったことが，女子教育にも影響を与えたと指摘する。ボーア戦争期（1899～1902年）に労働者階級の若者の体格が悪いことが判明したことから，学校給食や学校での医療検査や身体検査の実施が始まった。問題の原因が母親にあるとされたことで，労働者階級の女子教育では家庭科や育児が必修科目となり，女子中等教育にも影響を与えた。

┌─ 探究のポイント ─────────────
①女子教育と男子教育にはどのような共通点と相違点があったのだろうか。
②同時代の他の国や地域で行われていた中等教育と比較してみよう。
③『ハリー・ポッター』作品に登場する学校に反映されたパブリック・スクールの要素を探してみよう。
└────────────────────────

▷3　「新しい女」
1890～1920年代に成人した女性たちは，公的な場での労働や高等教育，エンターテインメント，政治運動，消費主義，より自由な性的な表現の担い手となった。彼女たちは若く，活動的で，自由で，近代的なイメージでみられた。コラム14も参照。

▷4　国民的効率
20世紀初頭，イギリスが国際的な競争力を失って衰退しつつあるという恐怖から，質の高い労働力による効率化が求められた。健康で教育を受けた労働者への需要は労働者階級の福祉や教育の充実につながった。

（参考文献）
ジューン・パーヴィス（香川せつ子訳）『ヴィクトリア時代の女性と教育』ミネルヴァ書房，1999年。
村岡健次『近代イギリスの社会と文化』ミネルヴァ書房，2002年。
河村貞枝・今井けい編『イギリス近現代女性史研究入門』青木書店，2006年。
堀内真由美『大英帝国の女教師──イギリス女子教育と植民地』白澤社，2008年。
中込さやか「19世紀末から20世紀初頭イギリスの女子中等学校における家政学の導入──セーラ・A・バーストールの著作を再読する」『女性とジェンダーの歴史』1，2014年。

8 女子職業教育

畠山 禎

【関連項目：イスラーム社会における女子教育，家庭重視イデオロギー，幼児教育，中等教育，高等教育，「女医」をめぐる論争，女性と職業（ドイツ・中国），新しい女性像とモダンガール】

📖 概 要

　ロシア帝国では18世紀後半以降，**家庭重視イデオロギー**[1]の影響から，家内領域の活動に有用な知識や技能を習得させることが女子教育の主たる目的とされた。家事と関わる裁縫や手芸が初等・中等教育の必修科目に位置づけられただけでなく，民衆を対象とする職業教育の専門科目として採用された。

　学校教育としての女子職業教育は，啓蒙専制君主エカチェリーナ2世が開設したスモーリヌィ女学院平民部門を起点とする。同校の貴族部門が身分にふさわしい知識や振る舞いを生徒に身につけさせたのに対し，平民部門は家政・手芸教育に重点を置いた。エカチェリーナが設立した養育院でも裁縫や手仕事の訓練が行われた。これらの女子教育事業や慈善事業は**マリア・フョードロヴナ皇后**[2]に引き継がれ，のちに事業の監督官庁としてマリア皇后庁が創設される。同庁管下の教育機関は生徒の社会的出身に基づいて分類されていたが，民衆向けの学校や慈善団体設立の学校では手芸，家政，手工業の授業が多くなっていた。

　クリミア戦争後，アレクサンドル2世は農奴解放などの一連の近代化政策（「大改革」）に着手し，これ以降，女子教育が拡張する。民衆向けの職業教育を主導したのは，**ロシア技術協会**[3]など民間の学術・教育団体，慈善団体，教育活動家，企業家だった。19世紀末には，少なくとも270校・学級の女子職業教育機関や普通教育機関が手芸教育を実施していた。国民教育省による女子職業教育の専門部署設置（1900年）も，民間が蓄積した経験や育成した人材を土台にしていた。

　なお，女子普通中等教育機関，女子高等教育課程や女子医師養成課程の新設は，エリート層の女性が教員，医師など医療従事者，事務員として就職する道を切り開いた。20世紀初頭には工業技術や農業を専門とする高等教育機関も登場する。

当時の議論

　「大改革」の時代，知識人やフェミニストらの間で「女性問題」が議論を巻き起こした。ピロゴーフら開明的知識人は女性の社会的地位の向上や権利の獲得，教育の拡張，就業機会の拡大を主張したが，女性は家庭でこそ本来の能力を発揮できると考えていた。1879年にロシア技術協会が作成した女子職業教育機関規程案でも，家庭生活に有益で，かつ女性が自活可能な収入を確保するのに必要な知識や手工業

生活困窮者支援施設での裁縫訓練（1900年）

▷1 **家庭重視イデオロギー**
ロシアにおける家庭重視イデオロギーの特徴とその影響については議論がある。16世紀の家訓書『ドモストロイ』で示されたような家父長制的ジェンダー規範が根強かったことにも，留意する必要がある。Ⅱ-3 も参照。

▷2 **マリア・フョードロヴナ皇后（皇太后）(1759～1828)**
パーヴェル1世の皇后。ドイツ出身。女子教育や慈善事業の普及に尽くした。死後，庇護下にあった女子教育機関を管轄する組織としてマリア皇后庁が創設された。家庭重視イデオロギーを支持したことでも知られる。

▷3 **ロシア技術協会（1866～1929)**
ロシア産業・科学技術の発展や技術教育の振興を目的に首都サンクトペテルブルクに設立された。サンクトペテルブルクや国内各地に労働者の子ども向け初等教育や初等後の職業教育を普及させた。

技能を教育することが教育機関の設立目的とされた。ロシア技術・職業教育活動家大会（1889～90, 95～96, 1903～04年）でE・ヤンジュールやダヴィドヴラら女性教育活動家は家庭外での就業を前提に手芸専門教育の必要性を訴えたが，彼女たちも女性の本来の活動領域は家庭だという思考から脱していなかった。

論 点

1. 女子職業教育と家庭重視イデオロギーの関係

ソ連邦崩壊後，ロシアのとくに若手女性研究者が女子教育史，困窮者の生活保障問題と慈善事業，地域史などへの関心から，帝政期の女子職業教育を研究テーマとして取り上げるようになった。欧米ではルアンによるファッション産業の文化史がある。クリスティン・ルアンによれば，家事の不可欠な要素として裁縫や手芸が学校で教えられたことが家庭重視イデオロギーを浸透させ，それと同時に家庭重視イデオロギーの浸透が裁縫のジェンダー化を促進した（Ruane 2009）。しかし，裁縫・手芸の技能習得が賃労働を可能にしたという点で矛盾もあったという。

2. エスニック・マイノリティの教育運動

ロシア帝国は国土が広大で住民のエスニシティも多様だった。女子教育システム整備の恩恵を受けたのはロシア人だったが，ユダヤ人のように，差別を受けていたにもかかわらず医学教育などの女子中等・高等教育に進出したマイノリティも存在した。ロシア西部のユダヤ人定住地域ではユダヤ人コミュニティや政府が男子初等教育機関を新設した一方，女子の就学機会は限定されていた。しかし，エリヤナ・R・アドラーは，民間の教育活動家が担っていた女子初等教育は，むしろ教育内容の自由度が高く，広範な社会層を対象に就労のための手芸訓練を導入するなど，男子・女子ユダヤ人教育刷新の原動力になっていたと主張している（Adler 2011）。

3. 帝政末ロシアにおける女子医学教育

現在のロシアでは医師の女性比率が高い。その起点には，19世紀後半から20世紀初頭における女子医学教育の拡張がある。女性運動史研究や女子教育社会史研究は女子医学教育をめぐる開明的知識人やフェミニストらと政府との相克を描きつつ，拡張の要因を考察し入学者の志望動機を読み解いている。橋本伸也（2003）によれば，ロシアでは医師が知的専門職としてはさほど高い威信を獲得しておらず低報酬だったという事情が，医学への女性の参入に有利にはたらいた。さらに，女子医学教育網の整備と女性医師の活躍が，医師を女性の職業とみなすジェンダー的職業構造を強化したという。

探究のポイント

①女子職業教育運動の担い手は，女性は公的領域・家内領域でどのような役割を果たすべきだと考えていたのだろうか。

②エスニック・マイノリティを統治する側は男子・女子教育の目的と内容をどのように構想していたのだろうか。統治される側の反応についても考えてみよう。

③戦争は女子職業教育の普及にどのような影響を与えたのだろうか。

▷4 入学者の志望動機
ロシアの女性には財産権や経営権が認められており，チャリティや宗教活動など公的領域での活動に参加する女性も多かった。中等・高等教育機関の入学志望者も学業への関心が高く，将来，教員や医療従事者となることで社会に貢献するという使命感を帯びていた。ロシア本国での高等教育機会が閉ざされると，彼女たちはスイスのチューリヒ大学などで学んだ。

参考文献

橋本伸也「女性医師課程の誕生と消滅――帝制期ロシアにおける女性医師と医学教育」『身体と医療の教育社会史』昭和堂，2003年。

橋本伸也『エカテリーナの夢 ソフィアの旅――帝制期ロシア女子教育の社会史』ミネルヴァ書房，2004年。

磯貝真澄「ヴォルガ・ウラル地域のテュルク系ムスリム知識人と女性の啓蒙・教育」橋本伸也編『ロシア帝国の民族知識人――大学・学知・ネットワーク』昭和堂，2014年。

畠山禎「女子職業教育の拡張とロシア帝国の女子職業教育政策」『北里大学一般教育紀要』23，2018年。

畠山禎「近現代ロシアにおける家族・教育とジェンダー」『ユーラシアの経済と社会』1039，2019年。

9　居留地と「国際結婚」

森田朋子

【関連項目：結婚をめぐる法，家族関係の変化，婚姻法の変化，明治維新と売買春の変容，婚姻法と家族の今】

📖　概　要

　江戸時代初期の鎖国政策によって，それまで外国人と結婚していた日本人の妻と，その子どもたちは日本から追放された。鎖国後，長崎に在留を許されたオランダ人と中国人には，商業活動のみを許可し，結婚などは認めなかったが，遊女と過ごすことは外国人にも許された。

　この慣習は，開国後も引き継がれた。最初に下田に在留したアメリカ総領事ハリスのもとには，のちに「唐人お吉」◁1と呼ばれる女性が送られた。また，開港場横浜には，外国人の利用を前提とした「港崎遊廓」が計画的につくられた。長崎同様，外国人は特定の女性と同居することも許されたが，一般女性とのそれは禁じられた。そのため，女性は必ず遊廓に所属して「名付遊女」◁2となることが求められた。彼女たちはラシャメン（羅紗緬），外国人妾などと呼ばれた。

　1872年，**マリア・ルス号事件裁判**◁3をきっかけに，いわゆる**芸娼妓解放令***が出されたが，裁判ではこの外国人妾の問題も争われた。芸娼妓解放令後，名付遊女の制度も廃止となり，以降は遊廓に所属することなく個人で相対契約をするようになった。この契約関係は，外国人から「日本式結婚」と呼ばれ，その後も短期・長期にかかわらず利用された。戯曲「蝶々夫人」の主人公は，そうした女性の一人である。女性側も生涯一人とだけ契約を交わすこともあれば，複数人と契約する場合もあった。外国人と日本人妾の問題は，攘夷意識や経済格差などを背景とし，多くの日本人からは否定的な目でみられた。

　その一方で，制度としての「結婚」も存在した。1867（慶応3）年に幕閣内で初めて議論が行われ，許可する方向が示された。それが正式に決定されたのは，1873（明治6）年の太政官布告103号（内外人婚姻規則）であり，国家による許可制のもと国際結婚が可能となった。領事裁判権の撤廃（居留地廃止：ただし旧居留地として実態は存続）によって制度的には国際結婚を特別視する必要がなくなり，1898（明治31）年の法律21号により国際結婚も許可制から届出制となった。この間に230組以上の国際結婚が許可された。その中には，前述の契約関係を婚姻関係に改めたものも多数含まれる。

　「内外人婚姻規則」から続く国籍の考え方，つまり外国人男性と結婚した日本人女性は外国人の国籍となるため日本国籍を剥奪するという考え方は，実に1984年の国籍法改正まで続いた。そのため，日本人女性にとっては長く，外国人との「結婚」はリスクを伴うものであった。また当時は，外国人が日本で暮らす以上に，日本人が外国で暮らすことは大変であったため，日本人女性が外国人と結婚することを躊躇する理由となったであろう。

当時の議論　副島(そえじま)外務卿時代に制定された「内外人婚姻規則」は，まだ国籍法そのものがない時期に制定され，フランス民法の影響を受けて妻は夫の国籍に入ることを前提としている。ただし，日本社会の慣習であった婿養子制度を採り入れ，外国人男性が日本国籍を取得することも定めたため，当時の外国代表はこぞってこの法律に反発した。とくにイギリス公使パークスは，イギリス女性が日本国民となることによって，夫によって遊廓に売られたりする可能性を心配した。もっとも本国では，日本人と結婚したイギリス人は二重国籍になるだけであり領事裁判権は維持されると考え，日本国民となることによって得られる不動産取得の権利などの利点に注目した。「内外人婚姻規則」の改正について何度か議論が起こったが，変更されることはなかった。

外国人結婚願
（1886年，梶梅太郎〔勝海舟息子〕がクララとの結婚のために東京府へ提出した結婚申請書）

論　点

1．史料からみる国際結婚　1980年代における国際結婚の増加とともに，国際結婚そのものに関する研究が飛躍的に発展した。とくに1898年までの「居留地」時代（国際結婚の許可制期）については，外務省や東京都公文書館に所蔵される『内外婚姻簿』などの史料が利用され，研究が進展した。小山騰（1995）はそれらをもとに国際結婚の数量的分析を行うとともに，様々な事例を通して当時はどのようなことが問題とされたのかを多岐にわたって紹介した。また嘉本伊都子（2001）はとくに国籍という概念をテーマに事例を分析した。

2．外国人と遊女・ラシャメン　江戸時代の慣習もあり，外国人は日本人女性との間に金銭契約を基にした疑似的な婚姻関係を結ぶことが容易であった。その実態については，古くは開港場の自治体史（『横浜市史稿風俗編』）や古賀十二郎（1969）らによって紹介されたものがあり，また「唐人お吉」など古い明治維新史観によって喧伝され，知られているものもある。1980年代以降，女性史の進展により，制度的な実態が明らかになった。もっともラシャメンの研究は史料的制約から進展していないが，「結婚」の申請史料によって明らかになったものもある。

3．個別事例研究　養子制度を利用して日本人女性と結婚し帰化した小泉八雲などの事例は早くから検討されていた。とくに「お雇い外国人」▷4研究が盛んになると，多くの婚姻事例が明らかになった。また女性史研究で外国人と結婚した女性に焦点が当てられるようになり（瀬戸内編 1980），オーストリア＝ハンガリー帝国の貴族と結婚した商人の娘，クーデンホーフ光子などの研究が進展した。

▷4　お雇い外国人
幕末から明治にかけて，欧米の技術や学問，制度を日本に導入するために雇用された外国人。イギリス・アメリカ・フランス・ドイツ・オランダなどの欧米人が多い。江戸幕府や諸藩，明治政府や府県にならって，学校や会社など民間でも雇用された。

参考文献
瀬戸内晴美編『女の一生，人物近代女性史3巻　黎明の国際結婚』講談社，1980年。
古賀十二郎『新訂　丸山遊女と唐紅毛人』長崎文献社，1995年（初版1969年）。
小山騰『国際結婚第一号——明治人たちの結婚事始』講談社，1995年。
嘉本伊都子『国際結婚の誕生——「文明国日本」への道』新曜社，2001年。
森田朋子『開国と治外法権——領事裁判制度の運用とマリア・ルス号事件』吉川弘文館，2005年。

探究のポイント

①当時の国家の格差は，国際結婚にどう影響したのか。
②国際結婚によって生まれた子どもの国籍はどうなったのか。
③クララ・ホイットニー『勝海舟の嫁——クララの明治日記〈上・下〉』(1996)を読んで，当時と現代の国際結婚の違いについて考えてみよう。

明治維新と売買春の変容

日本 10

横山百合子

【関連項目：江戸文化と男性同性愛，売買春と性病予防法，帝政期ドイツの売買春】

▷1 遊女と売女

遊女は，前近代日本における職業として性を売る女性を指す。江戸時代には，公認遊廓で営業を許された遊女屋の抱える女性を指すようになる。売女は，非合法の売女屋に抱えられて売春に携わる女性。

＊ マリア・ルス号事件

Ⅱ-9 側注3参照。

▷2 芸娼妓解放令

1872（明治5）年10月2日太政官第295号と同8日司法省布達の総称。「人身売買ヲ禁シ諸奉公人年限ヲ定メ芸娼妓ヲ解放シ之ニ付テノ貸借訴訟ハ取上ケス」として，芸妓・娼妓・奉公人の人身売買の禁止を定めた。無償解放の理由を「娼妓芸妓ハ，人身ノ権利ヲ失フ者ニテ，牛馬ニ異ナラス」とし，牛馬に返済を求めることはできないと理由づけたため，牛馬きりほどき令とも呼ばれた。

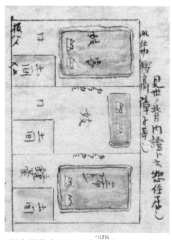

新吉原遊廓における**局 遊女屋**の内部
（19世紀半ば頃，「守貞謾稿」巻22）

📖 概 要

中世の**遊女**は芸能や売春を家業とし，女系で継承していく自営業者であった。しかし，戦国時代以降，女性の身体を人身売買や拉致によって手に入れ売春をさせる遊女屋が登場する。豊臣秀吉，徳川家康による全国統一以降，京都島原，江戸吉原（後，浅草新吉原に移転），大坂新町などでは遊女町の設置が公認され，遊廓と呼ばれるようになった。公認の遊女屋は売春営業の独占を認められると同時に，非合法の売春の摘発を課された。また幕府は，街道の宿場や港町の旅籠屋，船宿などに飯盛女などの名目で娼婦を置くことを黙認した。夜鷹，船饅頭などと呼ばれる女性（**売女**）に売春をさせる非合法の業者（売女屋）も増加した。寛政改革，天保改革など風紀の取り締まりの厳しい政治改革の時期には，売女屋や売女が禁圧されたが，放任された時期も長く，江戸時代には売買春の場が全国に拡大した。

遊女たちの多くは，貧困などの事情から親や夫によって身売りさせられた娘や妻などであった。遊女屋や売女屋などの業者間では，遊女や売女の身体が商品として転売され，借金の際に土地や家屋などと同等の担保物件とされることもあった。性を売るだけでなく，人身売買によって，娼婦の身体そのものが商品＝財とされたのである。近年女性が自らの意思によって売春を行う事例が発掘されているが，それらの女性も摘発されれば処罰された。しかし1868（明治元）年，明治維新を機に，人身売買による売買春の制度は転機を迎えた。

当時の議論 維新政府は，江戸以来の身分的な旧習として公認遊女屋の営業特権を廃止しようとしていた。また1872（明治5）年，横浜港で起きたペルー船**マリア・ルス号事件**を契機に，日本における娼婦の人身売買の実情が国際的に露呈するという事態も生じていた。同事件は，横浜港での中国人**苦力**の脱走事件をめぐって苦力が奴隷であるかどうかが争われ，日本が裁いた裁判であるが，日本を支援していたイギリス政府は，遊女の人身売買が露顕することに危惧を示していた。その背景には，当時のイギリスにおける，ジョセフィン・バトラーらの性病予防法（「伝染病法」）反対と娼婦の人権擁護を求める運動の高揚があった（ウォーコウィッツ 2009）。脱走した苦力の返還を求めるペルー側も，裁判の場で遊女の人身売買の実態を暴露した。遊女の処遇が国際的に注目されることを恐れた日本政府は，急遽**芸娼妓解放令**により人身売買を禁じ遊女の即時無償解放を定めた。

その後の展開 芸娼妓解放令によって，これまでの遊女屋は貸座敷業者に，遊女は自らの意思で売春を行う娼妓とされた。「自由意思」による売春という建て前が打ち立てられたのである。しかし実際

には，前借金による事実上の人身売買が継続し，揚げ代金の分配のからくりなどから，娼妓が自分の意思で廃業することはきわめて困難であった。明治10年代には警察の管理と検梅制度のもとで近代の公娼制度が整備され，自らの意思で性を売るとされた娼妓への蔑視が強まった。江戸時代のような遊女に対する同情や共感は失われ，娼妓たちは「淫売女」という強い蔑視のまなざしにさらされていった。

論　点

1．買う男たち　近世の遊客は，武士，庶民，僧侶・神官などであるが，大名や豪商による豪遊はしだいに減少し，新吉原の場合，19世紀以降には，参勤交代で江戸に来た諸藩の中級武士や町家の奉公人などが有力な客となっていた。また，大店（おおだな）の男性奉公人は通常40歳近くまで店に住み込み，男性だけの集団生活を送っていた。店側は，奉公人たちの昇進に伴って自由な遊興を認める規定を定め，性的欲望と昇進意欲を結びつけて，独身奉公人の性生活に介入することもあった（国立歴史民俗博物館 2020）。遊廓は，都市における男性奉公人の管理・統制の手段の役割も果たすようになったのである。

2．遊女の売春による収益のゆくえ　売春による収益（揚げ代金）が遊女の手に直接わたされることはなく，収益は遊女屋のものとされた。幕末の新吉原ではその一割が江戸町奉行所に上納された。また，遊女屋が利用する金融を通じて，遊廓に直接関係していない人々が，その収益の一部を入手するルートも形成されていた。新吉原では，多くの遊女屋が寺社名目金貸付という金融制度を利用していたが，この金融は有力寺社や各地の豪商農の投資によって行われており，遊女たちの売春による収益は，遊女屋の返済を通して，寺社や豪農にも分配されていたのである（横山 2014）。

3．放火の多発と美化された遊廓イメージ　新吉原遊廓では，1800年以降，1867年の幕府倒壊までに23回の火事が発生，そのうち13回は遊女の放火であった。放火は，苛酷な生活環境，身代金などによる経済的緊縛，合法とされた暴力等への反発や抵抗であり，遊女16人が抱え主の非道を訴えるために集団で放火し，ただちに自首するなどの事件も起こった（横山 2020）。火災の多発は遊女屋経営を苦境に追い込み，近世遊廓の動揺の一因ともなった。近世の遊廓は美化されることが多かったが，近年，新たな資料の発見により，その実像が描き直されている（国立歴史民俗博物館 2020）。

探究のポイント

①新吉原遊廓の遊女たちの生活を国立歴史民俗博物館のリポジトリを使って調べてみよう（横山 2016）。

②近代以降，娼妓への蔑視が強まるのはなぜだろうか。良妻賢母など，一般の女性に対する規範も参照して考えてみよう。

③江戸時代の浮世絵や小説には遊廓を美化して描くものが多いのはなぜだろうか。理由を考えてみよう。

参考文献

ジュディス・R・ウォーコウィッツ（永富友海訳）『売春とヴィクトリア朝社会——女性，階級，国家』上智大学出版，2009年。

横山百合子「新吉原における「遊廓社会」と遊女の歴史的性格」『部落問題研究』209，2014年。

横山百合子「「梅本記」——嘉永二年梅本屋佐吉抱遊女付け火一件史料の紹介」『国立歴史民俗博物館研究報告』第200集，2016年，国立歴史民俗博物館学術情報リポジトリ（nii.ac.jp）。

国立歴史民俗博物館展示図録『性差（ジェンダー）の日本史』2020年。

横山百合子「遊女の「日記」を読む」長谷川貴彦編『エゴ・ドキュメントの歴史学』岩波書店，2020年。

国立歴史民俗博物館監修，「性差の日本史」展示プロジェクト編集『新書版　性差（ジェンダー）の日本史』集英社インターナショナル，2021年。

～ エジプト ～

フェミニズム運動

嶺崎 寛子

【関連項目：フェミニズムの萌芽，家庭重視イデオロギー，女性宣教師，植民地朝鮮の医療空間とジェンダー，「女医」をめぐる論争，ヴェール，女性参政権獲得後のフェミニズム，日本人旅行者が見たエジプト，アラブ社会主義とフェミニズム，国際的な女性活動】

📖 概 要

　アラブ圏のフェミニズム運動の中心地は，ムハンマド・アリー朝期のエジプトであった。エジプトでは19世紀後半に交通網と出版業が急速に発達し，学校教育が普及したことで，印刷媒体を消費し，公共の問題に関心をもち，活動する「人民（public）」が形成された。1882年にイギリスの軍事支配下に入った後，80年代後半から90年代にかけて女性のあるべき姿や育児・家事をめぐる議論が盛んになされた。議論の担い手は，イギリス人統治者，キリスト教宣教師，留学経験のあるエジプト人エリートやナショナリスト，欧米人やエジプト人のフェミニストなどであった。ここには女性・男性両方が含まれていた。

当時の議論　女子教育の必要性を1830年代に最初に説いたのはパリ留学経験のある学者，リファーア・ラフィーフ・タフターウィーであった。イスラーム改革思想家ムハンマド・アブドゥフは女子教育の必要性を訴えたが，**文化進化論**的な見方には与せず，女性の権利を最初に保護したのは西欧ではなくイスラームであるとし，欧米の後塵を拝した理由をムスリムの堕落やイスラーム解釈の誤りに求めた。そして本来のイスラームに立ち返り，女性たちの権利を取り戻さねばならないと主張した。この言説は現代まで一定の影響力を保っている。イスラームに基づく女性の権利の実現を目指してムスリム女性協会を設立した女性，ザイナブ・ガザーリーは，彼の思想的後継者といえる。文化進化論的な立場をとった人々の中には在エジプト英総領事のクローマー卿，『女性の解放』（1899），『新しい女性』（1901）を出版してヴェールを棄てるよう訴えた**カースィム・アミーン**[*]などの男性のみならず，**フダー・シャアラーウィー**やドリヤ・シャフィークら西欧化を志向したフェミニストの女性もいた。本国では女性参政権に反対したクローマー卿は，女性の権利を植民地主義のため利用した。

　当時のフェミニズム運動には様々な立場の女性が参画した。注目すべきはマラク・ヒフニー・ナースィフである。彼女は女性がヴェールを外してもハラスメントに遭わない社会の実現が先と訴え，カースィム・アミーンが唱えたヴェール廃棄に反対した。女性初の高校卒業資格取得者で，中産階層出身の教育者かつ作家のナバウィーヤ・ムーサーは，女性の経済的自立の重要性を説き女子教育に尽力した。ナズリー・ハーニム王女と，フランス

傍注

▷1　文化進化論
19世紀に支配的だった，当時の生物進化論に強い影響を受けた，社会も低次元から高次元へと直線的に進化するという考え方。野蛮・未開・文明の順で社会は進化し，それにつれ乱婚から複婚（一夫多妻や一妻多夫）を経て一夫一婦制へ，アニミズムから多神教を経て一神教へ移行するとされた。現在は否定されている。

＊　カースィム・アミーン
コラム7 Ⅲ-18参照。

▷2　フダー・シャアラーウィー（1879～1947）
アラブ世界を代表する最初期のフェミニスト。1923年に女性の参政権獲得を目指してエジプト・フェミニスト連合を設立。1938年にパレスチナとの連帯を訴えて東洋フェミニスト会議を主宰した。1944年には第2回アラブ女性会議を開催し，アラブ・フェミニスト連盟を設立し会長となるなど，国際的に活躍した。

女性雑誌『親愛なる同志』（1898～1907，アレキサンドリア）4巻1号表紙（1901年）
1990年代には女性雑誌が相次いで出版された。

▷3　ヘディーブ
オスマン帝国の宗主権下に事実上の独立を達成したエジプトのムハンマド・アリー朝の支配者に与えられ

語とアラビア語のバイリンガル作家，マイ・ズィヤーダはサロンを主宰して文壇で存在感を示した。ファーティマ王女はエジプト大学の設立に際し，私財を投じて強力に支援し，毎年4人の学生を海外に派遣するなど教育の普及に尽くした。君主の家組織が政治と直結した時代には私的空間（ハレム）から権勢をふるった王族女性は，社会運動を通じて存在感を広く示すようになったのである。

論点

1.「国家の発展」とフェミニズム

19世紀末から20世紀初頭にかけて，国家の発展の障害とみなされたのが，エジプト女性の「無知」「無教養」であった。次世代を育成する「新世代の母たち」の教育は，均質で良質な国民を欲する国民国家に必要不可欠だったのである。女性医師養成学校が1832年に設立されるなど，早くからエジプトでは保健衛生と結びついた女子教育が推奨された。これを規律訓練的権力というミッチェルの議論に沿って読むと，近代国家に脱皮しようとするエジプトが，当時新たに子育てを担う性とされた女性への介入を志向したことがみえてくる（ミッチェル 2014）。

2. 結婚観の変容

ヘディーブのイスマーイールは，傍系を含む年長者順の相続を定めたヘディーブ位継承法を直系長子相続に改め，継承から排除された傍系親族を慰撫し取り込むため，1873年に王太子タウフィークに王室内婚をさせた。当時の宮廷の慣習では身分の高い女性を娶る場合多妻はできず，彼は結果としてエジプト初の一夫一婦制を採った支配者となった。王室のハレムや奴隷との結婚の廃止と一夫一婦制への移行は，欧米人に進歩の証として好意的に受け止められ，王室側も啓蒙的で近代的な王室イメージをつくるためこの誤解を積極的に利用したと，クーノは指摘する（Cuno 2015）。王家の先例が推進剤となり，支配階級や上流階級に一夫一婦制が浸透していった。しだいに強制婚や結婚する前に相手を見る機会がないことなど，結婚に関する他の慣習も議論の的となった。

3. ジェンダー・オリエンタリズム

エジプト人も含め，多くのアクターは文化進化論に基づく二項対立的な思考法を内面化し，進歩的な欧米女性に遅れたエジプト女性を対置するという前提を共有していた。「ジェンダー・オリエンタリズム」（Yegenoglu 1998, 嶺崎 2019）の源流はここに辿れる。一夫多妻，ハレム，強制婚などの慣行が非難の対象とされ，友愛婚が推奨された背景には，近代家族や欧米由来のロマンティック・ラブ・イデオロギーの浸透と称揚がある。ここに，半植民地下での被支配経験が与えた影響の大きさが窺える。

探究のポイント
①女子教育と女性の役割は家族の近代化と関連して，この時期，日本など他地域でも盛んに論じられた。他地域との共通点と差異を考えてみよう。
②文化進化論がジェンダーと結びついた理由を考えてみよう。
③ナギーブ・マフフーズの『バイナル・カスライン』を読み，当時のエジプトの雰囲気を知ろう。

▷3 ヘディーブ
た称号。スルタン，アブデュルアジズが1867年にムハンマド・アリーの孫，イスマーイール・パシャに与えた。

▷4 ジェンダー・オリエンタリズム
西洋と東洋を二項対立的にとらえ，西洋が東洋を他者化し，その「文化」「宗教」「慣習」などに西洋世界にはない独特／特殊な女性差別や女性蔑視を見出し，それを東洋の「遅れ」や「女性差別」の証左とするものの見方。西洋の優位性を主張し，植民地支配，軍事占領等を正当化する言説としても作用する。

▷5 『バイナル・カスライン』
アラビア語圏初のエジプト人ノーベル文学賞受賞者，ナギーブ・マフフーズ（1911～2006）の「カイロ三部作」の最初の作品。カイロ旧市街のバイナル・カスライン通りに住む一家が，時代の波に翻弄されつつ生きる姿を描く群像劇。

参考文献
ライラ・アハマド（林正雄ほか訳）『イスラームにおける女性とジェンダー——近代論争の歴史的根源』法政大学出版局，2000年。
スチュアート・ヘンリ「文化（社会）進化論」綾部恒雄編『文化人類学20の理論』弘文堂，2006年。
ティモシー・ミッチェル（大塚和夫・赤堀雅幸訳）『エジプトを植民地化する——博覧会世界と規律訓練的権力』法政大学出版局，2014年。
嶺崎寛子「イスラームとジェンダーをめぐるアポリアの先へ」『宗教研究』93（2），2019年。

清末の政治変動と女性

中国

12

須藤瑞代

【関連項目：フランス革命とジェンダー，女性と政治参加，女性運動と党・国家】

📖 概　要

　19世紀半ばの中国は，アヘン戦争（1840～42年），第二次アヘン戦争（アロー戦争，1856～60年）といった対外的な問題に加え，人口増大と経済危機に伴う国内の不安定化も深刻であった。そこで広西省で勃発した**太平天国**（1851～64年）は長江中下流域に拡大し，他の反乱を合わせて数千万人の死者をもたらす大動乱となったが，曾国藩・李鴻章ら漢人エリートの率いる郷勇（地方の義勇軍）によって滅ぼされた。

　反乱鎮圧と秩序回復に成功した清朝は西太后のもと，李鴻章ら漢人エリート主導で洋務といわれる近代化事業を推進したが，従来の政治体制に変化はなかった。日清戦争の敗北後，光緒帝のもとで康有為らが政治体制の変革を求めて改革を推進しようとしたが，失敗した。日清戦争後，列強の中国進出が強まる中で，キリスト教布教への反発から山東半島で義和団が勢力を拡大し，北京・天津に進出した。この集団の中には，「**紅灯照**」など女性による組織もあった。清朝はこの義和団を支持し，列国に対して宣戦を布告したが，日本やロシアなどの８カ国連合軍に破れ，義和団は鎮圧された（義和団事件，1900～01年）。

　義和団事件後，清朝の改革が始まった。科挙が廃止されると日本やアメリカ等へ留学する学生は激増したが，日本留学生たちを中心に，清朝を倒し新しい国家を建設しようとする革命派の活動が活発化した。女性たちの中にも，**秋瑾**など革命派に加わり積極的な役割を果たした者もあった。

　1911年10月，武昌蜂起が起こると，各省や都市が次々と「独立」を宣言した。こうした革命の動きに呼応して，各地で「女子軍事団」「女子北伐隊」などといった名称の女子軍が相次いで結成された。参加したのは女子学生などを中心とした女性たちで，実際に戦闘に参加した者は少なかったが，写真入りで報道されるなど一定の注目を集めた。また，医師の張竹君（1879？～1964）は赤十字会をつくり戦地救護に従事した。この辛亥革命によって，1912年1月1日中華民国が誕生し，清朝は崩壊した。

当時の議論　1912年に中華民国が成立すると，唐群英（1871～1937）ら200人超の人々により，女子参政同盟会が結成された。彼女たちは，憲法条文の内に，男女は一律平等で等しく選挙権並びに被選挙権をもつことを明記するよう要求した。臨時

▷1　太平天国

19世紀の中国で起きた大規模な反乱。指導者の洪秀全（1813～1964）は，キリスト教の影響を受けて宗教集団を作り出し，それが1851年に「太平天国」と称して清朝軍との戦闘を繰り返した。戦闘は拡大し，諸反乱も含めると戦乱に巻き込まれた地域は広範囲に及び，犠牲者は数千万人にのぼる。

▷2　紅灯照

10代の女性たちを中心として結成された組織。彼女たちは髪を結わず，纏足をせず，赤い衣服を身に着けていた。手にはランタンのようなものを持っており，これが紅灯照という名の由来となった。「藍灯照」などと呼ばれる中年女性たちの組織もあった。

▷3　秋瑾（1875～1907）

富豪の妻で一男一女の母であったが，しだいに新思想に目を向け始めて単身日本に留学した。1905年に孫文が組織した中国同盟会の初期の会員の一人で，革命蜂起の計画にも加わっていたが，事前に露呈して捕らえられ，1907年に処刑された。

秋　瑾

女子軍を写した写真

大総統の孫文は一定の理解を示したが，しかし当時の人々の多くは，女性参政権に批判的であった。女性の知識が不足していること，家庭でのつとめがおざなりになること，男女の特性が異なっていること，社会の秩序が維持できなくなることなどがその批判の理由としてあげられた。

　3月10日に袁世凱が大総統に就任し，翌日臨時約法が公布されたが，その第5条には「中華民国人民は一律平等にして，種族，階級，宗教の区別なし」とあるのみで，男女の別を問わないことは明記されなかった。そのため唐群英ら20余人は南京参議院の女性参政権についての審議中に議場になだれ込んで議員たちの間に座り込み，ヤジを飛ばして進行を妨害するなどの実力行使を行ったが，男性議員からは，「文明国」の女性はこのような野蛮な行為はしないと批判された。

　結局，袁世凱の独裁体制強化に伴い，議会自体が有名無実化し，女性参政権獲得を目指す運動も，そのよって立つ場そのものを失うこととなった。

論点

1. ジェンダーからみる太平天国の政策

太平天国の政策は，当時の中国のジェンダー秩序とは大きく異なるものであった。ジェンダー視点からみると，太平天国では，男性と女性の同居は禁じるという新しさがうかがえ，女性は生産労働組織でもあった「女館」で生活した。これは一時的にせよ家父長家族の解体を意味するものとされたが（小野 1978），結果として子どもを生み育てることができないという問題が生じたため，1855年には結婚と夫婦の同居を認める詔が出されて，南京の男館・女館制度は事実上撤廃されている（菊池 2020）。また，太平天国では一夫一婦制を原則とした徹底した禁欲主義が説かれていたが，洪秀全を含め上層部の人々は多数の妻をもっているなどの矛盾もあった。

2. 纏足は女性の抑圧の象徴か

女性の足を人工的に変形させる纏足[4]は，19世紀に宣教師らがその残酷さを非難し，女性の抑圧の象徴ともみなされた。ドロシー・コウ（2005）は纏足が女性の心身に与えた苦痛を理解した上で，纏足および纏足の靴が女性コミュニティにとってきわめて重要な役割を果たしていたという注目すべき主張をしている。一方，太平天国では，その中核を担った客家[5]が纏足をしていなかったこともあり，女性は纏足を禁止され，様々な作業に動員された。

探究のポイント

①秋瑾については，映画が複数制作されている（『炎の女・秋瑾』〔中国，1983年〕，『秋瑾──英雄女侠』〔中国，2011年〕等）。それらを観て，どのような女性として描かれているか調べてみよう。

②辛亥革命に参加した女性たちは，どのような活動を行ったのだろうか。またどのような困難に直面したのだろうか。考えてみよう。

③1912年に女性参政権を要求して，唐群英ら女性たちが実力行使を行ったが，他の国々にも同様の事例はないだろうか。探して比較してみよう。

▷4　纏　足

近代以前の中国で行われた，幼いうちに女性の足を布で縛り，変形させて小さく見えるようにする慣習。小さな足の女性が美しいとされ，結婚の条件ともなったため，高い階層の漢族の女性たちの間で行われるようになった。17〜18世紀になると農民の娘たちも行うようになり，中国のほぼ全域に広まった。19世紀末頃には宣教師のみならず梁啓超ら中国の知識人も纏足の害を主張するようになり，美の象徴であった纏足はしだいに旧時代の象徴とみなされるようになった。Ⅰ-3側注5も参照。

纏足の靴（デザインは地域や時代によって様々なバリエーションがあった）

▷5　客　家

漢民族であるが，もとの居住地を離れて中国南部へ移住していった人々で，移住先の広東省などの先住の漢民族とは異なる独自の言語や生活様式をもっている。太平天国の指導者であった洪秀全も客家出身。

参考文献

小野和子『中国女性史』平凡社，1978年。

中華全国婦女連合会編著（中国女性史研究会編訳）『中国女性運動史1919-49』論創社，1995年。

中国女性史研究会編『中国女性の一〇〇年』青木書店，2004年。

ドロシー・コウ（小野和子・小野啓子訳）『纏足の靴』平凡社，2005年。

菊池秀明『太平天国』岩波書店，2020年。

工場法とジェンダー

13

竹内 敬子

【関連項目：女性の経済活動と移動，疫病とジェンダー，マスキュリニティ，ウーマンリブ，女性労働の曲折，男性稼ぎ主モデル，女性の海外出稼ぎ労働】

📖 概　要

　工場法は工業化によって生まれた「工場」という新しい労働の場での労働条件を定めた法律である。この法律が最初に制定されたイギリスでは，繊維工場で長時間働く幼い子どもたちの姿が人々の同情を集め，児童の労働制限が検討された。有名な1833年工場法では，繊維工場での児童（9歳以上13歳未満）・年少者（13歳以上18歳未満）の労働時間の制限などが定められた。

　1840年代から18歳以上の成人女性の工場労働も問題視され始めた。長時間労働が女性の健康に与える悪影響や，女性が家庭外で働くことによる家庭の崩壊などが懸念された。議論の末，1844年工場法で成人女性の労働には年少者と同様の制限が課されることになった。

　なお，工場法では，成人男性労働者の労働時間や労働環境に関しては，一貫して「不介入」が原則であった。彼らは女性とは異なり肉体的に強く，自らの適正な労働条件についての判断力をもち，労働組合を通して使用者と交渉する能力があると考えられたためである。また，工場法は，イギリスにやや遅れ，ヨーロッパ諸国でも制定が相次いだ。日本でもその流れの中で，しかしヨーロッパ諸国からは大きく遅れて，**工場法（1911年）**[1]が制定された。

　当時の議論　1844年工場法により成人女性の労働が制限されるにあたっては，「女性は**自由な行為者**[2]か否か」が議論された。当時は，**自由放任主義**[3]のもと，労働条件は使用者と労働者が交渉によって定めるべきものであって，国家の介入は望ましくないとされていた。ただし，児童・年少者のように自らの適切な労働時間や労働環境を判断する能力や使用者と交渉する能力のない者については，国家の介入や保護が必要だと考えられた。成人女性を同法に含めるか否かの議論の中で，女性を自由な行為者と考え介入に反対する者と，女性を自由な行為者ではないと考え介入に賛成する者とが対立した。

　女性の権利を求める声が高まると，工場法による労働制限は成人女性を「子ども」と同じように扱い，彼女たちが「自ら望むだけの時間働き，稼ぐ」権利を奪うものだとする声も生じた。こうして1870年代には，工場法による女性労働の制限撤廃を求める動きが起こった。女性労働者の中にもこれに賛同し声をあげる者がいた。しかし，女性労働者が労働組合を通じて使用者と交渉し，より良い労働条件を獲得する道は険しく，女性労働運動はしだいに工場法を容認し，その改善を求めるようになっていった。

▷1　**1911年工場法（日本）**
後発工業国日本の国際競争力を弱める，という経済界の強い反対があり，30年余りの検討を経て制定された（施行1916年）。

▷2　**自由な行為者**（free agent）
スポーツのフリーエージェントは自由契約選手を指すが，この場合は自らの判断で自らの行動を決定し，それを遂行し，そのことに責任をもつ主体，というような意味である。

▷3　**自由放任主義**
国家による経済活動への介入をできるだけ避ける政策。労働条件は使用者と労働者の合意によって決められるべきで，このプロセスに介入することは労働市場への介入にあたり不適切だと考えられた。

ウェスト・ヨークシャーの羊毛産業の労働組合の女性たち（1875年頃）
彼女たちは工場法による女性労働規制に反対していた。

🗝 論点

1. 工場法は女性に恩恵をもたらしたのか

劣悪な労働条件の中で長時間働くことが健康に良いわけはない。工場法による労働時間の制限は，この点で女性に恩恵をもたらしたはずだ。しかし，ロバート・グレイは工場法をめぐる議論の中で頻繁にみられた，男性を「独立」，女性を「依存」とした二分法が雇用の場で女性を不利にしたと指摘する（Gray 2002）。シルヴィア・ウォルビーはこの時の議論が，労働の場にとどまらず，家庭や社会全体における男性の優位性を確立するのに影響を与えたとしている（Walby 1986）。

2. 男性は一方的に得をしたのか

実は，「強い」はずの男性も工場労働で健康を害することが少なくなかった。サリー・ケニーは，女性への保護の陰で男性の健康問題は完全に無視されてきたと指摘した（Kenny 1992）。男性労働者が自らの健康被害を訴え，工場法による労働時間短縮を求めることもあったが，それは「論外」とされた。政府の調査で男性が就く職種での健康被害が報告されても，男性は諸条件を勘案し自分の判断でその職種で働くことを選んでいるので，工場法での労働制限は不要とされた。1890年代のイギリスでは，「弱い」女性を鉛害から守るために，工場法で鉛を使用する工程での女性の労働を禁じたのに対し，彼女たちに代わってその工程に配置された「強い」はずの男性が次々身体を壊しても，それに対する法的措置はとられなかった。男性の健康問題軽視の傾向は，その後も現在に至るまで続いている。

3. 第二波フェミニズムの功罪

工場法は，その後の労働保護立法の原型となった。1960年代に始まる第二波フェミニズム*は，残存する男女間の不平等の一つとして女性の労働制限をあげた。当時，残業時間の制限はオフィスの女性の昇進の機会を狭め，深夜労働禁止は工場の女性が割増し賃金を得る機会を奪っていた。欧米諸国の多くで女性の労働制限の緩和が進み，女性の活躍の場は増大した。「もはや先進国にジェンダー間の格差や差別はほぼ皆無だ」と言い切る者もいる。しかし，この恩恵を得ることができたのは一部の白人女性のみであった。アルッザらの『99％のためのフェミニズム宣言』（2020）は，途上国からの移民女性に家事労働やケア労働を押しつけることで先進国の女性の活躍が達成された点を批判している。

探究のポイント

①工場法は女性と男性にそれぞれどのようなプラス・マイナスをもたらしただろうか。
②映画『未来を花束にして』（2017年：*Suffragette* 2015）には，洗濯工場で女性たちが働く場面や，彼女たちの労働実態調査のための政府の公聴会の場面が出てくる。彼女たちにとって労働時間の法的制限はどのような意味をもったのかという観点から，この映画を観て考えてみよう。
③1960年代以降，女性の労働規制が撤廃される動きがあったが，そのことは女性の労働と生活をどのように変えただろうか。日本ではどうだっただろうか。

＊ 第二波フェミニズム
Ⅰ-5 側注5参照。

参考文献

B・L・ハチンズ，A・ハリスン（大前朔郎ほか訳）『イギリス工場法の歴史』新評論，1976年。
竹内敬子「工場法とジェンダー——1911年工場法とジェンダーをめぐる「仮説」の受容」三宅義子編『現代社会とジェンダー2 日本社会とジェンダー』明石書房，2001年。
今井けい『イギリス女性労働運動史——フェミニズムと女性労働組合の結合』日本評論社，2003年。
竹内敬子「イギリス工場法史研究が開く視界——ジェンダー視点からの挑戦」河村貞枝・今井けい編『イギリス近現代女性史研究入門』青木書店，2006年。
竹内敬子「イギリス工場法とジェンダー——1883工場・仕事場法修正法案による釘・鎖産業における少女の雇用禁止の提案をめぐって」竹内敬子・中江桂子責任編集『ダイナミズムとしてのジェンダー』風間書房，2016年。

Column 7 イスラーム圏

科学と宗教

科学と植民地主義 　中世のアラブ・イスラーム世界は「学知」（'ilm 複数形は 'ulūm）の宝庫であった。数学や天文学，解剖学，医学といった「自然科学」に相当する諸学問に加え，イスラームの神学や法学，そして哲学，倫理学，歴史学，地理学といった「人文社会科学」に相当する分野に至るまで総合的な知の体系が育まれた。さらに，アリストテレスの翻訳などを通じて発展した「アラビア科学」は，12世紀以後にアンダルスを経由して欧州に輸入されることとなる。

　ところが19世紀に欧米諸国で確立された近代的な意味での「科学」の観念がアラブ地域に伝播したとき，植民地支配と手を携えたことは深刻な禍根を残した。フランスの文献学者エルネスト・ルナンは「イスラームと科学」という講演において西洋社会の発展の秘密は教会支配からの脱却，すなわち世俗化にあるとしつつ，「イスラーム諸国の再興はイスラームによってではなく，むしろイスラームを弱めることでなされる」との見解を示した。かかる立場に対し，アラブ・イスラーム世界で反論を繰り広げた論者の中に，主著『女性の解放』（1899）で物議を醸したカースィム・アミーン（1863～1908）がいた。

復興精神の中の『女性の解放』 　同著の最たるポイントは，宗教と慣習の区別である。結婚や離婚，一夫多妻制，顔覆い，男女の隔離，家父長の支配に至るまで「イスラームの教え」とされてきた事柄が，実は歴史のある時点で創られ，引き継がれ，自明視されるようになった単なる「因習」であった可能性もある。アミーンはクルアーンの章節や神学上の教義を具体的にあげながら多角的な視点から解釈を試みる一方で，エジプト社会における結婚・離婚の統計的事実や，男女関係をめぐる田舎と都会の差異を示しつつ，西洋社会の慣習や女性参政権の実現にも言及する。アミーンによれば，アラブ社会の発展を阻む根本要因は，信仰としてのイスラームではなく，むしろ国家上層部から一般家庭にまで深く浸透している男尊女卑文化や家父長（ボス）を支える権威主義の伝統にあるという。

　19世紀末のアラブ人思想家は，中世の学知の近代的な復興（ナフダ）を目指したが，彼らの間では，人間の普遍性や科学と宗教の調和を追求する精神が共有されていた。それは，科学を宗教の論理で，あるいは宗教を科学の論理ですべて説明し尽くそうというのではなく，むしろ両者それぞれが有する固有の論理を区別し，認め合い，尊重し合うべきだという開けた精神である。イスラーム改革派の師ムハンマド・アブドゥフによる宗教と人間の「統一（タウヒード）論」に感化されつつ，自由や理性，批判的精神，不断の検証に依拠して導かれる科学の真理について，アミーンは次のように語る。「科学は，一つの根からいくつもの枝葉が分かれながらも，その根に栄養を行きわたらせ，一つの生に奉仕し，一つの果実を生む木のように一つではないのだろうか。その一つの果実こそ，万物の真理が示されているのではないか」。

　同著は，後世のフェミニズム研究者から「欧米言説の受け売り」や「エジプト女性への見くびり」とも批判された。だが，「アラブ・フェミニズムのマニフェスト」とみなされる同著が，アラブ・イスラーム世界固有の精神的基盤を重んじつつも，それへの厳しい自己批判を通じて世界に開かれた知性を育もうとした思索であることは疑いない。　　　　（岡崎弘樹）

参考文献
岡崎弘樹『アラブ近代思想家の専制批判──オリエンタリズムと〈裏返しのオリエンタリズム〉の間』東京大学出版会，2021年。
中村廣治郎「イスラームの科学と宗教」河合隼雄ほか編『宗教と自然科学』（岩波講座・宗教と科学2）岩波書店，1993年。

家族を襲った感染症

テイト家の悲劇 1856年春，イングランド北部のカーライル大聖堂主席司祭邸を猩紅熱が襲った。猩紅熱はこの当時，幼児の死因の4分の1を占めた病で，病魔は首席司祭アーチボルト・テイト師（のちのカンタベリ大主教）の7人の幼い子どものうち，5人の娘たちを容赦なく奪った。

　老人にも幼子にも死は同じように身近なもの……
　子ども部屋の棚にはおもちゃがいっぱいですが，
　それを取り出して遊ぶ小さな手はもうないのです。

このとき看病に訪れたテイト夫人の姉が，一族の子どもたちのために書いた手記の一節である。子どもにまでむごい事実を突きつけ悔い改めを迫るのは，この時代特有の福音主義（Ⅱ-2 参照）的な死生観であるが，それだけ死が身近であった証左でもある。

病と女性への負担 コレラや天然痘，チフス，そして結核。家族を襲う感染症は数多かったが，とりわけ高い死亡率を示したのは肺結核で，ショーターによると，当時の14歳から24歳の女性の死因の半分を肺結核が占めていた。しかもその死亡率は，同じ年齢層の男性を22％上回る。様々な史料からは，看病がもっぱら女性の役目で感染リスクが高かったことに加え，微妙な「命の選別」が行われ，男性が優先されていた様子が読み取れる。たとえばのちに女子高等教育のパイオニアとなるエミリ・デイヴィスは，結核を患う兄姉の看病に20代の数年を費やしたが，家族は姉をイングランド南部の保養地へ，兄をより温暖なアルジェへと送った。姉の死までの3年間，次いで兄の死，さらには老父の死まで，エミリの青春は病人の世話に縛られていた。もっとも，アルジェでのある出会いが，その後のエミリの人生に大きな意味をもつこととなる。既婚女性の財産権（I-6）を求めて運動していたイギリス人女性バーバラ・リー・スミス・ボディション

ローズ・ルアード「はしかからの快復」（1893年頃）
はしかも油断のできない病であった。図は，10代の少女が描いたもので，子どもたちが次々とはしかに感染する様子を表している。高熱で焦点の定まらぬ目をした少女は，母親の膝で髪を切ってもらっている。髪がエネルギーを奪うとされていたためだ。

と知り合い，ロンドンのフェミニストの集まりに加わる足がかりを得たのだ。1869年，バーバラの支援を受け，エミリはケンブリッジ近郊に女子カレッジ（のちのガートン・カレッジ，Ⅲ-5）を設立することになる。

1866年のコレラ大流行とテイト夫妻 子どもたちを失った傷心のテイト師はその後まもなくロンドン主教に抜擢され，辛い思い出の地を離れた。悲劇を聞き知ったヴィクトリア女王の配慮であった。10年後，テイト夫妻が直面したのが，1866年のコレラ危機である。ヨーロッパは19世紀中に4度のコレラ流行に遭い，イギリスでの合計死者数は14万人近くに上ったという。とくに大きな被害を出したのが首都ロンドンであった。テイト夫妻はこれを天命と見定めて陣頭指揮にあたり，自ら熱心に患者を見舞った。テイト主教がタイムズ紙に寄せた救済基金の依頼には，一日で3000ポンドの寄付が集まったという。コレラ禍終息後，テイト夫人は親を失った女児のための孤児院を設立し，ロンドンにいる限り毎日見舞ったのだった。　　（山口みどり）

参考文献

エドワード・ショーター（池上千寿子・太田英樹訳）『女の体の歴史』勁草書房，1992年。
山口みどり「悲しみの手記を共有する——家族のメモワールと感情労働」『ヴィクトリア朝文化研究』15，2017年。

小川眞里子

≈≈ イギリス ≈≈
14　疫病とジェンダー

【関連項目：ペストとジェンダー表象，産科学とジェンダー，工場法とジェンダー，家族を襲った感染症，売買春と性病予防法，AIDS の影響】

▷1　人口統計
近代の人口統計は，ジョン・グラント（1620～74）に始まるとされる。成人と子ども，都会と田舎，男女等，それぞれの間の死亡率の差が初めて論じられた。

▷2　EFM
初出はシェイラ・R・ジョハンソンと考えられる（Johansson 1991）。人口学的定義はまだないとしながらも，同年齢の男性に比べて女性の死亡率が高い特定の年齢死亡率を指すとしている。

▷3　結核
結核（tuberculosis）という病気の診断は，結核菌の同定によって確定するが，コッホによる病原菌の発見以前には，とくに肺の結核（pulmonary tuberculosis）は労咳とも，肺病（phthisis / consumption）とも訳され，肺炎（pneumonia）などが肺結核と同じ意味で使われてきた。

📖 概　要

　2016年の WHO によるイギリス人の平均寿命は女性83.2歳，男性79.7歳で，女性のほうが3.5年ほど長寿である。さらに半世紀遡り1966年のイギリスの人口統計では，どの年齢層でも女性の死亡率は男性を下回り，結果として女性は男性より6～7歳長寿であった。今日，女性の低死亡率について生物学的な根拠もあげられ，感染症やストレスに起因する病気で女性の死亡率が男性より低いことが示されてきている。

　ところが過去の様相は大きく異なり，1900年頃まで男女の死亡率パターンの差は今日よりもずっと小さく，年齢層によっては女性の死亡率が男性を大きく上回っていた。過去の男女の死亡率を年齢層ごとに比較して，女性の数値が上回る場合には過剰女性死亡率（EFM：Excess Female Mortality）と称して，その原因の探究が歴史研究の一環となりつつある。

　グラフは，イギリス国民生命表（ELT）の1838～54年および1891～1900年の死亡確率の女性／男性比を示している。男女の死亡確率を表に併記する代わりに，女性の死亡確率を男性の死亡確率で除した値を示している。グラフが1以上である年齢層は女性の死亡確率が男性に比べて高いことを示している。

　病気のほかに事故死や自死もあるが，疫病はそれらの数値を大きく上回り男女差を映し出すことになる。グラフで女性死亡率が男性のそれを上回っているのは1838～54年のグラフの10～39歳の範囲である。19世紀におけるこの過剰女性死亡率を読み解くカギは，産褥熱と結核である。

当時の議論　19世紀イギリスは多くの伝染病に見舞われた。前世紀からの天然痘や結核をはじめ梅毒や産褥熱，そしてコレラや腸チフスといった伝染病が多くの命を奪った。しかし，疫病に関するジェンダー統計は十分ではなく，多くの疫病研究は男女を区別することなく行われてきた。ただし産褥熱のように罹患が女性だけの感染症は，明らかに出産年齢の女性（20～40歳）の命を奪ってきた。多くの女性が20年間ほどの結婚生活で5回以上の出産を繰り返していたからである。19世紀イギリスを代表する産科医 エディンバラ大学の J・Y・シンプソンは1840年前後のイングランドとウェールズで毎年3000人もの女性が産褥熱で落命している事実を明らかにしている。出産1000件当たりの妊産婦死亡率は19世紀前半で5～7人，後半で4～5人で，こ

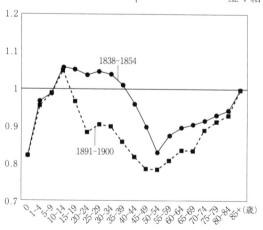

イギリスにおける死亡確率の女性／男性比

れが確実に４人以下になるのは1930年代以降である。消毒概念の定着が期待される19世紀後半になっても，妊産婦の死亡の半数は産褥熱で，その他に出産前後の大量出血や妊娠中毒症などが死因にあげられる。

EFM 研究で産褥熱に次いであげられるのは結核である。1887年ロンドン疫学協会会長就任講演でR・ソーン＝ソーンは19世紀中葉イングランドで年間５万人が肺病で落命していたと述べた。EFM 概念の創案者シーラ・R・ジョハンソンによれば，1840～50年代で女性は男性より８％多く結核で死んでいたという（Johansson 1991）。またヴィクトリア中期のイングランドでは，15～35歳の女性の死亡数の半分は肺病で命を落としたともいう。度重なる妊娠出産による体力の消耗，家庭内で女児や女性に分け与えられる肉や乳製品の少なさは，結核感染率を高めた。同様の理由で劣悪な工場労働が女性の側により多くの結核犠牲者をもたらした。また10歳前後の少女は母親に代わって台所仕事を任されることも多く，火傷や衣服に火がつくといった事故も多く，男兄弟に比べて１～２％は死亡率が高いとされた。

論点

1. 出産に関する社会学的変化

女性の独占的職業領域であった産科に医師を兼ねる男産婆が参入し，自宅分娩に代わる病院での出産は産褥熱の増加に拍車をかけることになった。病院が感染症の温床となる過密空間であったことは，アーウィン・H・アッカークネヒトの『パリ，病院医学の誕生』等で明らかにされている。鉗子を用いる男産婆の登場で自然な分娩に人為的な介入が行われ，事故死や感染による産婦の死亡率が高まった（Donnison 1988）。

2. 産褥熱による妊産婦死亡率の研究

産科医師自身による手指の消毒励行が，産褥熱の感染を防止し死亡率の低下をもたらすことが期待されたが，一般に妊産婦の死亡率の本格的低下は1930年代までずれ込む。この低下は抗生物質の発見によるもので，先進国におけるEFMの完全解消が1930年代になることとも符合している。

3. 結核死亡率低下の原因

結核死亡率は，20世紀はじめの抗生物質の登場を待つことなく，19世紀半ばから低下し始めている。そのため栄養改善説（1960年代）が長く主流を占めてきたが，今日では国家による衛生施策が再評価されている（Szreter 1988）。衛生改善を促す立法で19世紀半ばの女性の結核死亡率も減っていったと考えられる。

探究のポイント

①日本における「感染症とジェンダー」の歴史について，20世紀初頭の女工哀史の一つである映画『あゝ野麦峠』(1979年)を鑑賞して考えてみよう。舞台は長野県岡谷の製糸工場で，女工に課せられた過酷な労働と結核との関連が理解できよう。
②結核は再興感染症で今日なお油断禁物。ジェンダーの観点から再考してみよう。
③疾病とジェンダーで警戒すべきは母子感染で，風疹やジカ熱を調べてみよう。

▷4 『あゝ野麦峠』
山本茂実のノンフィクション小説をもとに，遠く故郷を離れて製糸工場で働く女工を描いた作品。劣悪な労働環境によって多くの女工が健康を害し，主人公の13歳の少女も結核を患う。

▷5 母子感染
感染は水平と垂直に二分され，空気感染，水系感染，動物感染，人人感染などによって集団に拡散するのが水平感染。母親の感染の影響が胎児に及ぶものが垂直感染。19世紀には，とくに梅毒の母子感染が問題となった。20世紀以降では風疹による胎児の心疾患，難聴，白内障が知られ，ジカ熱による影響は深刻で，ブラジルでは3000人の先天性ジカウイルス症候群の子どもが誕生し，多くは小頭症。女性のリプロダクティブ・ヘルス／ライツに関わる重大問題である。

（参考文献）
イヴォンヌ・クニビレール（内藤義博訳）「身体とこころ」G・フレス，M・ペロー編『女の歴史』Ⅳ（十九世紀２）藤原書店，1996年。
アーウィン・H・アッカークネヒト（舘野之男訳）『パリ，病院医学の誕生』みすず書房，2012年。
トーマス・マキューン（酒井シヅ・田中靖夫訳）『病気の起源』朝倉書店，1992年。
小川眞里子『病原菌と国家——ヴィクトリア時代の衛生・科学・政治』名古屋大学出版会，2016年。

Ⅲ 「帝国主義」の時代

列強による中国分割

カイロのフランス人仕立て屋のもとで買い物を
楽しむトルコ系エジプト人女性たち

インドのイギリス人

アメリカの反女性参政権運動用絵葉書

Introduction

　本章は，西洋列強が植民地を拡大した1870年代頃から20世紀初頭を扱います。ジェンダー史の発展により，帝国主義の理解は大きく変わりました。ジェンダーやセクシュアリティの規範は，人種概念と結びつき，植民地支配の鍵となっていたことがわかったのです。セクシュアリティへの注目から，性的マイノリティの理解にも大きな変化がありました。世界がより「狭く」なったこの時代には，女性の権利をめぐる考えも素早く伝播します。多くの地域で女性の高等教育が実現し，教師や医師といった専門職に就く女性たちが生まれ，一部では参政権を求める運動も起こりました。西洋では中流層の女性の間で産児制限がひそかに広まりました。そうした動きの背後にも，実は拡大する帝国の影響があったのです。

1 女王のジェンダー・イメージ

井野瀬久美恵

【関連項目：女性君主・王妃，家庭重視イデオロギー，コロニアリズム】

▷1 パックス・ブリタニカ
古代ローマ帝国による秩序維持の時代，「パックス・ロマーナ」にちなむイギリスの覇権による平和。

▷2 白いウェディングドレス
1840年当時，ウェディングドレスの色として一般的でなかった白を女王が選んだことで，花嫁が白を身に着ける習慣が社会に定着した。女王のドレスは，厚手のシルクサテンの布地に国産のホニトン製レースを使っており，国内産業育成のメッセージも織り込まれていた。

▷3 王室擁護論
バジョットの『イギリス憲政論』は，イギリス国制史の古典的著作。その影響は，ヴィクトリア女王の孫，ジョージ5世（位1910～36）とともに，ジョージ5世を介して，皇太子時代の裕仁（昭和天皇）や明仁（平成天皇）ら，象徴天皇制を模索する日本の皇室にも影響を与えた。

▷4 カルト・ド・ヴィジット
1850年代以降，中流階級，とりわけ女性たちの間で大流行した名刺判の写真。

▷5 （女王の）イメージ（と実像）
1990年代以降の史料公開では，女王のイメージと実像の間の読み直しも進められてきた。その中で，真面目で抑制が効くと描かれた女王が実は社交好きで，映画『Queen Victoria 至上の恋』（1997年）に描かれたような官能的な女性であり，

📖 概 要

ナポレオン戦争後のウィーン会議（1814～15年）から第一次世界大戦勃発（1914年）まで，「パックス・ブリタニカ[1]」と呼ばれた1世紀のうちに，イギリスは圧倒的な工業力と技術力，海軍力を背景に，「太陽の沈まぬ帝国」を築き上げた。その中心にあったのがヴィクトリア女王（1820生，位1837～1901）である。63年余りに及ぶその長い治世を通じて，女性に対する男性の優位，女性の男性への従属というジェンダー認識は揺らがず，女王は，女性に政治参加が否定された時代に国制の最高位にあった。と同時に，女王は妻であり9人の子どもの母でもあり，ゆえに時代の「矛盾」を象徴する存在でもあった。

夫アルバートとともに推進した宮廷改革により，女王は，家庭を重視し，リスペクタビリティを尊重する中流階級の模範と目された。それが，労働運動や共和主義の台頭で革命に揺れた1840～70年代のヨーロッパにあって，イギリス君主制が存続し得る一因ともなった。女王がインド女帝に推戴された1876年を機に，イギリス帝国は，交易から領土支配へと重心を移していく。奴隷反対と博愛主義を前面に押し出した植民地拡大においても，「帝国の母」という女王イメージが寄与した。国王大権の弱体化とは裏腹に，王室人気を高めたヴィクトリア女王は，自分が受け取ったものとはまったく異なる君主のあり方を息子エドワード7世に渡すことになる。

当時の議論

白いウェディングドレス[2]姿の結婚式以降，ヴィクトリア女王は様々なメディアを通じて，たえず「王室一家（ロイヤルファミリー）」として表象されてきた。夫アルバートの急死（1861年）による「雲隠れ」は国民の批判を浴びる一方，「追悼する未亡人」という女王の姿は各地のアルバート像除幕式などで可視化された。同時期，ジャーナリストのウォルター・バジョットは，「王位にある家族」という表現で，君主の私領域が国民の感情に訴えることこそが君主制の強みとみる王室擁護論[3]を展開している。「インド女帝」という称号は女王の「公務復帰」を強く印象づけ，在位50周年（1887年），60周年（1897年）の大規模な記念式典に国民は熱狂した。ワイト島の離宮で崩御した女王を運ぶ砲車がロンドンに向かう沿道には多くの人々が詰めかけて女王への敬愛を示した。当時の模様を伝える数々の写真や映像の構図は，現在のイギリス王

女王在位60周年記念式典に集まった植民地軍隊（『絵入りロンドンニュース』1897年6月26日）

室の姿とも重なる。

🗝️ 論　点

1. 女性君主はどのようにジェンダー矛盾を解消していたのか

ジェンダーによる役割分担が公私の領域において明確であったヴィクトリア朝時代，女王は「君主であること」と「女性であること」をどのように両立，整合させていたのだろうか。近年の研究が関心を寄せるのは，絵画や写真，**カルト・ド・ヴィジット**◁4などにある女王の表象である。女王は常に，子どもを中心とする家庭的な**イメージ**◁5で国民の前に立ち現れた。マーガレット・ホマンズ（Homans 1998）は，そうした構図が君主の公と私，男性性と女性性を交錯させ，相互の境界を曖昧化させることに功を奏したと指摘する。しかも，宮廷画家や写真家らに王室一家の構図を指示したのは女王自身であった。

2. 女性君主のジェンダーは君主制とどのように関わっていたのか

女王の「雲隠れ」を君主制の危機とする議論がある一方で，当時バジョットが看破したように，君主制自体が国民感情の問題に変質しつつあったことは重要な論点である。ドロシー・トムプスン（2001）は，女王の服喪に続き，皇太子エドワード（のちの7世）が父と同じ腸チフスで生死をさまよい，国民の同情が王室に集中した1871年末頃に，イギリス君主制は「公的，政治的な存在から私的で家庭的な存在」に変質したとみている。国民の目線が，政治や外交といった公領域ではなく，妻であり母であるという私人の側面，私領域へと向かったことで，女王は広く国民の敬愛を引き出すことに成功したといえよう。この「君主制の私人化」をクラリッサ・オール（Orr 2007）は「君主制の女性化」と表現している。

3. 女王と帝国はどのようにつながっていたのか

「帝国の母」という女王の表象は，デイヴィッド・キャナダインの「伝統の創造」論◁6と深く関わっている。とくに在位60周年（1897年）には帝国各地から植民地軍隊が帝都ロンドンに集結し，華やかなパレードで沿道の国民に「帝国の存在」を強くアピールした。近年の研究では，帝国拡大に口実を与えた現地の紛争中に「**救出**」された現地人，とくに**部族長の子どもたち**◁7と女王との関係，あるいは，植民地での苦境を「帝国の母」に訴えるために渡英した現地の部族長の発掘なども進められている。

トマス・J・バーカー「イングランドの偉大さの秘密」（1863年頃）

探究のポイント

① 国民は君主のジェンダーをどのようにとらえていたのだろうか。

② 女王の時代に女性の参政権や社会進出が実現しなかったのはなぜなのだろうか。

③ 女王と在位50周年に献上されたインド人従者との関係を描く映画『ヴィクトリア女王 最期の秘密』（2017年）から，女王と帝国とのつながりを読み解いてみよう。

子どもが好きではなかったことなども明らかにされている。

▷6 「伝統の創造」論
治世前半，王室や貴族，聖職者たちしか参加できず，貧弱で精彩を欠いていた王室儀礼が，1870年代半ば以降，大規模で国民が広く参加，熱狂できるものへと変質し，今に続く伝統が創造されたとする議論。君主制が社会的・文化的な研究対象となる糸口を開いた。

▷7 救出された部族長の子どもたち
19世紀半ば，奴隷貿易で栄えた西アフリカのダホメ王国（現ベナン共和国）で生贄儀礼の最中にイギリス海軍に救出されたサラ・フォーブズ・ボネッタと女王との関係はその好例である。

（参考文献）
デイヴィッド・キャナダイン（辻みどり・三宅良美訳）「コンテクスト，パフォーマンス，儀礼の意味」エリック・ホブズボウム，テレンス・レンジャー編（前川啓治・梶原景昭ほか訳）『創られた伝統』紀伊國屋書店，1992年。
ドロシー・トムプスン（古賀秀男・小関隆訳）『階級・ジェンダー・ネイション』ミネルヴァ書房，2001年。
井野瀬久美惠「表象の女性君主」『天皇と王権を考える7 ジェンダーと差別』岩波書店，2002年。
川本静子・松村昌家編『ヴィクトリア女王』ミネルヴァ書房，2006年。
ウォルター・バジョット（小松春雄訳）『イギリス憲政論』中央公論新社，2011年。

コロニアリズム

小田原　琳

◦グローバル◦
2

【関連項目：「人種」概念の誕生とジェンダー，女性宣教師，植民地朝鮮の医療空間とジェンダー，売買春と性病予防法，優生学，装いとコロニアリズム，植民地支配と性管理・性売買】

📖 概　要

　他の国・地域を，政治的・経済的動機によって支配する実践がコロニアリズム（植民地主義）である。「コロニー」という語が，古代ローマにおいて征服地に建設されたローマ人の移住地を指すラテン語「コロニア」を語源とするように，他地域への移住・植民は近代以前にも行われていたが，近代においては西洋諸国の工業化に伴う本国による経済的搾取を目的とした政治的支配の性格を強くもつようになる。19世紀後半にはこうした実践は**帝国主義**◁1と呼ばれるようになる。現地住民の抵抗は激しく，宗主国による支配は根源的に暴力的で徹底的であった。

　植民地支配において，重要な役割を果たしたのが，「人種」の観念と，それと交差して作用するジェンダーおよびセクシュアリティに関する規範であった。宗主国であるヨーロッパにおいては，18世紀，**啓蒙主義**＊が思想的主潮となり，ジェンダーやセクシュアリティの規範にも大きな影響を与えた。啓蒙思想は地域や論者によって異なる特徴をもつが，ジェンダーの観点から考えるコロニアリズムにとって重要なのは，理性の重視から派生する公私二元論と，進歩という時間の観念である。理性的市民が公共の問題に関して議論を交わす空間＝公と，情緒的な関係と生活の場＝私が峻別され，それぞれの領域は公＝男／私＝女に割り当てられた。この二つの領域は決して対等なものではなく，女性は，公共の諸問題について議論したり，決定したりする能力をもたないとされた。他方，進出した植民地で出合った新奇な自然の観察と分類は，人間も「人種」へと分類する観念を生む。これらの観念は植民地支配と重ねられ，世界の諸社会は文明化へと向かう単線的な歴史観の中に位置づけられた。ヨーロッパ人には，能力において劣る植民地住民を導かねばならない「**文明化の使命**」◁2があるとする，必然的にヨーロッパを優位に立たせる視点であり，非ヨーロッパ地域の人と社会は，決してヨーロッパに追いつけない存在と規定されることになった。

　当時の議論　植民地における人種およびジェンダー規範と宗主国による支配の関係は，時代や地域によって一

イタリア海軍の兵士がエリトリア植民地の女性を上半身裸にし，写真を撮らせている（1935年）

様ではない。19世紀まで，オランダ，フランス，イギリスなどの植民地においては，人種間の持続的な性的関係は権力によって是認され，「混血」は黙認，ときには奨励されることもあった。植民者たちのほとんどは軍人や行政官の男性であったので，この関係には人種的な非対称性とジェンダー不均衡があった。ヨーロッパ人男性と植民地の女性の性交渉は認められたが，白人女性と有色男性が同様の関係をもつことは禁じられた。前者の内縁関係は，植民者男性が植民地において家事労働や性的サービスを享受し，定住を促進することで植民地支配を安定させることを目指した，ジェンダー不平等な仕組みであった。

20世紀に入ると人種主義の影響が強まり，植民地当局は人種間の内縁関係を禁止し，異なる人種間の性交渉は売買春のみ許容されるようになる。たとえばイタリアの植民地においては19世紀末からイタリア人男性と現地女性の内縁関係は比較的広範にみられたが，1937年に植民地を対象として発せられた人種政策において，人種間の「婚姻に類する」関係は禁止された。内縁関係から誕生した「混血」の子どもは父親が認知すればイタリア国籍を得ることができていたが，これ以後不可能となった。

論点

1. ジェンダー視点からみるコロニアリズム

従来コロニアリズムは，西洋（男性）中心の経済史・政治史的観点から論じられてきた。しかしアン・ローラ・ストーラーを嚆矢として，西洋による植民地の支配には，啓蒙的な進歩の観念に基づくジェンダーと「人種」の規範が徹底的に利用されたことが明らかにされている。

2. 植民地女性に対する重層的支配

ヨーロッパ人男性との関係において，現地女性にはヨーロッパのジェンダー規範に沿って家事労働や性行為などが求められたが，そこには婚姻関係からもたらされるような感情や財政的な保障はなかった（Poidimani 2006）。現地女性のインタビュー調査を通じて，子どもも含めて貧困や現地社会での差別など重層的な影響が脱植民地化後にも続いたことを明らかにした研究もある（Pesarini 2020）。

3. コロニアリズムと優生学

ヨーロッパで労働者階級の貧困と対比される形で「白人らしさ」や「男らしさ」を規定した人種学や優生学[43]（モッセ1996）が植民地においても総動員され，ジェンダーと「人種」のヒエラルキーが構築された（ストーラー 2010）。初期には推奨さえされた「混血」はのちに禁止され，偏見や差別が増幅した。

探究のポイント

①コロニアリズムにおけるジェンダー規範の働きを地域や時代に応じて考えよう。
②脱植民地化以降も継続するコロニアリズムの影響をジェンダーの視点から考えてみよう。
③優生思想のヨーロッパと植民地での現れ方を比較してみよう。

▷3 優生学
イギリスの遺伝学者ゴルトンが1883年に提唱した，人類の遺伝的改良を目指す学問。結婚制限，断種等による劣悪な遺伝形質の淘汰（消極的優生学）と，望ましい遺伝因子をもつ人間の多産奨励等による優良な遺伝形質の保持・増加（積極的優生学）を促進する。Ⅳ-10 も参照。

（参考文献）

ジョージ・L・モッセ（佐藤卓己・佐藤八寿子訳）『ナショナリズムとセクシュアリティ』柏書房，1996年。
竹沢泰子編『人種概念の普遍性を問う——西洋的パラダイムを超えて』人文書院，2005年。
宮地尚子編著『性的支配と歴史——植民地主義から民族浄化まで』大月書店，2008年。
永原陽子編『「植民地責任」論——脱植民地化の比較史』東京外国語大学アジア・アフリカ言語文化研究所，2009年。
アン・ローラ・ストーラー（永渕康之・水谷智・吉田信訳）『肉体の知識と帝国の権力——人種と植民地支配における親密なるもの』以文社，2010年。

⟨西洋⟩ 3 女性宣教師

小檜山ルイ

【関連項目：福音主義的社会改良運動，フェミニズム運動，コロニアリズム，仏教の「近代化」と女子教育，植民地朝鮮の医療空間とジェンダー，愛・性と近代家族】

▷1 異教徒
英語の heathen は「野蛮な」という意味を含んでいた。

▷2 宣教師の妻
多くのプロテスタント宣教師は，渡航直前に伝道の意思をもつ女性を見つけ，結婚した。つまり，宣教師の妻は，偶然宣教師と結婚したのではなく，伝道の人生を選択した女性であった。

▷3 婦人伝道局
「婦人」をここでは適宜woman（単数形で表現される一枚岩の女性の意味。19世紀的古い用法）の訳語として用いる。

▷4 聖職者資格
20世紀中葉まで，女性は神学教育から基本的に排除されていたので，例外はあるが，聖職者にはなれなかった。

▷5 文明伝播的活動
教育，医療など，魂の救済には直接関係しない活動。多くは現地人と接点を築く目的で始められたが，この部分が成功を収め，拡大していく傾向があった。

▷6 「ホーム」
英米で流通した一種の思想的構築物で，教会を後楯とする敬虔な主婦が司るキリスト教道徳の砦，あるいは，発信源。再生産労働も担ったが，アメリカでは社会改良運動の基地ともなった。日本では当初「室家」などと訳されたこともあったが，「家庭」の語が定着，キリスト教的意味合いを喪失した（Ⅱ-3参照）。

📖 概 要

　キリスト教の「異教徒[1]」への伝道は，16世紀以降のイエズス会の活動が有名だが，カトリックの修道女会の海外進出は，18世紀以降のことである。プロテスタントの「異教徒」対象の伝道は，ほぼ18世紀初頭以降，イギリスによるアメリカ北大陸での活動やインドでの欧州出自の宣教師の活動などがあった。アメリカ合衆国は，19世紀初頭，海外伝道に参入した。20世紀までに，イギリスとアメリカは，プロテスタントの海外伝道の大半を担うようになった。

　プロテスタントの宣教師は通常妻[2]を伴ったので，女性たちは当初から海外伝道に関わった。組織的な独身女性の派遣は，1834年にイギリスで設立された東洋女子教育振興会を奔りとする。アメリカでは，1860〜61年に婦人一致海外伝道協会が設立され，南北戦争後には教派ごとの「婦人伝道局[3]」が族生，精力的に独身女性宣教師を海外に送った。聖職者資格[4]のない彼女たちは，教育や医療といった「文明伝播的[5]」な仕事を行い，「ホーム[6]」運営の範を示し，また，幼児結婚，未亡人の処遇，纏足，一夫多妻等を批判した。

　1859年以降展開された日本でのプロテスタント伝道の主力は，アメリカ出自の宣教師である。アメリカでは，女性による海外伝道推進運動がとくに盛んだったため，日本では，ほぼ一貫して全プロテスタント宣教師の60%強が女性だった。

　カトリックの「幼きイエス会」は1872年に日本に修道女を送り，当初孤児養育など「慈悲の業」に専念したが，1890年代のバチカンの方針転換により，カトリックも一般の女子教育に進出し，プロテスタントの女子教育事業に猛追をかけた。

当時の議論　プロテスタント海外伝道全般については，アメリカでは様々な批判があった。国内に未信者がいるのに，なぜ海外に出るのか。宣教師は「楽園」に不当に介入する強権者ではないのか。また，伝道とは，福音を伝えること，という保守的な立場からすると，聖職者資格がなく，周辺的＝文明伝播的な活動しかできない独身女性宣教師派遣には根強い反対があった。独身女性宣教師は結婚退職が多いとも批判された。こうした批判は，当初主に宣教師を送り出すアメリカ国内の利害関係を背景に噴出したのだが，とくに20世紀に入ると，伝道地でのナショナリズムの高揚は，宣教師を攻撃・批判のターゲットとし，また伝道地政府は，その事業を抑止する諸策を打ち出すようになる。日本における1899年の訓令12号はその早い例

アメリカ・オランダ改革派宣教師（在アモイ）たち（1890年）

で，中学校（男子），高等女学校に対し文部省がもった許認可権を使い，ミッションスクールに宗教教育の放擲を迫った。

論点

1. 文化帝国主義と女性による海外伝道　宣教師は帝国主義の手先だという言説は，早くからあったが，とくに1920年代後半以降，中国で熱烈な民族主義と合体し，有力なマルクス主義的言説となった。それは，1970年代までにアメリカの新左翼知識層に深く浸透した。サイードを代表とする**ポストコロニアリズム**の**文化帝国主義論**は，この見方をさらに精緻なものとしうる。19世紀前半，宣教師の妻たちは自分の子どもと現地人との接触を最低限にし，「白人」として育てることに腐心した（Grimshaw 1989）。マーガレット・シュトローベル（2003）らが言うように，白人女性は，「西洋人」と「他者」の違いを定義し，帝国主義的支配のスタイルを確定したが，その先鞭をつけたのは，女性宣教師なのである。また，女性による海外伝道運動は，「異教徒」に関する言説を大量生産し，「他者」を構築した。こうした意味で女性たちは文化帝国主義の一翼を担ったが，一方で小檜山ルイ（1997），デイナ・ロバート（Robert ed. 2008）らが指摘するように，現地社会の理解者として，容赦ない帝国主義的搾取に対する防波堤たらんとした例も多々ある。

2. コンタクトゾーンとネイティヴ・エイジェンシー　女性宣教師は，アジア等における**コンタクトゾーン**の主要アクターの一角を占め，かつては，無防備な辺境社会に介入した強者とされた。しかし，今日では，現地住民は，宣教師やその事業を取捨選択し，生き残りを図る能力（ネイティヴ・エイジェンシー）をもつことが強調される。さらに，宣教師自身，現地人とその社会から影響を受け，その影響は，本国社会に及んだことが指摘されつつある（Hollinger 2017, 小檜山 2019）。

3. 宣教師と福音主義と中流層の形成　近年，アメリカがプロテスタント宣教師を多数送り出した理由は，「帝国主義との結託」や「熱烈な信仰」という観点からだけではなく，社会構造に結びつけて説明される。19世紀前半の市場革命の中で起こった信仰復興は，新興中流階級にキリスト教に基づく道徳的優位性を与え，この階級を定義した。中流女性は信仰に基づく「道徳の守護者」の役割を引き受けることで，一定の権力を得た。19世紀後半，それは女性たちによる大規模な**改革運動**の基盤となった。海外伝道は，道徳的優越性を象徴的に示し，強化する機能をもつため，女性たちから特別な支持を得た。

> **探究のポイント**
> ①女性宣教師の女子教育事業は伝道地における「近代的な女性」の輩出にどのような貢献をしたのだろうか。
> ②女性宣教師の活動は伝道地の家族関係にどのような介入を行ったのだろうか。
> ③アジア等の「異教徒」はどのような人々と本国に伝えられたのか。

▷**7　ポストコロニアリズム**
ほとんどの主要な植民地が独立を果たした1970年代末に登場した分析枠組み。かつての宗主国＝西洋の観点からではなく，被植民者の観点から支配構造をとらえる点に特徴がある。

▷**8　文化帝国主義（論）**
支配権力の問題を被支配者の内面の支配の問題としてとらえ，批判する際の言説。支配者側の文化，言語等の優位性を，被支配者が内面化し，自国の文化さえ，支配者の観点で理解してしまうようなメカニズムを批判的に指す言葉。

▷**9　コンタクトゾーン**
異人種，異民族，異文化が接触し，互いに交渉する空間，あるいは，局面。

▷**10　（19世紀後半の女性の）改革運動**
19世紀後半のアメリカでは，様々な女性の団体が生まれ，精力的に活動した。婦人キリスト教禁酒同盟，セツルメント運動，参政権運動の諸団体などがある。

参考文献

小檜山ルイ『アメリカ婦人宣教師——来日の背景とその影響』東京大学出版会，1992年。

小檜山ルイ「海外伝道と世界のアメリカ化」森孝一編『アメリカと宗教』日本国際問題研究所，1997年。

マーガレット・シュトローベル（井野瀬久美恵訳）『女たちは帝国を破壊したのか』知泉書店，2003年。

キリスト教史学会編『近代日本のキリスト教と女子教育』教文館，2016年。

小檜山ルイ『帝国の福音——ルーシィ・ピーボディとアメリカの海外伝道』東京大学出版会，2019年。

4　女の集い／男の集い

寺戸淳子

【関連項目：貞節と男女隔離，宮廷のハレム，福音主義的社会改良運動，家庭重視イデオロギー，福祉職とジェンダー】

　概　要

　フランスでは革命後の18世紀末から，伝統的な村落共同体の解体と都市への人口流入の増加によって社会編成が激変した。個人の自由意志と政治参加に基づく社会が理想とされ，二つの面で「集い」が解体された。第一に，既得権益をもつ職能団体などの解体。第二に，カトリック教会組織が管理する教区共同体に代わって，行政単位（市区町村）が生活の基盤になり，教会が人々の集う場所ではなくなっていった。その中で，教区共同体の再興を目指す動きとして重要な役割を果たしたのがルルド巡礼だった。ピレネー山麓にあるルルドは，1858年に町外れの洞窟に**聖母が出現**し，湧き出した泉の水で傷や病が癒えるという話が広まったことで，1880年代には有名な国際的巡礼地（観光地）になった。他方で，宗教を人間の弱さの表れとみなす**ゾラの小説『ルルド』**（1898）が出版2カ月で12万部のベストセラーになるなど，ルルドは，当時フランス社会を二分していた，革命前の社会の復興を求めるカトリック世界の人々と，革命後の社会変化を推進する人々の，賛否が対立する象徴的な場であった。カトリック世界では，ルルドの傷病者巡礼（傷病者と介助者を中心とする大巡礼団）が教区立て直しの切り札とされ，フランス全土から司教区単位の巡礼団が毎年訪れるようになったが，その巡礼ネットワークの確立に寄与したのが，全国の司教区に支部を置いて教区活動を支援した女性信徒会であった。

当時の議論　**フェルディナント・テンニエス**は，当時の男女イメージを自然な社会編成と関係づけ，様々な社会的紐帯を「人為的・男性的・市民的意志」に基づく集団と「自然的・女性的・家庭的意志」による集団という対照の下に類型化し，男女の活動領域の混同は社会秩序を危険にさらすとした。この考えは広く支持され，フランスでも女性の家庭外での活動は，「慈善」以外は反自然的とされ，女性の政治活動は狂気とされた。一方，女性と宗教の結びつきは自然な病的傾向とされ，さらに医師シャルコが論文「信仰による治療」（1892）で奇蹟的治癒をヒステリー患者の自己暗示として説明するなど，伝統的な宗教的価値の否定が進展した。他方で宗教と女性の結びつきについて，共和派代議士のJ・フェリは1870年に，革命後の社会（男性）と反民主主義の旧社会（女性）の闘いでは，女がすべて（夫・子）を支配するので，民主主義は教会から女たちを取り上げなくてはならないと述べている。ここには，男性（社会の成員）は女性（社会の構成単位である家庭）の影響下にあるという認識が示されている。カトリック世界でも19世紀に**マリア神学**が確立され，夫ヨセフへの言及も増えて「聖家族」のイメージが強調されるようになった。

▷**1　聖母出現**
イエスの母マリアが復活した身体を伴って現れること。19世紀フランスで頻繁に報告された。そのほとんどは少年少女が証言者で，そのうち4件が司教区司教により認定されている。

▷**2　ゾラの小説『ルルド』**
奇跡的な治癒事例を，病人が宗教的熱狂によって一時的に回復したのち再発する話に改変したとして，ルルドの医学審査機関から批判された。

▷**3　フェルディナント・テンニエス**（1855〜1936）
ドイツの社会学者。主著『ゲマインシャフトとゲゼルシャフト』（1887）はフランスでも高く評価された。

▷**4　マリア神学**
1854年に「無原罪の宿り」，1950年に「被昇天」という，新教義も決定された。

🔑 論 点

1.「公共圏」と「集い」

宗教を個人的・女性的とみなす観念は，宗教と男性の関係を否定し，男たちが構成するのは公共圏（自由な個人の討議空間）であるとする，反教権的・個人主義的価値観に由来する。伝統的な集いは共同体主義（communautarisme）として否定され，研究もされなくなっていた。そこに一石を投じたのがモーリス・アギュロンに始まる兄弟会（信心会）の研究である（Agulhon 1968）。12世紀頃からまず都市部で設立され始めた兄弟会は，男性仲間集団（女性は参加不可）が守護聖人の庇護の下に慈善と祭儀を実践し，死者の埋葬義務を負うという宗教性をもちつつ，人間関係とステイタスの基盤としての機能を果たしていたが，16世紀以降，その伝統は同業組合やサークルなどの世俗的団体に受け継がれていった。反面，17世紀以降は女性の参加が進み，19世紀には女性が兄弟会を通して教育や福祉事業に携わるようになった。

「アミアン兄弟会の会員」（1605年）
地域の名士を会員とし，芸術振興に貢献した。ここには女性や子どもの姿も認められる。

2. 公共圏と慈善・扶助

フランス革命によって，伝統的な二つの社会的ケア・システムが失われた。第一に，相互扶助と死者供養を担っていた兄弟会や職能集団という横のつながり，第二に，社会階層差に基づくノブレス・オブリージュ[▷5]。すなわち，ケアが社会的交わりとの関係を断たれたことを意味する。これに対しカトリック世界では男性信徒の慈善団体の創設が進み，ルルド巡礼で傷病者介助を担った上流階級の男性限定の団体は，ノブレス・オブリージュの復興を掲げていた（どちらも後に女性の参加を許可）。困窮者の救済事業は，男性と宗教を，そして男性を通して宗教と社会を，結びつける場でもあった。他方で死者のケアは，煉獄[▷6]で苦しむ魂のために贖宥を得るための信心会に継承された。女性が多く参加し，無縁者のための祈りが奨励され，19世紀末から第一次世界大戦末まで一大ブームとなった（Cuchet 2005）。

3.「ソシアビリテ」

「ソシアビリテ」は，日常の集合的生が生み出す共属感覚を基盤に組織や制度が形成される過程を論じるための分析概念で，ルルド巡礼のような，老若男女がつくる多様な「集まり」の場の研究に有効である。アカデミーやカフェなど，男性の団体や社交の場の研究はあるが，女性の社会的つながりの研究は今後の課題である。なお，「博愛（兄弟愛〔fraternité〕）」に対し，2007年の大統領選挙中，社会党候補が「自由，平等，姉妹愛（sororité）」と述べて話題になったソロリテは，16世紀頃まで修道女を指す言葉として使われていた。

▷5 ノブレス・オブリージュ
身分制社会における，高貴な階級に属する者の社会的責任と義務。

▷6 煉 獄
死者が生前の罪を償う浄めの場で，罪の軽重で滞在期間が異なる。贖罪後は天国に上れる。贖宥は，罪に対する罰が祈りなどによって軽減される信心業で，生者が自分の得た贖宥を死者に譲ることで，煉獄での償い期間を短縮することができる。

（参考文献）

二宮宏之編『結びあうかたち──ソシアビリテ論の射程』山川出版社，1995年。
谷川稔『十字架と三色旗』山川出版社，1997年。
林信明『フランス社会事業史研究──慈善から博愛へ，友愛から社会連帯へ』ミネルヴァ書房，1999年。
福井憲彦編，綾部恒雄監修『結社の世界史3　アソシアシオンで読み解くフランス史』山川出版社，2006年。
河原温・池上俊一編『ヨーロッパ中近世の兄弟会』東京大学出版会，2014年。

─ 探究のポイント ─

① 宗教は「女・子ども」のものだというイメージが表現されている小説・絵画・映画などを探し，その表現の特徴・パターンを調べてみよう。

② 「女性の集い，社交の場」にどのようなものがあったか想像し，探してみよう。

英米 5 高等教育

香川せつ子

【関連項目：科学とジェンダー，啓蒙思想と女性の学識，中等教育，「女医」をめぐる論争，新しい女，近代教育と女子大生，新制大学と女子学生，ウーマンリブ，イスラーム革命と女子宗教学院】

▷1 オックスフォード大学とケンブリッジ大学
イギリス最古の大学として現在でも威信を放つ。19世紀前半まで聖職者養成機関として機能し，独身を原則とする男性教師と男子学生が生活と勉学をともにするホモ・ソーシャルな空間だった。

▷2 社会ダーウィニズム
ダーウィンの生物進化論を社会や文化に適用して，未開から文明への社会進化を論じた潮流。適者生存の論理に基づいて，人類の存続と繁栄は優秀な種の維持にかかるとみなして女性の生殖機能を重要視した。

▷3 大学卒業女性への健康調査
1882年にアメリカ大学卒業生協会が実施した調査に倣い，1887年にオックスフォードとケンブリッジ大学の女子カレッジの卒業生

『パンチ』誌に掲載された「女性お断り」の諷刺画（1896年）

📖 概　要

　中世に起源をもつ大学は，数世紀にわたり男性エリートだけに入学を許した。近代社会の進展とともに，将来男性の伴侶となるにふさわしい実際的教育を施す女子学校が設立されるが，高等教育への参入は知的ヒエラルキーへの挑戦として物議を醸した。イギリスの女性高等教育運動は，教育の男女平等を目指すフェミニスト，教職の専門職化や医業を志向する女性たちにより推進され，1870年代末までにオックスフォード，ケンブリッジ，ロンドンの各大学に女子カレッジが創設された。アメリカでは1833年に共学制のオーバリン大学が発足したが，女性は履修科目を規制されるなどの差別を受けた。1860年代以降に男性と同等の学業水準を目指すヴァッサー・カレッジ等の女性の大学が設立された。イギリスでも19世紀末に共学制の市民大学が発足したが，女性は入口や席を別にされ，図書館や談話室の利用も制限された。

　女性の高等教育への反対論は，大学人，聖職者，生物学者，医師から提起された。初期の反対論は高度な学問は女性の「宗教的美徳」に反し，妻や母としての伝統的役割と矛盾するというものだったが，生物学者や医師からの「科学的」反対論がしだいに優勢となった。ハーバード・スペンサーは『生物学の原理』（1863）において，女性の不妊の原因は精神の過度な負担にあると主張し，社会ダーウィニズムの思想から女性の高等教育を種族の維持に有害と断じた。

当時の議論　ボストンの医師エドワード・クラークによる『教育における性』（1863）は生理学から男女の差異を強調し，高等教育による頭脳の酷使は女性の生殖能力を欠損すると指摘して反響を呼んだ。クラークの影響下においてロンドン大学の精神科医ヘンリ・モーズリーは，高等教育は「女性の身体に男性の精神を接ぎ木する」行為と主張した。米英の女性大学人は連携して**大学卒業女性への**大規模な**健康調査**を実施し，高等教育と女性の健康に因果関係はないと反証した。

　女性の高等教育推進派の内部では，男性と同一か，女性独自の教育かで意見が分かれた。ケンブリッジ大学では，男性と同一の学位試験を必須化するガートンと，現職女性教師の需要に応えて柔軟な履修を認めるニューナムの二つの女性カレッジが発足した。男性同一派の主張は既存の大学教育の絶対化につながり，他方女性独自派の主張は女性向けの「二流の制度」に陥る危険があった。アメリカの女子大学では独自の学位を授与したが，男性に劣らない学問水準の追求と家庭性

の涵養という二重基準の狭間に立たされた。大学が醸成した男性的価値文化と女性固有の社会規範とのせめぎあいが，女性の高等教育機関に内在していた。

その後の展開　女性の高等教育は女性の社会進出とともに進展し，1930年代にイギリス全大学学生総数の4分の1が女性であった。しかし伝統大学での女性の劣位は明白で，オックスフォードでは1920年まで，ケンブリッジでは1948年まで，女性の学位取得は許可されなかった。同様に女性教員の任用は，学問の威信や男性の既得権に関わることとして拒否された。ケンブリッジ大学の経済学者アルフレッド・マーシャルは女性の講義受講を奨励したが，「女性が男性聴衆に講義すること」には反対した。ロンドン大学は1898年まで，ケンブリッジ大学は1926年まで**女性の正規教員**[4]は不在であり，女性の教育研究の場は女子カレッジに限られた。

ケンブリッジ大学ガートン・カレッジ（2016年）
創設者エミリ・デイヴィスはモーズリーらの主張に対抗し，男女の知的平等を証明しようとした。

🔑 論 点

1. 高等教育におけるジェンダー・階級・人種　大学へのアクセスの検討から始まった女性高等教育史研究は，近年では主流から外れた女性の存在に視線を注ぎ，どんな人種・階級の女性が入学を許され，誰がどのように排除され，どう対抗したかという女性の高等教育内部の権力構造と多様性の分析に進んでいる（Nash ed. 2018）。アメリカで19世紀末に黒人女性の大学としてスペルマン大学が設立されたことは，白人中流階級女性が推進した高等教育が孕む矛盾と問題性を示唆している（高橋 2010）。

2. 大学教員におけるジェンダー格差とその克服　女性は大学教員としての任用から阻害されたために，大学の方針決定過程に参画できず，近代諸科学の構築過程から除外されてきた。20世紀後半の**第二波フェミニズム**＊によって大学や学問のジェンダー・バイアスが可視化されるとともに，女性大学教員の地位と研究環境の改革と葛藤対立の過程に関する歴史的解明が求められている（坂本 2020）。

3. 女性の高等教育の世界的展開　イギリスの高等教育は帝国の拡張とともに，カナダ，オーストラリア等英連邦諸国に波及した。非西洋圏である日本でも欧米への視察や留学を媒介に摂取され制度化されている。欧米諸国の女子高等教育の比較と相互の連関を究明するとともに，西洋型教育がアジア諸国に転移・移植される過程で思想や実践はどう変容したのかというトランスナショナルな視点からの研究が進んでいる（香川・河村編 2008, Panayotidis and Stortz eds. 2015）。

探究のポイント
①映画『ビリーブ——未来への大逆転』（2018年）を観て，女性が高等教育を受け専門職に就くことの，これまでとこれからについて話し合ってみよう。
②大学構成員の男女のアンバランスが教育研究に与える影響を考えてみよう。
③大学における国際化とダイバーシティの問題を過去の実践から考えてみよう。

663人とその姉妹に対し，健康状態，運動，子どもの数等について調査した。
▷4　（大学における）女性正規教員の比率
イギリスの全大学における女性教員の比率は1930年代に約10％，アメリカでは30％弱に達していたが，両国ともに1980年代まで上昇することはなかった。
＊　第二波フェミニズム
Ⅰ-5 側注5参照。

（参考文献）
坂本辰朗『アメリカ大学史とジェンダー』東信堂，2002年。
香川せつ子「女性と高等教育——フェミニニティへの挑戦と妥協」河村貞枝・今井けい編『イギリス近現代女性史研究入門』青木書店，2006年。
香川せつ子・河村貞枝編『女性と高等教育——機会拡張と社会的相克』昭和堂，2008年。
高橋裕子「ブリンマー大学とスペルマン大学の創設期を通して見る十九世紀後半のアメリカ」有賀夏紀・小檜山ルイ編『アメリカ・ジェンダー史研究入門』青木書店，2010年。
坂本辰朗『アメリカ大学史における女性大学教員支援政策』東信堂，2020年。

メキシコ
6 近代公教育とジェンダー・ポリティクス 松久玲子

【関連項目：中等教育，女子職業教育，近代教育と女子大生，優生学，教育の光と影，イスラーム革命と女子宗教学院】

▷**1 メキシコ革命**
1910年にディアス独裁政権に反対する運動から始まったが，農民運動を巻き込み10年近い内戦に発展した。1917年憲法が成立することで内戦は終結したが，農地改革を含む社会変革は1930年代半ばまで続いた。

▷**2 家庭学校**
初等教育修了を入学条件とした女子職業学校には，タイプ，速記，活版印刷や刺繍，料理，手工芸などの技術教育のほかに主婦コースが開設され，料理，洗濯，育児，衛生などの授業が行われた。

📖 概 要

　メキシコで公教育が本格的に開始されたのは，メキシコ革命[1]以降である。20世紀初頭のメキシコの非識字率は約80％で，先住民が大多数を占める農村では公教育の普及が著しく遅れていた。政府は，植民地時代からのカトリック教会による教育の支配を排除した市民教育の導入を目指し，女性に対しても「優良で剛健な国民」を産み育てるための家庭学校[2]や「女性らしい」職業教育を導入した。職業教育を受けた中間層の女性たちを母体としてフェミニズム運動が生まれたが，当時のフェミニストたちは伝統的なカトリック規範に抵抗しつつ，様々な形で近代的国家建設を目指す政府に協力した。政府は，農村教育の普及を通じてスペイン語による先住民の国民統合と貧困で劣悪な生活環境の改善を試みた。女子師範学校を出たばかりの女性教師やソーシャルワーカーの女性たちが農村に多く派遣され，農村学校の設立や優生学を基礎とした公共衛生政策を担った。また，公教育省は，農村の貧困と子沢山の悪循環を解決するため，学校教育に「性教育」を導入しようとしたが，保守派の強い反対により失敗した。

当時の議論　カトリック教会による伝統的教育では，「家庭の祭壇」として女性は家庭を守るべきものとされた。当時において先進的なユカタン州で，1916年に初等教育の女性教員を招集してメキシコ初のフェミニスト会議が開催され，女性の社会的役割と教育をめぐる議論が行われた。「伝統のくびきから女性を解放するためにとられるべき社会的方策」「女性の正当な権利要求において，生きていくための準備をすることを目的とする小学校が担うべき役割」「進歩の著しい現代社会に女性が順応できるよう……振興され支援されるべき学問や職業」「女性が社会で，……担いうる，また担うべき公的役割」に関する諮問が出され，女性はすべての公職を担うべきであり，経済的に自立できるよう職業教育をはじめとしてあらゆる分野の教育に参入することを可能にすべきだという決議が出された。一方，女性にふさわしいとされた小学校教師ですら既婚女性が就くことの是非が新聞で論じられた。

1929年に公教育省が設立した国立家政学校の授業風景

その後の展開　フェミニスト会議

では，民法上の不平等を改革するため女性の政治参加の必要性が論じられ，これが後の**女性参政権運動**へとつながった。また，多産により女性が貧困に陥る状況を踏まえ女性の身体，避妊についても議論されたが，大多数の女性教員は，性や出産調整を会議で取り上げることに難色を示した。労働運動に関わるフェミニストや中間層を中心とするフェミニストの間で運動方針や出産調整をめぐる対立があり，フェミニストたちが一致する唯一のテーマは女性参政権の獲得だった。メキシコ革命は，1917年憲法によりカトリック教会の影響力を徹底して排除する教育の世俗化を行い，離婚の合法化や既婚女性の権利を保障する民法の改正を行った。女性の中等・高等教育への参入もしだいに拡大した。1950年代以降，農村から都市への人口移動で急速な都市化が進んだが，都市と農村，都市と貧困層が居住する都市周辺部の教育格差は大きく，階層間格差がジェンダー格差を上回る状態は今日まで続いている。

論　点

1. メキシコ革命における女性の参加　20世紀半ばまでメキシコのフェミニズム運動は不可視化されていたが，女性史学の発展によりメキシコ革命への女性の参加は重要なテーマとなった。メキシコ革命では，家族法の制定に影響を与えた大統領秘書や農民女性を組織した女性教師，教育省の公務員などのフェミニストが活躍し，近代国家の建設に影響を与えた。

2. 「優生学」が女性の教育に与えた影響　混血が人口の主流であるラテンアメリカでは，欧米とは異なる**ラマルク主義の優生学**が受容されたというマーク・アダムズの指摘を受けて，メキシコでは公共衛生政策と結びつき衛生教育・栄養学・家政学が女性の職業教育に取り入れられた点に着目した研究が出されている。一方で専門職・職業教育のジェンダー化が進行した。

3. 公教育における性教育の導入　メキシコ革命における政教関係と反動勢力としてのカトリック教会の社会への根深い影響が国本伊代により明らかにされている。カトリック教会の影響下で，性に関する知識や避妊・中絶はタブー視されてきた。革命期の教育の世俗化をめぐる激しい対立は，性教育導入に起因する教育相の更迭にまで至った。

探究のポイント
①メキシコの近代化において期待された女性像と，メキシコ革命以前のカトリック教会が理想とする伝統的女性像とを比較してみよう。
②19世紀末から20世紀初頭に女子師範学校や女子実業学校，家庭学校が各州で設立された。男性を対象とした当時の職業教育の内容と比較してみよう。
③カトリック教会の根強い反対にもかかわらず，1974年人口法により，家族計画・避妊政策が導入された。急速に家族計画が導入された背景を，国連の開発論や人口政策の関係から調べてみよう。

▷3　**女性参政権運動**
女性の参政権を要求するフェミニズム運動の統一戦線ができ，1938年に全州で女性参政権が批准されたが，カトリック保守派の女性たちの投票行動を危惧した大統領が署名せず，1953年まで女性参政権が持ち越された。

▷4　**ラマルク主義の優生学**
ラテンアメリカでは，環境により形成された獲得形質が遺伝するというラマルク主義の優生学が普及し，メキシコでは生活環境を改善し優良な遺伝形質をつくるために優生学に基づく公共衛生政策が重視された。

参考文献
国本伊代・乗浩子編『ラテンアメリカ　社会と女性』新評論，1985年。
マーク・アダムズ（佐藤雅彦訳）『比較「優生学」史──独・仏・伯・露における「良き血筋を作る術」の展開』現代書館，1998年。
松久玲子編『メキシコの女たちの声──メキシコ・フェミニズム運動資料集』行路社，2002年。
国本伊代『メキシコ革命とカトリック教会』中央大学出版部，2009年。
松久玲子『メキシコ近代公教育におけるジェンダー・ポリティクス』行路社，2012年。

Column **9** 日本

仏教の「近代化」と女子教育
──19世紀末の浄土真宗を中心に

明治を迎えた仏教の社会的位置 徳川幕府は，住民がいずれかの寺の檀家であること（キリスト教など「邪宗門」の信者でないこと）を証明させる，宗門改めを行った。その際，一般的に仏教寺院は住民の戸籍把握をするという，行政の末端業務を担うこととなった。しかし明治に入ると，政府は1870年に戸籍法を定め，寺院を介入させず府県等の業務とした。僧侶になることも，特別な身分に属すことから単に職業選択の一つとして扱われるようになり，公的役割と社会的地位を得てきた仏教は，私的な存在へと変質していった。

これに対して仏教各宗派の中からは，自らを新たな「開化」の時代にふさわしい，社会的有用性の高い存在だとアピールする機運が高まった。教団機構の再編とともに，とくに学校教育や福祉など社会事業，19世紀末には女子教育機関の設置へと及んでいく。

先駆けるキリスト教の女子教育 明治期に仏教各宗派が強く意識したのは，やはりキリスト教の動きであった。幕末に布教を開始したプロテスタントでは，1870年に東京築地で長老派のA6番女学校（女子学院の源流の一つ），横浜ではメアリ・キダーの学校（のちのフェリス女学院）が開かれた。明治政府が1873年にキリスト教禁止の高札を撤去すると布教も進み，カトリックでもパリ宣教会が女子修道会を本国から招き，現在の雙葉学園や信愛女学院につらなる女学校が設立されていった。

浄土真宗本願寺派の女学校の場合 こうした動きに対し，仏教の女子教育事業は当初鈍かった。多くの宗派で「教育」が意味したのは，第一に僧侶および尼僧養成のことであり，僧侶養成機関を近代学校のような形式・規則によって整備することが優先されたのだ。

そんな中，19世紀終盤に実現していった一般の仏教系女学校設立は，教団本体主導でなく有志の仏教者によったとされる。とくに女性への法話や婦人会の設立などを通じて，その支持拡大を早くから志向した浄土真宗本願寺派（本山は西本願寺）では，1888年に東京で女子文芸学舎（のちの千代田女学園，現在共学），同年大阪でも相愛女学校（のちの相愛大学）が創設された。ただし有志といっても，前者は本願寺派の重鎮・島地黙雷の妻八千代が主導し，教団からバックアップを受け実現したものであった。

『婦人教会雑誌』表紙（1890年）
1888年創刊。国権主義的な立場から「婦人の自立」を説き，本願寺派の女性教化団体や女学校創設などの動向も報じた。

相愛女学校の場合も，外国人居留地を中心とした近隣のキリスト教系女学校に危機感を覚える中でその必要性が認識され，門主の妹が初代校長に就任して開校に至った。寺院参拝や早朝説教などの宗教教育も行われたとされるが，カリキュラム上は一般学校のような普通教育がなされた。むしろ，「婦人に適当なる文学技芸」を授け「国家の美風良俗を養成するの母たるへき者を教育」するという目的を掲げることによってこそ，キリスト教系女学校との差異化を図ろうとした。

結果的に仏教の女子教育は公立学校以上に，また早い段階から，近代日本の良妻賢母思想を支える重要な基盤となったように映る。だがその内実の具体的検討は，浄土真宗以外の宗派も含め，今後の課題であろう。

（谷川　穣）

参考文献

中西直樹『日本近代の仏教女子教育』法藏館，2000年。
岩田真美・中西直樹編『仏教婦人雑誌の創刊』法藏館，2019年。

植民地朝鮮の医療空間とジェンダー

朝鮮社会と近代医療　洋の東西を問わず，医療をどのように提供するかは国家，社会にとって重大な関心事である。開港期から西洋人医療宣教師らによる近代医療が行われた近代朝鮮では，日本による植民地統治期に西洋医学を軸とする医師養成や近代医療の普及が推進された。しかし，近代医療の恩恵を受けたのは，主に在朝日本人および一部の上層朝鮮人であり，朝鮮社会の一般の人々は朝鮮時代以来の伝統医療（漢方）による治療を受けることが多かった。また入院・外来患者の性比をみると，在朝日本人では女性が男性をやや上回っていたのに対し，病気の種類にもよるが朝鮮女性は男性の半数に満たなかった（『朝鮮総督府統計年報』各年度版）。主として女性医療宣教師が携わった産科，婦人科治療も，植民地統治が進展すると徐々に制限され，朝鮮女性に近代医療が提供される場はさらに少なくなっていく。たとえば英恵医院（1920年，京城・西大門）を営み，朝鮮女性初の開業医として知られる許英粛（ホ ヨンスク）が1938年に開いた産科院には人々がつめかけ，彼女は過労で倒れるほどであったという。「朝鮮総督府が近代医療を普及した」と，しばしば植民地支配を肯定的に評価することもあるが，医療の恩恵を受ける者（在朝日本人と上層朝鮮人）と受けざる者（とくに朝鮮女性）との格差は明らかだ。

漢医学・漢薬への注目　他方，帝国日本が満洲・中国華北へ勢力拡大する30年代になると，現地の人々になじみのある漢医学・漢薬が注目された。朝鮮は，まさに漢薬の供給地であるとともに，「効能適確なる漢薬治療を普及せしむる」（『京城商工会議所経済月報』1934）ことが積極的に叫ばれたように，西洋薬剤学を取り入れた漢薬治療を推進する場となった。

「家庭で手軽に婦人病がよくなる「ワセドン球」」（『毎日申報』1937年4月24日付）

「精力増進を望まないか　生殖機能減退の悲哀を感じないか」（『東亜日報』1926年11月24日付夕刊）

ジェンダー化される健康な身体　産科・婦人科もその例外ではなく，新聞・雑誌などには「婦人病」治療の薬剤広告が躍り，その購入・服用が奨励されていった。しかも，これらの売薬広告では，朝鮮女性は病者の象徴，薬剤を提供する日本人売薬商は治療者・救済者として登場し，そして健康の象徴はもっぱら本国人男性によって担われる，といったジェンダー化されたバイアスもあった（朴 2021）。

そのほかにも，1930年代の『朝鮮日報』『新女性』などの新聞・雑誌には，男性産科専門医による性交，出産，育児など，「産む性」としての女性の身体に関する知識が，労働力人口増加を図る多産奨励の一環として繰り返し語られている。男児出産を求める根強い伝統的社会意識も影響して，朝鮮女性たちは日常生活の中で「健康な産む身体」を整えていったのだ。

このように人々の生死を左右する医療空間は，西洋医学・漢医学・薬剤学を巧妙に配置した「健康な帝国」のための空間として機能し，病いや死に直結する医療サービスの不平等・不公正という統治体制の不安要素を極力取り除きつつ，国民（臣民・皇国民）を帝国のジェンダー秩序に組み込んでいった。

（金津日出美）

参考文献

金津日出美「「女性」を語る医学知——帝国日本と産科学」『日本歴史研究』28，2008年（韓国語）。

「女医」をめぐる論争

イギリス
7

出島有紀子

【関連項目：産科学とジェンダー，女子職業教育，フェミニズム運動，コロニアリズム，女性宣教師，高等教育，植民地朝鮮の医療空間とジェンダー】

▷1 エリザベス・ギャレット・アンダーソン（1836〜1917）
1866年にイギリスで医師登録され，女性患者対象の診療所を開く。その後パリ大学で医学士号取得。結婚と出産を経て，病院を経営しながらロンドン女子医学校の教師を務める。引退後は故郷の町長となった。

▷2 薬剤医（アポセカリ）
かつては医療行為もする薬剤師を指していたが，19世紀までには医療を行わない薬剤師とは区別され，医師とみなされるようになった。

▷3 ラッセル・ガーニー法
医師登録の条件となる試験を提供する指定機関に女性受験者の受け入れを許可した。ただし強制力をもたなかったため，実際にこの法律ができた年に女性を受け入れたのはアイルランド（当時はイギリス領）のキングズ・アンド・クイーンズ内科医師会のみであった。

📖 概 要

　1858年の医師法は，大学や医師会など指定機関のいずれかで試験に合格した者だけを，正規の医師として登録させるものであった。イギリスにおいて女性が医師になるための闘いは，ここから始まったといってよい。かつては薬草の知識をもつ女性や産婆が無資格で医療行為に従事していたが，指定機関が試験を女性に開放しなかったからである。

　イギリスで医師を志した女性たちが最初にぶつかった壁は，医学教育の機会がないことだった。大学は女性に開かれておらず，医学校や病院も女子学生を受け入れなかった。1866年に医師登録された**エリザベス・ギャレット**は，病院で看護師の訓練を受けた後，医学部の教授から個人指導で医学を学び，**薬剤医**協会の試験に合格した。しかし薬剤医協会が個人指導で学んだ者の受験を禁止したため，他の女性がギャレットに続くことはできなくなった。女性を受け入れていたスイスやフランスの医学部で学位を取得した女性たちもいたが，海外の学位はイギリスの医師登録の条件としては認められていなかった。

　女子高等教育を開くための運動，議会や大学への働きかけ，世論を動かすための講演や執筆，医学を学んだ女性たち自身による女子医学校の設立などが実を結び成立したのが，1876年の**ラッセル・ガーニー法**である。この法律によって，一部の指定機関で女性の受験が可能になった。その翌年以降は毎年女性が医師登録されるようになっていった。

当時の議論
　女性の医師という新たな存在への抵抗は強かった。1859年の医学雑誌には，「女医」という仕事は女性らしさと両立せず，医師になろうとする女性は傲慢であると嘆く文章が載せられている。また，女性の身体は虚弱で病的であるという古くからの考え方により，女性は体力的にも精神的にも医師には向いていないとする意見もあった。さらに，女性が男性とともに医学部で身体に関する知識を学ぶことは，道徳面で問題があるとされた。こうした「デリカシーに欠ける」行為を女性はするべきではないといわれたのである。

　女性らしさやデリカシーは，当時のイギリスで重視された価値観である。そのため「女医」に賛成する意見にも，病人に寄り添うことは女性本来の適性であるとか，女性患者のデリカシーに配慮するために女性が診察する

「女医」の諷刺画「われらの可愛いお医者さん」（1870年）

必要があるといった主張が多かった。また，教養ある女性にふさわしい職業が不足しているから医師になる道を女性に開くべきだという意見もあった。労働者階級の職に就くことが考えられなかった中流階級の女性たちが，収入を得る必要にせまられた場合に選択できる職業を増やそうという動きが背景にあったのである。

論　点

1．初期の女性医師たちの物語

伝記的研究がなされてきた初期の女性医師には，上記のエリザベス・ギャレットのほか，イギリスからアメリカに移住した後にアメリカで最初の女性医師となったエリザベス・ブラックウェルや，イギリスのエディンバラ大学医学部で女性の学位取得を求めて闘ったソフィア・ジェックス＝ブレイクなどがいる。彼女たちは女性に医師という新しい道を開いた先駆者として描かれ，彼女たちを支援したフェミニズム運動の進展の一環として語られることが多い（Bell 1994）。

2．帝国主義との関わり（イギリスの場合）

女性に医師の道が開かれた要因の一つに，植民地の人々を救おうとする「白人の責務」という思想があった。とくにインドの女性たちが宗教上の理由で男性医師に身体を見せられないという慣習が伝えられ，統治するイギリス人には彼女たちを西洋医学で救う責任があるのだから，女性医師をインドに派遣すべきだという意見が強まったのである。帝国主義が未開の地に文明をもたらす正義として語られていた当時のイギリスでは，このような意見が世論を動かす力をもっていた。イギリス人女性が医師になる道は開け，多数の**イギリス人女性医師がインドに渡る**ことになったが，ジェンダー平等が進んだようにみえるこの出来事の裏に植民地支配の進展があったことが，アントワネット・バートン（Burton 1996）らによる1990年代以降の研究で指摘されている。

3．国際的な視点から何が見えてくるか

初期の女性医師たちは医学を学ぶ機会を求めて国外に出ることが多かった。医学の進んでいたヨーロッパの国々で学んだ経験や，それぞれの国で先駆者として活動する苦労を共有しながら，国際的な女性医師の連携も生まれた。岡山禮子ら（2019）の研究は，日本の女性医師の先駆者にも留学した者や，留学経験者の支援を受けた者たちがいることを明らかにしている。個々の伝記を融合させて，女性医師の国際的なネットワークを明らかにする研究も現れている。

▷4　インドに渡ったイギリス人女性医師
19世紀末から20世紀初頭にかけてインドに渡ったイギリス人女性医師たちは，植民地で医療を伴う宣教活動をしていた宣教師協会や，ヴィクトリア女王の発案でインドへ女性医師を送るために設立されたダファリン伯爵夫人基金から支援を受けることが多かった。

（参考文献）
レイチェル・ベイカー（大原武夫・大原一枝訳）『世界最初の女性医師——エリザベス・ブラックウェルの一生』日本女医会，2002年。
望田幸男・田村栄子編『身体と医療の教育社会史』昭和堂，2003年。
香川せつ子「「女性のプロフェッション」としての医業と医学教育」『女性と高等教育——機会拡張と社会的相克』昭和堂，2008年。
出島有紀子「医師登録制度とインドの恩恵——ヴィクトリア時代の女性医師」『欲ばりな女たち——近現代イギリス女性史論集』彩流社，2013年。
岡山禮子ほか『近代日本の専門職とジェンダー——医師・弁護士・看護職への女性の参入』風間書房，2019年。

探究のポイント

①現在の社会では医業における男女の役割分担は克服されたのだろうか。医師や看護師の男女比を調べてみよう。

②専門職の女性が社会に受け入れられるためには何が必要だったのだろうか。

③日本の明治時代における女性医師の誕生にはどのような社会背景があったのだろうか。そこに国際的な影響はあったのだろうか。

8 売買春と性病予防法

イギリス

田村 俊行

【関連項目：明治維新と売買春の変容，コロニアリズム，帝政期ドイツの売買春，インドにおける宗教・芸術・売春，植民地支配と性管理・性売買，遊郭と鉄道，ウーマンリブ】

概 要

1864年，イギリスで**性病予防法**[1]が制定された。同法の導入を主導した軍の利害を代表する議員たちは，性病蔓延の原因を売春婦にあるとしたため，売春婦とみなされた女性には強制的な性病検査や治療が施されたが，兵士など，売春婦を買う側の男たちは法の規制の対象とはならなかった。立法過程も含めて法律に関わった議会，軍，警察，裁判，医療はすべて，当時の男性権力を象徴するものであり，ヴィクトリア時代の男性偏重の性のダブル・スタンダードをまさしく体現した法律であった。これに対し，女性の権利の保護を訴える中流階級の女性活動家たちは抗議の姿勢を明確に示し，撤廃運動を展開していった。女性たちの抵抗の結果，性病予防法は1883年に事実上の執行停止となり，86年に廃止となった。

当時の議論 軍隊の性病問題が露見したのは，クリミア戦争の際に兵士の健康と生活環境が問題となり注目を浴びたからであった。そのため，性病予防法は兵力の浪費を抑え軍隊の効率をあげることができるという期待をもって，一般に迎えられた。医学界では，**ジョン・シモン**[2]が，性病はパブリックな問題ではなく個人の問題であるとして同法律に異議を唱えたものの，性病専門医たちの多くは強制的な措置を含む売春婦の衛生管理の有効性を主張した。その一方で，性病予防法撤廃運動の中心にいた**ジョセフィン・バトラー**[3]は，同法に内在する性差別のイデオロギーを問題視し，男女平等の，単一の道徳規範を求めた。そして，国家の介入により軍と警察に売春婦を管理統制する強大な権力を与えたことを批判しつつ，この問題は決して女性の問題ではなく，男性側の問題であることを強調した。

その後の展開 売春婦に対する抑圧はその後も止まなかった。性病予防法撤廃運動の中から生じた**社会浄化運動**[4]は，男女平等の厳格な道徳を求め，わずかな性的逸脱も問題視するようになっていった。しだいにそれは，法的介入による道徳改革の達成を目指すようになり，その結果1885年の刑法改正法の通過を後押しした。これにより，性行為同意年齢は13歳から16歳に引き上げられ，売春に対する警察の取り締まりはいっそう厳しいものとなった。また同法は，男性の同性愛行為についても言及しており，これを性的「逸脱」として犯罪化した。

▷**1 性病予防法**（接触伝染病予防法）
軍隊内に蔓延する梅毒などの性病に対処するため，特定の駐屯地や軍港近辺で行われる売買春の衛生管理を目指した法律。売春婦とみなされた女性は警察官に連行され，治安判事の命令に基づき性病検査を強制され，専用の器具を用いた内診が行われた。感染していると診断された場合，国が契約する性病治療専門の病院に強制入院となり，最長で9カ月間収容された。1866年と69年に改正。

▷**2 ジョン・シモン**（1816〜1904）
外科医。1848年以降，ロンドン市の公衆衛生部門や中央保健庁，枢密院医務局で医官を歴任。1871〜76年には，地方行政庁で保健行政の改革を主導した。

▷**3 ジョセフィン・バトラー**（1828〜1906）
性病予防法撤廃運動のための全国婦人協会を率いたことで知られる。運動に携わる以前から女性の教育・貧困問題に取り組み，売春婦の保護活動も行っていた。第一次選挙法改正を実現させたグレイ伯を親族にもつ。

▷**4 社会浄化運動**
公衆における性的振る舞いや表現を問題視し改革を訴えた。売春宿と街娼の一掃に取り組んだ結果，警察権力の増大を招き，そして多くの売春婦がホームレスとなった。性病予防法の撤廃運動に携わった女性運動家の多くがこの運動に参加し

ジョセフィン・バトラーの肖像
（ジョージ・リッチモンド画，1852年頃）

論点

1. 売春婦の主体性と犠牲性の関係　かつて売春婦は，男性の欲望の捌け口として利用されるだけの「物言わぬ犠牲者」として語られていたが，**第二波フェミニズム**[*]以後はその自律的な行動に着目する研究が増加した。中でもウォーコウィッツ（2009）は，性病予防法に反対する売春婦たちの警察官への不服従や，病院からの解放を求めた訴訟などの事例から，その主体性を論じた。これに対し，売春婦の主体性の過度な強調は犠牲性を過小評価しかねないといった議論もこれまでになされてきた。そしてより近年では，断片的な記録から売春婦の生活史を再構成することで，その主体／犠牲性を架橋しうる歴史像を浮かび上がらせる試みもなされている。

2. 売買春への介入がもつ広がり・つながり　売買春の管理を試みる政策はイギリス帝国各地にも広がっていた。フィリッパ・レヴァイン（Levine 2003）の研究によれば，ジブラルタル，マルタ，香港など本国より早く実践導入された地域はモデルケースとして参照され，逆に本国のあとに廃止された地域では，一部の機能が別の法律に組み込まれるなどして管理が継続される例もみられた。一方，フィリップ・ハウエル（Howell 2009）は性病予防法を国家による「公式」の管理とした上で，それ以外の「非公式」の管理に着目した。ここで管理の主体となる都市自治体や公益団体は，既存の制度の応用や関係機関との協働的つながりによって，売買春を取り囲む新たな権力をつくり上げていた。このように，イギリスにおける売買春への対応は，都市・国家・帝国のスケールで，警察・病院・更生施設などの異なる権力によって形成されていたことが明らかにされている。

3. 売買春の法制化と女性の権利保護の関係　イギリスの20世紀は，売買春の法制化が試みられた時代であったが，それは売春に従事する女性を性的搾取や威圧行為から保護するものというよりは，むしろ抑圧をもたらした（Laite 2012）。1959年に制定された法律は，売春行為そのものには言及せず，街頭での客引き行為を違法とし，警察官による警告とソーシャルワーカーへの連絡制度を導入した。一方，買い手の男性が売春を持ち掛ける行為が違法となったのは2003年のことである。こうした売春の犯罪化が，売春に従事する女性たちへの社会的スティグマを強めたことは明らかであった。

探究のポイント

①アイルランドの売春婦更生施設を扱った映画『マグダレンの祈り』（2002年）を鑑賞し，こうした施設の存在が女性たちに与えた影響について考えよう。

②「売春婦」という言葉のもつ意味は，時代や地域によって変化するのだろうか。どのような力によって，その意味は規定されるだろうか。

③ヨーロッパでは近年，売春の「脱犯罪化」が注目されている。「脱犯罪化」は売春に従事する女性をどのように保護しうるだろうか。またどのような問題を内包しているだろうか。

た が，抑圧的な手法を疑問視する者たちもいた。J・バトラーはその一人。

＊　第二波フェミニズム　Ⅰ-5 側注5参照。

参考文献

アラン・コルバン（杉村和子監訳）『娼婦』藤原書店，1991年。

クロード・ケテル（寺田光徳訳）『梅毒の歴史』藤原書店，1996年。

ジュディス・R・ウォーコウィッツ（永富友海訳）『売春とヴィクトリア朝社会——女性，階級，国家』上智大学出版，2009年。

田村俊行「19世紀イギリスの売春統制——伝染病法の制定過程と「臣民の自由」」『史苑』72(2)，2012年。

9 帝政期ドイツの売買春

日暮美奈子

【関連項目：明治維新と売買春の変容，売買春と性病予防法，同性愛，植民地支配と性管理・性売買，遊郭と鉄道】

登録売春婦に対する警察規則（部分）（ベルリン警視庁，1876年）

📖 概　要

　近代ヨーロッパでは，公共の秩序維持の観点から国家など公権力が売買春の制度化を試みた。社会道徳上，また公衆衛生上，婚姻外の性交渉は非難されるべきものだったが，19世紀の医学的見地から男性の性欲を定期的に解消する必要があると信じられていたこともあり，売買春は必要悪とみなされた。

　帝政期ドイツでは，刑法第180条，第181条で売春斡旋を禁じていたものの，全国一律の売春管理は実施されず，刑法第361条第6項に依拠して各地の行政が実情に応じてそれぞれ規則を設け，売春統制を続けた。その多くは，売春する女性を各地の警察内担当部局（通称「風紀警察」）に登録し，特定の地域の施設や住居に居住させて定期的な性病検査を義務づけ，規則に違反した場合は罰則を科すものだった。いったん登録されると日常生活が警察の監視下に置かれたほか，義務や制約に縛られ廃業が困難だったことから，登録者は年々減少する傾向にあった。世紀転換期のドイツには売春に携わる女性は10万～20万人いたとされるが，登録者は首都ベルリンでも3000～5000人程度にすぎなかった。

　その一方で，都市化の進展や新たな娯楽の出現とともに売買春の形態は多様化し，ひそかに売買春の機会を提供する飲食店などの施設も急増した。そこでは不安定な労働環境のもと低賃金で働く女性たちが収入を得るために，風紀警察による逮捕と処罰に脅かされながら，一時的にあるいは継続的に「もぐり」の売春に従事した。

当時の議論

　売買春は19世紀末に噴出した多くの社会問題の一つとして議論の対象とされた。とりわけ国家が売春斡旋を禁じていながら売春それ自体を黙認していた点は，保守的な教会系社会事業体からも**アウグスト・ベーベル**ら社会主義者からも，矛盾として批判された。市民女性運動はさらに，女性のみを処罰の対象として客の男性を罪に問わない性の「二重基準」を厳しく非難し，売買春を女性全体に関わる問題として認識した。とはいえ女性運動内での売買春に対する姿勢は一様ではなく，保守派が厳格な性道徳に基づき売買春の非合法化を求めていたのに対して，自由主義的立場に立つグループは登録制度の廃絶を目指し，より急進的な人々は売買春問題の根底に市民的な性道徳を見出し，その克服を主張した。

▷1　**アウグスト・ベーベル**（1840～1913）
ドイツ社会民主党の指導者。主著『婦人論』（初版1879年）では社会主義の立場から女性を被抑圧者として描き，売買春を警察，軍隊，教会などとともに資本主義社会を支える制度として痛烈に批判した。

▷2　**ハインツェ事件**
1887年にベルリン北部の労働者街で発生した強盗殺人事件。容疑者ハインツェ夫妻は売春婦とその「ヒモ」で，裁判では両人とも風紀警察の規則違反の常習者であり，過去に窃盗や横領などで17回有罪とされていたことが明らかにされた。

他方，売買春は公共の安寧を脅かすものとしても盛んに議論された。とくにハインツェ事件^{◁2}が売買春と犯罪の世界との関わりを強く印象づけ，刑法改正論議を巻き起こした結果，1900年の刑法改正により，「ヒモ」による売春女性の搾取が処罰の対象となった（第181条a）。また，国外で就業する単身女性が増加すると，国境を越える売買春への関心が強まった。とりわけ強制売春を目的として国外へ若い女性を連れ出す行為は「白人奴隷取引」や「婦女売買」と称され，20世紀に入ると国際的な協力に基づく問題解決の端緒が開かれた。さらに，公衆衛生面でも売春の統制管理が医学的知見から批判され，刑法規定や登録制度とは切り離された自発的な検査と人道的な治療の実施が指向されるようになった。

論点

1. 売買春の当事者たち

1970年代以降の歴史研究において，制度化された性差別として売買春に関心が向けられるようになったが，当初は主に**女性運動**[＊]内での議論や抑圧装置としての統制制度が分析対象とされた。1990年代以降は各地の売買春統制の実証研究（Koch 2010）やルポルタージュに注目した研究も出されるなど，文書館史料や同時代文献から，当事者たち，とくに売春に従事する女性たちを当時の社会の中で位置づけ直そうとするものが現れている。

2. 売買春問題とその解決の試みの国際化

19世紀末の欧米各国では，社会問題は国内問題であると同時に国境を越える性格をもつものであると認識され，その解決が図られた。2000年以降，トランスナショナル史やグローバル史の影響を受けて，売買春についても越境性に着目した研究が多数現れている。そこでは，国際警察機構の構築，女性運動や社会改良運動，犯罪学や医学の専門家集団などによる国際的連携の実態とその意義が検討されるかたわら，欧米各国の対応が植民地主義的性格を有していた点も指摘されている（Knepper 2010）。

3. 男性の売春

帝政期ドイツの刑法では異性愛関係に基づく女性による売春のみが認知されていた。歴史研究者も長くそれを当然の前提としてきたが，2000年以降，男性同性愛における売買春研究が登場している。たとえば，男性間の売買春はまずもって男性同士の性行為を禁じた刑法第175条に抵触する違法行為とみなされており，女性の売春とは非対称的に扱われていたことが明らかにされている（Lücke 2010）。

探究のポイント

①当時，ウエイトレス，家事使用人，工場労働者などが売買春に携わりやすいと考えられていた。これらの人々はどのような職業生活を送っていただろうか。
②19世紀の医学や科学は，売買春と女性の関係をどのように論じていただろうか。
③近代ヨーロッパの売春統制制度は他地域にどのような影響を及ぼしただろうか。

Kinder der Strasse
Preis 2 Mark. von H. Zille.

「ヒモ」と売春婦たち
（ハインリヒ・ツィレ画，1916年）

Dringende Warnung an auswandernde Mädchen.

国外での就業のため移住する若い女性に向けた婦女売買撲滅ドイツ国内委員会の警告ポスター
（オットー・ゲッケ画，1900年頃）

＊ 女性運動
Ⅵ-3 参照。

（参考文献）
アラン・コルバン（杉村和子監訳）『娼婦』藤原書店，1991年。
川越修『性に病む社会――ドイツ ある近代の軌跡』山川出版社，1995年。
原田一美「近代ドイツの管理売春」『大阪産業大学人間環境論集』1，2002年。
ヨアヒム・シュレーア（平田達治・我田広之・近藤直美訳）『大都会の夜――パリ，ロンドン，ベルリン―夜の文化史』鳥影社・ロゴス企画部，2003年。
水戸部由枝『近代ドイツにみるセクシュアリティと政治――性道徳をめぐる葛藤と挑戦』昭和堂，2022年。

10 インドにおける宗教・芸術・売春 井上貴子

【関連項目：福音主義的社会改良運動，コロニアリズム，女性宣教師，売買春と性病予防法，帝政期ドイツの売買春，フェミニズムと芸術】

📖 概　要

　インドでは，ヒンドゥー寺院や宮廷等での女性による音楽舞踊は，主に「デーヴァダーシー（神に仕える女）」または「踊り子」と総称される人々によって伝承されてきた。その慣習は各地で多様だが，しばしば少女が神に奉納され，その後は神と婚姻したものとみなされ，人間の男性とは婚姻せずに性交渉を行う。19世紀後半，国際的な廃娼運動の高まりに呼応して，この慣習は宗教を隠れ蓑とした特殊インド的な「売春」とみなされ，彼女たちの音楽舞踊は社会悪として非難されるようになった。とくにヒンドゥー寺院が多い南インドのマドラス管区では，デーヴァダーシーの舞踊公演に反対する「反舞踊運動」がキリスト教宣教師や社会改革運動家たちによって展開され，舞踊は著しく衰退した。1920年代には，女性の地位向上運動の高まりの中でデーヴァダーシー制度廃止を求める運動が活発化し，慣習の改革や救済支援活動が推進され，各地の議会で制度廃止が次々と立法化された。一方，芸術の育成を目的として設立されたマドラス音楽アカデミーでは，デーヴァダーシーの舞踊を「芸術」として再生する動きが高まった。また，貞女の規範が根強いカースト最上位のバラモン女性が舞踊公演を行ったことをきっかけに，しだいに舞踊は芸術であるとする認識が広まり，一般女性の音楽舞踊への進出が加速された。こうして，デーヴァダーシーが伝承してきた南インドの古典舞踊は「バラタナーティヤム」の名で呼ばれ，子女の手習いとして定着したのである。

▷1　女性の地位向上運動
インドでは，20世紀初頭頃から女性参政権獲得や労働運動，ナショナリズムの運動と連動して女性の地位向上を求める団体が相次いで結成された。当時の代表的な団体には全インド女性会議（1927年設立）がある。
▷2　マドラス音楽アカデミー
1927年，マドラス（現チェンナイ）で開催された全インド音楽会議を受けて翌年に設立された。とくに南インドの伝統的な音楽芸能を科学的に探究し保護育成する組織で，同様の組織は各地で相次いで設立された。
▷3　バラタナーティヤム
南インドを代表する古典舞踊の名称。3〜5世紀頃に成立したとされる権威ある文献，バラタによる著作『ナーティヤ・シャーストラ（芸能規範書）』に由来して1930年頃，命名された。

当時の議論　英領期，各地の議会ではデーヴァダーシー制度廃止に賛成する進歩派と反対する保守派が対立した。実際には女性が歌と踊り，男性が楽器の伴奏と舞踊の指導を担当し，男女が共同して舞踊公演を行う。しかし，男は婚姻し女は婚姻を介さずに後継をもうけるという男女の慣習の差異は注目されず，一方的にデーヴァダーシーは「娼婦」，その慣習は「売春」，養子縁組が「人身売買」とされ，男性の婚姻および婚外の性関係は等閑視された。廃娼運動を推進し男性の性に対する二重規範を非難する女性運動家も，女性に対して厳格な性規範と貞女の理想像を共有していた。1932年には，女性社会改革運動家が舞踊公演を批判した新聞投書をきっかけに，芸術と社会改革をめぐる論争が始まった。舞踊を社会悪とみなして公演禁止を求める意見に対し，マドラス音楽アカデミーは，反舞踊運動は売春撲滅に役立たず，舞踊を芸術として保護育成し，芸術と社会改革は切り離して論じるべきだと主張してより多くの賛同を得た。アカデミーは売春問題を棚上げして舞踊の芸術的価値を称揚する姿勢を示したのである。

その後の展開　今日，舞踊はデーヴァダーシーと切り離して保護育成され，誰もが望めば修得できる「古典芸術」として定着した。一方，インド各州ではデーヴァダーシー制度廃止が立法化されたが，少女の寺院奉納という慣習は，カースト制度や貧困問題などと絡んで一部の地域で根強く残存している。とくにカナルータカ州では，カースト最下位に位置するダリト（被抑圧民）の貧困家庭の少女が寺院奉納され，近郊都市への売春ルートとなっている。またムンバイでは，ダンスバーを不道徳として営業禁止にする法律が施行され，バーで働く女性たちはインド・バーガール連合を結成，営業再開を求める運動が起こった。この事件は「第二の反舞踊運動」と呼ばれている。

マドラス音楽アカデミーで初の舞踊公演を行ったカリヤーニー姉妹（1928年）

論　点

1. デーヴァダーシー自身は制度廃止運動をどうとらえていたか

1980年代以降，ジェンダー研究の高まりに伴い，詳細な聞き取り調査や埋もれた史料の掘り起こしによって，デーヴァダーシー自身の声に焦点を当てた研究が増加した。全体として，社会学者は売春問題の側面からその制度を廃止すべき社会悪として論じ，音楽学者は芸能の側面からデーヴァダーシーを伝統芸能の担い手として美化し，人類学者は信仰の側面から神と婚姻した少女を永遠に寡婦にならない「吉」なる存在として描く傾向が強い。その中でデーヴァダーシー自身がジェンダーやカーストについて考え，自らの生き方を模索し，知識を生み出す主体となっていることが明らかにされつつある（Ramberg 2014）。

2. 宗教・売春・芸術の関係はどのように理解されてきたか

ダーヴェーシュ・ソーネージー（Soneji 2012）は，デーヴァダーシー研究を，宗教・売春・芸術のいずれかが強調される時代性に焦点を当て，寺院が権力の中心にあった中世，社会改革と法的介入の近代，伝統芸術としての舞踊復興の現代という三つに分類した。井上貴子は，少女の寺院奉納の是非，芸術の保護育成のいずれの議論も，英領期にナショナリスト知識人によってなされたことを指摘した。つまり，デーヴァダーシーが一身に体現してきた慣習を宗教・売春・芸術の三側面に分離し，宗教と芸術を「正」，売春を「負」とする認識は近代という時代に成立した。その結果，寺院芸能からデーヴァダーシーが排除され，男性に寡占されるようになったのである。

参考文献

井上貴子「南インドのデーヴァダーシー制度廃止運動——英領期の立法措置と社会改革を中心に」『史学雑誌』107（3），1998年。

井上貴子『近代インドにおける音楽学と芸能の変容』青弓社，2006年。

井上貴子「バンガロール・ナーガラトナーンマール——英領インド社会を生きた女性歌手」池田忍・小林緑編著『ジェンダー史叢書第4巻　視覚表象と音楽』明石書店，2010年。

粟屋利江・井上貴子編『インド　ジェンダー研究ハンドブック』東京外国語大学出版会，2018年。

田中雅一・石井美保・山本達也編『インド・剥き出しの世界』春風社，2021年。

探究のポイント

①インド古典舞踊はどのような人々によって伝承されてきたのだろうか。

②音楽舞踊を専業とする女性が通常の婚姻関係の外に置かれるのは，世界各地で見られる現象である。なぜ女性は芸能と結婚を両立できなかったのだろうか。

③バラタナーティヤムの動画を検索して鑑賞し，どのような特徴があるか考えてみよう。

Column **11** ヨーロッパ

近代音楽文化と女性

**女性の音楽
教育の程度**　「女性の教育にはしかるべき程度というものがあって，それ以下はもちろんのこと，それを越えてしまうと，高尚な目的がなおざりにされかねず，目指す目標に到達することは困難である」。

　こう書いたのは，19世紀初頭のあるドイツの音楽評論家である。音楽のたしなみは人間形成や感情の教化に良い影響を及ぼすので女性に必須だが，度が過ぎると女性の本分に反するので，分を守って，楽しい家庭を築くために必要な程度にとどめるべきだという。ここでいう「女性の本分」とは，家庭を第一として家事，子育てに専心し，外で働く夫を支えること。この考え方は近代社会の担い手となった市民階級に広く受け入れられ，ピアノが「良家の子女」の必須のお稽古事となる一方，女性が職業音楽家として公的に活動することを妨げる要因ともなった。

　もちろん，このようなジェンダー規範にもかかわらず，プロとして活躍した女性音楽家はいた。ピアニストとして神童デビューを飾った後，結婚引退することなく，生涯を通じて舞台に立ち続けたクララ・シューマン（旧姓ヴィーク，1819～96）はその代表格である。他方，規範に従いながらも，アマチュアとしての活動を通じて地域の音楽文化に貢献した女性たちもいた。以下，その傑出した例を紹介しよう。

**職業音楽家になるこ
とを禁じられた女性**　ファニー・ヘンゼル（旧姓メンデルスゾーン・バルトルディ，

ユリウス・ヘルフト「ファニー・ヘンゼルの音楽室」
（1849年）

1805～47）は，フェーリクス・メンデルスゾーン・バルトルディ（1809～47）の姉である。弟は作曲家，指揮者として早くから名声を獲得し，現在でもよく知られている。ファニーも幼少より音楽に秀で，ベルリン育ちの姉弟はほぼ同等の音楽教育を受け，互いに音楽的に最も信頼していた。弟はピアノの腕前は自分より姉のほうが上だと認めていた。彼女はまた，およそ500曲にのぼる作品も残している。だが「女性」であるファニーは，活動の場を「家庭」に制限され，音楽を職業とすることは許されなかった。

**ディレッタントに
よる音楽文化**　ファニーにはしかし，もてる力を存分に発揮する場があった。メンデルスゾーン家では1820年代に「日曜音楽会」と称する音楽の集いを自邸で定期的に開催していた。1829年の結婚後も広大な両親の屋敷の一角に居住したファニーは，1831年，中断していた日曜音楽会をみずからの主宰で再開する。彼女はピアノを弾くのみならず，演奏曲目や出演者を決定する等，運営全般を取り仕切った。演奏に加わったのはプロ・アマを問わずベルリン在住の音楽仲間。同地訪問中の著名な音楽家も招待されると喜んで参加した。聴衆は多い時には300人にものぼったという。

　自邸で開催され，招待客に限り，入場料もとらず，ジャーナリズムで取り上げられることをよしとしない──日曜音楽会はあくまでも私的な催しであった。だがそれは，規模やその質，集った人々の受けとめ方等，私的領域を踏み越える性格を帯びていた。同様の音楽の集いは19世紀西洋の至るところでみられる。その主宰者の多くはディレッタントの女性で，演奏，運営，音楽家の支援等を通じて地域の人々と音楽の喜びを分かちあっていた。近代ヨーロッパの音楽文化が花開くにあたって，こうした女性たちの果たした役割は重要だ。我々がそれを知らないのは，音楽史の中で女性たちの活動が「書かれてこなかった」からにすぎない。

（玉川裕子）

参考文献

玉川裕子編著『クラシック音楽と女性たち』青弓社，2015年。

子ども移民

救済としての棄民 「子ども移民」は，近現代イギリスで行われた子どもたちの海外移民事業の総称である。17世紀にロンドンの「浮浪児」約300人が北米に送られたのが最初の事例だが，19世紀から20世紀初頭にかけて，より深刻になった貧困問題や少年犯罪の増加，人々の慈善への熱意の高まり，そして帝国への関心といった情勢を背景にとりわけ多くの事業が行われた。

推進主体は，マリア・ライやトマス・バーナードら，子どもの救済者と称された社会改良家が主導する民間慈善団体，各教派の教会，教区や刑務所と様々であった。いずれの場合も子どもたちはまず本国内の保護施設に収容され，男女別に基礎教育や職業訓練を受けたあと，オーストラリアやカナダなどの植民地に送られて農業や家事の末端作業を担った。

子どもの年齢は10代前半が多かったが，もっと幼いこともあった。孤児とされた彼らの多くには親がいたが養育の能力や意思をもたず，その家庭は中流階級が理想とする家族観（Ⅱ-3 参照）とはかけ離れていた。ときに犯罪に手を染めながら生きていたこのような子どもたちは，より凶悪な犯罪者の「悪しき種子」だとみなされた。移民は労働者と兵士の供給で帝国の繁栄に貢献するとともに，子どもたち自身を待ち受ける罪深い運命からの救済になると考えられたのである。

故郷を離れて 子どもたちの出自は現地でも知られるところだった。19世紀後半のカナダを舞台にしたL・M・モンゴメリの小説『赤毛のアン』（Ⅲ-16 側注1参照）にも，推進団体の名から「バーナードの子」と呼び慣わされた子ども移民についての言及がある。「あたしゃロンドンの浮浪児なんてごめんだよ」──マリラの言葉が示唆するように，子どもたちは温かく迎えられるとは限らなかった。そもそも彼らは養子ではなく，長い年季奉公に縛られた不自由労働者だったのである（コラム5 も参照）。

奴隷制度と流刑は，非人道的性を一つの理由として19世紀の間に廃止された。不

ジョージ・クルックシャンク「われらが溝の子どもたち」（1869年）
貧民街で植民地に送る子どもをかき集める社会改良家。

自由労働者の強制移送という点では同じ子ども移民を，これらの悪弊になぞらえる批判もあった。だが本人の「同意」の取り付けや現地での監督体制の整備などの対策を講じつつ，事業は20世紀にも継続し，1967年までに約15万人の子どもたちが海外に送り出されたとされている。

謝罪と検証 1980年代に戦後世代の元移民たちがこの事業の負の側面を証言し始めたことで，子ども移民は再び注目を集める。孤独や暴力，性的虐待の記憶に囚われ，出生証明書もない自分のアイデンティティを求めて苦しむ元移民の姿は，子どもの権利という意識が浸透した時代にあっては大きな衝撃だった。

告発に当初抵抗を示した事業団体の多くも最終的には過去の過ちを認め，早い時期に事態を把握していながらこれを看過し，国家戦略として黙認したイギリス・オーストラリア両政府は21世紀にようやく元移民たちに公式に謝罪，カナダ政府は国家建設に対する貢献をあらためて讃えた。一つの責任の取り方として取り組まれた実態調査は，子ども移民という歴史的事象の解明の一助となるとともに，グローバルな視点と多様性を重視する近年の移民研究の貴重な資料ともなっている。

（森本真美）

参考文献

川北稔・指昭博編『周縁からのまなざし──もうひとつのイギリス近代』山川出版社，2000年。

野田恵子

～～西洋～～
11　同性愛

【関連項目：同性愛／異性愛，江戸文化と男性同性愛，ロマンティック・フレンドシップ，福音主義的社会改良運動，ファシズムとホモフォビア，戦後日本における男性同性愛者の「悩み」，セクシュアリティ】

📖　概　要

「男色 sodomy——かつての世俗的あるいは宗教的法律がそうよんだもの——は禁じられた行為の一つであった。19世紀の同性愛者 homosexual は，一個の登場人物となった。……かつて男色家は性懲りもない異端者であった。今や同性愛者は一つの種族なのである」とミシェル・フーコー[▷1]は述べた。同性愛行為はキリスト教において「ソドミー[▷2]」の一つとして罪とされていたが，19世紀にはイギリスやドイツ，アメリカなどの欧米諸国で近代的な刑法において犯罪となった。

19世紀から20世紀初頭にかけて，同性愛者は医学，とくに性科学や精神医学の対象にもなり，同性を性愛の対象とする根拠を同性愛者の精神や器官の構造などで説明する試みがなされた。近代的な刑法や医学の対象となったことにより，同性愛者は「犯罪者」や「精神異常者」として社会的な排除や差別にさらされることになる。20世紀転換期は同性愛者にとって「暗黒の時代」であり，自らの性的アイデンティティは決して公言することができない「秘密」となったのである。一方で，「同性愛（者）」についての法的・医学的な議論が活発になり，社会的な関心の高まったこの時代はまた，20世紀半ば以降に欧米社会を中心に巻き起こった同性愛解放運動を準備することにもなった。

当時の議論　同性愛をめぐる議論は，キリスト教の性道徳，法や医学などの領域で展開された。19世紀には福音主義が大きな影響力をもち，キリスト教の道徳に基づく社会改革を推進した。福音主義派は，異性愛の「家庭」を神聖視し，同性愛の関係性は異性愛に基づく既存の性秩序を乱す反道徳的行為として犯罪化された。

一方で，**性科学や精神分析**[▷3]のように，人間の性を医学的に解釈する学問領域が誕生し，同性愛は道徳に反する逸脱行為ではなく，自分の意思の力では変えられない，生まれながらの状態であるとする考え方が誕生した。同性愛の原因を生殖器官や脳の発達のプロセスにおいて解釈し「医療化」することで，同性愛は道徳において問題化される事象ではないとされた。医学的な分析の対象はそれまで性的主体ではないために問題化されなかった女同士の性的関係にも及び，女性同性愛者が社会的関心の対象にもなる。女性には性的欲望がないと考えられていた当時，女同士のあいだに性的関係が存在することが可能なのかどうかが議論の焦点となる。19世紀後半から20世紀半ばにかけての同性愛の歴史は，キリスト教を源泉とする性規範と医学の言説のせめぎあいの中で展開された。

▷1　**ミシェル・フーコー**（1926～84）　フランスの哲学者・歴史学者。『性の歴史』（1986）はセクシュアリティを学問の対象とする道を開き，この著作を契機として「セクシュアリティ研究」という学問領域が誕生した。

▷2　**ソドミー**　キリスト教で罪とされた行為・欲望。キリスト教では性は生殖のために存在し，生殖を目的としない性的な欲望や行為は人間を堕落させる過剰な欲望として罪であった。宗教法に存在し，世俗化された刑法に引き継がれた。刑法では，生殖を目的としない性的行為（肛門性交・獣姦など）が「ソドミー行為」として犯罪化された。

▷3　**性科学と精神分析**　19世紀に誕生した人間の性を医学的に探究した学問領域。人間の性的行為を行為そのものではなく，その原因に遡って解釈することで，性を宗教や道徳規範から解放する道を用意した。「同性愛者 homosexual」という言葉・概念を生み出し，社会に広めたことで，同性愛の歴史において重要な役割を果たすことになる。

▷4　**クィア・スタディーズ**　セクシュアリティ研究から進展した学問領域で，「同性愛」や「異性愛」のような固定的な性的アイデンティティではなく，アイデ

🔑 論 点

1. 医学的な解釈により同性愛者は解放されたのか

19世紀に同性愛が反道徳的行為として犯罪化されたことに対し、同性愛の医療化については、多くの研究者が同性愛を「病」や劣った人格として差別する新たな視線を生み出したとする否定的な見方をする。一方で、道徳性の議論から同性愛者を解放する契機になったと肯定的にとらえる見方もある（Weeks 2017）。同性愛の医療化とその後の「同性婚」に至るまでの同性愛者の「解放の歴史」をどのように評価するかは、研究者の立場により様々である。

女性同性愛者の作家ラドクリフ・ホール（右）とパートナーのウナ・トラブリッジ（左）
ホールは、女性同性愛に関する小説で有名な小説家であり、女性同性愛者を社会に認めてもらうために性科学の知識の普及にも関わった。

2. 同性愛者への「寛容」は性の多様性を認めたといえるのか

従来、同性愛の歴史は「抑圧から解放の歴史」の典型とみなされることが多かった。同性愛者が異性愛者と同等の権利を獲得したことを肯定的に評価する見方がある一方で、クィア・スタディーズ[4]は「同性婚」に至る同性愛の「解放」は、異性愛の関係性を「理想」とし模範とすることでむしろ異性愛主義（一対の男女の絆の絶対化）を強化するものだと批判している。近年、性的マイノリティを「LGBTQ＋」[5]と呼び、同性愛も多様な性の一つだとみなす動きが強まっている。「同性婚」が可能な社会でもLGBTQ＋の人々の人権が保障されているとは限らない。同性愛への「寛容」は多様な性を認める社会を必ずしも意味しないのだ。

3. 同性愛とジェンダーの関係性

同性愛の歴史研究のほとんどは、同性愛という名のもとに男性同性愛の歴史を扱っている。女性同性愛は当時の社会においても男性同性愛のように問題化されていなかったが、歴史研究においても同様であった。ジェンダー史やフェミニズムの隆盛とともにリリアン・フェダマンなどの女性研究者により女同士の「友愛（ロマンティック・フレンドシップ）」[*]の歴史が掘り起こされた。しかし女性と同性愛という二つの差別と抑圧の交差する場にある女性同性愛は、ただ単に同性愛の歴史に女性という変数を付加すればよい問題ではない。女性同性愛は、女性に対する差別と抑圧の構造と同性愛への差別と抑圧の構造が複雑に絡まりあった事象であり、男性同性愛の歴史と関係しながらも、それとは異質な別個の歴史でもある。

─ 探究のポイント ─
①「同性愛」をテーマにした映画『モーリス』（1987年）や『アナザー・カントリー』（1984年）から、（男性）同性愛が「犯罪」であった時代の人々の「同性愛」に対する態度を読み解いてみよう。
②女性と同性愛に対する差別や抑圧には、どのような共通点があり、どのような違いがあるのか、その特徴を考えてみよう。
③同性愛をめぐって、宗教（道徳）・法律・医学などのあいだで何が重要な論点であったのか、様々な社会や時代で比べてみよう。

ンティティの流動性や揺らぎに着目する。「クィア」という「同性愛者」に対する強烈な侮蔑語をあえて称することで、クィア・スタディーズには否定的な価値づけを挑戦的に引き受け、既存の価値観を根底から覆そうとするラディカルさがある。

▷5 LGBTQ＋
lesbian, gay, bisexual, transgender, queer/questioning, and others の頭文字をとったもので、性的マイノリティの中の多様性を強調する表現でもある。

＊ ロマンティック・フレンドシップ
Ⅰ-16参照。

（参考文献）
ミシェル・フーコー（渡辺守章訳）『性の歴史Ⅰ──知への意志』新潮社、1986年。
ジェフリー・ウィークス（上野千鶴子監訳）『セクシュアリティ』河出書房新社、1996年。
リリアン・フェダマン（富岡明美・原美奈子訳）『レズビアンの歴史』筑摩書房、1996年。

マスキュリニティ

≫≫ アメリカ ≫≫ **12**

兼子 歩

【関連項目：同性愛，決闘・名誉・「男らしさ」，都市暴動と男性性，スポーツ（イギリス），女性参政権運動とミリタンシー，戦争・負傷兵と男性ジェンダー，軍事的男らしさの揺らぎと再構築，ジャニーズと戦後日本】

📖 概 要

「マスキュリニティ」という英単語の歴史は短く，19世紀末にフランス語の「マスキュリニテ」から作られ，20世紀に徐々に普及した。それ以前に英語で〈男らしさ〉を表現する言葉は名詞「マンフッド」や形容詞「マンリー」だった。マンフッド／マンリーは19世紀中流階級のあいだでは身体的な欲望や衝動の自制などの美徳を意味し，対義語は主に「ボーイッシュ」（男としての未熟さを意味した）だったが，マスキュリニティは道徳的要素を伴わない「男性に属する，男性的な事項」を意味し，「フェミニン」「フェミニニティ」や形容詞「エフェミネット（effeminate 女々しい）」を対義語とした。

言葉の変化は20世紀転換期の社会の変化を反映していた。急速な工業化により到来した大企業中心の経済における組織人としての働き方の広がり，労働運動の激化，急速な都市化と移民の急増は，19世紀以来の独立自恃の小規模生産者を模範とする中流階級男性たちの世界観には脅威と映った。さらに，家庭を女性の領域，政治や経済を男性の領域とみなしてきた中流階級文化にとって，新しい経済が（補助的労働力として）多数の女性を雇用したことや，女性参政権運動の興隆は，「男の領域」に対する侵犯と映った。女性参政権運動への非難・攻撃のように，19世紀中流階級的〈男らしさ〉の前提条件の変容を押しとどめようとする動きも見られたが，他方で，新しい社会・経済・政治的な状況に適応する新しい〈男らしさ〉観を構築する試みが進行した。

新しい〈男らしさ〉においては自己抑制の美徳が後退し，身体の強靱さや物理的危険を厭わない勇敢さと攻撃性，そして異性愛的欲望を男性の肯定的な性質であると定義し，それらの性質を抑圧せず適度に発揮する行為を擁護した。19世紀後半には，それまで中流階級に嫌悪されていたボクシングや，フットボールなどのスポーツが流行し，YMCA が隆盛し，主人公が「野生的」「原始的」な暴力性や欲望を体現する『荒野の呼び声』・『類猿人ターザン』などの小説や『ザ・シーク』のような映画がヒットした。また，中流階級にとっては新しい交際形態であるカジュアルで性的な行為を伴いうるデート（dating）が普及し，身体を制約から解放する異性愛的な娯楽としてのダンスがブームになった。

当時の議論 男性が「危機」状態にあるという言説は19世紀末に多数現れたが，典型的なものは「神経症（neurasthenia）」という病気の「発見」であった。デスクワーク中心の働き方が「過度の文明化（overcivilization）」による神経症という危機を男性たちに蔓延させたとする主張であり，医学文献の専門用語を超えて一般化した。「過度の文明化」論は，本来の〈男らしさ〉の獲得／

▷1 **YMCA**（Young Men's Christian Association）
キリスト教青年会。1841年にイギリスで青年に奉仕するキリスト教系非営利組織として結成された。アメリカでは1851年に結成，19世紀末に一般に広まる。スポーツ等の身体鍛錬による精神の向上を訴える「マスキュラー・クリスチャニティ」を体現していた。

▷2 **『荒野の呼び声（The Call of the Wild）』・『類猿人ターザン（Tarzan of the Apes）』**
前者はジャック・ロンドンによる1903年の，後者はエドガー・ライス・バロウズによる1912年の小説。前者は飼い犬が荒野で野生を取り戻す物語，後者はイギリス貴族の末裔の男児がアフリカのジャングルで百獣の王として君臨する物語。ともに邦訳がある。

▷3 **『ザ・シーク（The Sheik）』**
1921年のアメリカ映画。北アフリカの首長（シーク）が強引さによってイギリス人女性を魅了する恋愛物語。イタリア人俳優ルドルフ・ヴァレンティノが主演を務めて人気を博した。

回復を妨げるものは女性的な要素であると仮定し，女性的とされたものの排除や克服の必要を力説し，その解決はしばしば身体や欲望を適切な枠内で禁圧から解放することであると論じられた。女性的な要素は幼い少年からも排除されるべきものとされ，乳幼児の段階から性別に応じて〈男らしさ〉を強調した育児が重要視され始めた結果，19世紀前半には男女共通だった子ども服も19世紀末には早期から男子用・女子用と明瞭に区別されるようになり，**ボーイスカウ**
◁4
トもアメリカで普及した。

　ただし，新しい〈男らしさ〉言説が抵抗なく支配的になったわけではなく，19世紀中流階級的な価値観の支持者たちはこれを「野蛮」として非難した。

『類猿人ターザン』が掲載された雑誌の表紙（1912年）

論 点

1. 男たちは実際に「危機」にあったのか

20世紀転換期に盛んに主張された「危機」は，男性の地位低下の現実を反映するものとして認識されることが多かったが，ゲイル・ビーダーマン（2004）をはじめとする近年の研究は，「危機」そのものが男性性を再定義するための言説実践だと指摘した。危機に瀕しているとされた本来の〈男らしさ〉という概念自体が，変容する社会において権力や経済的機会を確保するために，当時新たに言説的に創出された側面があるためである。

2. 〈男らしさ〉の再定義と人種・植民地主義

1980年代に本格化した初期の男性史研究は〈男らしさ〉というジェンダーのみに焦点を当てがちだった。だがビーダーマンらは，男性性の構築が人種言説と結合して人種差別や植民地支配の正当化としても同時に機能したことを指摘した。たとえばイギリス貴族の末裔でジャングル育ちのターザンはアフリカの密林で猛獣や黒人男性に暴力を振るって白人女性ジェーンを保護するが，これは非白人男性の脅威を捏造し，白人女性を男性に庇護されるべき存在とすることで，白人男性による統制・支配のための暴力の発揮を〈男らしさ〉として肯定する物語でもあった。

3. 政治と新しい〈男らしさ〉

近年の男性史研究は，政治や外交にもジェンダー分析を導入し，総合的なジェンダーの歴史を叙述しようとしている。たとえばケヴィン・P・マーフィー（Murphy 2010）らは，女性による改革運動や女性参政権運動が勃興した20世紀転換期のアメリカで，政敵を女性的で〈男らしくない〉存在や同性愛者になぞらえて攻撃し，軍事的な比喩や価値観を〈男らしさ〉として擁護する政治文化の男性化が進行し，女性の政治参加の意味を矮小化する効果をもったことを指摘している。

▷4　ボーイスカウト（Boy Scout）
アウトドア活動や奉仕といった身体的活動を通じて少年を育成する非営利組織。1908年にイギリスでロバート・ベイデン＝パウエルによって創設，1910年にはアメリカ・ボーイスカウト連盟が結成された。

参考文献

ゲイル・ビーダーマン（土屋由香訳）「マンリネス（男らしさ）と文明——アメリカ合衆国におけるジェンダーと人種の文化史，1880から1917年」『現代のエスプリ』446，2004年。
阿部恒久ほか編『男性史』1〜3巻，日本経済評論社，2006年。
兼子歩「〈男性の歴史〉から〈ジェンダー化された歴史学〉へ——アメリカ史研究における男性性の位置」『歴史学研究』840，2008年。
兼子歩「アメリカ史の中のジェンダーと暴力」加藤千香子・細谷実編『暴力と戦争』明石書店，2009年。
アラン・コルバンほか編（鷲見洋一監訳）『男らしさの歴史』1〜3巻，藤原書店，2016〜17年。

探究のポイント

①当時の女性にとって〈男らしさ〉の変容はどんな意味をもちえただろうか。
②アメリカと他国の同時代の〈男らしさ〉の支配的価値観の変容を比較してみよう。
③他の時代・地域の社会変動はどんな〈男らしさ〉の変化を起こしただろうか。

13 決闘・名誉・「男らしさ」 　　　　　森田直子

◇ヨーロッパ◇

【関連項目：マスキュリニティ，名誉と「名誉犯罪」】

▷1 神判（神明裁判）
神意に基づいて係争の解決を導こうとする裁判のあり方。ヨーロッパでは，熱湯神判（＝「盟神探湯」）などと並んで，一対一の力勝負で真偽を判定する決闘裁判が行われた。対等な条件で勝負できるよう，代闘士やハンデも認められていた。

▷2 ピストルによる決闘
決闘は軍人同士では軍刀を用いて行われることもあったが，大抵の場合は条件をより平等にしやすいピストルで行われた。当時，まったく同じ型の2丁の拳銃をセットにした決闘用ピストルも製造されていた。

▷3 学生の「決闘」
通常は，致命傷を負わないように防具をつけ，細い剣を用いて行われる。19世紀後半以降，メンズーアという呼称で実践形式が画一化された。顔面に残る刀傷は，この「決闘」を行った証しとして評価された。

📖 概　要

　平等な条件の下に一対一で闘う決闘は，中世ヨーロッパでは神判[1]として，また，侵害された権利や傷つけられた名誉を挽回する自力救済手段として機能した。国家による暴力独占の過程で私闘（決闘）は禁止されていくが，貴族身分を中心に決闘の慣行は維持された。だが，遅くとも18世紀後半には，啓蒙思想の広がりとともに決闘の非合理性や野蛮さを非難する声が高まり，イギリスでは19世紀半ばまでに決闘はほぼ消滅したとされる。一方，フランス，ドイツ，ロシアなど大陸ヨーロッパでは，20世紀に入っても決闘文化が残っていた。

　1825〜33年に発表，刊行されたロシア語の韻文小説『エヴゲーニー・オネーギン』において，作者であるプーシキンは，主人公オネーギンとその友人レンスキーを決闘させた。オネーギンは，レンスキーに懇願されて参加した晩餐会で気まずい思いをしたため，腹いせに友人を憤慨させようと，ダンスの時間に彼の恋人オリガを誘惑する。レンスキーは，オリガが嬉々としてオネーギンと踊り続けたのみならず，あろうことか自分の誘いを断ったことにかっとして度を失う。彼はオネーギンに決闘を申し込み，ピストル[2]を撃ち合って落命する（図参照）。

　この傑出した文学作品は創作物語であるが，決闘というモチーフ自体は馴染みのものであり，現実の社会でも決闘は珍しい出来事ではなかった。実際，1837年にプーシキンは──自作を実演するかのように──自身の妻に言い寄る知人男性にピストルでの決闘を申し込み，命を落としたのだった。

　当時の議論　このように，近代ヨーロッパでは決闘の存在は広く意識されるものであったが，とくにドイツは，学生の「決闘」[3]が盛んなことでも有名であった。プーシキンも，レンスキーをドイツのゲッティンゲン大学──剣による「決闘」の一大拠点──で学び，その精神を内面化して帰国した男盛りの美青年として描いた。学生の「決闘」と命賭けのピストル決闘には違いがまったくないわけではないが，いずれも同根の悪弊とみなされ非難が繰り返された。にもかかわらず，近代を通じて決闘を諫める声はそれを擁護する声を完全に抑えることができず，たとえば，1896年は「決闘の年」と呼ばれるほど，ドイツ帝国議会で決闘の是非をめぐる議論が盛んに行われた。

　決闘擁護派によれば，決闘は傷つけられた個人の名誉を回復する唯一の手段であった。プーシキンのような開明的な知識人でさえ決闘に身を投じたのは，名誉は命よりも大切であり，名誉の喪失は社会的な死も同然であるという観念を内面化していたからと考えられる。さらに，1871年に成立したドイツ帝国では，対外戦争を通じて統一が達成されたこともあり，軍事的な価値，勇敢さや肉体的強さ

を称揚する風潮が強まった。そうした中、決闘の実践は、自らの言動に責任をもつ意志の強さや冷静な判断力、困難や危険を前に怯まない勇気といった精神的な性向に加え、身体的な活力や強靭さの資質の証しとしても擁護されえたのである。

ロシア人画家イリヤ・レーピンによる「オネーギンとレンスキーの決闘」（1899年）

論点

1. 近代の決闘は封建遺制なのか

決闘は中世の自力救済手段で、封建社会の貴族特権に基づくものであり、近代的な法治国家、平等を理念とする市民社会においては根絶されねばならない――と、当時の決闘反対派は主張した。社会学者ノルベルト・エリアスや西ドイツの社会史派[4]も、近代ドイツにおける決闘の存続を、社会の近代化を担うべき市民層が「封建化」し、20世紀前半の破局への道を拓いた指標とみなした（「ドイツ特有の道」）。これに対してウーテ・フレーフェルトは、市民層は封建遺制としての決闘を単に模倣したのではなく、市民的価値を付与しつつ領有したと解釈する。

2. 決闘における「名誉」とは何であったのか

決闘によって守られるべき／挽回されるべき名誉とは何かを一義的に定義するのは困難だが、男性の庇護下にあるとみなされる女性（恋人、妻、娘）への他の男性からの不当な介入は、重大な侮辱、名誉毀損と理解された。フレーフェルトによれば、当時の名誉とは人を突き動かす原動力となる内在的な感情的傾向であった。この名誉感情は、女性の名誉――大抵は貞淑と同義――が汚された場合に後見男性を決闘に駆り立てたものであるが、現代のヨーロッパではほぼ消滅したとされる。

3. 決闘と「男らしさ」

決闘擁護派が称揚した決闘と結びつけられる資質は、男性性に根ざすとされたもので、近代ヨーロッパにおいては「男らしさ」として規範化されていた。実際、アラン・コルバンらは、決闘を「男らしさを誇示する絶好の機会」に分類する。また、ドイツやスイスの大学で見られた学生の「決闘」は、名誉をめぐる問題の解決手段としての闘争というよりも、剣での切り合いに必要な勇気、瞬時の判断力や力強さといった「男らしさ」を競演する一種のスポーツとして、エリート男性の教育のあり方と関連させて解釈されることも少なくない。

探究のポイント

①ヨーロッパにおける決闘の実践は、第一次世界大戦を機に大きく後退したが、それはなぜだろうか。
②「男の名誉」の傘の下にあった女性たちは、決闘や「男らしさ」をどうとらえていたのだろうか。小説『エヴゲーニー・オネーギン』や映画『デュエリスト／決闘者』（1977年）などを手がかりに考えてみよう。
③日本など他の地域の決闘と「男らしさ」はどのようなものであったのか調べてみよう。

▷4 西ドイツの社会史派
ここでは、1960年代末に台頭した批判的歴史学、社会構造史の主唱者であり、ビーレフェルト大学で教鞭を執ったドイツ近現代史家ハンス＝ウルリヒ・ヴェーラー、ユルゲン・コッカらを指す。

（参考文献）
トーマス・キューネ編（星乃治彦訳）『男の歴史――市民社会と〈男らしさ〉の神話』柏書房、1997年。
山内進『決闘裁判――ヨーロッパ法精神の原風景』講談社、2000年。
ノルベルト・エリアス（ミヒャエル・シュレーター編、青木隆嘉訳）『ドイツ人論――文明化と暴力〈新装版〉』法政大学出版局、2015年。
アラン・コルバン編（小倉孝誠監訳）『男らしさの歴史Ⅱ 男らしさの勝利――19世紀』藤原書店、2017年。
ウーテ・フレーフェルト（櫻井文子訳）『歴史の中の感情――失われた名誉／創られた共感』東京外国語大学出版会、2018年。
浜本隆志・菅野瑞治也『決闘のヨーロッパ史』河出書房新社、2021年。

14 都市暴動と男性性

藤野裕子

【関連項目：工場法とジェンダー，マスキュリニテイ，決闘・名誉・「男らしさ」，遊郭と鉄道】

📖 概　要

　現在では想像しにくいが，20世紀初頭の東京では，大規模な民衆暴動がしばしば発生した。1905年の日比谷焼き打ち事件，1913年の第一次護憲運動，翌年のシーメンス事件に伴う倒閣運動，さらには1918年の米騒動がそこに含まれる。人々は派出所や路面電車を襲撃し，放火するなどした。横浜・名古屋・大阪・神戸などでも同様の暴動がこの時期に起きている。

　都市暴動の大きな特徴は，主な担い手が男性だったことである。東京の場合，各暴動の**予審・公判の被告**の約6割は15〜25歳の男性で，職業は職人・工場労働者・日雇い労働者などであった。なぜこの時期，男性労働者は路上で暴力をふるったのか。男性性が暴動とどのように関わるのか。この点が重要な論点となる。

　もう一つの特徴は，政治問題の高まりを受けて，暴動が発生した点である。東京では，主に日比谷公園で政治集会が開かれて群衆状態ができ，警官との衝突をきっかけに，広域にわたる暴動へと発展した。都市暴動では，必ずしも政治的なトピックと関係のない対象も襲撃された。日露講和問題を機に発生した日比谷焼き打ち事件において路面電車やキリスト教会が焼き打ちされたことや，東京の米騒動において自動車・路面電車が襲撃されたことがその典型である。それでも，都市暴動はやみくもな暴力行使ではなかった。焼き打ちの際は民家への類焼に配慮するなど，一定の論理があった。

🗝 論　点

1. 男性労働者が暴動の主力になったのはなぜか

　暴動が頻発した時期，若年の男性労働者はどのような日常を送っていたのだろうか。男性労働者の日常生活に関する**ルポルタージュ**や**社会調査**をひもとくと，大都市での彼らの刹那的で任侠的・義侠的なふるまいが記されている。たとえば，酒を飲み，博奕を打ち，女性を買い，刺青を入れ，刃傷沙汰を起こすなどである。労働者同士で金を貸しあい，助けあってもいた。彼らのあいだでは，腕っ節の強さ，身体的な強靱さ，豪放さ，強きを挫き弱きを助ける義侠心のあつさが，「男らしい」とみなされ，価値が置かれていた（藤野 2015）。

　日露戦争から第一次世界大戦にかけての日本の大都市では，徒弟制を軸とする職人層が解体し，工場労働者への移行が進んでいた。不安定な社会状況にあって，労働者層の不満が高まっていた。自ら何らかの店をもつことを目指して都会に出て来た若者にとって，賃労働者であることそのものが挫折感をもたらしたという（宮地 1973）。こうした中，男性労働者の間では，富や学歴，社会的地位がなくと

も，仲間内から一目置かれ，自己の矜持を保ちうる，「男らしさ」を基軸とした独自の文化が形成されていた。政治集会を機に群衆状態が形成されて暴動が発生した際，こうした男性労働者の日常的な不満やエネルギーが，独自の文化で形成された「男らしい」身体を通して，警察権力や社会的権力に向けられたのだと考えられる（藤野 2015）。

日比谷焼き打ち事件における路面電車の焼き打ち

2. 都市暴動の中で，女性はどのようにふるまったか

それでは，都市暴動の中で女性は何をしていたのだろうか。それを知らせる史料は少ない。1913年9月に東京で起きた暴動では，そのきっかけとなった政治集会において，女性が演説者として登壇した。この際，聴衆から「ヤイ新しい女ーッ！」と「野次り立て」られたと報じられている（『東京朝日新聞』1913年9月8日付）。このほか，日比谷焼き打ち事件において，焼き打ちを見物する人々の中に「婦人も見えた」という記述や（『嗚呼九月五日』），日比谷公園で抜剣する警官に追われる群衆に巻き込まれた女性の姿が描かれた絵もある（『東京騒擾画報』66，1905年9月）。しかし東京の暴動において女性が率先して参加したことを示す記述は見られず，加わっていたとしても，部分的なものであったと考えられる。女性の政治参加が厳しく制限されていたことに加え，〈論点1〉に述べたように，暴動が「男らしさ」の論理で成り立っていたことも，女性が暴動に参加する余地を狭めたと思われる。

『東京騒擾画報』の口絵
日比谷焼き打ち事件を報じた。右上に女性の姿が見える。

3. 米騒動とジェンダーはどう関わるのか

その一方で，1918年の米騒動といえば「女房一揆」というイメージが強い。富山県の東部富山湾沿岸では，女性たちが米の移出の停止を要求する運動を行った（歴史教育者協議会編 2004）。8月5日から全国紙が女性たちの運動を報じたのを機に，米騒動は全国へと波及するが，米騒動がどのような形態をとるかは，各地で異なった。東京では，それまでの都市暴動と同じように，日比谷公園で政治集会が企画され，そこに集まった人々が警官と衝突したことをきっかけに暴動が始まった。騒動で起訴された被告はやはり15〜25歳の男性労働者が中心であった。米穀商に米の廉売を要求する動きもあったが，銀座の大通りで商店や自動車を襲撃し，吉原遊廓で妓楼を放火しようとするなど，行動は多様であった（藤野 2015）。一方で，北九州の炭鉱では，米価の引き下げを要求して，坑夫と軍隊との激しい衝突が起きている（林 2001）。米騒動では，労働・生活形態や各地域でのそれまでの運動の経験・記憶に応じて，運動形態や参加者のジェンダーが変化していたといえる。

─ 探究のポイント ─

①Visualizing Cultures のサイト（https://visualizingcultures.mit.edu/social_protest_japan/trg_gallery.html）で，日比谷焼き打ち事件について報じた『東京騒擾画報』の口絵を見て，ジェンダー的な視点から分析してみよう。

②井上清・渡部徹編『米騒動の研究』（全5巻，1959〜62）をもとに，なじみのある地域の米騒動を調べてみて，女性の動きがわかるかどうかを確かめてみよう。

参考文献

宮地正人『日露戦後政治史の研究』東京大学出版会，1973年。
松尾尊兊『大正デモクラシー』岩波書店，1974年。
林えいだい『北九州の米騒動』葦書房，2001年。
歴史教育者協議会編『図説米騒動と民主主義の発展』民衆社，2004年。
藤野裕子『都市と暴動の民衆史』有志舎，2015年。

スポーツ

∞ イギリス ∞
15

池田恵子

【関連項目：中等教育，マスキュリニティ，新しい女，第一次世界大戦と女性，スポーツ（イラン），ジャニーズと戦後日本】

📖 概　要

レースに登場した騎手のレディ，シフトドレス競走（またはスモックレース）を楽しむ村の女性たち，セコンドを務めたボクサーの妻といったように，19世紀初頭のイングランドにおいて，スポーツと女性の関わりは様々な姿を通して描かれていた。しかしながら，帝国主義の時代に顕著であった社会ダーウィニズムは生産倫理の浸透，軍事力の増強目的で禁欲主義的な規律訓練を男性に求め，イギリス帝国の母となる女性は健康で身体活動が必要であるとしつつも，その活動は女性らしいものに限定された。先進的な女子校では徐々に運動が正課として取り入れられたが，中流上層の女性はレディ・アマチュアであることが期待された。レディ・アマチュアは科学的な健康理念に基づいていたという意味で近代的であったが，ジェントルマン・アマチュアの対概念として「女性らしくあるべき」というジェンダー規範を伴っており，スポーツにおけるジェンダー・バイアスは強まった。▷1

当時の議論　女性が快活に身体活動を行い，かつ優雅に振る舞うことには両立困難な面がある。女性の活動着，「ブルーマーズ」▷2はこの矛盾の緩和に一役買った。ブルーマーズは外観の優雅さと機能性を兼ね備え，品性を損なわずに活動的に行動することを可能にし，乗馬や自転車など，ロングスカートの女性たちには許容されていなかった活動を容易にした。郊外の社交クラブや課外体育で陸上ホッケー，自転車ポロ，ラクロス，テニスに興じる女性の姿がしばしば女性雑誌の挿絵に登場する（図参照）。正課体育の授業では，姿勢教育や医学的見地からスウェーデン体操やカリセニックスと呼ばれた美容体操が推奨され，ブルーマーズが運動着として着用された。

その後の展開　ブルーマーズの世界は第一次世界大戦の時期に変化する。労働者階級の女性は軍需工場のクラブを通してフットボール（サッカー）を発展させた。男性不在の銃後の社会で，オルタナティヴの好機に恵まれたことがその理由であった。大戦が終結し，戦後の落ち着きを取り戻した1921年になると，フットボール協会は女子サッカーを禁じ，以後，イングランドの女子サッカーは50年間も非公認のままであった。このように女性スポーツは単線的な門戸開放の道筋を辿ったのではなく，帝国主義下の女らしさの規範に翻弄され続けた。

自転車ポロに興じる女性

▷1　ジェントルマン・アマチュア
勇気，不屈の精神，自己犠牲，謹厳実直，公明正大さを支配階級の男性（ジェントルマン）の理想とし，その徳性を重んじるために無報酬でスポーツに関わることをスポーツ倫理とする規範。レディ・アマチュアはその対概念。

▷2　ブルーマーズ
アメリカの女性が考案し，女性解放家のアメリア・ブルーマー（1818～94）によって広まった。そのスタイルはロングスカートの中に裾を絞ったズボンを着用するというもので，羽飾りのついた大きな縁あり帽にロングスカート，その下に裾が絞られたズボンをはいてスポーツに興じる女性たちの姿はこの時代の上中流階級の女性の最先端のスポーツファッションであった。日本では，井口阿くりが1906年に運動服として紹介している。

論点

1. ジェントルマン・アマチュアとレディ・アマチュア

女性のスポーツ参与は近代の男らしさの概念と対になる理想像を通して分析する必要がある。ジェントルマン・アマチュアは労働者階級をスポーツから締め出し，上層中流階級の特権を維持する目的で機能した（Holt 1989）。レディ・アマチュアも社会的な排他性の維持に貢献した。一部の例外を除き，男性と同様の活動着を着用して，身体活動に従事することは許されなかったという意味で，レディ・アマチュアは「性別隔離」の戦略の一種でもある。帝国主義下のレディ・アマチュアはあくまでも西欧流良妻賢母の理想像の範囲で身体活動を容認するものであった。

2. 女性の地位の向上とスポーツ

19世紀末にブルーマーズとは異なるジャージーを身に着けてサッカーを行った労働者階級の女性の例は画期的な一面を映しているが，女子サッカーが公認されたのは1970年代以降であった（Williams 2003）。また，帝国主義下のレディ・アマチュアは近代的で科学的な健康観に基づいてスポーツや身体活動を行ったが，ブルーマーズに象徴されるように，当時の「女らしさ」の規範に制約されたものであった。この時期のスポーツによって，女性の地位が大きく向上したと結論づけるのは尚早であるが，女性が教育を通じて近代科学，健康教育，体育活動の恩恵を受け，後の時代のフェミニズム運動に影響を与えたのも事実であった。

3. 経路としての複層性

この時期のイングランドにおける女性スポーツは①階級のシンボルとしての中流階級のガーデン遊び，「クローケー型」，②良妻賢母，性別隔離の戦略としての「ブルーマーズ型」，③男子のエリート教育の模倣であった女子のエリート寄宿学校の「クリケット型」，④性別不問の戦略に挑んだ「サッカー型」，⑤イギリスの帝国主義的フェミニズムを浸透させた正課の女子体育，「スウェーデン体操・カリセニックス型」といった多様なジェンダー空間からなる（Hargreaves 1994，池田 2016）。こうした複層空間を通じたジェンダー分析は，時系列に沿った漸増的なフェミニズム運動の長期的な影響を否定するものではなく，空間の混在を通して，今日的な女性のスポーツ参与の機会が増した可能性に注目している。

探究のポイント

①「男らしい」スポーツ規範の対概念を構成することで，女性スポーツがジェンダーに加担した例について考えてみよう。

②オリンピック競技等にみられるように，男女別の種目が存在しているのはなぜなのか。近代国民国家形成，帝国主義の観点を通して考察してみよう。

③国際的な競技大会の女子種目に出場する選手は性別識別検査を受ける必要がある。今日的な「多様な性のあり方」とは相容れないジェンダー空間とスポーツ事象の例をあげてみよう。

▷3 「性別隔離」の戦略

帝国主義下において近代国民国家としての国力の維持には「丈夫な兵士を生む健全な母」と「家政を司る科学的な妻」が必要とされる。そのために女子の中等教育への道が開かれた。上野千鶴子は，男性とは異なる女性の特権領域を確保することで中等教育以上の女子教育の権利を獲得することにつながったという意味で，「性別不問」（参加型）のジェンダー戦略と区別し，これを「性別隔離」（分離型）のジェンダー戦略と呼んでいる。

参考文献

村岡健次「「アスレティシズム」とジェントルマン——十九世紀のパブリック・スクールにおける集団スポーツについて」村岡健次・鈴木利章・川北稔編『ジェントルマン——その周辺とイギリス近代』ミネルヴァ書房，1987年。

上野千鶴子『ナショナリズムとジェンダー』青土社，1998年（『新版　ナショナリズムとジェンダー』岩波書店，2012年，ともに参照）。

池田恵子「ジェントルマン，アマチュアとスポーツ——19世紀イギリスにおけるアマチュア理念とその実態」有賀郁敏ほか『スポーツ』ミネルヴァ書房，2002年。

池田恵子「英国女性スポーツ史研究にみるジェンダー空間の分析」『スポーツとジェンダー研究』14，2016年。

◇◇◇ 英語圏 ◇◇◇

16 読 書

八谷　舞

【関連項目：イスラーム社会における女子教育，家庭重視イデオロギー，高等教育，新しい女】

📖 **概　要**

　「あたしいつか『お化け屋敷のものすごい神秘』という本を読んでいるのを見つかったのよ。（中略）でもミス・ステイシーは，これはごくばかげた，ためにならない本だから，やめなさいっておっしゃったの。（中略）いまじゃ，ミス・ステイシーかミセス・アランが13ぐらいの少女にいいと思いなさる本でなければ，全然読まないことにしているのよ」――これはモンゴメリ作『赤毛のアン』(村岡花子訳，新潮文庫版)の一節である。主人公アンは年齢やジェンダーなどの理由によって，教師から読むものを管理されている。

　読書をめぐるアンのこの体験は，19世紀後半の英語圏の女性にほぼ共通してみられたものである。女性（とくに少女）は読書を監督され，制限され，読むべきものを指南された。しかし，女性読者は唯々諾々とその管理に甘んじたわけではない。女性たちは自伝や回顧録などの著作の中で，監視の目をかいくぐって戦略的に読書を楽しんでいたことについても述懐している。女性は社会通念に縛られていたと考えられがちであるが，その一方でそうした制約に真正面から抗うだけでなく，社会通念の枠組みの中にあっても最大限に自らの願望を叶えるべく様々な工夫を凝らしていたこともうかがい知ることができる。

当時の議論　男女の領域分離のイデオロギーは，読書にも強く影響した。たとえば1886年に『19世紀』誌に掲載された「少女は何を読んでいるか」という論考では，少女が「貸本屋の上客」「3巻小説の熱心な読者」であると否定的に断じ，少年には「将来の指導者」にふさわしい読み物を，少女には「将来の妻や母」にふさわしい読み物を，それも保護者が選んで与えてやるべきであると主張されている。

　当時は識字率の向上に伴って読者層が拡大した結果，人々が「低俗」なフィクション作品に飛びつきがちであるという懸念が広まっていた時期であった。「大フィクション問題」と呼ばれる，公立図書館にフィクション作品を納本することが適切かどうかに関する議論が巻き起こったのもこの頃である。そして上述の『19世紀』誌の言説にもみられるとおり，その疑惑がとくに女性読者を対象とするものであったことには留意しておかなければならない。

🔑 **論　点**

1. 管理に対する女性の反応　子どもや若者の読書にはジェンダー規範に基づく監視や制限がつきものである。従来の研究にはフェミニスト的視点から女性に対する「抑圧」を強調するものが多かった。近年はジュリエット・ア

▷1 『赤毛のアン』
カナダの小説家ルーシー・モード・モンゴメリが1908年に発表した小説。プリンス・エドワード島を舞台に，孤児の少女アン・シャーリーが11歳でカスバート家に引き取られてからの少女時代を描いたもので，その後に『アンの青春』『アンの愛情』などの8作が続くシリーズものの第1作である。

▷2 貸本屋
貸本屋は流行小説の貸し出しを有償で行う店であり，後世にその機能は一部公立図書館に吸収された。当時本は高額であったため，多くの読者が貸本屋を利用した。女性の日記や回顧録には貸本屋の描写が頻繁にみられる。

▷3 小　説
19〜20世紀転換期当時のイギリス・アイルランドにおいては，センセーション・ノベルやフランス文学（とくにバルザックやゾラなどの自然主義文学）が精神的堕落をもたらすものとして強く警戒されていた。

▷4 図書館
現在「図書館」と聞いてイメージされるような公立図書館は，イギリスでは1850年の公立図書館法によって設置されるようになった。一般閲覧室や新聞閲覧室のほか，女性閲覧室，児童閲覧室，雑誌閲覧室など，用途や利用者によって部屋は細かく分類されていた。

トキンソン（Atkinson 2013）など，女性側の戦略性や主体性に焦点を当てる研究もでてきたが，読書を単純な男女の二項対立の構図によってとらえる研究はなお多い。ジェンダーの観点から読書を考察する上では，読書に対する「上から」の管理や抑圧についてのみ検討するのではなく，それに対する読者の反応にも着目し，相互作用を考えることが重要である。

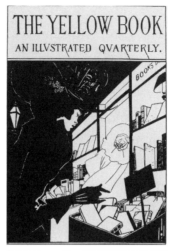

『イエロー・ブック』1894年4月15日号表紙（女性が本を選んでいる）

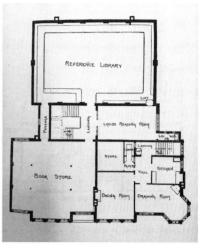

イングランドのバタシー公立図書館1階の間取り図

2．「読書活動」とは　19世紀後半から20世紀初頭には読書公衆が増加したのみならず，鉄道での移動中に読める本やジャンルの需要が高まるなど，読書のあり方が大きく変容した。また，キャサリン・シェイル（Scheil 2012）がアメリカ人女性たちのシェイクスピア読書会に着目して明らかにしたとおり，読書会や学術団体に所属し，課題図書を読んで議論し，小論文を執筆して会員の前で発表し，また著名な文学者を招聘して講演を聞くといった活動は，中流階級以上の階層で大学に進学しなかった女性にとっては，高等教育の代替や自己実現の役割も帯びていた。さらに，会合自体が社交の機会でもあった。読者が一人で行う黙読だけでなく，読書に付随した活動にも注目する必要がある。

3．読書をする空間　19世紀後半から公立図書館に設置されるようになった女性閲覧室について，多くの先行研究は，女性を公的空間から排除する性差別的な装置であると批判的に論じてきた。しかし，当時の女性の日記や回顧録には，好んで女性閲覧室で過ごした旨の記述がしばしば見られる。男性に比べて自由に出入りできる空間が限られていた当時の女性にとって，女性閲覧室のような空間は，落ち着いて過ごすための居場所としても貴重なものであったと考えられる。このように読書には，読書をする空間についての問題も分かちがたく結びついている。とくに女性の場合，監視から自由に読書をするためには，安心できる空間を見つけることは大きな課題であった。

探究のポイント

①娯楽や文化活動に，ジェンダー規範はどのように影響しているだろうか。身の回りの具体的な例をあげながら議論してみよう。

②日本の公立図書館に女性閲覧室は存在したのか，もし存在したとしたら，その設置（や廃止）の経緯を調べてみよう。

③読書のような活動をジェンダーの視角から歴史的に考察する上で，留意すべき点は何かを考えてみよう。

参考文献

前田愛『近代読者の成立』有精堂，1973年。

永嶺重敏『〈読書国民〉の誕生——明治30年代の活字メディアと読書文化』日本エディタースクール出版部，2004年。

北村紗衣『シェイクスピア劇を楽しんだ女性たち——近世の観劇と読書』白水社，2018年。

Column **13** グローバル

デパート

デパートの誕生　エミール・ゾラは1883年に出版された『ボヌール・デ・ダム百貨店』の中で，主人公の貧しい女店員を通して，新しい消費の舞台である「デパート」の発展を描いた。帽子屋や服屋など扱う商品が限られていた従来の店舗とは異なり，多種多様な贅沢品が建物内に大量に「陳列」される魅力，そして時に「バーゲン」によって階級を飛び越えた消費ができる誘惑をも提供したデパートは，都市の消費文化を大きく変えた。

　世紀末までに，パリにはボン・マルシェ，ルーヴル，プランタンが，ロンドンにもハロッズ百貨店，ホワイトリーズ百貨店が，またニューヨークのメイシーズ，ベルリンのカーデーヴェー，といった具合に，欧米の大都市の風景にデパートが組み込まれていった。日本でもしだいに陳列式の商法が取り入れられ，1905年には三越呉服店が「デパートメントストア宣言」を行った。

都市の経験　都市部のデパートの誕生により，女性の都市の経験のかたちは様変わりした。そもそも都市部を一人で歩き回るのは体裁がよくなかったが，そうした見方が変化していったのが19世紀，その変化の原動力ともなったのが家族のための「買い物」という新しい大義名分であった。20世紀のイギリスの諷刺画家であり建築史家であったサー・オズバート・ランカスターは，彼の「ヴィクトリア朝的な」いとこジェニーの「たったひとつのお出かけ」が「ホワイトリーズ百貨店へ毎日通うこと」であった，と回想

三越呉服店のポスター（橋口五葉，1911年）

している。このように，デパートは女性にとって大事な娯楽の空間ともなっていった。

ハロッズ百貨店のカタログ（1895年）

女性特有の病？　もっとも，女性とデパートの関わりが深まるとともに，新しい偏見も生まれた。陳列形式の売り場では窃盗が後を絶たなかったが，女性が捕まった場合，それは月経に影響を受けるため神経が高ぶりやすい，女性特有の病とみなされることもあった。無断で贅沢品を思わず買ってしまい，後で夫が無効を申し立てる裁判のケースもあり，こうした買い物依存症も女性は「誘惑に弱い」例証だとされがちであった。

活躍の場の可能性　デパートは，女性の社会進出の場をも提供した。店員には多くの女性が雇用された。客や上司との「不適切な」関係もしばしば起こったため，たとえばハロッズ百貨店では，女性店員を寮から規律正しく通わせることで「身持ちの良さ」をアピールしていた。また，大英博覧会を経て加速したショーウィンドーの発達により，ウィンドーディスプレイという新たなデザイン領域が誕生すると，女性デザイナーがここに多く携わった。ベルリンのライマン・シューレはこれをいち早く取り入れたデザイン学校であるが，この科目を教えた教員たちはみな女性であり，学生の多くもまた女性であった。

（菅　靖子）

参考文献
山本武利・西沢保『百貨店の文化史——日本の消費革命』世界思想社，1999年。
エリカ・ラパポート（佐藤繭香・成田芙美・菅靖子監訳）『お買い物は楽しむため——近現代イギリスの消費文化とジェンダー』彩流社，2020年。

Column **14** 英米

新しい女

新しい女とは何者か 1880年代から1890年代は，活字媒体がジェンダー・ロールの討論の場として活気を帯び，紙面において「新しい女」と呼ばれ，揶揄や物議の対象となる女性たちが登場した。イライザ・リン・リントンのエッセイ「今どきの女の子」(1883) が，若い女性の変貌を手厳しく批判したように，常に女性の言動は文化的監視の対象であった。公的な場において，タバコを吸ったり，自転車に乗ったりという表面的な変化は，自己を解放しようとする女性たちの意識を視覚化した。

「新しい女」の多くは中流階級に属し，文学作品のみならず現実社会において，「家庭の天使」という慎み深く，忍耐強い旧来の理想的女性像から脱し，教育・雇用の機会の拡大や，参政権を求め，婚姻における伝統的な夫婦関係を刷新しようとした。あるべき姿を押しつけられることに甘んじていた女性たちが，主体的に新しい女性像を形成しようとしたのだ。

女性同士の空間で 中流階級の若い女性が年上のシャペロン（付添人）を同伴せずに単独で行動し，経済的に自立した生活を送ることを可能にした背景には，女子高等教育の拡大がある。女性たちは初めて同性だけの学びの空間において，コミュニティにおける仲間意識，公共の精神を身につけ，自らの可能性も模索することになる。当時はまだ少数派の女子大学生には，容姿が魅力的

F・J・アースキン『レディ・サイクリング』(1897年)
自転車乗車に関するマナーとファッションの指南書に掲載されたイラスト。

でないとか，男性に関心がないなど，否定的固定概念がつきまとった。そうしたステレオタイプを修正し，かつ世間にはびこる未婚女性への偏見にも配慮した上で，1890年代の女子大学を舞台とする「コレッジ・フィクション」は，女らしく，美しいヒロインを造形し，ロマンスを配置する。

新しい女性のパートナー 代表的な「新しい女」小説には，結婚相手の選択に失敗し，苦悩するヒロインが少なくない。モナ・ケアードの論説「結婚」(1888) は，妻の服従を婚姻生活の欠点とみなし，家庭内の女性を鎖につながれた飼い犬になぞらえる。ケアードが示唆するのは，女性自身が性と知をめぐるタブーから解放され，婚姻上の平等な関係の構築を可能にするパートナーの選択であった。

小説では「新しい女」の自立した生き方を尊重する「新しい男」も造形される。女性医師で小説家のマーガレット・トッドの『モナ・マクリーン』(1892) において医学生のヒロインは，同じく医師の卵の男性と出会い，仕事か結婚かの選択をめぐる葛藤を経験しながらも，結末では二つの願望を成就させ，夫と小さな診療所を開業する。また，扇情小説で人気を博したローダ・ブロートンの『親愛なるフォースティーナ』(1897) においては，中流階級の関心を集めたロンドンのイースト・エンドを舞台に，女性同士のロマンティックな関係に傷ついたヒロインが「新しい男」と出会い，セツルメント運動の志を共有して，新しい形の結婚生活を始める。当時の女性作家は結婚という因習的な結末を戦略として，理想的男性像を刷新し，提示しようとしたのである。 （市川千恵子）

参考文献
川本静子『〈新しい女たち〉の世紀末』みすず書房，1999年。
武田美保子『〈新しい女〉の系譜——ジェンダーの言説と表象』彩流社，2003年。

17 女性参政権運動とミリタンシー　佐藤繭香

【関連項目：フェミニズムの萌芽，フェミニズム運動，国民の創造，第一次世界大戦と女性，女性参政権獲得後のフェミニズム，議員】

▷1　女性社会政治同盟
（WSPU：Women's Social and Political Union）
WSPUは，1903年10月10日にマンチェスターでエメリン・パンクハースト（1858～1928）によって設立された。WSPUのメンバーたちは，「サフラジェット」と呼ばれ，政治家の集会を妨害したことによる逮捕，投獄に加え，監獄の中でハンガーストライキも行った。政府は，ハンガーストライキに対抗し，強制食餌を行った。ミリタンシーは，1912年頃からさらに激しさを増し，商店や官公庁の窓ガラスへの投石，郵便物への放火などの行為も含むようになった。
▷2　女性参政権協会全国同盟（NUWSS：National Union of Women's Suffrage Societies）
ミリセント・ギャレット・フォーセット（1848～1929）を会長とし，1897年に設立された女性参政権組織で，平和的で立憲主義に基づいた活動を推進した。この組織の活動家たちは「サフラジスト」と呼ばれた。

📖 概　要

　「言葉ではなく行動を！」とは，20世紀初めのイギリスで，女性参政権運動を主導した**女性社会政治同盟**（WSPU）[1]の標語である。1905年10月，自由党の集会でWSPUの2名が「自由党政府は，女性に選挙権を与えますか」と質問を繰り返し，集会を妨害したとして逮捕，投獄された。この事件は新聞各紙で報道され，女性参政権運動は瞬く間に大衆の注目を集めた。これがWSPUの「ミリタンシー（戦闘的行為）」の始まりとなる。WSPUは，男性と同等の条件で選挙権を求め活動を続けたが，自由党政府との攻防の中でミリタンシーはしだいに過激化した。
　一方で，19世紀からの平和的な女性参政権運動を継承した**女性参政権協会全国同盟**（NUWSS）[2]も加盟団体や会員数を拡大していった。20世紀初頭にはこのほかにも，小規模の女性参政権組織がいくつも設立された。ミリタンシーに触発されて大規模な行進や演劇公演など視覚的な宣伝活動が登場し，女性参政権運動は全体的に活性化した。こうした活動方法は，アメリカの女性参政権運動にも影響を与えている。第一次世界大戦前夜のイギリスには少なくとも56の女性参政権組織とそれに賛同する団体が存在し，その会員数を合計すると約30万人にもなるほど，運動は盛り上がりを見せた。

当時の議論　1908年に設立された女性参政権反対全国女性連盟（WNASL）の指導者であり小説家のハンフリー・ウォード夫人は，地方政治への女性の参加は女性の家庭役割の延長として認めたが，軍事，産業，商業や金融などイギリス帝国の行く末に関する議論や法律の制定は，男性の領分であるとして真っ向から反対した。また，ミリタンシーという活動手段への賛否も当時からあった。女性参政権運動が始まった19世紀後半には，集会での演説さえも女性の規範から逸脱する行為としてとらえられていた。ましてやミリタンシーは，「女性らしくない振る舞い」として20世紀になっても批判の対象であった。ミリタンシーを行う女性は，理性に欠けた女性であり，国政を左右する選挙権を与えるには信頼がおけないとされたのである。

警官に逮捕されたサフラジェット（1910年）

その後の展開　第一次世界大戦が1914年8月に勃発すると，NUWSSとWSPUの両組織は，活動停止を宣言し，戦争協力姿勢を打ち出した。8月10日には，イギリス政府も収容

されていた女性参政権活動家たちを監獄から解放した。その後，**1918年に国民代表法**が制定され，30歳以上の一部の女性に選挙権が認められた。

🗝️ **論 点**

1. 1918年の国民代表法と戦前の女性参政権運動

戦前の運動が国民代表法の制定を導いたのか否かについては，研究者によって見解が異なる。ニコレッタ・グラス（Gullace 2002）は，女性の戦争協力が女性参政権を引き寄せたとする。一方で，戦前の運動の成果を評価する研究者も多い。ジューン・パーヴィス（Purvis 2018）は，大戦中の戦争協力活動を戦前の女性参政権運動の延長ととらえ，WSPU の果たした役割を評価する。反対に河村貞枝（2001）は，自由党から離れ，大戦直前には労働党との連携に踏み切ったNUWSSの戦前の方針が，議会における女性参政権賛成派の基盤固めに寄与したと説明している。

2. ミリタンシーの評価

ミリタンシーへの賛否は，WSPU の指導者らの評価に関連づいている。マーティン・ピュー（Pugh 2000）は，設立当初の WSPU は労働運動と近い関係にあったが，ミリタンシーが過激化するにつれ，WSPU を主導したエメリン・パンクハーストとその長女クリスタベルが「独裁的」になり，戦争協力を打ち出すに至って保守化したとする。クリスタベルが主導したミリタンシーが，女性参政権の獲得を遠ざけたと評価するものもいる。クリスタベルらに批判的な研究には，中村久司（2017）のように次女シルヴィアの功績を評価するものもある。WSPUから放逐されても労働者階級女性たちに寄り添う社会主義の立場を守り続けた平和主義者シルヴィアによる女性参政権運動は，社会主義フェミニズムの歴史の中に位置づけられている。佐藤繭香（2017）は，シルヴィアも関わった視覚的な宣伝戦略に注目し，ミリタンシーだけではない大衆への宣伝活動に長けた WSPU の姿を描いている。

3. 女性参政権運動への男性の関与

女性参政権運動の主要な研究では女性組織の活動が注目される。しかし男性を中心とした組織もあった。河村（2008）らは，穏健派の女性参政権男性同盟（MLWS，設立1907年）や女性の選挙権付与を求めミリタンシーを肯定した男性同盟（MPUWE，設立1910年）などを取り上げ，女性参政権運動における男性活動家の役割を明らかにした。女性参政権運動は，当時の伝統的な女性性だけでなく，男性性を問い直すものでもあったのだ。

探究のポイント

①映画『未来を花束にして』（2015年）を鑑賞し，サフラジェットたちが弾圧を受けながらも運動を続ける支えとなったのは何か，考えてみよう。

②女性参政権に反対する組織等が発行したポストカードやポスターをインターネットで画像検索してみよう。描かれているイラスト等からはどのような反対理由が読み取れるだろうか。

③ニュージーランドやオーストラリアなど，同じイギリス帝国内でも女性参政権がいち早く認められた国々ではどのような運動が繰り広げられたのか調べてみよう。

▷3 1918年の国民代表法（Representation of the People Act）
1918年の国民代表法では，30歳以上の戸主または戸主の妻である女性に選挙権が与えられた。同時に21歳以上の男性全員に選挙権が認められた。また，1918年に制定された議会（女性資格）法で，女性に被選挙権が認められた。男女平等の普通選挙権が認められたのは，1928年のことである。

参考文献

河村貞枝『イギリス近代フェミニズム運動の歴史像』明石書店，2001年。

河村貞枝「『マンズ・シェア』──イギリス女性参政権運動への男性のかかわり」姫岡とし子・河村貞枝・松本彰・砂山充子・中里見博・長谷川まゆ帆・菊川麻里『近代ヨーロッパの探究11 ジェンダー』ミネルヴァ書房，2008年，第2章。

佐藤繭香『イギリス女性参政権運動とプロパガンダ──エドワード朝の視覚的表象と女性像』彩流社，2017年。

中村久司『サフラジェット──英国女性参政権運動の肖像とシルビア・パンクハースト』大月書店，2017年。

∞ エジプト ∞

18 ヴェール

後 藤 絵 美

【関連項目：イスラーム法と家族，貞節と男女隔離，フェミニズム運動，日本人旅行者が見たエジプト，装いとコロニアリズム】

▷1　19世紀のエジプト

1805年にオスマン帝国の属州で半独立王朝のムハンマド・アリー朝が始まった。最も華やかだったのが，副王イスマーイールの治世（位1863〜79）である。この時期，ヨーロッパの文物が盛んに採り入れられ，都市の街区や交通網が整えられた。その後，急速で無計画な近代化事業によって国家財政は破綻し，列強の脅威にさらされ，1882年，エジプトはイギリスの軍事占領下に置かれた。

▷2　ヴェール

アラビア語ではヒジャーブ（hijāb）と呼ぶ。ヒジャーブの元来の意味は，人や物を視線から隠す「覆い」や，二者を隔てる「仕切り」である。イスラームの啓典クルアーンの「彼女たちに何か尋ねる時はヒジャーブの後ろから尋ねなさい」（33章53節）などを根拠に，ムスリム女性を覆い隔てるものという意味で用いられてきた。

▷3　ヴェールとイスラームの教義

啓典クルアーンには前述のヒジャーブの啓示のほか，女性の信仰者に対して「外にあらわれているもの以外，飾りを人に見せないように。胸にはヒマール（覆いの一種）をかけて」と呼びかける24章31節や「ジルバーブ（外衣の一種）を身にまとうように」と命じる33章59節などがある。これらの解釈によって，女性が身体のどの部位を覆い，どう装う

📖 概　要

19世紀のエジプト都市部では，信仰する宗教に関係なく，女性たちは外出の際に，分厚い布や外套で，顔を含む全身を覆っていた。中上流階層の場合，馬車などでさらに厳重に隠された。以下では，これら女性の身体を覆うものを総称して「ヴェール」と呼ぶ。エジプトでヴェールをめぐる状況が変化したのは，19世紀末のことである。洋装の普及やヨーロッパからの旅行者の増加，宣教師による教育活動の影響などを受け，まずはキリスト教徒やユダヤ教徒の女性たちの中から，顔覆いを薄手のものに代えたり，外したりして出歩く者が現れた。ムスリム（イスラーム教徒）の間でも，顔覆いや隔離をめぐって議論がわき起こったが，実際に女性たちがヴェールを外し始めたのは，1900年代末以降のことであった。

当時の議論　女性が顔覆いを着用することや，女性を社会から隔離することは，イスラームの教義で求められたものではなく，社会の慣習にすぎないと主張し，物議を醸したのは，フランス留学経験のあるエジプト人の法律家カースィム・アミーン＊である。彼は著書『女性の解放』（1899）の中で，それらの慣習が女性から社会経験や能力を伸ばす機会を奪い，彼女たちの精神的・身体的な健康を害し，社会全体に不利益をもたらしていると主張した。加えて，帝国主義の脅威が迫る時期，エジプトの国力を高めるためには，この慣習から女性を解放する必要があると論じた。

これに対して，外国人と接触する機会が増えている時期だからこそ，宗教的にも社会的にも，顔覆いや隔離を含む完全な形でのヴェールが重要であると主張する者もいた。ヴェールをなくすことは，西洋の模倣であり，東洋の価値観を貶め，イスラームに反するともいわれた。中には，顔覆いや隔離を守ることは宗教上の義務ではないが，人々の倫理観が充分ではない現状で，それらをなくすと，女性や社会に悪影響があるとして反対する者もいた。女性の身体を覆い隠すことは，慎ましさや，地位の高さ，経済力を示すという考えも根強くあった（Baron 1989, 後藤 2023）。

その後の展開　1900年代の終わり頃には，都市部のムスリム女性の中にも，顔覆いを外して出歩く者が現れた。1919年の反英抗議運動では，それまで路上で目にすることがなかった上流階層の女性たちを含めて，多くが抗議行動に参加した。女性による行進を組

1919年の反英抗議運動に参加する女性たち

織し，その後の民族運動や女性運動を牽引
した上流階層出身のフダー・シャアラー
ウィー*が，ローマでの国際会議から帰国し
た後，大衆の面前で初めて顔覆いを外した
のは1923年のことであった（Badran 1996）。
この頃から，被り物を含む伝統的な装いに
代えて，世界的なファッションに身を包む
女性が増えていった。

1970年代エジプトの大学にて。教員（右から2人目）を囲む女子学生たち

 論　点

1. ヴェール批判と植民地主義言説の内面化

エジプトを含む中東・イスラーム圏で，女性たちの姿が覆い隠された状態にあることは，19世紀を通じてヨーロッパ人の旅行者や宣教師，政治家，学者らによって批判されてきた。ライラ・アハメド（2000）は，植民地主義言説の中で繰り返されてきたヴェール批判が，進んだ西洋／遅れた東洋という差別化と，支配のための構造の強化を意図したものだったと指摘した。また，アミーンやシャアラーウィーなどヨーロッパ経験のある上流階層の男女が，ヴェールに対する西洋の批判的言説を内面化し，結果として，文化的帝国主義支配の構造の強化に加担したと論じた。これに対して，言説の比較だけでなく，当時の文脈や人々の経験や感情に注目することで，ヴェールに対する批判や，女性たちがヴェールを外した過程を，より立体的に理解しようとする取り組みも始まっている。

2. ヴェールの復活とのつながり

廃れゆくと思われたヴェールが，エジプトで再び注目されたのは，1970年代のことである。当初，大学のイスラーム運動参加者によって用いられたヴェールは，肌の露出を避けた地味な衣服と，頭髪を覆うスカーフであった。中には，顔覆いや手袋を用いる女性もいた（El Guindi 1981）。その後数十年をかけて，ヴェールはより幅広い層のあいだで用いられるようになった。2000年代前半には，ヴェールのファッション化と流行も話題になった（後藤 2014）。

20世紀後半のヴェールは，宗教典拠への言及や，覆うべき身体部位の規定など，同世紀初頭のものと共通点があったことから当初「再ヴェール（reveiling）」と表現された。一方，前者が伝統的に用いられてきたのに対し，後者は意識的に選択されたものであり，そのスタイルも異なっているとして，20世紀後半の現象を「新ヴェール（new veiling）」と呼ぶ研究者もいた。

┌─ 探究のポイント ─────────
│ ①近代以降，ヴェールが焦点となり続けてきたのはなぜか。理由を考えてみよう。
│ ②男性の装いや他の地域の装いで議論の的となったものはないか，調べてみよう。
│ ③イスラーム圏各地の装いの変遷を扱う岡・後藤編（2023, 第2部）を題材に，異なる地域のヴェールについて歴史的経緯や現状を比較してみよう。
└───────────────────

べきかが議論されてきた。
＊　カースィム・アミーン
Ⅱ-11 コラム7 参照。
▷4　反英抗議運動
1914年に第一次世界大戦が始まると，イギリスはオスマン帝国に対する宣戦布告の後，それまで軍事占領下に置いていたエジプトの保護領化を宣言した。1918年に終戦を迎えた後，エジプト国内で独立要求運動が活発化した。この動きは後に1919年革命と呼ばれる。1922年，エジプトは形式的な独立を得た。コラム16 参照。
＊　フダー・シャアラーウィー
Ⅱ-11 側注2参照。

（参考文献）

ライラ・アハメド（林正雄ほか訳）『イスラームにおける女性とジェンダー』法政大学出版局，2000年。
後藤絵美『神のためにまとうヴェール』中央公論新社，2014年。
岡真理・後藤絵美編著，長沢栄治監修『記憶と記録にみる女性たちと百年』（イスラーム・ジェンダー・スタディーズ5）明石書店，2023年。
後藤絵美「ヴェールを外すこと──《憧れ》にうつるエジプトの近代」山口みどり・中野嘉子編著『憧れの感情史』作品社，2023年。

ドイツ
19 福祉職とジェンダー

中野智世

【関連項目：福音主義的社会改良運動，女性宣教師，女の集い／男の集い，女性と職業（ドイツ）】

概　要

　福祉は，古くから女性が関わってきた数少ない公的領域の一つである。たとえば福祉の先駆である慈善・救貧事業において，貧者にパンを配り，病人や老人の世話を担っていたのは修道女や無数の女性信徒たちであり，近代以降，広範に展開する世俗的な博愛事業においても，貧民街を訪ね，寡婦や孤児の保護に尽力したのは主に市民層の女性たちであった。こうした社会的弱者への奉仕や世話は家庭での義務の延長として女性に割り当てられており，「台所・子ども・教会」が居場所だとされていた当時の女性たちにとっても，数少ない社会参加の場であった。ただし，そうした関わりはあくまで無償の奉仕活動としてであった。

　近代ドイツにおいて，こうした無償の活動を福祉というあらたな女性の職業として作り上げたのは，穏健派の市民女性運動，中でも**市民的社会改良**[1]を支持する女性グループである。彼女らは，福祉を，母性という女性の「本能」を生かした女性の天職とみなした上で，「持てるもの」である市民層女性の社会的使命として位置づけた。このグループから頭角を現し，福祉の職業化や専門教育の枠組み作りを主導した**アリス・ザロモン**[2]は，女性が福祉活動に従事することは「母性愛と親切で慈愛に満ちた行為を家庭から近隣へ，社会へと広げていく」ことであるとし，福祉を女性固有の援助とケアの専門職として確立することを目指した。20世紀初頭，児童保護や保健サービスの担い手として女性職員が登用されたのを皮切りに，以後，自治体や民間福祉団体では，有給で福祉業務に従事する女性の数が徐々に増加していく。1920年代になると，福祉職は女性固有の公的職業資格として制度化された。看護や保育と同様に，福祉は典型的な女性の職業として確立していくことになったのである。

当時の議論　福祉は女性の領域として社会的に認知されていたとはいえ，行政内に女性職員が登用されることは，しばしば不信の目をもって迎えられた。「母性的な献身と奉仕」が求められる福祉の仕事は，「冷静な判断力や客観性を必要とする」官吏というポストにはそぐわないという議論も繰り広げられた。その結果，多くの女性福祉職員は，行政の末端で，低賃金の長時間労働に従事する補助的労働者として位置づけられ，市民女性運動が目指した援助とケアの専門職という理想とは大きく隔たるものとなった。また，福祉業務は「善良な女性」であれば十分であり，専門性は不要であるといった議論も絶えることがなく，実際，福祉の現場では多数の女性ボランティアが併用されていた。

▷1　市民的社会改良
工業化・都市化の急速な進展に伴う労働者階級の貧困を「社会問題」とみなし，その改善を目指した市民層による社会改良運動。社会政策や自治体福祉政策を通した漸進的な社会改良と労働者の社会統合を目標とした。

▷2　アリス・ザロモン
（1872〜1948）
ドイツの市民女性運動家，社会事業教育の先駆者。ベルリンの裕福なユダヤ系家庭に生まれ，市民女性運動のネットワークを介して社会事業に加わり，1908年にはベルリン女子社会事業学校を設立。福祉専門職創出に指導的役割を果たした。

女性福祉職員による児童相談所での面談風景（1929年）

🔑 論 点

1. 「女性の天職」としての福祉職

福祉が女性固有の領域とされ，女性の職業として制度化されたことの功罪は，ながらく研究上の論点となってきた。ことに，母性イデオロギーを掲げたパイオニア世代の戦略は，福祉の専門職としての認知を阻害し，低い待遇を正当化する要因になったとして批判的にとらえられてきたが，姫岡とし子（1993）が指摘するように，当時の社会状況に鑑みるとそれは現実的選択であり，結果として多くの女性の社会進出の突破口となったこともまた事実である。なお，1920年代には少数ながら男性の福祉従事者も存在した。青少年の健全育成，非行少年の更生事業など特定の分野では男性の指導者が不可欠であるとされ，聖職者や青年運動の指導者など，女性福祉職とは異なる社会的背景をもつ男性が専門職員として登用された。ただし，中野智世（2009）が示すように，女性の仕事として構想された福祉労働において男性従事者をどう位置づけるかをめぐっては，様々な困難も生じた。

2. 無償の奉仕と有償労働

従来の研究は福祉の制度化や職業化のプロセス解明を目的としていたため，主たる関心は，有償労働としての福祉従事者に向けられていた。しかし近年では，プロテスタントの**ディアコニッセ**を取り上げたユッタ・シュミット（Schmidt 1998）を嚆矢として，宗教的動機から無償の奉仕として福祉に従事した人々を取り上げる研究も現れている。福祉の担い手を公的主体に限定せず，その多元性に着目する「**福祉の複合体**」論に則って（髙田・中野編著 2012），慈善ボランティアや修道女なども含む多様な福祉従事者に研究の関心が広がっているといえよう。

3. 福祉は援助か介入か

福祉実践のもつ二面性——対象者の社会的包摂を目指した救済や支援であると同時に，押しつけがましい介入や管理，社会的排除にも帰結しかねない——は，クリストフ・ザクセ（Sachße 1986）をはじめとして，多くの福祉史研究が早くから指摘してきた論点である。たとえば，未婚の母親や非嫡出児に対する福祉的措置は，当時の市民的価値規範や家族道徳に沿った指導と規律化をモチーフとしており，福祉の受け手のニーズとはしばしば乖離していた。近年では，そうした福祉の両義的性格を踏まえた上で，福祉の与え手と受け手のあいだの駆け引きや思惑のズレ，支援を「利用」する受け手の側の生存戦略の場として福祉実践をとらえるなど，多様なアプローチに立つ研究も現れている。

探究のポイント

①現代においても福祉の仕事に女性が多いのはなぜか，考えてみよう。
②福祉と同じく女性の職業領域であった女子教育や看護と福祉を比較してみよう。
③児童や青少年，高齢者・障害者など多様な人々を対象とする福祉領域の中に，ジェンダーに関わるどのような問題があるか，考えてみよう。

▷3 ディアコニッセ
プロテスタントの社会事業において，救貧や看護，保育などの社会奉仕活動に従事する女性。19世紀前半に制度化されたディアコニー施設で養成教育を受けた女性たちが，病院や学校，福祉施設などに派遣されて無償のケアの担い手となった。

▷4 「福祉の複合体」
福祉は，国家だけでなく，国家と家族のあいだにある様々な諸集団（慈善・相互扶助団体，ボランタリー団体，地域社会，企業など）が多元的に担ってきたものととらえ，福祉を様々なレベルの共同性に支えられた複合的なシステムとしてみる見方。

参考文献

姫岡とし子『近代ドイツの母性主義フェミニズム』勁草書房，1993年。
中野智世「社会福祉専門職における資格制度とその機能」望田幸男編『近代ドイツ＝資格社会の展開』名古屋大学出版会，2003年。
中野智世「「母性」と「騎士道精神」と——1920年代の社会福祉に見るジェンダー構造」姫岡とし子・川越修編著『ドイツ近現代ジェンダー史入門』青木書店，2009年。
岡田英己子「比較ソーシャルワーク教育史上の「母性」とその「社会的なるもの」の位置づけ」『人文学報（社会福祉学29）』469，2012年。
髙田実・中野智世編著『福祉』ミネルヴァ書房，2012年。

◦オーストラリア◦

20 国民の創造

藤 川 隆 男

【関連項目：近代家族像と文明規範，工場法とジェンダー，コロニアリズム，子ども移民，女性参政権運動とミリタンシー】

▷1 オーストラリア連邦

オーストラリア連邦の成立は，本国イギリスからの独立ではない。最初の憲法は，イギリスの議会法であり，イギリス臣民なら誰でもオーストラリアにいれば，オーストラリア国民として認められた。また，第一次世界大戦にもイギリスの参戦発表と同時に参戦したとみなされた。

▷2 排除と包摂

ここでは特定の集団に対する国民としての諸権利（市民権）からの排除とその授与を指しており，市民権が重層的・複層的であるために，特定の集団は排除と包摂に同時にさらされる場合がある。連邦形成期のオーストラリアでは，そうした事態が頻繁に生じた。

▷3 同等の選挙権と被選挙権

1893年のニュージーランドの選挙法改正で，ニュージーランド女性は選挙権を得たが，被選挙権は与えられなかった。マオリ女性も同じように，マオリ選挙区の選挙権を得たが，被選挙権はなかった。

▷4 州権論者

連邦システムにおいては連邦と州の権限が憲法において規定され，憲法に基づき両者は統治を行う。州権論者は，連邦権限を憲法に列挙した権限だけに制限し，残余の権限をすべて州権として，連邦による州に対する干渉を極力排除しようとした。

📖 概 要

バラバラだった6つの自治植民地が統合されて，1901年に**オーストラリア連邦**[1]が成立する。さらに第一次世界大戦への参戦で，国民の実質的な紐帯が強まり，オーストラリアという国家の土台が固まってくる。国民創造の歴史や物語は，19世紀末から第一次世界大戦にかけての時代に集中している。実際この間に，ジェンダー，階級，人種が交錯する複雑な**排除と包摂**[2]のシステムの構築によって，イギリス帝国内の白人の共和国であろうとする，オーストラリアという特殊な国民国家が誕生しつつあった。

1894年南オーストラリア植民地の議会は，世界で初めて，先住民を含む女性にも男性と**同等の選挙権と被選挙権**[3]を認めた。女性たちの参政権運動が，最も進歩的な植民地で実ったのである。1899年にこれに続いたのは，最も保守的な植民地西オーストラリアであった。オーストラリア憲法を起草した代表者の間では**州権論者**[4]が優勢で，植民地（連邦結成後に州となる）議会の下院で選挙権をもっていた者は自動的に連邦でも選挙権をもつことが決まり，南・西オーストラリアの女性だけが最初の連邦議会選挙で投票を認められた。

1901年連邦議会は，最初の最も重要な基本法案として，移民制限法を制定し，非白人の移民を事実上禁止し，国民の枠組みから排除した。また，太平洋諸島労働者法によって国内にいる太平洋諸島民を国外に送還することを決めた。これに対し，1902年の連邦参政権法は，**イギリス臣民**[5]でオーストラリアに6カ月以上住む，すべての女性に男性と同等の参政権を認めた。しかし同時に，マオリを除くアジアとアフリカの非白人とオーストラリア先住民から選挙権が剝奪された。

他方，20世紀初めには，強制調停仲裁裁判制度によって，国家が労働組合を体制内に取り込んだ。基本賃金の考え方が導入され，5人家族の労働者家庭が生活に必要な「公平かつ妥当な」賃金が保障されるようになる。ただし，扶養家族をもたないとされた女性の賃金は，長く男性の50〜75％に留め置かれた。一部には例外もある。女性の労働組合は，男女平等を求め逓信局では同一賃金を獲得した。

当時の議論　国民の境界を定めるにあたって，もしくは市民権をどこまで平等に付与するかについて，人種，性別，階級などに関する様々な議論があった。しかし，多くの論者は，白豪主義，女性参政権，先住民問題，階級対立など，別個のテーマについて語ることが多く，それを国民形成における排除と包摂のシステムの一部としてみることはなかった。

ニューサウスウェールズ女性参政権連盟は，女性が愛国的で，納税し，法に従い，宗教的・道徳的発展に参加し，教育や慈善活動の半分以上を担っていること

を，性差別のない選挙権要求の根拠とした。当時の政治文化は，十全な市民権の根拠を，納税や法を守るという受動的な市民としての役割と，社会・政治領域における積極的で能動的な市民としての貢献に置いており，それに沿った主張を行ったといえよう。しかし，女性参政権論には，人間としての普遍的権利を要求する側面もあり，一部の活動家は，完全な平等を求めて国際的な女性運動に加わったり，先住民の権利回復を支援するようになったりした。

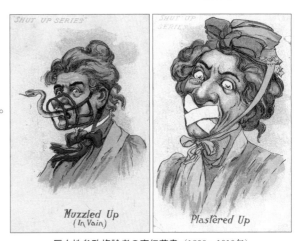

反女性参政権論者の宣伝葉書（1890〜1910年）
左：口輪をはめて黙らせようとする画像。女性の権利要求に対する強い反発と反感を暗示する。右：口輪だけでは黙らせられないので，絆創膏で口をふさぎ，完全に黙らせたいという願望を示す。

🗝 論 点

1. 国民の創造における女性の役割

歴史研究は伝統的に国民の創造を男性の役割だとみなしてきた。これに異議をとなえたのが，パトリシア・グリムショー，マリリン・レイクら（Grimshaw, Lake et al. 1994）のフェミニストの歴史家であった。彼女らは国民の創造に果たした女性の主体的役割を強調したが，同時に，白人女性にも国民国家から排除された人々に対する差別への責任が生じると考えた。しかし，近年，戦争やスポーツにおける多文化主義的国家への女性による貢献だけを安易に強調する傾向がみられる。

2. 第一波フェミニズムの位置づけ

フェミニスト史家の一部は，この時代を，国民文化をめぐり両性が闘う時代だとみなした。女性参政権を要求した第一波フェミニズムが，白人中流階級に限られていたという主張は，男性的観点からの解釈であり，実際は全女性集団のための急進主義的立場だったと論じた。彼女たちは，第一波フェミニズムに対する見方自体が，19世紀末以来，男性を中心にして構築されてきた国民文化の影響を受けていると主張し，文化をめぐる両性の闘いが今も継続していると示唆した。

3. 憲法制定とジェンダー史

1897〜98年の連邦憲法制定会議の参加者はすべて男性であり，憲法制定に女性は無関係であるとされてきた。しかし，ジェンダーの観点からの分析によって，憲法制定会議では男女の権利や関係性が頻繁に言及され，様々な問題が男性的・女性的比喩によって語られていたことが明らかになった。国民・国家の表象はジェンダー関係の枠組みでも規定されていた。さらに，女性を主体とする，女性の権利を要求する様々な活動や請願にも光が当てられるようになった。

┌ 探究のポイント ─

①国民形成からの排除と包摂およびジェンダー，階級，人種の交錯を整理しよう。
②なぜ，最も急進的な植民地と保守的な植民地で女性参政権が導入されたのだろうか。
③オーストラリアの資料がとても豊富な GLAM Workbench（https://glam-workbench.github.io/）で新しいデジタル・ヒストリーの手法を試してみよう。

▷5 イギリス臣民
第二次世界大戦以前のイギリス帝国では，帝国内で生まれたすべての人間は，理論上イギリス臣民として，帝国内を自由に移動し，その居住地で平等に市民権を行使できる建前であったが，現実にはそうならず，白人自治領では差別的扱いを受けた。

参考文献

藤川隆男「オーストラリア女性史の発展と展望」『西洋史学』187，1997年。
青山晴美『女で読み解くオーストラリア』明石書店，2004年。
窪田幸子『アボリジニ社会のジェンダー人類学』世界思想社，2005年。
藤川隆男「オーストラリア連邦の結成とジェンダー」粟屋利江・松本悠子編『人の移動と文化の交錯』明石書店，2011年。

Ⅳ　第一次世界大戦から戦間期

第一次世界大戦　イギリスの募兵用
ポスター

1920年代の日本政府・内務省による
スペイン風邪対策・公衆衛生ポスター

ドイツ軍の化学兵器・催涙ガスにより失明したイギリス人兵士

Introduction

　本章は第一次世界大戦から戦間期が対象です。領土拡大紛争が勃発するや，軍事同盟によって結ばれた各国がこぞって参戦する世界戦争の時代が到来します。新たな戦争のあり方は，それぞれの国民国家にとっても国内の構成員を総動員する総力戦体制を必要としました。植民地兵が必要とされ，植民地女性も含めた女性の戦時動員や銃後役割が求められ，従来の「国民」の枠組みに加え，宗主国男性の男らしさはゆらぎます。しかしこのため戦後は一転，性差をめぐる秩序回復への揺り戻しも顕著です。化学兵器も含め，飛躍的に進んだ軍事技術は戦後には家電等の民事技術に転用され，女性と消費文化との関わりも強調されていきます。戦争が総力戦という新たな形をとりはじめた時代，ジェンダー射程は地域の変化の相の共通性を横並びに見せてくれる視座を提供してくれるのではないでしょうか。

ヨーロッパ

1

第一次世界大戦と女性

林田 敏子

【関連項目：売買春と性病予防法，マスキュリニティ，女性参政権運動とミリタンシー，戦争・負傷兵と男性ジェンダー，女性と職業（ドイツ），女性参政権獲得後のフェミニズム，防空と銃後】

▷1　女性の戦時動員

開戦とともに各国で女性を主な担い手とする種々のボランタリー組織が立ち上げられ，多くの女性たちが後方支援活動に従事した。前線への食料・医薬品・衣服の供給，戦死者の遺族や戦争難民のケア，兵士向けの簡易食堂の運営，軍隊への慰問袋や娯楽の提供などその活動は多岐にわたった。

▷2　女性部隊

女性は軍隊の中で，調理人，事務員，整備工，運転手，信号手，タイピスト，電話交換手といった非戦闘職に従事した。イギリスでは陸海空軍あわせて8万～9万人が補助要員として動員され，フランスでも陸軍の行政部門に女性がリクルートされた。

▷3　女性兵士

ロシア革命期に戦意高揚を目的として創設された複数の女性大隊は，武器を携行し，戦闘行為にも従事した。女性兵士が東部戦線に多かった理由として，前線の絶え間ない移動がもたらす

📖　概　要

　第一次世界大戦（以下，大戦）は，軍事技術の飛躍的な発展がもたらした塹壕戦と戦線の膠着化によって，4年を超える長期戦となった。軍事物資を絶え間なく前線に供給する必要から銃後を巻き込む総力戦が展開し，**女性は様々な形で戦争に動員された**[1]。「女らしい」戦時奉仕として多くの女性が従事したのが救急活動で，イギリスのボランタリー救護部隊には1918年時点で8万人が登録し，ドイツの女性従軍看護師は約9万人と医療スタッフの4割を占めた。戦前，主に繊維業・縫製業・家事サービス業に従事していた女性たちは，軍需工場をはじめ，バスやトラムの運転手，機械工といった「男の職業」にも進出した。ドイツ・イギリス・フランスなどでは，より多くの男性を前線へ送り込むために，軍隊内の非戦闘任務を担う**女性部隊**[2]も組織された。西ヨーロッパの国々では女性に戦闘資格は与えられなかったが，ロシアやセルビアなど東部戦線では**女性兵士**[3]の姿もみられた。銃後にとどまった者たちも，別の「戦い」を強いられた。多くの国で食料配給制が導入され，空襲に備えて灯火管制が敷かれた。空襲のみならず，敵軍の侵略や占領によって，銃後はいつ戦場に転化するかわからなかった。長期戦で疲弊した社会の戦意高揚のため，犠牲者としての女性表象が**戦争プロパガンダ**[4]に多用された。性暴力の暗示を含んだ募兵ポスター，敵の残虐行為を喧伝する新聞報道など，メディア戦術が登場したのも大戦期の特徴である。

当時の議論

　伝統的な女らしさの規範の枠内にとどまる救急活動は広く社会に受容されたが，軍隊は究極の「男の世界」であったため，軍の女性部隊には厳しい目が向けられた。軍隊は女性の任務を非戦闘職に限定し，モラル統制を徹底することによって，軍隊内のジェンダー秩序を維持しようとした。そのためイギリスやフランスの軍隊は，女性には軍事上のステイタスや武器を与えず，女性部隊を前線から一定の距離をとって配置することで「男の聖域」を守ろうとした。一方で，女性部隊の存在は伝統的なジェンダー規範を再確認し，軍の秩序を安定させる機能も果たした。女性の守護者としての役割を男性に自覚させるという意味で，女性の存在は戦時のマスキュリニティを強化するものでもあった。また，ジェンダー秩序の揺らぎに対する不安は，男性ではなく女性の性モラルの引き締めへと向かった。イギリスでは軍の成員を性病に罹患させた女性を拘留したり投獄したりする権限が警察に与えられた。女性の「性の緩み」は軍に性病を蔓延させ，

イギリスの陸軍女性補助部隊（1917～18年）

これを弱体化させるという意味で，国家レベルでの対処を要する問題とみなされたのである。

🔑 論点

1. 大戦は女性の社会進出を後押ししたか

大戦を機に女性の社会進出の動きが加速したとの見解に対し，近年は大戦前後の社会を連続的にとらえる研究が主流となっている。男性の領域が女性に侵犯されるたびに「男の聖域」が新たに創出されることでジェンダー秩序が再編され，結果的に男性優位は揺るがなかったとするものである。また，スーザン・グレイゼル（Grayzel 2014）は，中流階級の女性が高賃金の熟練職や専門職に就く可能性を切り拓いたのに対し，労働者階級の女性は，大量の帰還兵の流入によって好条件の仕事から早々に排除されたとして，「階級差」に目を向ける必要性を主張している。

2. 大戦は女性参政権をもたらしたか

大戦末期から戦後直後にかけて多くの国で女性参政権が実現した。そのため，参政権の付与を女性の戦時貢献の成果ととらえる見方がある一方，20世紀初頭にピークを迎えた女性参政権運動との連続性を重視する研究もある。フランスのように大戦が女性参政権の実現に結びつかなかった例もあることから，国際比較の重要性を唱えるもの，女性参政権導入時の各国の政治・社会状況，とりわけ男性普通選挙権との関係を視野に入れたもの，植民地を含めた脱ナショナルな枠組みでの研究を推進するものなど様々である。

3. ジェンダー史的アプローチは大戦の歴史を書き換えることができるか

ジェンダー史的アプローチが大戦研究にもたらした最大の功績は，銃後の側から総力戦の諸相を描き出したことにある。従来，前線と銃後は対立的な概念としてとらえられてきたが，マイケル・ローパー（Roper 2009）は塹壕の兵士と家族とのやりとりを手がかりに，両者の感情的結びつきに注目している。こうしたアプローチは，前線と銃後を「循環的なもの」ととらえることで，大戦研究の枠組みそのものを相対化する試みとして評価できる。また，人種や植民地，弱き男性といった観点から，戦う兵士を頂点とする戦時ヒエラルキーの再評価も進んでいる。大戦史は長らく「西部戦線」の「白人」男性を軸に描かれてきたが，東欧・ロシアやアフリカ，アジアで戦った兵士や黒人兵，植民地兵，さらには脱走兵や良心的兵役拒否者，捕虜に着目した研究も進んでいる。

探究のポイント

①戦時マスキュリニティの規範から外れた男性を主軸に据えると，どのような大戦のジェンダー史が描けるだろうか。
②人種や植民地といった概念を組み込むと，戦時の「男らしさ」「女らしさ」に関する秩序や規範はどのように変化するだろうか。
③映画『田園の守り人たち』（2017年）を鑑賞して，働き手を失った農場における女性たちの苦難と大戦が銃後の人間関係に及ぼした影響について考えてみよう。

混乱と，指揮系統の末端に一定の裁量権が与えられていたことが考えられる。

▷4 戦争プロパガンダ
前線・銃後・敵国・中立国という四つの対象に向けた戦争プロパガンダは，新聞やポスターだけでなく，映画・演劇・小説・漫画といった娯楽を介しても展開された。各国でプロパガンダ戦略を担う専門組織が立ち上げられ，検閲や情報統制によって厭戦思想の蔓延を防ぐとともに，敵国のネガティブ・イメージの創出と流布が図られた。V-2側注2も参照。

参考文献

林田敏子『戦う女，戦えない女——第一次世界大戦期のジェンダーとセクシュアリティ』人文書院，2013年。
荒木映子『ナイチンゲールの末裔たち——〈看護〉から読みなおす第一次世界大戦』岩波書店，2014年。
山室信一編『現代の起点第一次世界大戦 2総力戦』岩波書店，2014年。
望戸愛果『「戦争体験」とジェンダー——アメリカ在郷軍人会の第一次世界大戦戦場巡礼を読み解く』明石書店，2017年。
武田尚子『戦争と福祉——第一次大戦期のイギリス軍需工場と女性労働』晃洋書房，2019年。

ヨーロッパ

2 戦争・負傷兵と男性ジェンダー 北村陽子

【関連項目：家庭重視イデオロギー，マスキュリニティ，第一次世界大戦と女性，軍事的男らしさの揺らぎと再構築，男性稼ぎ主モデル】

概　要

　第一次世界大戦は，それ以前の戦争に比べてはるかに多くの死傷者を参戦各国にもたらした。兵器の近代化によって戦場での死者や負傷者が増え，他方で外科手術の技術や薬剤開発の発展によって命をつなぐ負傷兵が増えた。ドイツの事例を見てみると，直近の普仏戦争期（1870～71年）は前線での手術による死亡率は80％を超えていたのに対して，第一次世界大戦下では３％程度に抑えられた。生還する負傷兵が格段に増えたことは，その後の彼らの生活をどうするのかというあらたな問題を生じさせた。

　除隊した負傷兵の生活は，慈善事業が中心となって引き受けた国・地域もあれば，在郷軍人会の中での相互支援が発展したところもあった。あるいはドイツのように国家から軍事年金が支給されるとともに，彼らの生活再建のために各地で再就労に向けた個別支援が展開されたケースもあった。負傷兵の多くは，召集前には何らかの職業に就いており，除隊後も以前と同じく自ら生計を立てることが望まれた。それは近代になって発展し，社会に広く浸透した近代家族像における，男性稼ぎ主モデルに強く影響された要請であった。就労して家族を扶養することは，負傷兵の「男性らしさ」の証しとも考えられたのである。

顔面負傷兵（1917年に負傷，20回の手術を受けた。1924年）

▷１　シェル・ショック
戦闘体験から心理的なトラウマを負った兵士たちが，身体的な不調（痙攣や視聴覚障害など）を訴えること。大砲の音を聞いてショック症状を呈したと考えられて，シェル・ショックあるいは砲弾ショックと名づけられた。現在では心的外傷後ストレス障害（PTSD）ともいわれる。

当時の議論　大量の負傷兵への支援では，何よりも彼らが就労できるように身体を整えることが重視された。そのため，軍病院でのリハビリ方法と，失われた身体部位を補う義肢の製造技術が大きく発展していく。他方で内科系の疾患や，**シェル・ショック**（砲弾ショック）と呼ばれるようになる戦争トラウマを患った場合は，一見しただけでは「戦傷」が明らかではないため，前線に戻されたり，十分に治療されないまま市井への帰還を余儀なくされた。しかしシェル・ショックと診断された負傷兵の場合，家族とすらコミュニケーションがとれないこともあり，その後の生活は困難をきわめた。あるいは顔面や頭部に傷を負った場合，十数回手術をしても傷跡が消えず，対面する人々に嫌悪されて就労が困難になることもあった。また生殖器を損なった場合，他の身体機能に問題がなくても，ときとして身体が「女性化」することがあり，本人の意識として「男性らしさ」を感じられず，これからの生活に絶望することもしばしばであった。負傷兵の大半は，これらの事情や利き腕を喪失した技能職ではやる気を失うなど，就労しない・できないままであった。

　銃後（祖国前線 home front ともいう）では，前線に行って不在の男性たちに代わる労働力として，そして必然的に一家の稼ぎ主として，女性が生産現場と家族の生活を支えることとなった。20世紀初頭において歓迎されていたわけではなかっ

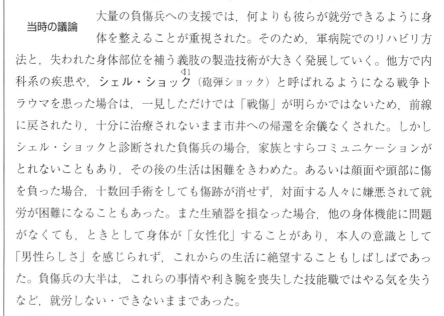

た女性の家庭外就労は，戦争という非常事態において，ほかに代わるものがないという理由で消極的に選択された労働力確保の手段だったのである。心身に障害を負って帰還した負傷兵は，生活面で家族の介助が必要な場合も少なくなかったが，その状態で**戦前の権威**を振りかざすこともあり，社会に出るようになった女性（とくに妻）との関係がうまくいかない場合も少なくなかった。

義肢を用いて就労する負傷兵（1924年）

「御国のために奉仕した」ことを声高に主張し，年金額の引き上げや待遇改善を要求する負傷兵たちは，1920年代を通じて家族からも社会からも孤立していった。彼らの主張は，世界恐慌期に経済的な苦境に陥った周囲の人々には受け入れられず，それに不満を抱いた彼らは，イタリアをはじめとして，ドイツ，フランス，イギリスなど各国でファシズムにからめとられていくこととなる。

論　点

1．男性性と扶養者役割

ジョージ・L・モッセの『男のイメージ』（2005）に描かれているように，第一次世界大戦によって，あらためて戦争という暴力が力強さ・攻撃性という男性性の象徴とみなされた。傷ついた兵士はその理想像から外れ，心身の不調・欠損が彼らの男性性を損ない社会からの排除を促す要因となったという。近年は，扶養者役割を担えない彼らの存在が，家族関係を大きく変えたことが明らかにされている。

2．戦争とトラウマ

エリック・J・リード（Leed 1979）をはじめとして，ミカーリ／レルナー編（2017）や，リーズ／クロートハメル編（Leese and Crouthamel eds. 2017）などの研究は，前線での兵士や，空爆の激しかった第二次世界大戦期には一般市民にも，戦争が心理的トラウマを誘発したことを立証している。

3．社会復帰のための職業教育とリハビリ

国際連盟の組織の一つである国際労働機関 ILO が実施した傷病兵の職業教育や就労に関する調査（1923年）によれば，参戦国ではたいていが除隊後の生活再建のために何かしらの就労支援が行われていた。こうした調査をもとにした負傷兵の職業教育やリハビリに関する歴史研究は，障害学を歴史学的視点から考察しなおす研究が始まった1980年代以降にようやく着手され始めた。

探究のポイント

①二つの世界大戦のあいだの時期の，各国の経済的な動向をとらえてみよう。

②男性の権威，女性の就労のほかに，戦争によって変化した価値観は何だろうか。

③負傷兵のリハビリが障害者スポーツ，パラリンピックに発展した様子を探ろう。

▷2　男性の戦前の権威

20世紀初頭の参戦各国では，民法規定によって，家長である男性に家族に関する一切の決定権がゆだねられていた。家長は妻の家庭外就労の可否，それによって得られる賃金の使い道，子どもの進路や結婚を決めたのである。この家父長権は二度の世界大戦によって形だけのものになっていったが，たとえばドイツでは，戦後の西ドイツになってから，1957年の民法改正によってようやく条文から姿を消した。

参考文献

エルンスト・フリードリヒ編（坪井主税，ピーター・バン・デン・ダンジェ訳編）『戦争に反対する戦争写真集』龍溪書舎，1988年。

ジョージ・L・モッセ（細谷実・小玉亮子・海妻径子訳）『男のイメージ——男性性の創造と近代社会』作品社，2005年。

マーク・ミカーリ，ポール・レルナー編（金吉晴訳）『トラウマの過去——産業革命から第一次世界大戦まで』みすず書房，2017年。

北村陽子『戦争障害者の社会史——20世紀ドイツの経験と福祉国家』名古屋大学出版会，2021年。

吉田裕編『戦争と軍隊の政治社会史』大月書店，2021年。

台湾

3 台湾原住民女性の経験

松田京子

【関連項目：産科学とジェンダー，コロニアリズム，女子教育（台湾），女性と職業（ドイツ・中国）】

▷1　霧社事件

霧社事件での日本人の犠牲者は134名にのぼった。植民地政府は，蜂起に対して，飛行機などの近代兵器を駆使した「掃討」作戦を展開した。蜂起した原住民の抵抗は約2カ月間続いたが，多くの戦死者と自死者を出し鎮圧された。その後，投降した原住民の収容所を，敵対関係にあった原住民が，警察の示唆により襲撃するという事件（第二霧社事件）が起こり，かろうじて生き残ったのは女性と子どもがその大半であった。台湾原住民の蜂起の原因は，過酷な労役や日常的な差別待遇への不満の集積による（「特集・台湾原住民にとっての霧社事件」『日本台湾学会報』第12号，2010年）。

▷2　台湾原住民

台湾原住民内部は多様であり，日本統治初期には八つの「種族」として把握されていた。当時の統計資料によると，1905年の時点で台湾原住民は約7万3000人，当時の台湾常住人口の約2.4％だったこととなる。植民地政府は，原住民が多く居住する地域を「蕃地」と呼び「特別行政区域」として，それ以外の「普通行政区域」と切り離して統治を行ったが，「特別行政区域」は1935年時点でも，台湾全島の約45％を占める広大な地域であった（松田2014）。

▷3　ピポ・ワリス

霧社事件当時，15歳であったピポ・ワリスは，霧社事

📖　概　要

霧社事件[1]は，1930年，台湾北中部に位置する霧社で起こった台湾原住民による最大規模の抗日武装蜂起事件である。当時の霧社は「優秀な」台湾原住民青年に「花岡一郎」，「花岡二郎」という日本名をつけ現地の警察官として採用し「理蕃の模範生」として喧伝するなど原住民政策の「先進」地区とされていた。**台湾原住民**女性オビン・タダオ[2]（日本名：花岡初子，のちに中山初子）は，蜂起したセデック族・ホーゴー社の頭目の娘で，蜂起の直後に自死した同社のダッキス・ナウイ（日本名：花岡二郎）の妻であった。17歳であったオビン・タダオは，収容所に収容され，1931年6月に川中島に強制移住させられた。翌年，警察の勧めにより，ホーゴー社出身の**ピポ・ワリス**[3]（日本名：中山清）と再婚する（中村 2000）。

その後，オビン・タダオは，1938年に開催された台中州理蕃課主催の第1回助産婦講習会に参加した。彼女はこの講習会で優秀な成績をおさめ，地域の「助産婦」として活動していくこととなる。このようなオビン・タダオの経験は，日本による植民地支配の展開の中でどのように位置づけられるのだろうか。

1895年，日清戦争の結果，日本は台湾を清国から「割与」され，その後，約50年間に及ぶ植民地支配を開始することとなるが，その時点での台湾の住民構成は，主に平野部に居住する圧倒的多数の漢民族系住民と，山岳地帯や離島に居住する台湾原住民に大別された。

植民地統治初期の台湾では，漢民族系住民の武力による日本への抵抗が継続していたため，植民地政府は台湾原住民に対しては現状維持を基本とし「綏撫」の方針で臨んでいた。しかし1903年頃から取り締まりを基調とした「積極的」介入政策への転換が図られた。そして1910年代前半には，とくに台湾北中部山岳地帯に居住する台湾原住民に対して，武力による徹底的な「討伐」服従化作戦が実施された。

その結果，「帰順」した原住民の集落には支配の拠点として警察駐在所が置かれ，原住民に対しては，農業の推奨や，集団移住政策の促進，「蕃童教育所」「蕃人公学校」と呼ばれた原住民児童対象の学校教育の段階的普及が図られるとともに，武力による服従化政策も継続された。そのような中，台湾原住民女性は「婚姻政策」の対象とされ，原住民社会の有力者の娘と日本人警察官の婚姻は，「宥和策」の一

1910年代初頭の台湾原住民居住地と「種族」分布地図

環として推奨されていった（松田 2014）。

このような「理蕃」政策の成功例とみなされていた霧社で，1930年に台湾原住民による大規模な抗日武装蜂起が起こった。冒頭で述べた霧社事件である。

当時の議論　多くの日本人が犠牲となった霧社事件は，植民地統治体制に大きな衝撃を与えた。植民地政府は警察や軍隊を投入して蜂起に対する徹底的な「討伐」作戦を行うとともに，原住民統治方針の転換を行った。「蕃地」の「内地化」政策ともいうべき霧社事件以降の原住民統治政策の特徴は，第一に「集団移住」政策がさらに推進されたこと，第二に全般的な「教育」活動の推進が試みられ，「先覚者」の育成に重点が置かれたこと，第三に「生活改善」運動という側面をもつ施策が実施されたことで，その影響は広範な生活習慣や宗教的慣習にまで及ぶものであり，日常生活の細部にわたる介入が試みられたといえる。

その後の展開　このような状況の中で1930年代初頭から台湾原住民女性を対象とした「助産婦」養成事業が推進されていくことになる。この施策は，基本的には女性「先覚者」の育成という側面をもちつつ，出産や育児に関する原住民社会の慣習に大きな変更を迫るものであった。つまり新生児の沐浴のさせ方というような具体的な生活習慣にとどまらず，たとえば難産の際の産婦への対応など生命の誕生をどのように考えるかという死生観や，「吉」「凶」「浄」「不浄」といった価値観に関わる部分での「内地化」を迫るものだったのである（松田 2019）。

論　点

1. オビン・タダオの経験とは　オビン・タダオの経験は，当時の台湾原住民女性の経験の中でどのように位置づけられるのだろうか。彼女の経験は，平均的なものではない。しかし駒込武が指摘する「同時代の状況をもっとも先鋭な形で表現」（駒込 2009）している「極限値」としての「典型性」をもつ経験だといえる。

2. 台湾原住民女性の「歴史」を描くことの困難性　植民地統治期の台湾原住民女性に焦点を当てた歴史学的な手法による研究は，ごく限定されている。当時の台湾原住民女性の状況を示す資料は，植民地政府が支配の一環として残した記録や，当時の報道の中の断片的記述がその大半を占めている。このような圧倒的に不均衡な資料状況の中で，台湾原住民女性を主体とする歴史記述をいかに進めるかは方法的にも大きな課題である。

── 探究のポイント ──
①植民地統治期の台湾在住日本人と台湾原住民との関係について，文学作品を手がかりに考えてみよう（坂口䙥子『蕃婦ロポウの話』1961など）。
②1930年の「霧社事件」の状況と，事件の伝承のあり方について，映画『セデック・バレ』（魏徳聖監督，台湾，2011年公開。なお日本語字幕付DVDが，2013年にマクザムより販売されている）などを手がかりに考えてみよう。

件の最中，何度か命の危険にさらされながら，知り合いの日本人警察官の「庇護」により，なんとか生き延びた人物である。ピポ・ワリスは警手（警察官の補助員）となり，川中島駐在所で勤務したという（中村2000）。

▷4　先覚者
植民地政府は，主に「蕃童教育所」卒業生の中で，植民地政府が進める施策に積極的に呼応していく台湾原住民青年を「先覚者」と呼び，現地協力者（コラボレーター）として，その育成に努めた。

参考文献
中村ふじゑ『オビンの伝言──タイヤルの森をゆるがせた台湾・霧社事件』梨の木舎，2000年。
駒込武「台湾史研究の動向と課題」『日本台湾学会報』11，2009年。
特集「台湾原住民族にとっての霧社事件」『日本台湾学会報』12，2010年。
松田京子『帝国の思考──日本「帝国」と台湾原住民』有志舎，2014年。
松田京子「一九三〇年代の台湾原住民女性をめぐる統治実践──「助産婦」養成事業を中心に」『南山大学日本文化学科論集』19，2019年。

∞台　湾∞
4　女子教育

洪　郁　如

【関連項目：コロニアリズム，台湾原住民女性の経験，女性と職業（中国），植民地下における女子教育，女子教育（満洲）】

 概　要

　女子教育が近代的な意味での「学校」で行われるようになったのは，台湾が日本の植民統治下に入ってからのことである。その含意は，統治権力，現地社会，女性本人という三つの視角から複眼的に理解されなければならない。植民地化以前，たとえ名門家庭出身の娘たちであっても，男子と同等に漢学教育を受けられる者は少数であった。台湾に女子教育が持ち込まれたのは20世紀初頭になってからだが，統治側にとり，この措置は現地の台湾人協力者層を家庭の内側から強化する目的から出たものであった。最小限の財政的投入によって，異民族に対する文化的統合の効果を最大限に引き出そうとするこうした傾向は，約半世紀にわたる台湾女子教育の歩みに明瞭に表れている。家庭を主な生活空間としていたエリート層の「深窓の令嬢」たちは，学校教育を通じて可視化されるようになった。1930年代以降，とくに戦争期に入ると，日本教育の洗礼を受けた彼女らは，家庭と社会での教化作用および民衆動員において，ますます大きな役割を期待されるようになった。

　　　　　当時の議論　　「目下本島の女子が家庭において完全の母たることを望まれぬは云ふ迄もなく，明白に言えば，家庭にあつては文明の破壊者であり，我が新領土経営の阻碍者であるといつてもよい」。これは新竹で長期間，教員として勤めた高木平太郎の『台湾教育会雑誌』（1908）への寄稿である。同時期，台湾総督府の企画により日本内地視察に参加した名望家たちは，東京女子師範などで見聞し，知識と教養を備えた新女性像に大きな衝撃を受けた。ここから同様の期待を次世代の台湾女子教育にも寄せるようになったが，女子の通学を物理的に可能にするために，まずは旧来の纏足の風習を改めさせる必要があった。1915年に台湾の解纏足運動▷1が成功を収めた背景には，このような女子教育の必要性があった。統治側としては帝国植民地の「新附臣民」への教化が目的であったのに対し，台湾社会自体にとり，それは近代化を目指す一つの主体的な動きであった。しかし，植民当局と社会それぞれが目指した方向性のズレが徐々に露呈するようになる。

　　　　　その後の展開　　人生における「女学生」時期を手に入れ始めた娘たちの世代は，その活動の範囲を広げたのみならず，国語，算数，歴史，地理，さらには体育，修身，家事，音楽，そして短歌や俳句，茶道など礼儀作法をも学び，日本色の濃厚な教育に取り込まれつつ自己実現を遂げていった。一方で，学校現場での経験は，彼女らが植民地の現実に気づく機会でもあった。学校内での日本人優

▷1　解纏足運動
幼女の足を布で縛り，その成長を止める纏足の風習は中国大陸からの移民により台湾に持ち込まれた。日本領台後，台湾人エリート層の近代化志向と，総督府による「清国人」の象徴を取り除こうとする意向が相まって，1900〜15年の短期間のうちに成功を収めた。纏足については，Ⅰ-3 側注5，Ⅱ-12 側注4も参照。

台北第三高等女学校新入生の台湾神社参拝（1934年）

遇，台湾人女性を受け入れることの可能な学校数の不足，進学先の欠如などがあげられる。また，読書会など自発的組織の結成，反体制的な政治社会運動への接近，そして女性解放運動への合流などの動きは当局からの厳しい制限を受けた。だが，全統治期間にわたり，台湾女子教育の基本的な方向性は不変のままであった。

論点

1. 日本統治期の教育を受けた女性たちによる台湾社会への影響

洪（2001）によれば，1920年代に纏足をやめ，日本教育を受けた「新女性」集団の誕生は，近代台湾における画期的な出来事である。その意義は，第一に，台湾人エリート階層の家族関係に変化をもたらしたことである。妻としては，同じく日本教育を受けた新世代の男性知識人と共通の言語と文化的嗜好をもち，対外的には日本人との社交の場における役割も期待された。また母として次世代の教育を担うことも期待された。第二に，女性の学歴価値が生まれたことである。中等教育を修了した女性たちからは，産婆，教師，医師など台湾で初めての職業婦人が輩出され，地域社会で一目置かれる存在として，民衆層の女性たちにとっての憧れの的となった。

2. 女性たちは日本教育を肯定的に評価したのか

日本植民地女子教育の二面性▷2については，これまでの研究でも指摘されている。帝国植民地の学校を通じ，女性たちは統治者の言語である日本語およびいわゆる近代的知識を獲得し，自分自身でも語り始め，主体的に植民地社会に関わるようになった。しかしそれは旧来の文化・伝統の喪失を代償として身につけた「知識・技能」であり，植民地支配の傷痕であった。

3. 学校教育を受けられなかった女性たち

一方で，学校教育は実のところ，戦前の台湾人女性の大半にとっては無縁な存在でもあった点が，近年の研究では注目されている。植民地では義務教育が実施されなかったため，1937年の日中戦争勃発まで，台湾人女児の就学率は3割にも満たなかった。義務教育が実施された1943年にはようやく60.95％に達したが，入学者の卒業率は7割を超えることはなかった。初等教育の不備と，伝統的な男尊女卑の考え方により，経済的に困窮している家庭では，仮に子女を就学させるいささかの余裕がある場合でも，まずは男兄弟を優先した。

探究のポイント

①楊千鶴『花咲く季節』（1942年）という自伝的小説がある。戦前の女子教育を受けた台湾人女学生が，植民地社会と伝統的な規範の制約をどのように意識，解釈して行動していたのか，に注目してみよう。
②『台湾人生』（2008年）というドキュメンタリー映画では，初等教育を1年間しか受けなかった楊足妹と，高等女学校卒の陳清香という2人の女性が登場する。彼女たちの言語状況と日本統治期に関する語り方を観察し，比較してみよう。
③植民地経験を有する本書掲載の他の地域と比較しながら，女子教育の問題点について考えてみよう。

▷2　日本植民地女子教育の二面性

「日本語を知るはかなしきふるさとは殖民されし傷痕ありて」。これは著名な女性詩人の陳秀喜（1921〜91）が，1975年に詩集刊行記念祝賀会で来日した際，その日本語の流麗さを賛嘆した詩人の堀口大学に即席で返した歌である。驚いた堀口はその場で陳に謝罪した。母語ではなく，「国語」とされた日本語の能力が，その学力を決定づける基本要件となってしまった。近代化に必要な知識の獲得も，日本語というフィルターを通さなければならなかったのである。

参考文献

楊千鶴「花咲く季節」（初出：『台湾文学』1942年7月号。再録：河原功・中島利郎編『日本統治期台湾文学台湾人作家作品集』第5巻，緑蔭書房，1999年）。
洪郁如『近代台湾女性史——日本の植民地統治と「新女性」の誕生』勁草書房，2001年。
台湾女性史入門編纂委員会『台湾女性史入門』人文書院，2008年。
洪郁如「ジェンダー・階層・家族」若林正丈・家永真幸編『台湾研究入門』東京大学出版会，2020年。
洪郁如『誰の日本時代——ジェンダー・階層・帝国の台湾史』法政大学出版局，2021年。

杉本史子

中国　5　近代教育と女子大生

【関連項目：家庭教育と女性文化，女性宣教師，高等教育，新制大学と女子学生，イスラーム革命と女子宗教学院】

▷1　ミッションスクール

当時，ミッションスクールは政府の管轄外に置かれて独自の発展を遂げ，中国の教育界に新しい風を吹き込む役割を果たした。女子大学の創設や大学における男女共学化も，ミッション系の大学が公立校に先行している。中でも南京の金陵女子大学は有名で，呉貽芳が中国人女性として初めて私立大学の校長（学長）を務めたことでも知られる。

▷2　良妻賢母

日本の近代女子教育理念から生まれた言葉で，女性に単なる家庭内役割を求めるだけでなく，国民を育てる母，教養を身につけ，夫の事業を支えられる妻など，近代国家における女性の役割を強調した。この言葉は中国や朝鮮半島などにも伝えられたが，そのとらえられ方や四字熟語の並び順は，時代や地域によって少しずつ異なった。Ⅳ-13側注3も参照。

▷3　新文化運動（五四新文化運動）

1910年代半ばより1920年代半ばまで続いた啓蒙運動で，「科学」と「民主主義」をスローガンとして，儒教に代表される伝統的な制度や道徳，文化に反対した。儒教規範に基づいた「男女の別」も批判の対象となった。Ⅳ-11側注3，Ⅳ-13側注1も参照。

📖　概　要

中国の近代女子教育は19世紀半ばに西洋の宣教師たちがミッションスクールを[◁1]創設したことから始まった。清朝末期から中華民国初期にかけての女子教育の目標は，**良妻賢母**[◁2]を育成することに重点が置かれ，男女別の学校系統の下で，女性が高等教育機関へと進む道はほぼ閉ざされていた。女性たちは学問を深めたければ，留学するか，ミッション系の高等教育機関に進学するよりほかなかった。

だが，1910年代半ばから始まった**新文化運動**[◁3]によって女性の解放が叫ばれるようになると，女性の中にも男性と同等の高等教育を受けたいと考える者が現れ，男女平等教育を求める運動を起こした。そのうちの一人，鄧春蘭（とうしゅんらん）は自ら最高学府である北京大学の学長に手紙を書き，メディアにも訴えかけ，ついに北京大学の男女共学化への門戸を切り開いた。1922年，全国の学制が男女同一系統に切り替えられ，女性にも大学へと進学する道が開かれた。この時期には既存の大学が次々と女子学生の受け入れを表明しただけでなく，1923年には女子の国立最高学府であった北京女子高等師範学校も北京女子師範大学へと昇格した。

女子大生たちはミッション系などの私立校か公立校か，また女子校か男女共学校かによって，それぞれ異なる環境に置かれたが，いずれも主体的に学問を修め，卒業後は教育・医療・科学研究などの専門知識が必要とされる分野を中心に活躍した。政治運動や社会改革に身を投じた者もおり，中国の女性界を牽引する役割を果たした。

当時の議論　中国では列強による侵略の危機が迫る中，国家を担うエリート女性を育成する重要性が叫ばれたが，一方で女性に高等教育は必要ないと考える人たちも依然として数多く存在した。そのため「生意気なことばかり言って秩序を乱す」「学問ではなく消費生活や配偶者探しに熱心である」など，世間の女子大生に対する風当たりは強かった。また保守層は儒教に基づく「男女の別」の習慣に固執して，大学の男女共学化に対しても「男女が一緒に学べば風紀が乱れる」と反対した。

その後の展開　中華民国期には学制上の大きな展開はみられたものの，1930年代になっても大学生全体に占める女子学生の比率は十数％にすぎず，結果的に少数のエリート女性が養成されるにとどまった。1949年に中華人民共和国が成立すると，政府の積極的な女性教育支援もあり，就学率は徐々に上がり，2009年には高等教育機関に進学する者の半数以上を女性が占めるようになった。

運動会に参加した金陵女子大学の学生たち（1927年）

🔑 論 点

1．女子高等教育の日中比較

中国は近代女子教育の出だしこそ遅れたが，1920年代に入ると既存の大学の男女共学化も女子大学の正式な認可も一気に進んだ。一方，日本では終戦に至るまでジェンダー規範を前面に出した教育が主流で，女子大学の認可すらされなかった。そのため，中国における早い段階での取り組みは高く評価されている。ただ社会全体からすると，中華民国期には初等教育，中等教育を受けられない女性も依然として多く，就学率が低迷する中で，女子大生の数が大幅に増えることはなかった。よって，中国では社会全体の需要によって女性に高等教育への門戸が開かれたのではなく，理念が先行したとする加藤靖子（2019）の分析もある。

2．卒業後の葛藤

中華民国期には，良家の女性は外で働くものではないという規範が北方を中心に根強く残っており，知識人女性の就業先は教育機関や医療関係施設など，ごく限られた範囲にとどまった。また託児所の配備や産休・育休制度などの公的なサポート体制が整っていない中で，女性が結婚，出産後も仕事を続けるのは困難を極めた。そのためやむなく職場を去る女性も少なくなく，キャリアを活かせなかった後悔や葛藤を文に綴る者もいた。その一方で，生涯独身を貫いて仕事に人生を捧げた女性もいた。現在の研究では，少数のエリートとして華やかに活躍した彼女たちの経歴のみならず，女性だけが仕事か家庭かの選択を迫られた社会構造や，進歩的とされた知識人男性の無理解などにも焦点が当てられている。また日中戦争期に日本の侵略によって教育は大きく破壊されたが，戦時の人手不足の中で，大卒女性が社会に出るチャンスはむしろ増えたという張素玲（2007）の研究もある。

3．女子大学の存在意義とは

中華民国期には女子大学と共学校が併存していたが，実際には長期間存続した女子大学は数えるほどしかなかった。中華人民共和国成立後は徹底した男女平等教育がうたわれ，従来の女子大学は男女共学校へと編成し直された。だが1980年半ばからはごく一部ではあるが，以前の名門女子校が復活したり，新たに女子大学を創設したりする動きが現れた。これに対し，女性の就学機会や選択の幅を増やし，女性の自信につながったと肯定的に評価する安樹芬（2002）等の研究もあるが，職業教育と結びついた性別による専攻の偏りなどを指摘する研究もある。

参考文献

小林善文『中国近代教育の普及と改革に関する研究』汲古書院，2002年。

加藤靖子「中国における女子大学研究の動向と課題」『東京大学大学院教育学研究科紀要』55，2015年。

石川照子・須藤瑞代「近代中国の女子学生——図像と回想による考察」中国女性史研究会編『中国のメディア・表象とジェンダー』研文出版，2016年。

加藤靖子「1920年代中国における女子高等教育機関をめぐる一考察」『アジア教育』13，2019年。

濱田麻矢『少女中国——書かれた女学生と書く女学生の百年』岩波書店，2021年。

探究のポイント

①高等教育を受けて，女性の進路や職業選択の幅はどう変わったのだろうか。
②女性作家の廬隠は『海濱故人（海辺の友達）』（1923年）で，共に海辺で遊んだ北京の女子学生5人が，卒業後に結婚を強いられたり実家に帰らされたりして，ばらばらになってしまう姿を描いた。女性が卒業後の進路を自由に選べず，結婚後に友情を維持できなくなる社会状況は今も残っていないだろうか。

6　女性と職業

ドイツ

石井香江

【関連項目：女子職業教育，福祉職とジェンダー，第一次世界大戦と女性，女性と職業（中国），新しい女性像とモダンガール，戦間期の女性文学，戦争と女性労働】

▷1　社会ダーウィン主義

ハーバート・スペンサーはチャールズ・ダーウィンの思想を社会にも適用した社会ダーウィン主義に影響を与えたことで知られる。スペンサーによれば，人間の身体的エネルギーは限られ，女性が知的作業に向けることのできるエネルギーは少ないとした。社会ダーウィン主義は，階級や人種の違いは所与であり，また，文明化の過程で男女の違いは拡大するとした。

▷2　母　性

18世紀末〜19世紀前半のヨーロッパ社会では，哲学者ジャン゠ジャック・ルソーが『新エロイーズ』や

19世紀末におけるベルリンの電話局
民衆の日常を描いたことで知られるドイツの画家ヴェルナー・ツェーメ（1859〜1924）による。電話交換台の前に椅子こそ置かれてはいるものの，男性も女性も立ったまませわしく働かねばならない繁忙時の状況が伝わってくる。この時期，電話交換手はまだ「男の仕事」でも「女の仕事」でもあった。これが徐々に女性化していく過渡期に，女性の電話交換手に左右をはさまれた男性の電話交換手が絵の中心に配置されているのが興味深い。

📖　概　要

　第一次世界大戦中，兵士として召集された男性に代わり，女性が職場に戦時動員され，軍隊の補助員，軍需工場の労働者，バスや貨物輸送車の運転手，電話交換手や電信技手，郵便配達人などとして前線と銃後の双方を支えることになった。戦後，こうした戦時貢献の見返りとして，ヨーロッパの多くの国々で女性参政権が実現したとされている。また，戦間期には多くの国で，断髪で流行のスタイルに身を包む働く未婚女性が，「新しい女」としてメディアを賑わし，女性の「解放」は進んだかのようにみえた。しかし実際には，就労経験のなかった女性が戦時中に労働市場に参入するのは稀であったことに加え，女性には男性と異なる「特性」があるという考え方の影響で，職場や家庭でのジェンダー平等の実現は阻まれていた。戦間期にはたしかにサービス部門の拡大で女性の事務系職員や官吏の数が著しく増えたものの，女性の就労活動は，母・妻という当時支配的な女性像と折り合う「女の仕事」に限定されていたからである。電話交換手のように「女の仕事」として定着していた職種を除けば，女性は復員した男性に仕事を明け渡さねばならず，共稼ぎ夫婦に対する風当たりもまだ強かった。

当時の議論　男女の「適性」を定める考え方の雛形を作り出したのは，従来の市民的な価値観と**社会ダーウィン主義**[1]であった。「科学」の装いゆえに影響力をもったこの特性論は，女性の中にも支持者を見出した。「**母性**」[2]に代表される女性の「適性」を生かした職域の創出は，女性の社会参画を後押ししたからである。電話交換業務の担い手が，電話技術の改良を機に男性から女性に切り替わったのも，表向きは男性と比べた女性の声の高さ，機転や配慮，苦情への対応の仕方という女性の「適性」が評価されたためである。

　1918年初頭までに，**ドイツ帝国郵便**[3]の男性官吏・職員のほぼ半数が戦争に動員され，多くが戦死した。この欠員を埋めた女性の「補助労働力」の戦時貢献は，社会的にも評価されていたが，戦後，経営側も復員兵も，女性は短期間で養成された「未熟練」の労働力であるという理由で，女性の就労継続に反対した。他方，各地域の郵便・電信局はこの動きに困惑を示している。利用者に質の高いサービスを提供しなければならない末端の局にとって，熟練者を手放すことは大きな痛手だったからだ。そこで，電話交換業務など「女の仕事」に限っては，女性を雇用することが明確化された。

その後の展開　ドイツ帝国郵便で働く女性の数が劇的に増加したのは戦間期である。しかし，女性は一定の勤続年数を経て正規

の官吏として任用される者もいれば，出勤した日数に応じて賃金が支給される不安定な臨時職員として任用されるなど，男性とは異なる条件で雇用される者もいた。また，正規の官吏になったとしても，独身義務条項が課され，結婚をすれば退職が義務づけられていたように，家族を養うことが当然とされた男性と，結婚すれば働く必要はないとされた女性は，異なる処遇を受けて当然だとされた。とはいえ，民間企業に選択肢の幅が広がるまでは，社会的威信が高く，「結婚市場」としても魅力的な公企業は，女性の間で人気が高く，内部からの批判は低調だったとされる。他方で，女性官吏の一部は女性特有の状況を変えようと職能組織を設立し，機関誌も発行するなど，組合にも似た活動を行っていた。

✿ 論 点

1. 「新しい女」像は当時の働く女性の現実なのか

戦間期には都市部を中心に，当時支配的な女性像であった母・妻とは異なる，未婚で自立した「新しい女」像が花開いた。「新しい女」としてメディアに登場した女性たちの職業は，パイロットや作家・芸術家など少数の前衛を除けば，タイピスト，事務系職員，店員，電話交換手などが典型的であった。つまり，その担い手には若年者が多く，熟練を要する仕事でありながらも低賃金で，将来の展望のない「女の仕事」に集中していたのである。このため，「新しい女」はメディアの作り上げた虚像で，実際は強い力をもたない，政治にも無関心な存在であったとする見方がある。

2. 公企業はジェンダー平等を推進したのか

石井（2018）によれば，公企業であるドイツ帝国郵便は，教員や家庭教師などに就労機会の限られた市民層の女性たちに門戸を開いた先駆者であったのと同時に，特定の仕事に対する男女別の「適性」を明確化し，これを人事・労務政策の中に織り込むという両義的な役割を果たした。女性は市民的な教養を備え，ある程度の教育を受け，特定の業務に熟練していたにもかかわらず，「適性」を根拠に，低賃金で雇用された。仕事の内容ではなく，性別により賃金を決定する仕組みは，民間企業にも受け継がれた。

3. 「新しい女」は現状を変えようとはしなかったのか

「新しい女」は政治に無関心で現状を変えることに消極的であったという見方がある一方で，実際には，女性官吏の労働条件を改善しようとした職能組織が，女性運動と連携した女性たちによって設立されていた。ゲアハルト（Gerhard 1990），姫岡（1993），シャーザー（Schaser 2006）らが示すように，この時代，穏健派から急進派に至る様々な潮流の女性運動も，各々の政治的な立場や世界観から女性の「現状」を変えるべく活動しており，働く女性たちを支援する運動組織も存在していた。

探究のポイント

①他の地域で「新しい女」像はどのように評価されていたのかを調べてみよう。
②女性が多く担う「ケア労働」の賃金が低いのはなぜなのかを考えてみよう。
③当時の多様な女性解放運動と政治との関係について調べ，比較してみよう。

『エミール』の中で描いた女性観が支配的であった。ルソーは身体的機能を根拠として，出産および育児を女性に課せられた自然の義務であると主張した。社会思想家エレン・ケイはこの「母性」を再定義し，「精神的母性」をもつ女性は，社会で男性にはなしえない事業を遂行できるとした。この「母性主義思想」が同時代のヨーロッパ，とくにドイツで広がり，女性の「特性」を生かした活動領域を生み出すことにもなった。

▷3 ドイツ帝国郵便
1871年にドイツ帝国が成立したのを機に設立された。ドイツ帝国郵便は第二次世界大戦が終結するまで，郵便・貯金・電信・電話事業などを担い，女性を含む多数の労働力を抱えた公企業であった。

参考文献

ウーテ・フレーフェルト（若尾祐司・原田一美・姫岡とし子・山本秀行・坪郷實訳）『ドイツ女性の社会史——200年の歩み』晃洋書房，1990年。
姫岡とし子『近代ドイツの母性主義フェミニズム』勁草書房，1993年。
デトレフ・ポイカート（小野清美・田村栄子・原田一美訳）『ワイマル共和国——古典的近代の危機』名古屋大学出版会，1993年。
シンシア・イーグル・ラセット（上野直子訳）『女性を捏造した男たち——ヴィクトリア時代の性差の科学』工作舎，1994年。
石井香江『電話交換手はなぜ「女の仕事」になったのか——技術とジェンダーの日独比較社会史』ミネルヴァ書房，2018年。

7 女性と職業

リンダ・グローブ

【関連項目：女子職業教育，女子教育（台湾），近代教育と女子大生，女性と職業（ドイツ），新しい女性像とモダンガール，戦間期の女性文学，教育の光と影，女性労働の曲折，男性稼ぎ主モデル】

📖 概　要

「職業女性（中国語では職業婦女）」は1920〜30年代に中国で広く使われるようになり，ホワイトカラーとして働く女性を指した言葉である。職業女性には医師，弁護士，ジャーナリスト，公務員等，当時エリートとされた職業に就く少数の人々のほか，教師，看護師，秘書やタイピスト，電話交換手，デパートの店員も含まれた。彼女らは中学・高校や大学を卒業した最初の世代であり，新時代のジェンダー規範を体現する存在であった。伝統的な考えでは，家の外のことは男が，家の中のことは女が担うべきとされていた。しかし都市の一部の女性が学校教育を受け，その知識や技能を活かして働く権利を求めるようになると，こうした規範にも変化が生じた。20世紀初頭までには，女性が男性と同様に働く権利を求める運動が起こった。国民党は1923年発表の党綱領の中で男女平等を目指すことを明記しており，国民党婦人部は行政，郵政，警察組織での女性の雇用を求めて運動した。

戦間期にどの程度の職業女性がいたかについて正確な情報はない。最も信頼に足る統計は上海市に関するもので，それによると当時20万人あまりの女性が外で働いていた。その大半は工場労働者と家政婦で，職業女性の割合は非常に少なかった。職業女性の多くは教員で，女子校で教える者がほとんどであった。教員以外の例を見ると，ある一流デパートでは女性店員が職員全体の10％を占め，上海市政府で働く女性公務員の数は全体の約6％，女性弁護士の数は29名であった。

職業女性の働く期間は比較的短いことが多かった。大半は卒業後に働き始め，結婚や第一子出産を機に離職している。教員の一部，公務員，弁護士，医師，ジャーナリスト等は仕事を続け，家事や育児は家族や家政婦の助けを借りたようだ。

「職業女性」とは社会的なラベルであると同時に，その立場にある女性が抱く自己像でもあった。当時は「男性は生産し，女性は消費するもの」という見方が流布していたが，女性雑誌はこれに反論すべく，誌上で職業女性について論じたり，男性に頼らず，自立し，家族を養おうとしているのだ，という職業女性の主張を紹介したりした。30年代後半の上海には「中国職業婦女倶楽部」が設立され，800〜1000人の会員がいた。同組織は社会活動や社交の機会を提供する目的で設立されたが，日中戦争の折には中国の戦争遂行を支援する活動にも関わっていた。

当時の議論　19世紀末までは，閨秀（けいしゅう）と呼ばれた良家の娘は外に出ず，家の奥まった場所で過ごすことになっていた。文人の家庭では娘に教育を授けることもあり，詩人として

上海の大企業で働く「職業女性」

名声を博した女性もいたが，才能溢れる女性であっても，家の外で社交の場に出ることはなかった。そのため，良家の娘が都市の街頭に出て，商店や事務所で働くようになったのは多くの男性にとって驚天動地の出来事であった。梁啓超（りょうけいちょう）など改革派の知識人は，近代的な中国人をつくるには女子教育が重要だと力説したが，保守派は，女性は家庭にとどまるべきだと主張した。1929年に大恐慌が襲来すると，女性は家族を養うため職を必要としている男性に仕事を譲り，家庭に戻るべきだと説く「婦女回家（ふじょかいか）」[1]論が登場した。また，「職業女性は，ファッションや自分の楽しみを追求するばかりで，社会に貢献していない」として，彼女らをいわゆる「モダンガール」とひとくくりにして批判する論者も現れた。

🗝 論 点

1. 1930年代，「職業女性」はどのくらいいたのか

当時の新聞や女性雑誌，女性団体の資料，公文書等を用いた研究によると，上海のような開港都市[2]では，女性がホワイトカラー職に就く機会が増えており，職種は教員が多かった。当時のジェンダー規範からして，女子校には女性教員が望ましいとされたからである。とはいえ，そもそも近代的教育を受ける女性は少なかった。1947年時点でも，上海の女性の65%は非識字者とされ，中学・高校卒の女性は5%に満たなかった。

2. 「婦女回家」運動で女性は家庭に戻ったのか

1990年代以来行われてきた女性史家たちの研究（末次 2009等）によれば，大恐慌の時期の婦女回家運動は女性の雇用に大きな影響を与えなかったが，日中戦争期に運動が再燃すると，女性，とくに既婚女性の公務員としての雇用は制限された。これに対し，女性団体は，男女平等を約束した国民党の基本方針に違反するとして抵抗したとされる。

3. 女性が働く権利を求める運動に国民党や共産党はどう関わったのか

20世紀の中国における働く女性の歴史は，国民党と共産党[3]の争いが共産党の勝利に終わったことから，当初は共産党中心の視点で書かれており，国民党と結びついた女性運動の役割は軽視されていた。しかし日中戦争期に国民党政権下で生じた女性運動は，雇用機会や待遇上の男女平等を推し進める上で重要な役割を果たした。しかし，国民党でも共産党でも，女性の活動家はしばしば男性党員たちの，「党にはもっと大切な目標があるのだから，分裂をもたらす女権拡張運動は慎重に進めるべきだ」という消極的態度に直面することになった（末次 2009等）。

探究のポイント
①20世紀前半の中国女性が職業上の経歴を築く上で主な障害は何であったか。
②職業女性をとりまく状況を両大戦間の時代の日本と中国で比較してみよう。
③末次（2009）によると，国民党も共産党も，表向きは男女平等を支持していたが，そのことは女性が実際に仕事をしていく機会にどのように影響したのだろうか。

▷1 「婦女回家」
1920年代からの職業女性の進出に対して「女性は家に帰れ」とする主張で，この議論をめぐって論争が起こった。1929年の大恐慌で男性労働者の失業率が上昇したことがきっかけとなった。日中戦争期，そして1980年代にも繰り返された。Ⅳ-9 Ⅳ-13 Ⅵ-1 側注4も参照。

▷2 開港都市
19世紀半ば以降，中国は列強の圧力を受けて不平等条約を次々と締結し，上海，天津，大連，青島，厦門，漢口等の都市が貿易のための開港場として指定された。これらの開港都市には中国の支配の及ばない租界が置かれた。

▷3 国民党と共産党
近代中国史を牽引したライバル政党。清朝崩壊後，孫文率いる中国国民党は勢力を伸ばし，1928年に中国を統一。1921年に結成された中国共産党も，毛沢東の指導のもと農村に勢力を広げた。共産党は1949年中華人民共和国を樹立した。

参考文献
菊池敏夫・日本上海史研究会編『上海職業さまざま』勉誠出版，2002年。
中国女性史研究会編『中国女性の一〇〇年——史料にみる歩み』青木書店，2004年。
末次玲子『二〇世紀中国女性史』青木書店，2009年。
岩間一弘『上海近代のホワイトカラー——揺れる新中間層の形成』研文出版，2011年。
リンダ・グローブ（田中アユ子訳）「近現代の女性労働」小浜正子ほか編『中国ジェンダー史研究入門』京都大学学術出版会，2018年。

~~ アメリカ ~~

8 女性参政権獲得後のフェミニズム 栗原涼子

【関連項目：フェミニズムの萌芽，女性参政権運動とミリタンシー，戦争と女性労働，アラブ社会主義とフェミニズム，ウーマンリブ，女性運動，ジェンダー平等と法】

📖 概　要

1920年8月26日，アメリカ合衆国では長年にわたる女性参政権運動が実り，連邦憲法修正第19条が成立した。しかしそれまで参政権獲得を目指して協働していたアメリカのフェミニストたちは，こののち共通の目標を失い，階級，人種，年齢，イデオロギーなどの相違により分断されることとなる。とくに事実上投票権を剥奪されていた南部のアフリカ系アメリカ人や，**1924年の移民法**にみられるように，この時期に差別が深刻化したアジア系移民は，白人女性とは異なる利害をもっていた。

この時期には保守的な政治風土や「赤狩り」も女性運動を阻み，その一方で，政治には無関心で余暇や快楽に関心をもち，大量消費に興ずる「フラッパー」と呼ばれる新しい女性たちが時代を象徴した。そのような中でも，白人を中心とする女性運動家たちは，獲得した女性参政権という直接的な政治力を行使し，平和，**平等憲法修正条項（ERA）** 成立，福祉法成立などの具体的な法整備や政治的，経済的諸課題に取り組んでいった。

当時の議論

フェミニストの組織のうち，全国女性党（NWP）は男女平等の実現を目標とし，ERA 成立に運動の焦点を絞った。他方，全国女性有権者同盟（NLWV）は女性労働者の保護を重視し，全国女性党と対立した。とはいえ，この対立は主に ERA の法案が連邦議会に提出された1923年以降に生じたものであった。1921年には，NWP の**アリス・ポール**も保護規定のある ERA に賛同していたし，NLWV の一部も ERA を支持していた。母性保護派の**フローレンス・ケリー**は男女平等には賛成だが，連邦憲法修正としての ERA 成立が各州に施行の権限がある母性保護を規定した法の廃棄につながると懸念した。1924年になると，NLWV は「法律家の助言を受け，ERA が母性保護を規定した労働法規や福祉制度を妨げる結果となると理解した」との文書を民主，共和両党宛に提出した。この時期に，両者の対立は決定的なものとなった。

🔑 論　点

1. 1920年代のフェミニズムと人種

ナンシー・コット（Cott 1987）は1920年代初頭の全国女性党が，人種，民族，階級，宗教などの問題よりもジェンダーを重視したと論じている。ポーラ・ギディングズ（1989）によれば，1921年の全国女性党大会において，アフリカ系アメリカ人の運動家が，女性参政権獲得後，**ジム・クロウ法**により権利が奪われていた南部のアフリカ系アメリカ人への投票権の拡大を求めたという。ギディングズはアリス・ポールがアフリカ系アメ

▷1　**1924年の移民法**
ジョンソン゠リード法と呼ばれ，年間移民受け入れ上限数を，1890年の国勢調査をもとに各国出身者数を基準にその2％以下とする。

▷2　**平等憲法修正条項（ERA）**
男女平等を規定した憲法修正条項。1923年に初めて連邦議会に提出され，1972年に連邦上下両院で可決されたが，1978年までに必要とされる38州の批准を得られず，廃案となった。

▷3　**アリス・ポール**（1885～1977）
1917年に NWP を結成し，アメリカの第一次世界大戦参戦に反対して，NAWSA とは異なる立場から女性参政権獲得を求めた。1920年代以降，ERA 成立を主たる目標とした。

▷4　**フローレンス・ケリー**（1859～1932）
全国消費者連盟の会長を務め，セツルメント運動でも活躍した改革運動家。女性と子どもの権利を求める法成立に尽力した。

▷5　**ジム・クロウ法**
南北戦争後，憲法で参政権が認められた，アフリカ系アメリカ人男性の権利を剥奪する内容の南部諸洲の法の総称。

▷6　**シェパード・タウナー法**
母親と子どもの健康のために連邦予算を拠出する内容

リカ人女性の問題はジェンダーの問題ではなく，人種の問題であると考えていたとしている。1980年代以降，人種，民族などの諸要素を包摂した多文化的研究が女性参政権運動ならびに女性参政権獲得後のフェミニズム運動研究に大きく貢献している。白人中流階級の運動を主な研究対象とする女性史研究はジェンダー概念の登場とともに，変容しつつある。

ハーディング大統領に ERA への支援を求める全国女性党の女性たち（1921年）

2. 保護か平等かという論争は思想の相違によるのか

1970年代までの主流の研究は，1920年代のフェミニストが二分された原因を，女性労働者の母性保護の是非をめぐる思想的な対立であったと論じていた。コットは男女が同一であるべきか，差異を認めた上で平等を求めるべきかという性差別に関しての見解の相違があったと論じた。栗原涼子（2018）は母性保護派と平等派の対立の主因は当時の法体系によるものであったと指摘した。つまり，母性保護派が求めていたシェパード・タウナー法[46]や児童労働法[47]などの女性と子どものための社会福祉法が連邦法でありながら，政策遂行には州権が反映されたため，ERA の成立によりこれらの法が違憲化される懸念があったことが対立の理由であったと考察した。近年，母性保護派もまた，一枚岩ではなかったとする研究も登場している。

3. 1920年代のフェミニズム運動をめぐる研究動向

1970年代までのスタンリー・レモンズ（Lemons 1973）の研究は女性参政権獲得後にフェミニズム運動が大きく変容したと論じた。レモンズは女性運動家が母性保護を求めたソーシャル・フェミニスト[48]と ERA 成立のみを目標とし，母性保護を否定したハードコア・フェミニスト[49]に分裂したことを衰退の原因とした。これに対し，コットは女性参政権運動と1920年代のフェミニズムの連続性を論証した。1990年以降になると，1920年代フェミニズムが女性による福祉国家形成に寄与し，ニューディール政策への橋渡しともなったとする研究が現れ，保守女性の研究や平和研究なども登場した。

▷6 の連邦法。1921年11月23日に成立した。この法は1926年まで有効の時限立法であったが，紳士協定により，1929年までの延長が認められた後，廃止された。

▷7 児童労働法
14歳未満の児童を雇用する際に企業が製造，産出した物品に関して，州を越えて輸送してはならないとする法であり，1916年と1919年に連邦法として成立した。1919年に違憲とされた後，憲法修正条項として成立させる案が1924年に連邦議会を通過したが，州の批准を得られなかった。

▷8 ソーシャル・フェミニスト
スタンリー・レモンズによる ERA に反対する母性主義フェミニストを指す呼称。

▷9 ハードコア・フェミニスト
スタンリー・レモンズによる ERA 成立を求めたフェミニストを指す呼称。

（参考文献）
ポーラ・ギディングズ（河地和子訳）『アメリカ黒人女性解放史』時事通信社，1989年。
リンダ・K・カーバー，ジェーン・シェロン・デゥハート編（有賀夏紀ほか訳）『ウイメンズアメリカ』ドメス出版，資料編2000年／論文編2002年。
有賀夏紀・小檜山ルイ編『アメリカ・ジェンダー史研究入門』青木書店，2009年。
エレン・キャロル・デュボイス，リン・デュメニル（石井紀子ほか訳）『女性の目からみたアメリカ史』明石書店，2009年。
栗原涼子『アメリカのフェミニズム運動史』彩流社，2018年。

探究のポイント

①女性参政権獲得により，ジェンダー，人種の関係はどのように改善されただろうか。
②女性参政権獲得後，女性の政治，経済，社会への参加は進んだのだろうか。日本，他の諸国ではどうだろうか。比較してみよう。
③ERA は1972年に連邦議会で可決されたが，必要な数の州の批准を得られず，1982年に廃案となった。ERA を憲法に規定する意味を考えてみよう。

∞∞中国∞∞
⑨ 女性運動と党・国家

石川　照子

【関連項目：清末の政治変動と女性，女性参政権運動とミリタンシー，第一次世界大戦と女性，女性参政権獲得後のフェミニズム，中国共産党根拠地の「女性解放」，抗戦と日常，改革開放と女性】

📖　概　要

　中国の女性解放運動は，党・国家の方針や指導の影響を大きく受け，かつ規定されてきたといえる。1911年の辛亥革命成功のために女性も動員され，女性の地位向上が主張された。しかし成立した中華民国の**臨時約法**[41]では女性は国政参加から排除され，以後第一波フェミニズムと呼応して，女性参政権運動が高まりをみせた。そして1919年の**五・四運動**[*]の洗礼を受けた女子学生たちは，婚姻の自由，教育の男女平等，女子参政権等を要求してゆくこととなる。1924年の**国共合作**[42]による国民革命が始まると，国民党第１回大会では男女平等原則等が盛り込まれ，1926年の第２回大会の「女性運動決議案」で男女平等が具現化された。また，国民革命軍による各地の軍閥打倒の戦いには，作家の謝冰瑩ら女性兵士の姿があった。

　やがて国共合作は蔣介石の南京国民政府と左派系を中心とした武漢国民政府に分裂するが，1927年４月12日の蔣介石の反共クーデターを経て，南京政府に統合された。そして1937年の日中全面戦争の勃発まで，中国は国民党と共産党による10年の内戦の時代を迎えることとなる。

　当時の議論　清朝打倒を目指した革命派において，女性の地位向上はあくまで革命への貢献の中で求められた。女性たちの参政権を求める声も抑えられ，女性自身の解放や権利獲得自体が第一義的に求められることはなかった。それは国民革命時期も同様で，武漢国民政府内において孫文夫人の宋慶齢が主任を務めた婦女訓練班も，国民革命への女性の動員が目的であり，女性自身の解放もその中で目指されるものであるとされた。ただし，女性たちの参政権運動は，第一次世界大戦後に欧米やソ連の女性たちが参政権を獲得したことに感化され，1922年に北京で女子参政協進会が誕生している。女性参政権の実現には様々な反対意見があったが，1925年３月の国民会議促成会全国代表大会には，26名の女性代表が参加している。

　その後の展開　1931年９月18日の九・一八事変（満洲事変）の勃発と，続く日本の華北分離工作の進行は，全国的な抗日運動の高揚を引き起こすこととなった。1935年には上海婦女救国連合会が成立したのをはじめ，他の都市でも婦女救国会が次々に誕生した。1936年６月には各界の救国会が一体となって全国各界救国連合会が成立し，宋慶齢や何香凝，史良等の女性指導者たちもその中心となって活動した。それ以降，民族の解放が明確に女性問題の主要な目標となり，抗日救国運動への女性たちの動員がはかられ，女性たちも自身の活動が拡大していく中で，発言力を増大させていったのである。

▷1　臨時約法
中華民国成立後の1912年３月11日に公布・施行された，暫定的基本法。主権在民，三権分立，責任内閣制等を内容とした。

＊　五・四運動
Ⅳ-5 側注３，Ⅳ-11 側注３，Ⅳ-13 側注１参照。

▷2　国共合作
国民党と共産党との政治的協力関係。孫文の三民主義を改変して（新三民主義）協力が実現し，共産党員が個人の資格で国民党員になる形をとった。1927年４月の蔣介石の反共クーデターで終焉するが，のちの日中全面戦争勃発後に，第二次国共合作（抗日民族統一戦線）が成立している。

＊　婚姻条例
Ⅴ-4 参照。

＊　「婦女回家」
Ⅳ-7 側注１，Ⅳ-11，Ⅳ-13，Ⅵ-1 側注４参照。

論点

1. ナショナリズムとジェンダー

中国の女性解放は，民族あるいは国家の課題の実現の中で常に追求され，規定されてきたことが大きな特徴であると指摘されている。女性参政権も，結婚・離婚の自由の権利も，それぞれの時期における政権や民族・国家の全体の課題の前に，時に抑制されたり，その実現が女性解放の主要な目標であるとされてきた。女性は全体目標実現のための動員資源であると位置づけられてきたとする（中国女性史研究会編 2004，末次 2009）。

2. 家族における女性規範の改編

女性解放が政権主導で行われる傾向が強い中国では，法律改革が大きな役割を果たしているとされる。国民党の民法親族・継承両編では，財産継承権は男女，既婚未婚を問わないとし，伝統的な家族制度の原理をくつがえしたと指摘されている。一方中国共産党の1931年の中華ソヴィエト共和国**婚姻条例**は，これまでのどの条例より反家父長制的な面が過激であったため，男性たちの大きな反発を招いたとされる（中国女性史研究会編 2004，末次 2009）。なお，のちの1934年に施行された中華ソヴィエト共和国婚姻法は，紅軍（共産党の軍隊）兵士の妻の離婚要求の権利等について，夫の同意が必要だとして，婚姻条例と比べ妻の権利をおさえたものに変更されている。

3. 婦女回家（女性は家に帰れ）の主張をめぐって

「女性と職業」をめぐって1930年代から40年代にかけて，作家の林語堂らによる「**婦女回家**」（女性は家に帰れ）という主張が登場した。日本軍の侵攻と，国民党と共産党の内戦という状況の中で，1935年の国民党第5回大会で母性の育成による種族衰亡の危機の救済が主張され，女性解放は後退したとされる。そして1934年2月から始まった蔣介石による**新生活運動**では，女性は家庭にあって後方支援することが要求されたと指摘されている。日中全面戦争の勃発により，論争は一時終息するが，1930年代の終わりから40年代の初めにかけて第二次婦女回家論争が展開された。中華人民共和国成立後の1980年代に失業問題が重視され，余剰労働力が削減されるようになると，内助の功を求める「婦女回家」がみたび叫ばれた。**婦女連合会（婦女連）**等の女性団体は強く反発したが，「婦女回家」の主張はジェンダー問題の根強さの表れであると指摘されている（中国女性史研究会編 2004）。

探究のポイント

①中国の婦人参政権運動について，日本の婦人参政権運動と比較してみよう。

②作家謝冰瑩の『ある女性兵士の自伝』（丸山監修，2001）を読んで，女性の戦争参加について考えてみよう。

③宋家の三姉妹について，映画『宋家の三姉妹』（メイベル・チャン監督，香港，1998年）を観て，その生涯と活動について考えてみよう。

▷3 **新生活運動**

1934年2月に発動された，生活改善を提唱した大衆動員運動。中国の伝統的な「礼・義・廉・恥」という儒教道徳に基づき，さらにナチスドイツの政策の影響を受けて，近代国家の達成を目指した。

＊ **婦女連合会（婦女連）**

Ⅵ-1 側注3，Ⅵ-6 側注3参照。

▷4 **宋家の三姉妹**

宋藹齢（国民党の高官孔祥熙夫人），宋慶齢（孫文夫人），宋美齢（蔣介石夫人）。とくに慶齢と美齢は夫と共に，政治指導者として活躍した。

宋家の三姉妹

長女の宋藹齢（前列），次女の宋慶齢（後列左），三女の宋美齢（後列右）。

参考文献

中華全国婦女連合会編著（中国女性史研究会編訳）『中国女性運動史 1919-1949』論創社，1995年。

丸山昇監修，白水紀子主編『中国現代文学珠玉選 小説3』二玄社，2001年。

中国女性史研究会編『中国女性の一〇〇年——史料にみる歩み』青木書店，2004年。

関西中国女性史研究会編『【増補改訂版】中国女性史入門——女たちの今と昔』人文書院，2014年。

末次玲子『二〇世紀中国女性史』青木書店，2009年。

Column **15** ロシア

ロシア革命と女性

「女性部」の創設　ロシアでは1917年の十月革命後，ただちに婚内・婚外子の平等，離婚と別居の自由が宣言され，翌年3月の法令では男女同一賃金が保障された。しかし1920年2月『プラウダ』紙上でレーニンが述べたように，「法の下の平等はまだ実生活の平等ではない。……女性のための完全な自由を勝ちとらなければ，プロレタリアートは完全な自由を手に入れることはできない」と，創設されたのが党の女性部であった。「女性労働者」や「農婦」ではなく，あえて「女性」という非階級論的な言葉を党組織の正式な名称に用いたのは，被抑圧者である女性が党の求める「新しい人間」に変わる可能性の高い集団として考えられていたことの表れであった。1919年には「共産党中央委員会付属・女性間活動についての部（オトヂェル）」，略して女性部が正式に設立，党中央だけでなく地方の各党組織にも配置された。

女性部は，アレクサンドラ・コロンタイが主導し，レーニンの支持により設立されたとされているが，党の他の指導的政治家は当初ほとんど関心を示さなかった。さらに地方組織では，限られた人員を女性部に割くことについて消極的であり，時には女性部に対してあからさまな侮辱的態度がみられた。初代部長はレーニンが信頼を寄せたイネッサ・アルマンドだったが，コレラで急逝するとコロンタイがその後を継いだ。しかしコロンタイも1922年に政治的に失脚したのちは，女性部で権力に近い有力な活動家がいなくなった。

女性部で活躍する一般の代議員のうち非識字者の割合は全体で35％，農村では60％に達しており，女性部には識字所に代議員を入れることが義務づけられていたが，識字所の一部は女性を後れた要素とみなし，男性を優先して活動すべきであると彼女たちの受け入れを拒否した。

「共産主義の学校」　1923年頃からは一般女性に関心の高い生活問題全般にいっそうの注意を向けるよう方針転換されたとはいえ，党組織としての女性部は「共産主義の学校」であり，イデオロギー教育を行うことが求められ続けた。女性部におけるフェミニズムの「潜在的な分離主義」に対する党の警戒に対して，女性部は常に全体的党活動へのさらなる接近と「政治性」の強化に注意を払う必要があった。

当時のロシアでは人口の8割が農民であり農婦へのアプローチも積極的に行われた。農村女性はとりわけ自分たちの生活に関わる諸問題に強い関心を寄せていた。その積極性は度々女性部の枠を超えて「独自性」をもったものに発展した（農業集団化をめぐる「農婦の暴動」）。また女性部は早くから東方地域での活動を使命の一つとしていた。東方では代議員という名称は用いられず女性クラブという名のもとに，家庭生活の改善や農業指導，音楽文化活動など敷居の低い活動が中心であった。遊牧民には「赤いユルタ（遊牧民の伝統的な移動式住居で党の宣伝活動を行う）」が2〜3カ月ごとに移動設営された。このような施設は大変人気で多くの利用者があった。

党は「社会における女性の不平等的地位の問題は解決した」と一方的に宣言して，1930年1月女性部を廃止した。最後の女性部長であるアルチューヒナは，女性部の代議員集会において生活問題を中心に取り組めば着実に女性による党活動を活発化できるという主張を続けてきたが，党による女性部代議員集会の位置づけは社会主義建設のための道具でしかなく，今や生活問題より農業集団化と工業化，生産がすべてに優先していた。

(広岡直子)

参考文献
広岡直子「ロシア革命とジェンダー」松戸清裕ほか編『人間と文化の革新』岩波書店，2017年。

日本人旅行者が見たエジプト

**1919年
革命の風景**　1919年3月17日，パレスチナ巡礼の途上でカイロに滞在していた徳冨蘆花（1868〜1927）と愛子（1874〜1947）は，ホテルのバルコニーから，エジプト人群衆の反英抗議運動を目にした。蘆花はその時の様子を次のように綴っている。

土耳其帽に背廣，あるひは白い巻頭巾にひらひらの着流し，四人一列になつて（中略）音頭につれて，皆一斉に拍子を揃へ，歌ふやうな，叫ぶやうな，怒鳴るような声をあげつつ，バタバタのバタ，バタバタのバタ，と手巾をはたく。（中略）午後の熱と昂奮で，皆燃える様な顔色をして居る。

3月半ばのカイロの日差しは，すでに日本の夏のように強烈だったのだろう。その中で，「二萬人の上越す」群衆が，シュプレヒコールをあげながら行列をなしていたという。皆興奮していたが，乱暴はなかったと蘆花は記している。

1918年11月，第一次世界大戦が終結すると，イギリスからの独立を勝ち取るため，エジプトではパリ平和会議に代表団を送ることを目指した運動が活発化した。1919年3月8日，イギリス当局は，運動を主導したサアド・ザグルール（1859〜1927）らを逮捕し，マルタ島に追放した。各地で，反英抗議運動が本格化したのはその後のことである。蘆花と愛子が目にしたのは，そのうちの一つだった。愛子は，男性の行列の向こう側に，顔を露わにした，一人の物売りらしい女性の姿を見た。彼女は頭にのせていた「空籠振り回はして愛国の運動に激しい共鳴をして居た」という。

エジプトの女性　愛子は抗議行動の場面での女性不在の原因が，彼女たちの顔覆いにあると考えていたようである。「埃及の女」と題する愛子の小文には，次のような描写がある。

旧劇に出る打掛姿のやうに，素足で黒被の裾を地にひきずりながら，小走りに走りよつて，道行く人に，煙草やマッチをすすむる所謂下層の婦人達から，型は同じでも，艶々した黒絹の被をきりりと着流し，顔は黒い紗や，ハイカラな雪白のレエスで掩ふて，踵の高いゴム靴をはいて，欧羅巴人そこのけに馬車など乗りまはす所謂上流物持の婦人達，欧米の教育を受け，外国に出て洋装凛々しく文筆などとつて居る新婦人すらあるといふ（後略）。

路上の煙草売りも，馬車を乗り回す上流婦人も，欧米の教育を受け，洋装を着こなす「新婦人」も，素材や着こなしに違いがあるが，一様に黒や白の顔覆いをまとっている。愛子は，この顔覆いによってエジプトの女性たちが男性の嫉妬や強烈な日光から守られながらも，その「偏狭な保護」によって力を奪われていると記している。そして，デモ行進の隊列の向こうで籠を振り回していた，顔をむき出しにした人物に，エジプトの未来のあるべき女性像を見出したのだった。

**もう一つ
の風景**　蘆花と愛子の耳におそらく届かなかったのが，前日の3月16日（別の史料によると数日後の3月20日）に，2人が泊まったホテルから数百メートル離れた目抜き通りで，エジプトで初めての女性によるデモ行進が行われたことである。計画を練り，先導したのは，愛子の表現を借りれば「新婦人」の一人で，のちに女性運動の中心を担う，フダー・シャアラーウィー（1879〜1947）だった。普段は馬車で移動するフダーらは，黒い外套と白い顔覆いをまとい，徒歩で隊列を組み，「公正と自由に栄えあれ」等と書かれたプラカードを掲げ，同じ言葉を叫びながら行進した。革命のもう一つの風景は，社会に大きな変化が訪れつつあることを示していた。　（後藤絵美）

参考文献

徳冨健次郎・愛『日本から日本へ』金尾文淵堂，1921年。
岡真理『棗椰子の木陰で』青土社，2006年。

グローバル

10　優生学

松原宏之

【関連項目：コロニアリズム，母性と身体解放，医療技術とジェンダー】

📖 概　要

　優生学が目指したのは，健全な身体，知性，精神をもつ者を産み，増やすことであった。性教育，結婚相談，健康優良児の表彰などで，望ましい遺伝的性質をもつ者の出産を奨励した。他方，劣悪な性質は抑制すべきとされ，不適とみなした者の社会からの隔離や，妊娠を不可能にする断種手術などがなされた。

　イギリスの遺伝学者フランシス・ゴルトンが名づけたのは1883年のことだったが，優生学は20世紀に入って影響力をもった。白人中流階級の出生率が低下する「人種の自殺」や，遺伝的に劣等とされた非白人・下層労働者の増加が懸念された。東欧南欧からの移民の増加を懸念したアメリカ合衆国は，1924年移民法で移民の入国制限を強めた。また，1907年の同国インディアナ州を皮切りに1937年までに32州で断種法が制定され，6万人以上が断種された。ドイツのナチス政権はこれに学び，1933年に遺伝病子孫予防法を定めて36万人以上に断種を強制した。同政権は1939年からの安楽死計画では7万人以上の障害者を死に至らせ，人種を理由に約600万人のユダヤ人を殺害した。これら一連の施策では，身体障害者や精神病者のほか，人種的マイノリティ，白人中産階級的な規範に沿わない素行不良者，性犯罪者，売春婦，性的に放縦な者，貧困者らがひろく対象とされたのである。

その後の展開

　第二次世界大戦後，ナチス政権におけるホロコースト（大虐殺）が明らかになると優生学の信用は失墜した。しかし戦後も優生思想はかたちを変えて存続した。障害者をはじめ社会的な負担になる者をいかに抑制するかという関心は持続したからである。

　アメリカの遺伝学者はすでに1930年代から優生学における遺伝要因の偏重を批判したが，国内の断種法，移民制限法，異人種間結婚禁止法は1960年代まで温存された。この新優生学者らは遺伝決定論は採らなかったが，白人中産階級的な規範に則した家庭環境を維持できず，世代を超えて貧困状態にある者たちを社会的な重荷となる不適合者とみなした。

　日本では，戦前戦時には機能しなかった国民優生法が，戦後の1948年に優生保護法として復活した。公益の名の下にしばしば同意なく不妊手術がなされ，同法は1996年に母体保護法に改定されるまで生き続けた。

　世界的にも，人口の過剰な増加や貧困の蔓延への

▷1　人種の自殺
アメリカの社会学者エドワード・A・ロスが1900年に唱えたこの用語は，セオドア・ルーズベルト大統領ほか多くの支持者を得た。マーガレット・サンガーらが推進したバースコントロール（避妊）運動が，白人中産階級女性のさらなる出生率低下をもたらすのも警戒した。

▷2　異人種間結婚
人種・民族の優劣を重視する社会は，結婚にも制限を加えて人種間の境界を明確に保とうとした。アメリカでは，奴隷制が廃止された後に異人種間結婚の禁止が法的に強められ，1967年の最高裁判決で違憲とされるまで存続した。

アメリカにおける健康優良児コンテストの優勝者（1913年）
同種の表彰は第二次世界大戦後も各地で存続した。

対策として出産数の抑制が唱えられた。具体的には，発展途上国の低所得者に対する断種手術がよく用いられた。1930年代から70年代にかけて女性人口の実に3分の1が不妊化を強制されたプエルトリコはその典型例である。

論　点

1．優生学の広がり

かつて優生学はナチス政権下のユダヤ人の虐殺を頂点として，その後は終息した疑似科学と考えられた。しかし近年の研究は，優生学はナチス期ドイツに限らない広がりをもっていたことに注目している。

優生学の基底には，キリスト教に依存せずに，生物の進化を説明し，社会問題の解決を図る19世紀以降の関心もあった。この意味で社会改良運動や社会福祉政策と優生学とは親和的で，新興実験国家だったアメリカが一大拠点だったのは偶然ではない。高度の社会福祉国家といわれる北欧諸国も，精神疾患者や障害者への断種手術を合法化した。ラテンアメリカ諸国をはじめ，精強な国民国家をつくろうとした世界各地に優生学は浸透した。この土壌は第二次世界大戦後も生き続け，社会福祉，家族計画，途上国の開発支援の名の下に優生思想は影響力を保った。

2．バースコントロールと優生学

避妊や人工妊娠中絶は，女性が自らの身体と生殖について自己決定できるかの試金石と考えられる。アメリカの多くのフェミニストたちは，1973年の**ロー対ウェイド判決**[43]を，当時非合法だった中絶の権利を認めるものとして歓迎した。

ただし優生学研究が進む中で，避妊技術の発展や中絶の合法化には，非白人や下層労働者らに出産の抑制を迫ることがあると指摘されている。医師やソーシャルワーカーらが，家族計画の名目で黒人や貧困者を断種手術へと誘導する例がある。自己決定を装って，不適者の選別がなされるのである。

3．出生前診断と優生学

近年は出生前診断が普及しつつあり，争点になっている。1960年代末に始まる羊水検査，1990年代以降に普及する受精卵の着床前遺伝学的診断（受精卵診断）などは，胎児の先天性の疾患を出産以前に発見する検査である。こうした出生前診断は一方で，妊娠中の治療や出産後の準備を進められる点で有益とされる。他方で，障害のある子どもの出産を中絶して，生きるに値する命を選別しているという批判もある。障害者施設入所者ら45名を殺傷した2016年の相模原障害者施設殺傷事件は，そうした優生思想が現代社会にあらためて浸透していることを示唆した。医療技術の進展と優生思想との関係が問われている。

探究のポイント

①優生学の最盛期はいつだったといえるだろうか。
②人工妊娠中絶とは誰にとって，いかなる意味をもつのだろうか。
③出生前診断は優生学の一つと呼べるのだろうか。

▷3　ロー対ウェイド判決
中絶禁止法を違憲としたアメリカ連邦最高裁における1973年のロー対ウェイド判決は，これを伝統的なジェンダー規範への挑戦と考えた保守派からの反発を招いた。彼らは，中絶が胎児の命を選別していると批判する。保守派判事が多数を占めた最高裁は，2022年に同判決を覆した。

【参考文献】
二文字理明・椎木章編著『福祉国家の優生思想──スウェーデン発強制不妊手術報道』明石書店，2000年。
米本昌平・松原洋子・橳島次郎・市野川容孝『優生学と人間社会──生命科学の世紀はどこへ向かうのか』講談社，2000年。
利光惠子『受精卵診断と出生前診断──その導入をめぐる争いの現代史』生活書院，2012年。
千葉紀和・上東麻子『ルポ「命の選別」──誰が弱者を切り捨てるのか？』文藝春秋，2020年。
藤野豊『強制不妊と優生保護法──"公益"に奪われたいのち』岩波書店，2020年。

姚　　毅

中国 11　母性と身体解放

【関連項目：愛・性と近代家族，一夫多妻婚，婚姻法と家族の今，一人っ子政策と生殖】

▷1　マーガレット・サンガー（1879〜1966）
アメリカの産児制限の活動家，現代の避妊運動の創設者。彼女は産児制限の必要性を訴え，当時禁止されている避妊法を研究し，数度投獄されながら避妊の普及および合法化のために生涯をかけた。また彼女は，遺伝的に人類を改良しようとする「優生学」の考えを支持した。2020年7月，ニューヨーク州の家族計画連盟は，それを理由にサンガーの名前をマンハッタンのクリニックから削除することを発表した。

▷2　『婦女雑誌』
1915年から1931年まで上海の商務印書館から毎月発行された，近代中国を代表する女性向け雑誌である。五四時期に自由恋愛論や新性道徳論など進歩的女性論を展開した。エレン・ケイとマーガレット・サンガーの思想だけでなく，参政権の獲得や経済的自立による女性解放論を主張したパーキンス・ギルマン，アウグスト・ベーベル，山川菊栄などの思想も紹介し，女性解放に関する様々な議論を展開した。Ⅴ-15 も参照。

▷3　五四時期
新文化運動時期（広く1915年から1925年までの時期を指す）ともいう。『新青年』（1915〜22）雑誌の周辺に集まった知識人が「民主」「科学」をスローガンに，中国の伝統思想や慣習によって立つ儒教を批判した。親の取り決め婚を反対し，

📖 概　要

　伝統中国では，家族の存続のため，母役割が重要視されたが，産む性としての存在が女性の価値のすべてであった。母性＝産む性に新しい意義をもたらすきっかけとなったのは，エレン・ケイとマーガレット・サンガー[1]の思想の受容であった。1920年頃，『婦女雑誌』[2]を中心に紹介されたケイの思想は，その恋愛至上主義，恋愛の自由が女性解放の要と受け止められ，五四時期[3]の進歩的知識人を強く惹きつけた。ただしその母性主義が女性の身体を生殖に縛りつけるのではないかという懸念もあった。一方産児調節の提唱で知られるサンガーは，1922年中国を訪問し，「婦女解放に必要な条件は参政権ではなく，自分の身体を支配できることである」と説き，「産児調節は，女性を生殖＝身体から解放できる手段である」と強調して，知識人に大いに歓迎された。ケイとサンガーの思想は，家父長制の中で抑圧されていた女性の性と身体の解放を主張するもので，当時の経済的自立の実現による女性解放論と並ぶ双璧となった。しかし，こうしたサンガーらの思想は陳兼善，潘光旦[4]など遺伝学者・優生学者からの反発に遭い，優生学と恋愛，産児制限と性道徳，新性道徳など1920年代のいくつかの有名な論争の引き金となった（姚　2002）。

当時の議論　自由恋愛や産児調節は，中国に受容されたとき，母性自決・女性解放の手段だけでなく，同時に，優生思想的な種の改良の有力手段だととらえられていた。個人の解放や自由を求めつつ，個人の服従も要求したのだ。産児調節は，一方では生殖を恋愛・婚姻から分離することを現実的に可能にした。母性を生殖から解放し，自由恋愛を個の確立の重要な契機として重視した。他方では，「悪劣分子」の排除によって，種族を改良し，民族の強盛をはかるという中国近代以来の悲願にも希望を与えたのである（「サンガー夫人を歓迎する」）。

　こうした自由恋愛や産児調節は，女性問題として位置づけられ，女性解放の道が模索された。盲目的な恋愛や過度なロマンティシズムは，離婚や独身主義を助長するだけでなく，一夫多妻の擁護につながり，不道徳的な性の氾濫をもたらしかねないと批判された。伝統的な性規範や家族制度を固持しようとする保守的な人々は，晩婚傾向，独身主義，女性の経済的自立を育児に優先させるといったことは子孫繁栄に反し，種族衰退の兆しになるとして，産児調節に警鐘を鳴

> 私達は母性の自由のために，人種の発展のために，国家社会の安寧のために，サンガー夫人を歓迎する必要がある。私達は（中略）この産児制限法を宣伝し，中国社会を改造し，従属される母性を救い，未来の種族を発展させることを望んでいる。
> 「歓迎刪格爾夫人」（サンガー夫人を歓迎する）

『婦人雑誌』8巻6号（1922年6月）

らした。

その後の展開　満洲事変・日中戦争の時代なると，ケイの自由恋愛・結婚観よりむしろ母性・児童教育論が重視されるようになった。一方，当初世を救う名医とみられていたサンガーが，1936年の雑誌では「女性のごろつき」と罵られ，「外国の反動医学者」と批判された。「可哀そうな栄養不良の母親よ，避妊粉薬を一服差し上げましょうか？」というキャプションをつけた漫画「山額夫人在中国」から見て取れるように，サンガーへの諷刺は辛辣を極める。満洲事変や日中戦争の危機に際して，潘光旦によって

朱金楼「山額夫人在中国」

唱えられた「優生救国」論絡みの「新母性」が提唱され，優れた種族の永続のために賢母となることを女子に要求した。

🗝 論　点

1. 「自発的母性」は中国で実現したのか　サンガーは中国で，「自発的母性＊」（現在のリプロダクティブ・ライツ）を主張したが，同時に中国が西洋の轍を踏まないよう，一国の強弱を左右する知識人に産児制限させるのではなく，貧民や病人の出産率を減らすべき，と忠告した（坂元 2004）。中国は質の管理という観点が導入された当時から，「優生優育」を前提とする「一人っ子」政策により質量ともに管理され，現在に至る。生殖の自決と優生思想絡みの生殖へのコントロールという相矛盾する二者の関係をどう処理するかは，今もなお未解決のままである（姚 2022）。

2. 「婦女回家」論争と母性　1920年代前後より，家事や育児を職業と認めるのか，家事と職業との両立は可能かといった様々な議論がなされた。経済の自立を優先し，現状の社会経済制度・生産関係を変革すべきとするマルクス主義的見解が有力となっていった。だが一方で，対等な男女関係をめぐる本質的な議論は後回しにされた。1930年代より現在に至るまで，「婦女回家＊」（女性は家に帰れ）論が度々起こり，国家的な視点に立つ母性の必要性と重要性が常に強調されている。

┌─ 探究のポイント ─────────────
│ ①日本と中国におけるサンガーの思想の受容の違いを調べてみよう。
│ ②当時の小説で邦訳のある『旅行』（馮沅君）や『莎菲女士の日記』（丁玲）等を読んで，自由恋愛はどのように論じられたかを考えてみよう。
│ ③現代における中国と日本のリプロダクティブ・ライツについて考えてみよう。

自由恋愛・自由結婚によって女性の独立自主の人格を回復させることを提唱し，近代的な家族を築くことを目指した。Ⅳ-5 側注3，Ⅳ-9，Ⅳ-13 側注1も参照。

▷4　潘光旦（1899〜1967）1922年清華大学卒業後アメリカに留学。生物学，動物学，遺伝学，優生学を学び，1926年に帰国。種族のために個人の自由は二の次であるべきだと主張，個人を第一とする恋愛の自由や母性の自決に異議を申し立てる。エレン・ケイの恋愛観や母性論に傾倒し，独自の母性論を展開した。

＊　自発的母性
Ⅳ-7 Ⅳ-15 参照。

＊　「婦女回家」
Ⅳ-7 側注1，Ⅳ-9，Ⅵ-1 側注4参照。

【参考文献】

丁玲（岡崎俊夫訳）『霞村にいた時』岩波書店，1956年。

坂元ひろ子『中国民族主義の神話——人種・身体・ジェンダー』岩波書店，2004年。

丸山昇監修，白水紀子主編『中国現代文学珠玉選　小説3 女性作家選集』二玄社，2001年。

姚毅「母性自決か，民族改良か——1920年代の中国における産児調節の言説を中心に」『中国女性史研究』11，2002年。

姚毅「生命リスク回避の『テクノロジー』と優生願望」白井千晶編『アジアの出産とテクノロジー——リプロダクティブの最前線』勉誠出版，2022年。

~ アフリカ ~

12 装いとコロニアリズム

香　室　結　美

【関連項目：コロニアリズム，女性宣教師，ヴェール，ファッションと消費行動】

📖 概　要

　コロニアリズム（植民地主義）とは，ある国（宗主国）が自国外の地域を植民地として獲得・維持し，拡大しようとする政策とその精神のことである。大航海時代以降，西欧諸国や他の強国は南アメリカ・アフリカ・アジア・オセアニア地域等とそこに住む人々を支配対象とした。植民地主義は「未開」の「異教徒」を啓蒙し文明化するという精神を伴った。宗主国は現地のものとは異なる政治体系，法，そして言語や衣服といった慣習を植民地に導入し統治に用いた。植民地獲得の動きは19世紀に加速したが，第二次世界大戦後の1945年に創設された国際連合の働きや現地での運動により多くの国が独立した。

　南部アフリカのナミビア共和国（1990年南アより独立）では，当時の宗主国・ドイツ帝国が現地の牧畜民ヘレロ人らを戦いの末虐殺した（1904〜08年）。21世紀に入り，ヘレロ人らはドイツ政府等に対して虐殺の補償訴訟を起こし，国際的な注目を集めてきた。一方，ヘレロ人の文化的特色として注目されるのが，ドイツ人入植者が当時着用していた軍服とロングドレスを原型とする**エスニック・ドレス**[1]である。従来，ヘレロ人は革の衣服を着ていたが，19世紀末から20世紀初頭以降，男性はカーキ色の軍服風ユニフォーム，女性はペチコートでふくらんだ丈の長いドレスにウシの角を模す被り物を固有の衣服として着用するようになった。女性は宣教師の妻が開いた洋裁学校でロングドレスの作り方を教わったとされる。女性のロングドレスは冠婚葬祭や日常生活でも着用され，TPO に合わせた素材・質・デザインが選ばれる。近年ナミビア各地でそのデザインやモデリングを競うコンテストおよびファッションショーが開かれている。ロングドレスは，日本人と同じく洋服になじんだ若いヘレロ女性にとっても，現代的装いとして魅力をもつものとなっている。

　当時の議論　第一次世界大戦にて敗北したドイツ帝国に取って代わりナミビアを支配した南アフリカは，軍服を着て集まり軍隊様の行進を行っていたヘレロ男性の行為を「抵抗」の一形態であると警戒したといわれている。軍服が戦いのイメージと同一視されたからである。しかし，彼らの軍隊様行為は支配下の娯楽であり，虐殺後分散した親族や仲間を経済的に支える互助組織を形成する際の活動の一部であった。互助組織には女性も参加したとされる。戦いを通してなじみ深いものとなっていたドイツ人入植者の形式化された軍隊様式が，共同体を新たに構築する際に参照されたと考えられている。

　その後の展開　西洋由来の軍服風ユニフォームとロングドレスは，儀礼的な場にヘレロ男性・女性として参加するための装いとして現在まで

▷１　**エスニック・ドレス**
「民族衣装」という語は不変の固定化された「伝統的」衣服という意味で使用されることが多い。人類学者カレン・ハンセンはエスニック・ドレスという語を用い，特定の人々に固有かつ流動的なファッションのあり方を示した。

着用されてきた。植民地化された地域の儀礼や日常における男女の装いの規範・学習・流行については人類学者の現地調査などから描かれつつある。流行を主に西洋の階級に基づく近代的現象とした哲学・社会学者ジンメル（1976）らの議論に対し，非西洋における**グローバルかつローカルな装いの生成過程**⏴2，そして見せたい・見られたい外見を主体的に成型するパフォーマティブな着用の実践が，2000年代以降着目されている。

軍服風ユニフォームとロングドレスのヘレロ人（2017年）

論 点

1. 植民者の衣服と現地住民のアイデンティティ

人類学者コマロフ夫妻の歴史民族誌によると，**宣教師**⏴3は聖書の内容や教義を教えるだけでなく，時間どおり働き西洋の衣服を着るといった日常的実践の導入により現地人の意識変革と支配を試みた。ヘレロ人は宣教師・植民者・商人らとの交流の中で西洋の衣服を取り入れた。とはいえ，西洋の衣服を着ることは西洋人になることではない。ヘレロ人は自文化を象徴する色（赤・白・緑）を衣服に取り込み，形や着用のふるまいをアレンジしながら定型化することで男女の装いとして洗練し，独自のエスニック／ジェンダー・アイデンティティ表現を創造した。

2. ファッションの魅力と消費

衣服はアイデンティティを形成し再生産するためだけに着られるわけではない。近年の研究では，エスニックなものや宗教的なものとされる衣服が，美的快楽や消費の欲望を刺激するアイテムとなるという指摘がある（野中 2015）。ヘレロ女性のロングドレスでも，従来の綿に加え欧米のドレスに使われるタフタ等の素材が取り入れられ細身になるなど，現代ヘレロ女性の欲望を喚起し，ニーズを満たす工夫が凝らされている。ドレスの作り手は主にヘレロ人女性であり，女性の経済的自立の一助となっている。

3. 世代間ギャップと革新

同じジェンダー間でも若者層は変化を求める傾向にあり，固有の衣服の革新と流行の主体となってきたことが指摘される（Hansen and Madison eds. 2013）。ロングドレスの場合，デザイン性の高いドレスの魅力をヘレロ社会内外に広めようと，エリート層によって開催されたデザインコンペにより若者層のロングドレス熱が高まった。若者層の好みは新たな型や着用のあり方を生成している（香室 2019）。

探究のポイント

①入植者と現地の人々の出会いを通して生じた文化的創造の事例を挙げてみよう。
②特定の地域における装いの定着と変化は，各時代の出来事や精神とどのように関連しているのか。たとえば，西欧諸国の植民地拡大に対抗した明治維新以降，日本の近代化に伴う洋装化はなぜ・いかに・誰によって進められたのか。
③男女の装いが明確な社会におけるユニセックスな衣服とはどのようなものか。

▷2 グローバルかつローカルな装いの生成過程
フランス植民者の衣服を独自の美意識と美的ふるまいに転化した例として，日本のファッション誌でも大きく取り上げられたコンゴ共和国の紳士集団「サプール」がある。

▷3 宣教師
植民地化にはキリスト教宣教師の布教活動が大きく関わった。主に男性が知られる宣教師は現地語に習熟し，現地について記述した初期の開拓者でもあった。一方，その家族と現地の人々との文化的交流については研究の余地がある（横浜プロテスタント史研究会編『横浜の女性宣教師たち』有隣堂，2018年）。

参考文献

ゲオルグ・ジンメル（円子修平・大久保健治訳）『ジンメル著作集7 文化の哲学』白水社，1976年。
鷲田清一『ちぐはぐな身体——ファッションって何？』筑摩書房，1995年。
ジョアン・フィンケルシュタイン（成実弘至 訳）『ファッションの文化社会学』せりか書房，1998年。
野中葉『インドネシアのムスリムファッション——なぜイスラームの女性たちのヴェールはカラフルになったのか』福村出版，2015年。
香室結美『ふるまいの創造——ナミビア・ヘレロ人における植民地経験と美の諸相』九州大学出版会，2019年。

中　国

13 愛・性と近代家族

江上 幸子

【関連項目：父系原理と男耕女織，伝統家族，貞節と男女隔離，家庭重視イデオロギー，近代家族像と文明規範】

📖　概　要

五四新文化運動[1]期の中国では，男性新知識人によって伝統的な儒教規範や「大家族」制度の改変が主張され，「貞操論争」「恋愛討論」「性教育論議」などの議論が起こった。恋愛・結婚・生殖は一体であるべきとされ，神聖視された恋愛結婚による一夫一婦の「小家族」[2]制度が目指されたのである。その近代家族の成立により，女性は伝統的抑圧から解放可能だともされた。だが「小家族」では，夫が「家を代表」し妻が「家事を主管」するとされ，女性は「新良妻賢母」[3]という家庭内役割を求められて，実は男女が対等ではなかった。

そこで，「小家族」に異議を示す女性新知識人も現れた。日本への女子留学生らが明治の良妻賢母主義に反発したり，家庭に入ることで生じる制約を嫌い独身主義を唱えたりする声があった。男性にも，恋愛神聖視は新たな貞節観を生むとの指摘や，恋愛と結婚の分離を承認する論があった。アナキストはむしろ，婚姻制度を廃した男女の柔軟な結びつきを提起した。しかし，これらの異議はほぼ排斥された。

この時期には，人間の性本能を肯定する主張も出された。だが，性本能は種族保存のためと位置づけられ，性行為の「心地よさ」の積極的評価は非難された。独身も種族繁栄の支障になるとして攻撃された。

当時の議論　「貞操論争」（1918〜19年）では，男性の性的放縦を認めながら女性に貞操を課す儒教規範が批判され，愛のない結婚は不道徳で，貞操と愛情が結びついた「霊肉一致」が必要だとされた。「恋愛討論」（1922〜23年）では，恋愛は精神的に高尚であり，親の取り決めでなく恋愛による結婚こそ種族の進歩にもかなうとされた。「性教育論議」（1923年）では，性欲は猥褻ではなく自然なものとされ，肉体と精神の両面の愛が求められた。これらの議論は女性解放に貢献したと今も高く評価されている。

一方，「新性道徳論争」（1925年）では恋愛と結婚の分離も主張された。不貞節があっても社会や他の個人に害がなければ不道徳ではなく，女性の性欲も大事だとの論だった。だが，この論者は職を追われた。

その後の展開　中国の「小家族」観は日本の「近代家族」観と共通点が多いが，やや違いもあった。中国でも女性の家庭内役割が最重視されたが，日本に比べると，女性に社会活動への参加や経済的自立を求める声も早くからあった。1920年代に急増した女性新知識人には，職業をもって家庭役割との両立をはかり男女平等を実現しようとの声が強かった。そのため教育の男女同一体系化や，女性の財産相続権・姦通罪の男女平等の法制化は日本より早かった。

しかし1930年代半ばになると，男性側から「女性は家に帰れ」（「婦女回家」[*]）と

▷1　五四新文化運動
1915年に陳独秀が『新青年』誌を創刊し，胡適や魯迅らが近代的な思想・文化の普及を目指した。その啓蒙下で1919年5月4日には，日本の対華二十一カ条要求に抗議する学生の五四運動が起きた。1920年代前期にかけ，「民主と科学」を掲げた近代化が高まり，これを五四新文化運動と呼ぶ。Ⅳ-5側注3，Ⅳ-11側注3も参照。

▷2　小家族（中国語は「小家庭」）
日本でいう「近代家族」にほぼ該当する。「近代家族」の主な特徴が，①一夫一婦と未婚の子よりなる，②夫婦および親子は愛情で結ばれる，③公領域と私領域が分離する，④夫は外で仕事，妻は内で家事育児という性別分業がある，とされるのに共通している。

▷3　新良妻賢母（中国語は「新賢妻良母」）
日本の「良妻賢母」にあたる。「近代家族」における女性役割を日本で「良妻賢母」と称したものが，清末の中国に受容され，中華民国期には清末と区別して主に「新良妻賢母」と呼ばれた。Ⅳ-5側注2も参照。

＊　「婦女回家」
Ⅳ-7側注1，Ⅳ-9，Ⅵ-1側注4参照。

の主張が出た。その中でフェミニストの議論は，「新良妻賢母」という家庭役割を重視しつつ社会進出も目指す論と，性別役割を否定して職業獲得を最重視する論とに分かれた。男性に対して「新良夫賢父」を求める論も出た。だが，資本主義化する都会で女性の職場は限られ就業は至難だった。とはいえ大学教師・弁護士・看護師・デパートガールと職業婦人は増えたが，家事育児は女性の負担のままだった。

　抗日戦争期に入ると，女性も台所を出て後方支援せよとの戦時動員がなされ，フェミニズムよりナショナリズムが優先された。中華人民共和国後は，生産力向上のため女性も動員されて就業が広がったが，家庭役割との二重負担を女性は背負い続けている。

1930年代のカレンダーに描かれた理想の近代家族

論　点

1. 恋愛・結婚・生殖を一体とするロマンティックラブ・イデオロギー
恋愛・結婚・生殖を一致させるべきという主張は，日本では弱まりつつあるが，中国では今も根強く残っている。恋愛神聖視の弊害や性行為の尊重を訴えた張 競生の主張は，21世紀に入るまで猥褻視されてきた（江上 2014）。アナキストの婚姻制度廃止の提起は，現在の中国でなお「極端な論」と否定されている（江上 2018）。ロマンティックラブ・イデオロギーは，愛の美名により妻が従属的立場になったり，夫が家計責任を背負ったり，生殖が義務とされ不妊に苦しんだりと，日本でもなお男女への束縛要因になっている。

2. ジェンダー格差を生む近代家族の性別役割意識
性別役割分業が男女平等を妨げるとの認識が日本では弱く，世界経済フォーラム発表の2022年ジェンダーギャップ指数で，日本は146カ国中の116位だった。日本に比べれば近代中国では性別分業意識が薄く，1930年代のフェミニストの議論では，男女格差を生む「新良妻賢母」役割の可否が争点だった。だが男性新知識人には「新良妻賢母」を求める声が根強く，近年の中国では女性に家庭役割を課す傾向が強まって，ジェンダーギャップ指数の順位を顕著に落としている（102位）。

3. 「新賢妻良母」役割と社会的活躍
1930年代のフェミニストの議論のうち，家庭内役割を重視し社会進出も目指す主張は現代日本の考え方に近く，国民党系の女性に強かった。彼女らは母性や内助の功が求められる苦痛を抱えたが，その役割放棄も難しかった。二重役割負担が社会進出・経済的自立を妨げ男女格差を生むとの主張は，共産党系女性に支持された。だが彼女らには，家事労働の価値を否定したり，妻・母役割を担わざるをえない多数の女性を軽視したりという問題点もあった（江上 2007）。

参考文献

中国女性史研究会編『中国女性の一〇〇年——史料にみる歩み』青木書店，2004年。

江上幸子「中国の賢妻良母思想と「モダンガール」——1930年代中期の「女は家に帰れ」論争から」早川紀代ほか編『東アジアの国民国家形成とジェンダー——女性像をめぐって』青木書店，2007年。

末次玲子『二〇世紀中国女性史』青木書店，2009年。

江上幸子「1920年代中国のセクシュアリティ論議——張競生・丁玲らによる異論」『中国——社会と文化』29，2014年。

江上幸子「近代中国の家族および愛・性をめぐる議論」小浜正子ほか編『中国ジェンダー史研究入門』京都大学学術出版会，2018年。

探究のポイント
①近代中国の愛・性・家族観を，伝統的な規範や「大家族」制度と比較しよう。
②日本と中国のジェンダーギャップ指数の詳細を調べ，男女格差の要因を考えてみよう。

Column **17** 帝国日本

植民地支配と性管理・性売買

開港と遊廓　日本の植民地とは日清戦争で獲得した台湾，日露戦争で譲渡された南樺太と関東州（および満鉄付属地）租借権と日清・日露の争点となった朝鮮である。

近代における性管理は軍隊慰安と性病管理を基軸とするが，戦争によって獲得した植民地では本国以上に強い管理が求められた。

最初に日本式性売買が登場するのは開港（1876年）まもない朝鮮の釜山，元山である。しかし1883年開港の仁川では日本の外務省は欧米列強の視線を意識し始め，公娼制，すなわち貸座敷・娼妓の存在に難色を示す。

軍事占領と疑似「慰安所」　植民地における性管理を国家的に進めるのは領有後の台湾においてである。軍医の証言では台湾領有に伴い，軍が性病検査を徹底した上で兵士向けの性的慰安施設を開設し，政情が沈静化すると「貸座敷並娼妓取締規則」（台北県令1896年）を制定した。台湾での経験をもとに，各部屋が並列した長屋式の建物に憲兵が出入り口を監視するといった，後の軍「慰安所」に似た施設が日露戦時下で関東州の軍事占領地に開設される。

朝鮮では日清戦後から日本軍が常駐し，日本兵や在留民を対象にした性売買が増えていくが，日英同盟締結（1902年）の前後から特別料理店という新種の貸座敷が出現し，性売買のシステム化が進められる。

越境する公娼制　朝鮮，台湾，関東州で公娼制と変わらない性管理・性売買が確立する契機は日露戦争といえよう。日露戦争の結果，1905年に日本は朝鮮を保護国にするが，1906年から各地方で「料理店取締規則」「芸妓取締規則」「酌婦取締規則」が順次制定される。また台湾でも台湾総督府の支配が地方にまで及ぶと1906年に全島で統一した公娼制

が確立する。

関東州では1906年に関東都督府が設置され，軍政廃止後に軍の管理下にあった性売買は民間の業者に引き継がれていき，日本「内地」に準じた取締規則が制定される。しかしこの時点では台湾を除いた関東州，朝鮮では貸座敷，娼妓といった用語は使われず，料理店，芸妓，酌婦と呼称された。

朝鮮では朝鮮総督府警務総監部令「貸座敷娼妓取締規則」（1916年）の制定で公娼制の確立とみなす。背景には同年4月からの朝鮮軍第19師団，第20師団の逐次編成がある。

支配領域における公娼制の同異性　植民地において公娼制，貸座敷，娼妓といった日本「内地」と共通の用語が使われても，その内容は大きく違っている。

まず年齢であるが，日本「内地」では18歳，台湾では16歳，朝鮮では17歳，関東州では16～17歳と差が設けられ，性を売る女性の人流が低年齢規定の地域へ向かうことになる。

またこの植民地の年齢が逆に日本の年齢規定を縛る。日本が加盟していた「婦人及児童の売買禁止に関する国際条約」（1921年）では未成年の定義が21歳未満だが，日本は18歳未満にこだわり1927年まで留保したのも植民地における差別があったからだ。その他，廃娼規定，前借金，現場での差別的待遇など，同じ用語のもとでの異なる内容に本質が見えにくいといった問題が存在する。

日本「内地」はもとより各植民地で制定された規則はその後ほぼ改変されることなく，娼妓の外出許可が出るのも1933年から1934年まで待たなければならなかった。　　　　　　　　　　　　　（宋　連玉）

参考文献

宋連玉・金栄『軍隊と性暴力——20世紀の朝鮮半島』現代史料出版，2010年。
吉見義明『買春する帝国』岩波書店，2019年。

遊郭と鉄道

1910〜30年代に
遊客数が激増

近代遊郭を男性遊客の視点からみたい。大阪府下の遊客数は1898年157万人，1913年182万人であったが，10年代後半から20〜30年代に急増し，1937年884万人のピークに達した。大阪府の人口も同時期1.5倍になるが，遊客数の5.7倍はそれをはるかに超えている。

地区ごとにみれば，新町・堀江・南五花街（道頓堀・宗右衛門町等）など近世以来の系譜をもつ地区は，芸妓中心型（金額1回10〜25円）か娼妓との混在型で，幕末開港に伴ってつくられた松島や1916年につくられた飛田などは，ほぼ娼妓のみの安価な娼妓型地区（同1.5〜3円）であったが，遊客が激増したのは後者であった。

遊郭業者の
遊客名簿から

ここで，大阪市と京都市の中間，橋本遊郭を取り上げる。もともと石清水八幡の門前町遊郭で，1913年までの遊客数0.5〜1万人は参詣客など近世の延長と考えられるが，1912年の京阪電気鉄道の京都五条―大阪天満橋間全通を機に，1924年14万人，1928年37万人，1937年45万人に急増する。

図は，1922年のK楼の遊客名簿である。見開き4人，上段から登楼・退楼日時，住所，職業，氏名，年齢，相貌，消費金額の欄があり，上部欄外に相方娼妓の名が記される。住所欄は右から大阪市西区・京都市伏見町・大阪府北河内郡（枚方市）・大阪市南区，職業は仲仕業・染物職・農・菓子商，年齢は22・32・21・35

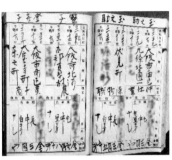

橋本遊郭K楼の「遊客帳」（大正11〔1922〕年）

歳，消費金額は3・3.5・2.8・3円と記され，これらを3カ月分整理したのが表である。

そのほとんど80%が大阪府下の20代であることがわかる。都市近郊鉄道の広がりの中で，大阪市内の遊客が安価な周辺部へ押し出されるとともに，沿線の農村部をも巻き込んでいったのである。しかも，大工・鍛冶・染物職などの熟練職人をはじめ，仲仕・船乗などの現業労働者の比率が高いことは，都市下層への広がりをも示す。登・退楼時間の記録は，「京阪電車が着いたらここで空っぽになるんです。ほんで，朝になるとお泊り客はそこから電車に乗ってお仕事に行く」という記憶を証明している。

買春の日常化

これらいくつかの名簿から，大阪にある遊郭の客の80%以上が，大阪府内居住の20・30代の壮年男性であることがわかる。1913年の遊客数182万人の80%は146万人だが，同年の府内壮年男性人口は45万人。全員が年3.2回登楼している計算になる。同じ計算を1937年ですると，遊客数884万人，その80%は707万人，壮年人口90万人のすべてが年7.8回以上登楼したことになる。全階層への広がりというだけでなく，妻や娘の住む同じ都市空間で遊郭へもふつうに行くという〈日常化〉が生まれていた。それはまさに日本近代が作り出したものであった。

（横田冬彦）

橋本遊郭K楼の遊客

住所	大阪市内 49.8%＋府下 36.3%＝86.1%，他府県 13.9%（うち京都 12.1%）	
年齢	20代 77.6%＋30代 16.6%＝94.2%，40代 4.9%，50歳以上 0.9%	
職業	会社員(6.4%)	14人（会社員5，株式仲買3，貿易商2ほか）
	商人(30.9%)	68人（米穀商8，金物商・鉄商8，石炭商3，呉服商5，洋服商5，雑貨商4，自転車商4，綿糸・メリヤス4，八百屋3ほか）
	職人(35.5%)	78人（大工職18，鉄工職9，鍛冶職8，職工5，木挽職1，染物職13，仕立職ほか）
	運送関係(14.5%)	32人（仲仕10，船乗9，鉄道工夫5，市電4，馬力2ほか）
	農業(5.0%)	11人（農11）
	他(10.5%)	23人（印刷職5，写真師2，陸軍技手2，料理業3，店員2，飲食店2，理髪業1ほか）

（1922〔大正11〕年の3カ月間，登楼数260，遊客実数220人）

参考文献

横田冬彦「「遊客名簿」と統計」歴史学研究会ほか編『「慰安婦問題」を／から考える』岩波書店，2014年。

14 ∞∞中国∞∞ 新しい女性像とモダンガール　　江上幸子

【関連項目：清末の政治変動と女性，新しい女，女性と職業（中国），母性と身体解放，愛・性と近代家族，近代中国の女性作家】

📖 概　要

　中国が国民国家形成を目指す中で，各時期に「理想の女性像」が生まれた。清末には，男子を「国民」に養育できる身体・知識を備えた「国民の母」[▷1]が求められ，纏足解放や女子の学校教育が始まった。中華民国になると，男性新知識人は五四新文化運動[*]に啓発された女性を「新女性」[▷2]と呼び，中国を近代国家に変革する同志とみなした。一方で「新女性」は，保守層からは儒教道徳に反すると非難されたり，男性新知識人の女性像から逸脱すれば排斥されたりもした。

　1930年代には上海などの都会に，ニューヨーク・東京と同様の「モダンガール」と呼ばれる若い女性群が出現し，社会問題となって四方から攻撃された。伝統社会および近代社会の身体・行動・貞節に関する道徳規範に挑戦していたからである。しかしモダンガールは，映画・雑誌などの大衆メディアでは大人気だった。ファッション誌や広告にも登場して，西洋近代や消費行動への憧れのシンボルとなり，資本もそれを市場戦略に利用した。

当時の議論
　モダンガールは，「パーマや口紅」の姿態で「ダンスホールや映画館」に通い，「恋愛や性的満足」を過度に求め「外国商品や嗜好品の消費」に溺れていると中傷され，「頽廃・享楽・変形娼婦」などの罵声を浴びた。保守層や男性ばかりか，「新女性」からも「家庭の寄生虫・女性運動の障害」と批判する声があがった。保守層は，この機に新しい女性すべてをモダンガールとして否定しようとし，また男性新知識人は，モダンガールが近代の「小家族」[*]制度や「新良妻賢母」[*]役割から逸脱すると考えた。「新女性」も，モダンガールによって五四新文化運動以降の女性解放成果が損なわれると懸念したのである。新旧のジェンダー規範に対するモダンガールの挑戦は，初代共産党女性部長の向警予が「覚醒すれば女性解放の先駆者となる」と期待したように，実は左派「新女性」と共通点が多かった。しかし資本主義によるモダンガール利用への警戒もあり，左派がモダンガールと連帯してその挑戦を言語化することは難しかった。

その後の展開
　大衆メディアでは，上海の大型グラフ誌『良友画

側注（左段）

▷1　国民の母
日清戦争の敗北を機に中国近代化への動きが高まり，梁啓超や金天翮らが男女平等・纏足解放・女子教育を提起し，日本の良妻賢母主義も受容された。「国民の母」が提唱され，男性である「国民」を育てることが女性に求められた。一方，日本への女子留学生は良妻賢母教育に反発し「女国民」を主張した。日本で学んだ秋瑾は，幅広い女性に自立を呼びかけ，清朝を倒す革命活動に命を捧げた。日本で『天義』を発行した何殷震は，男性との「同一」は求めず，参政権・経済自立も女性間の分断や資本による利用を生むと警鐘を鳴らした。

＊　五四新文化運動
Ⅳ-13 側注1参照。

▷2　新女性
広くは「新しい女性」の意味だが，主に五四新文化運動に共鳴した女性新知識人をいう。彼女らには父権家族から独立した人格をもち，婚姻制度や社会を改革するために「家を出る」ことが求められた。大学の門戸開放を要求したり，親の取り決めた婚姻に反し恋愛・結婚の自由を実践したり，男性と共に政治活動に参加したりする女性が現れた。中国の著名女性にはここから生まれた者が少なくないが，「新女性」が払った代価も小さくはなかった。

＊　小家族
Ⅳ-13 側注2参照。

『良友画報』の表紙を飾ったモダンガール

『報』が表紙や記事にモダンガールの写真を満載し，モダンを志向する男性の欲望に応えた。ただしジェンダー格差への意識は希薄だった。映画ではモダンガールを描く『新女性』シリーズがヒットしたが，人気女優の阮玲玉は男性による報復的なゴシップにさらされ最盛期に自殺した。文学では，女性作家の丁玲*が『莎菲女士の日記』で，近代ジェンダー秩序下のモダンガールの挑戦や苦悩を表現した。「新感覚派」と呼ばれる劉吶鷗・穆時英らの男性小説にも「魅力的で危険」なモダンガールが登場したが，男性の客体にとどまり女性の内面までは描かれなかった。モダンガール群の出現で「女性文化」が開花した側面がある一方で，ジェンダー差異の目立つ女性像が流行する側面もあったのである。

　モダンガールの挑戦が理解されないまま四方から攻撃を浴びる中，フェミニストたちは新たな女性像としてジェンダー差異を捨象した「**労働女性**」を提唱した。さらに日中戦争期になると，国のため男性と共に戦う「女性兵士」が一躍脚光を浴びた。

🔑 論 点

1. 「理想の女性像」の提唱がもたらしたもの

　「国民の母」や「新女性」の提唱は，女性の学校教育や社会進出につながり，ジェンダー格差の是正に寄与した。ただし，それは女性解放よりもむしろ近代国家や男性新知識人のためであり，女性に新たな抑圧や犠牲も招いた面は今もあまり認識されていない。「労働女性」や「女性兵士」の提唱は，階級格差や亡国危機という課題が切迫する中で，女性にも広く受け入れられた。だが，「労働女性」像には現実とかけ離れた理念的なきらいがあり，「女性兵士」像には女性に甚大な負担や被害をもたらす面があった（早川ほか 2007）。

2. グローバルなモダンガール現象

　1920〜30年代に世界各地でモダンガール現象が起きた。ファッションや大衆消費文化だけでなく，ジェンダー規範の逸脱や性的自由の志向も世界共通だった（伊藤ほか編 2010）。中国のモダンガールも「理想の女性像」と違い，他者からの提唱でなく自発的なものだった。「モダンガール」と非難された若い女性の中には，「小家族」「新良妻賢母」などの近代ジェンダー秩序に挑む者が少なくなかった。だがモダンガールには，たとえば西洋女性への憧れから美白化粧品が流行するなど，グローバルな資本に縛られた面もあった。そのためか，社会現象にとどまり近代的な女性主体となれないまま，日中戦争期に入るとモダンガール現象は散逸していった（江上 2007）。

探究のポイント

①『良友画報』に掲載されたモダンガール像を見てみよう。
②映画の『新女性』（中国，1935年）や『ロアン・リンユィ／阮玲玉』（香港，1991年）を観てみよう。
③モダンガールを描いた丁玲や新感覚派（大東ほか編 2018）の小説を読んでみよう。

＊ 新良妻賢母
Ⅳ-5 側注2，Ⅳ-13 側注3参照。

＊ 丁 玲
Ⅳ-15 参照。

▷3 労働女性
「働く女性」の意味だが，知識人が対象となる「職業女性」とは区別され，より下層の女工や農民を指す。「労働女性」の解放を主張する声は以前からあったが，1930年代のフェミニストは「モダンガール」バッシングに対処しようと，「労働女性と共に解放を目指す」ことを提唱した。リアリティに欠ける面があったが，新たな女性像として左翼女性だけでなく広い層で主張された。

参考文献

江上幸子「中国の賢妻良母思想と「モダンガール」——1930年代中期の「女は家に帰れ」論争から」早川紀代ほか編『東アジアの国民国家形成とジェンダー——女性像をめぐって』青木書店，2007年。

李子雲ほか編（友常勉ほか訳）『チャイナ・ガールの1世紀——女性たちの写真が語るもうひとつの中国史』三元社，2009年。

伊藤るりほか編『モダンガールと植民地近代——東アジアにおける帝国・資本・ジェンダー』岩波書店，2010年。

孫安石・菊池敏夫・中村みどり編『上海モダン——『良友』画報の世界』勉誠出版，2018年。

大東和重ほか編『中国現代文学傑作セレクション——1910〜40年代のモダン・通俗・戦争』勉誠出版，2018年。

15　近代中国の女性作家

江上幸子

【関連項目：家庭教育と女性文化，読書，近代教育と女子大生，愛・性と近代家族，新しい女性像とモダンガール，戦間期の女性文学，女性雑誌】

📖　概　要

　五四新文化運動の端緒となった文学革命で白話[◁1]やリアリズムが提唱されると，キリスト教学校や女子師範で高等教育を受けた女性からも，近代作家が誕生した。『二つの家庭』（1919）で近代教育を受けた**新良妻賢母**[*]を讃える謝冰心や，『旅行』（1924）で精神的な恋愛を描いた馮沅君らが，近代中国の「小家族[*]」理念を称揚した。

　だがまもなく女性作家は，近代の家族理念に疑義を抱く。女性初の大学教授となった陳衡哲は，『ロイスの問題』（1924）で妻・母役割と学問・恋愛との葛藤を描いた。凌叔華の『酒の後』（1924）には妻の婚外の恋情がにじんでいる。疑義をより明確にした小説も増え，黄盧隠の『海辺の友』（1923）や『勝利の後』（1925），沉櫻の『祝宴の後』（1929）や『旧友』（1934）は，「小家族」の妻の悲嘆・後悔を訴える。結婚によって社会進出や女性ネットワークから切り離され，理念を共有したはずの夫とも対等ではない，と。近代家族理念に挑む女性の内面を描いた丁玲は，『莎菲女士の日記』（1928）でセクシュアリティにおける女性の主体性を扱い，文壇の寵児となった。

　伝統あるいは階級による抑圧を訴える小説も少なくない。黄白薇・林徽因は父の専制に縛られる娘や，一夫多妻家庭における妾・婢女を描いた。羅淑は貧困のため売られる妻や女児を，草明は女工の苦しみを題材にした。社会の変革を求めて政治活動に加わった女性作家も多く，のちにジャーナリストとなった楊剛は逮捕拷問に遭い，**左翼作家連盟**[◁2]で活動した馮鏗は処刑された。女性兵士として軍閥打倒に従軍した謝冰瑩の日記は，当時英訳されて世界の注目を浴びた。

当時の議論

　男性新知識人が中心の文芸界は，近代家族理念を称揚した作品には好意的だった。一方，それに疑義を表した作品は若者の心をとらえながら，文芸界からは「題材が狭い」などと厳しい評価を受けた。「モダンガール」と誹謗されがちな女性の主体性や苦悩を描いた丁玲は，当時は文壇に賞賛されたが，のちには「男をもてあそんだ」とされて1957年の粛清につながった。

　近代のジェンダー問題の描出に比べ，伝統や貧困に苦しむ女性を「犠牲者」や「階級抑圧のシンボル」として表象することは高く評価された。

その後の展開

　日本の中国侵略は女性作家の運命も翻弄した。「満洲国」を追われた蕭紅は，故郷の底辺に生きる女性を『呼蘭河伝』（1940）に描いた。だが，**共産党根拠地**[*]の延安に向かった同郷の夫・蕭軍とは別れ，戦火の香港で客死した。「満洲国」で執筆を続けた梅娘は，今

側注

▷1　白話
口語体の文章をいう。五四新文化運動（Ⅳ-13側注1参照）では啓蒙運動と白話提唱が中心となり，「科学と民主」やリアリズムなどが主張された。1918年に『新青年』に掲載された魯迅の『狂人日記』が，白話提唱に実質を与えたとされる。

[*]　新良妻賢母
Ⅳ-13側注3参照。

[*]　小家族
Ⅳ-13側注2参照。

▷2　左翼作家連盟
略称左連。プロレタリア革命文学のスローガンのもと，1930年上海で結成された左翼文化運動の組織。300人近くが参加したが，政治組織化の傾向も免れなかった。1931年には20余名の共産党員が逮捕・処刑されたが，中に作家も含まれ「左連五烈士」と称えられた。

[*]　共産党根拠地
Ⅴ-4参照。

1926年の丁玲と夫・胡也頻（「左連五烈士」の一人）

も売国の汚名をぬぐえない。延安通信を出した陳学昭はじめ，日中戦争期に抗日根拠地に参集した女性作家も少なくない。しかし，共産党統治の現実や毛沢東の文学政策は苛酷だった。『霞村にいた時』(1941)で日本軍「慰安婦」への蔑視を描いた丁玲も，共産党の「暗黒を暴露」したと『文芸講話』で批判されるなど，作家たちの創作の自由は奪われた。

　日本占領下の大商業都市上海では，従前の政府・党が撤退し権力の空白が生じたためか，張愛玲・蘇青らの女性作品が流行した。恋愛物語を善くした張の小説は華麗な筆致で優雅な世界を描きながら，国と同じく家族にも男女にも「滅び」の気配が濃く，1980年代に再流行するまで否定評価が続いた。上海で女性の経済的自立を主張していた関露は，情報活動に従事したため長く冤罪をこうむった。

　中華人民共和国になると共産党の政策に沿う文学が求められた。作家が迫害された文化大改革（文革）が終わり創作の自由への希求が高まると，『人，中年に到る』(1980)の諶容はじめ張潔・張辛欣・王安憶ら女性作家が，圧殺されてきた「女性のテーマや作風」に取り組んだ。

🗝 論　点

1. 近代のジェンダー非対称と，女性作家への評価

最初期の女性作家は，恋愛結婚や新良妻賢母を讃え，貞操や母性を尊重した。そうした近代家族理念に沿う小説は文芸界で高く評価された。だが，謝冰心は作家だけでなく議員としても活動するなど，家庭外の活動も重視したため二重役割負担の苦悩も抱えた。馮沅君は母との葛藤を描いて母性に疑問を呈してもいる。

　次世代の女性作家は，沉櫻の主人公が「新式の夫も旧式の夫と同じ」と嘆くように，近代が内包するジェンダー非対称をより敏感に作品化した（白水 2003）。しかし，「テーマが小さい」とする低評価は文革終了後まで続いた。一方で，魯迅の『傷逝』など男性作家が近代家族の問題を扱うと，女性の苦悩の描写はなくても高評価だった。こうした女性作品への低評価は，孟悦・戴錦華（1989）によって見直されることとなった。

2. 国や党のテーマと，女性作家への評価

近代中国は近代化・革命・侵略戦争・新国家建設・政治闘争など様々な課題に直面してきた。その課題を解決するため，国・党は女性を同盟者や利用対象としたり，自己の求めに沿わなければ批判したりした。抗日戦争時に故郷「満洲」の底辺女性の「生」を描いた蕭紅は，民族のテーマに消極的だと非難された（平石 2022）。毛沢東の政策に異を唱えた丁玲は，「反党の右派」として20年の強制労働が科せられた。日本占領下で執筆を続けた張愛玲の作品は，人気を博しながら共産党からは否定された。

探究のポイント

①『中国現代文学珠玉選』『霞村にいた時』などで女性作家の作品を読んでみよう。
②映画化された張愛玲『傾城の恋』(1984年)，諶容『人，中年に到る』(1982年)を観てみよう。

▷3　『文芸講話』
延安の整風運動（Ⅴ-4 側注3参照）中の1942年5月に開かれた座談会における，毛沢東の講演「延安文芸座談会における講話」の略称。「人民大衆のための文学」を謳い，作家が自己改造して労働者・農民・兵士と一体になることを説いた。のち毛思想の絶対化に伴って文芸界の基本綱領となり，知識人の弾圧につながった。

▷4　文化大革命（文革）
1965年から約10年続いたプロレタリア文化大革命の略称。毛沢東が主導し，紅衛兵と称した学生はじめ大衆を動員し，劉少奇・鄧小平らを批判した政治闘争。多くの知識人が投獄・殺害され，社会・経済が混乱に陥り，後々まで深い傷を残した。毛の死と「四人組」の逮捕で1976年秋に終息。1980年代以降「重大な歴史的誤り」と批判されたが，最近は批判自体がタブーとなっている。Ⅵ-9 側注3も参照。

参考文献

丁玲（岡崎俊夫訳）『霞村にいた時』岩波書店，1956年。
丸山昇監修『中国現代文学珠玉選　小説1・小説2・小説3（女性作家選集）』二玄社，2000～01年。
白水紀子「中国文学にみる「近代家族」批判」『東洋文化研究所紀要』143，2003年。
江上幸子「丁玲——近代中国のジェンダー秩序への抗い」趙景達ほか編『講座東アジアの知識人3「社会」の発見と変容』有志舎，2013年。
平石淑子「漂流者としてのアイデンティティ——蕭紅の場合」『中国女性史研究』31，2022年。

ドイツ

16　戦間期の女性文学

田丸理砂

【関連項目：読書，女性と職業（ドイツ・中国），新しい女性像とモダンガール，近代中国の女性作家】

📖　概　要

　1920年代から30年代にかけて，都市大衆社会の成立を背景に，ニューヨーク，パリ，ベルリン，上海，ソウル，そして東京など，世界各地の大都市で，同時代的にモダンガール現象が起きた。ドイツで彼女たちは「新しい女」と呼ばれ，大都市で事務職や販売員として働く，おしゃれで仕事にも遊びにも一所懸命なホワイトカラーの女性たちがその典型とされた。戦間期のドイツでは，ホワイトカラーから作家へと転身したマーシャ・カレコ，イルムガルト・コインらが等身大の自分たちを描き人気を博す。

　1920年代の女性作家の急増には，マスメディア，とりわけ印刷メディアの急速な発展が大いに関わっている。数多くの新聞雑誌が発行されるようになると，女性購読者は無視できない存在になり，彼女たちのニーズに応えられる，女性作家が求められるようになったのだ。そしてマスメディアが産業化する中で，ヴィッキィ・バウムのようなスター作家が戦略的に生み出された。バウムの小説『ホテルの人びと』（1929）は，1932年アメリカで映画化（『グランドホテル』）され，世界的成功を収めた。ベルリンの新聞社でジャーナリストとして活躍していたガブリエレ・テルギットは，ジャーナリズムを舞台とした小説『ケーゼビア，クアフュルステンダムを征服する』（1931）を発表している。

　マスメディアの急速な発展とともに女性作家たちの活動を後押ししたのが，当時の文学潮流，**新即物主義**[◁1]である。その特徴である現代的なテーマ，客観的で明快な叙述は，新しい表現を求める彼女たちにとって使い勝手がよかった。社会的な出来事を客観的に記すルポルタージュというジャンルが生まれたのもこの時期である。マリア・ライトナーは潜入取材の手法で，様々な仕事に就きながらアメリカ各地をめぐり，ルポルタージュ『女ひとり世界を旅する』（1932）を記した。他方，戯曲や小説で地方の閉塞性とジェンダーの問題を描いたマリールイーゼ・フライサーのような作家もいた。

当時の議論

　大都市のホワイトカラーの女性たちはしばしば，当時ヨーロッパで人気があったアメリカのレヴューのコーラスガールにたとえられた。男性批評家の中には，都会のテンポに則して動くアメリカ女性にモダンな女性の理想型を見出す者もいたが，他方ジークフリート・クラカウアーらのように，機械のように人間が交換可能な部品の一つになる，合理化をきわめた大衆社会の特徴と批判する者もいた。

　しかしながらモダンガール世代の女性作家たちの作品の主人公が語る仕

▷1　新即物主義

第一次世界大戦後にドイツで起こった芸術運動。個人の内面を主観的に描いた表現主義に対して，新即物主義は客観的，合理的，現実的な描写を目指した。新即物主義文学の特徴は，都会の日常の描写，現実的なテーマ，感情を排した客観的で明快な叙述である。

マーシャ・カレコ『叙情的速記ノート』（1933/1993）
使用されているイメージは映画『12番レジの女の子（*Das Fräulein Kasse 12*）』（1927年）のポスター。

事，職場でのセクシュアルハラスメント，恋愛，セクシュアリティは，女性読者にとって身近なものであったことは，たとえばイルムガルト・コインの『ギルギ——わたしたちのひとり』(1931) の作品をめぐる懸賞論文に，女性読者から様々な意見が寄せられたことからも見て取れる。彼女たちの同類が初めて文学に描かれたのだ。

その後の展開 1933年のナチス政権成立以降，上記の作家たちはみなドイツ国外に亡命している。第二次世界大戦後，彼女たちの作品は長い間忘却されていたが，1980年代に女性文学研究が本格化する中で，再発見され，現在も盛んにその研究が行われている。

コインの作品が顔写真とともに陳列されたロンドンの書店のショーウインドー (2021年9月)

論 点

1．文学の民主化とジェンダー タイプライターの登場により事務職に就く女性が急増した。このことが，文学を書くこととは無縁だった女性たち（たとえば女性タイピスト）に作家への道を拓き，男性による作家という職業の独占に終わりを告げる契機となった。一方，長い間こうした女性作家が文学研究において軽視されてきたことは，作品を評価する批評家や研究者のジェンダーが男性に偏っていたことを示している。文学史や研究書などを読むときには，評価する側のジェンダーにも注視する必要がある。

2．大衆文学と読者 戦間期には書籍出版を取り巻く状況は大きく変化する。大衆社会の成立を背景に映画やラジオが勢いづく中，文学の産業化が加速化する。こうした中，成功を収めたヴィッキィ・バウムらの作品は大衆文学とみなされ，従来の文学研究の対象とされてこなかった。しかし2000年以降ジェンダーの視点から大衆文学の「大衆」の定義の見直しが行われ，大衆は性的にニュートラルな存在ではなく，彼女たちの作品の読者と想定される女性読者に注目する解釈が求められている。

3．アメリカの影響 上記〈論点1，2〉の背景には，第一次世界大戦後，ヨーロッパで影響力を高めたアメリカの存在が窺える。「新世界」のアメリカ的価値観は伝統を重んずるヨーロッパのそれよりも，文学に新たに参入した女性たちと相性がよかったという指摘がある (Becker 2018)。他方，彼女たちの文学には，アメリカ的女性像とヨーロッパ的女性像の矛盾およびその間で揺れ動く女性たちの葛藤も描かれている。

▷ 2 大衆社会
資本主義の発展に伴い誕生した，不定形な匿名の多数者（大衆）からなる社会。20世紀に入って成立した。大量生産，大量消費，マスメディアの発達や都市の人口集中などに特徴づけられる。文化の傾向は娯楽性が強い。

参考文献
フリードリヒ・キットラー（石光泰夫・石光輝子訳）『グラモフォン フィルム タイプライター』筑摩書房，1999年。
田丸理砂『髪を切ってベルリンを駆ける！——ワイマール共和国のモダンガール』フェリス女学院大学，2010年。
イルムガルト・コイン（柏木貴久子訳）『人工シルクの女の子』関西大学出版部，2013年。
田丸理砂『「女の子」という運動——ワイマール共和国時代末期のモダンガール』春風社，2015年。
斎藤美奈子『挑発する少女小説』河出書房新社，2021年。

┌─ **探究のポイント** ─
│ ①都市化は女性たちにどのような可能性を与えたかを考えてみよう。
│ ②なぜ現実的な文学が好まれたのか，作家と読者の両方の立場から考えてみよう。
│ ③コインの『人工シルクの女の子』(2013) をジェンダーの視点から読み，コインらの作品が再評価されている理由を考えてみよう。

V　第二次世界大戦から戦後の社会へ

アウシュヴィッツに到着したユダヤ人たち

中国の抗日映画『風雲児女』の
ポスター（1935年）

日本の戦後初の女性議員たち

Introduction

　本章では，「戦争の世紀」と呼ばれた20世紀を体現した時期を対象とします。未曾有の総力戦となった第一次世界大戦後，資本主義的発展が欧米諸国を中心につかの間で空前の繁栄をもたらしたものの，世界恐慌を経て人類は再び世界大戦を経験します。参戦国は戦争の遂行と勝利を目的として戦い，ジェンダー規範もそのために動員されます。また，戦争の中で起こったホロコーストや戦時性暴力による犠牲者の問題は，現在もなお未解決の課題のままです。そして戦後の世界は冷戦の時代を迎え，資本主義陣営と社会主義陣営は厳しく対立しました。社会主義諸国では女性の生産労働への教化・動員によって男女平等の実現が目指され，資本主義諸国でも自由経済競争の中で女性たちの社会進出・権利獲得が進んでいきました。しかし社会労働と家事・育児の二重役割負担等の問題は，体制の違いを超えて現在においても大きな課題であるといえます。

1 軍事的男らしさの揺らぎと再構築 中村江里

【関連項目：マスキュリニティ，決闘・名誉・「男らしさ」，第一次世界大戦と女性，戦争・負傷兵と男性ジェンダー，抗戦と日常】

📖 概　要

　19世紀以降，軍隊から女性と子どもは排除され，近代の国民軍は「男らしさの学校」として機能してきた。ナポレオン戦争から第二次世界大戦に至るまで，ナショナリズムと男性性は強く結びつき，国家を防衛する勇ましい男らしさが称揚された。一方，女性は男性に守られる存在とされ，戦士を産み育てることが求められた。

　しかし，20世紀における二つの世界大戦は，女性の軍事領域への進出に道を開くこととなった。第二次世界大戦の主要参戦国における女性の戦争参加は，大きく分けて女性が軍隊に参入する参加型と，軍隊には入らず，銃後での後方支援を行う分離型の二つのパターンがあった。参加型には，ソ連や中国のように女性が戦闘に参加する場合と，アメリカ・イギリスのように，女性も軍の構成員になるが戦闘には加わらない場合がある。一方，日本・ドイツ・イタリアは原則として分離型で，従軍看護婦以外の女性は銃後の活動に限定されていたが，戦争の進展とともに，ドイツや日本では，女性を軍隊に組み込む動きがみられた。

当時の議論

　日本の少年雑誌では，日清戦争の頃から軍人が「男の中の男」という少年の理想像として描かれ，女性，朝鮮人，中国人の「弱さ」と対比する形で，「日本男児」の「強さ」が表象された。しかし，軍事的な男らしさは不変のものであったわけではない。軍縮期の少年雑誌からは戦争・軍人の姿が消え，新聞では「女学生の望むお婿さんは商人が一番多く軍人は一人もいない」（『読売新聞』1922年10月20日付）と報じられた。1920年代後半になると再び軍人が少年雑誌に姿を現し始め，「肉弾三勇士[*1]」のように一般の兵士がその勇ましい死によって男らしさを称えられるようになった。また，戦死した兵士の妻は「靖国の妻」としての名誉を与えられ，傷痍軍人を献身的に世話する妻の「美談」が度々新聞で報じられた。

　日本の軍部や政府は，戦争末期に至るまで女性に兵役を課すことには消極的だったが，「敵国」である中国では多くの女性が兵士として戦闘に参加した。当時のメディアは，中国の「娘子軍[*2]」の勇敢さに言及する一方で，最終的には日本兵に屈伏させられる「二流兵士」として扱った。また，田中喜四郎は，「支那娘子軍エロ部隊」（1938）という詩の中で，兵士であると同時に性的客体でもある存在として中国の女性兵士を描いた。中国の「残忍性」を強調するために「娘子

▷1　肉弾三勇士
1932年2月第一次上海事変の戦闘で，味方の突撃路を開くために自爆した陸軍一等兵，江下武二・北川丞・作江伊之助のこと。3人の貧しい境遇が国民の共感を呼び，一般兵士の自己犠牲を象徴する軍国美談として語り継がれた。

▷2　娘子軍
女性で組織された軍隊のことを指し，1868年の戊辰戦争の際，会津藩若松城下で戦闘に加わった女性たちに対する呼称として初期は用いられ，のちに他国の女性兵士に対しても用いられた。また，海外に渡航して性産業に従事した「からゆきさん」や，日本軍「慰安婦」の別称としても用いられた。

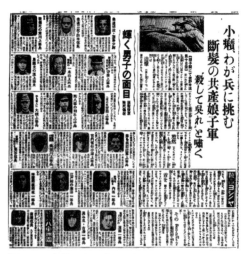

「男らしい」戦死者を称え，中国の女性兵士を嘲笑する新聞（『読売新聞』1937年11月11日付）

「軍」の死や性が利用された一方で，日本軍が戦場で行った殺戮や性暴力は隠蔽された。

一方，ジェンダーの境界線を超越し，命がけで戦う女性兵士の存在は，日本軍にとって脅威でもあった。教育総監部『戦場心理と精神教育』（1938）では，「精鋭なる国軍に於て二十歳から四十歳迄の而も働き盛りの者が勇敢無比の戦闘をなし得ないとしたら，之こそ支那軍の幼少兵や女学生にも劣るものであり，末代迄の恥辱と言はねばならない」と，恐怖心をコントロールできない日本兵を「女・子ども」にも劣る存在として強く戒めている。

論点

1．「軍隊は男の聖域」なのか

軍隊は，女性史では「男の領域」とみなされる一方で，軍事史においては「兵士＝男性」は自明のことであり，ジェンダーが不問に付されてきた。しかし1990年代以降，男性学の登場や女性兵士の増加，社会史的な軍事史研究などの影響を受けて，軍隊や兵士のジェンダー史研究が進展した。これらの研究によれば，軍隊が男性のみで構成され，軍事的な男らしさが称揚されるのは歴史的に不変の現象ではなく，徴兵制が導入され，兵役と市民権がセットとなった近代の国民国家に特有のことである。

2．男はみな強くて勇敢なのか

戦争が長期化し，大量殺戮兵器が用いられた20世紀の二つの世界大戦では，多くの男性が身体を損傷し，言語に絶する恐怖から「戦争神経症」を発症した。日中戦争以降の日本では，戦傷者は「名誉の負傷」とされた一方で，戦争神経症は「女々しさ」と結びつけられてスティグマ化された（中村 2018）。戦争によって傷ついた男性身体がもつ視覚的衝撃が，「男らしさの神話」にどの程度インパクトを与え，再構築を促したのかも，軍隊のジェンダー史研究では重要な論点である。

3．女性の軍事領域への進出がジェンダー秩序に及ぼした影響

ファシズムの台頭によって近代の軍事的男らしさが極限に達した第二次世界大戦（モッセ 2005）では，同時に女性の軍事化によって「男らしさの神話」の揺らぎも見られた。女性の軍事化は男性たちの反感を買い，女性の任務や待遇を差別化することで軍事的男らしさは維持された。ポスト冷戦期の軍隊では女性の統合はさらに進み，軍人は戦闘ではなく平和維持や人道支援といった新たな任務が求められるようになったが，軍隊の非ジェンダー化につながったわけではない（佐藤 2022）。

探究のポイント
①第二次世界大戦の終結が，軍事的男らしさに与えた影響を考えてみよう。
②女性の軍隊への参加は究極のジェンダー平等といえるだろうか。スヴェトラーナ・アレクシエーヴィチの『戦争は女の顔をしていない』(2016) を読んで考えてみよう。
③軍隊と性的マイノリティの排除／包摂について考えてみよう。

▷3 戦争神経症
第一次世界大戦以降，各国の軍隊で問題化した「戦争神経症」の患者は，身体に目立った傷がないにもかかわらず，手足の震えや麻痺などの症状を示した。そのため心理的な原因が注目されるようになり，臆病者や詐病などの疑いをかけられることも多かった。1980年代以降，心的外傷後ストレス障害（PTSD）の先行概念として注目されるようになった。

参考文献
ジョージ・L・モッセ（細谷実・小玉亮子・海妻径子訳）『男のイメージ——男性性の創造と近代社会』作品社，2005年。
敬和学園戦争とジェンダー表象研究会編『軍事主義とジェンダー——第二次世界大戦期と現在』インパクト出版会，2008年。
内田雅克『大日本帝国の「少年」と「男性性」——少年少女雑誌に見る「ウィークネス・フォビア』』明石書店，2010年。
中村江里『戦争とトラウマ——不可視化された日本兵の戦争神経症』吉川弘文館，2018年。
弓削尚子『はじめての西洋ジェンダー史——家族史からグローバル・ヒストリーまで』山川出版社，2021年。

2　戦争と女性労働

佐藤千登勢

【関連項目：第一次世界大戦と女性，女性と職業（ドイツ・中国），防空と銃後】

📖　概　要

　アメリカの女性労働史において，第二次世界大戦は女性の雇用に大きな変化をもたらした転換点であると考えられている。1930年代には大恐慌のため多くの女性が失業したが，開戦後は一転して総労働者数が1939年の5600万人から1943年の6600万人へと増える中で，そこに女性が占める割合は26％から36％へと上昇した。とくに著しかったのは，働く既婚女性の増加であり，４人に１人が家庭の外で賃金労働に従事するようになった。女性の雇用が最も拡大したのは，西海岸の大都市近郊や東部・中西部の工業都市で新設された軍需工場であり，1944年７月には軍需産業に従事している労働者の37％を女性が占めるに至った。航空機，造船，電気・通信機器，兵器などを製造する工場では，生産工程を細分化することによって，熟練を要さない作業が創出され，軽量化された工具を用いて，手先の器用さや繊細さ，忍耐強さといった「女性の特性」を生かすことができると経営者がみなした職種に女性が配置された。

　出征前に結婚したり，収入が安定して結婚に踏み切る若者が増加したため，戦時下では婚姻率が上昇した。その一方で，夫の出征等による別居の増加や女性の経済的自立が進んだことで，離婚率も上がった。共働き夫婦の間では，家事・育児の分担が進み，性別役割分業がある程度まで変化した。アメリカでは集団保育への信頼が低く，戦時下でも託児所や保育園の利用がそれほど進まなかったため，夫婦が異なるシフトで働き，交替で子どもの世話をする家庭が多くみられた。

当時の議論　　アメリカ政府は，政策的に女性を軍需工場へ動員することはなかったが，**戦時情報局**[◁1]が実業界と協力して**プロパガンダ**[◁2]を作成し，女性の就労を促した。ノーマン・ロックウェルが描いた「**リベットエロージー**[◁3]」は，戦時の女性労働者の表象として広く知られている。当時のプロパガンダは，愛国心から軍需工場に就職し，増産に努める女性の姿をアピールしたが，そこで描かれたのは，男性に伍して働きながらも，毎日きちんとメイクをして身なりを整えて出勤し，職場でも「女らしさ」を失わない女性だった。戦時の女性は，愛する人を一日でも早く戦地から帰還させるために厳しい労働に耐えているが，戦争が終結すれば，喜んで男性に職を譲り，家庭に戻るものとされた。

🔑　論　点

1. 女性は愛国心から働いたのだろうか　　従来は，多くの女性が真珠湾攻撃に憤り，愛国心から工場などに就職したと考えられていたが，シャーナ・グラック（Gluck 1988）が編纂したオーラル・ヒストリーを見ると経済的な理由で

▷1　戦時情報局（OWI：Office of War Information）
1942年６月にフランクリン・D・ローズヴェルト大統領によって設立された諜報・プロパガンダ機関。

▷2　プロパガンダ
国民の戦意を高揚させ，戦争への協力を呼びかけるために用いられた宣伝。ポスター，広告，パンフレットなどに加えて，第二次世界大戦時にはラジオで寸劇を放送したり，映画館で戦況に関するニュースを上映するなど，それまで以上に様々な媒体を用いて行われた。Ⅳ-1 側注４も参照。

▷3　リベットエロージー
ノーマン・ロックウェルが1943年５月29日の『サタデー・イブニング・ポスト』紙の表紙に描いた，リベット打ちの工具を膝にのせて，サンドイッチを食べている女性。前年にヒットした同名の楽曲にヒントを得ている。

職に就いた女性が大半だったことがわかる。大恐慌で失業したり，収入が激減して困窮していた人々にとって，戦時の好景気は生活を再建するチャンスだった。戦時になって初めて就労した女性は新卒者を中心に500万人程度にすぎず，戦前から継続的ないしは断続的に働いていた女性が，よりよい賃金を求めて転職するケースが多かった。とくに低賃金の工場労働やサービス業，家内労働などに従事してきた白人の労働者階級の女性や黒人女性にとって，1週間で45ドルほども稼ぐことができる軍需工場の仕事は，たいへん魅力的だった。

ノーマン・ロックウェル「リベットエロージー」（1943年）

2. 戦争によって女性は窮乏生活を
強いられていたのだろうか
銃後の女性は，配給制度に協力したり戦時公債を購入するなど，生活を切り詰めて質素な暮らしを送っていたと考えられてきたが，リチャード・リンゲマン（2017）によると，多くの女性が，戦時下でもファッションや美容，メイクを楽しんでいた。企業の広告や政府のプロパガンダで，工場で働いていても「女らしさ」を失わない女性が理想とされたことや，女性が物質的な豊かさを享受できることが，アメリカ民主主義の象徴であるとされたことがその背景にあった。仕事の後や週末にレストランやバー，ナイトクラブへ行く女性も増えた。だが，こうした場所で女性がひとり，あるいは女性同士で飲酒し，男性に誘われるのを待つといった行為は不道徳で，銃後の社会秩序を乱すものとして厳しく批判された。

3. 終戦とともに女性は
家庭に戻ったのだろうか
戦時中，サンフランシスコ湾岸地域で働いていた女性を対象にした調査によると，戦後も同じ職場で働き続けることを希望する者の比率は，白人で67％，非白人で95％にも上った。終戦が近づくと政府や企業は，女性に家庭へ戻るように勧めるキャンペーンを大々的に展開し，多くの女性がそれに従ったとされてきた。しかし，グラックのオーラル・ヒストリーによると，戦時の仕事を離れた後，事務職やサービス業など戦前から「女性の仕事」とされてきた職種に復帰した者が少なくなかった。また戦後，いったん専業主婦になったが，戦時中の経験から自分で収入を得て経済的に自立することの意義や仕事の楽しさを知り，子育てを終えてから再就職する女性も増えた。

参考文献

有賀夏紀『アメリカ・フェミニズムの社会史』勁草書房，1988年。

上杉忍『二次大戦下の「アメリカ民主主義」——総力戦の中の自由』講談社，2000年。

佐藤千登勢『軍需産業と女性労働——第二次世界大戦下の日米比較』彩流社，2003年。

有賀夏紀・小檜山ルイ編著『アメリカ・ジェンダー史研究入門』青木書店，2010年，第11章。

リチャード・リンゲマン（滝川義人訳）『銃後のアメリカ人——1941〜1945パールハーバーから原爆投下まで』悠書館，2017年。

探究のポイント

①戦時下で政府によって女性の就労が奨励された国とされなかった国があった。こうした違いは，どのような要因によって生じたのだろうか。

②「リベットエロージー」として描かれている女性の表象と，戦時中の日本の広告などに見られる女性の姿を比較してみよう。どのような違いがあるだろうか。

③人種や階級に着目すると，戦時の働く女性には，いかなる多様性がみられたのだろうか。

グローバル 3 戦時性暴力

小田原　琳

【関連項目：マスキュリニティ，引揚者の性暴力被害と中絶，名誉と「名誉犯罪」，日本軍「慰安婦」問題】

📖 概　要

　古来，戦時には兵士によって敵の市民に対する攻撃が行われ，その中には性暴力が含まれていた。対象となったのは主にあらゆる年代の女性であったが，男性や子どももいた。戦時性暴力は，ジェンダー秩序の強化や動揺，被害者となった男女への影響の大きさなど，戦争を歴史的・包括的に考察するためには無視できない論点である。第二次世界大戦中，ソ連に侵攻したドイツ軍が同地の女性たちにふるった性暴力・性的拷問やその他の性的接触，第二次世界大戦末期のソ連軍や米軍など連合軍による枢軸国や解放地の女性に対する性暴力，日本軍による朝鮮半島や中国大陸を中心とするアジアの女性たちに対する性加害など，戦地や占領地で軍による重層的な性暴力が行われた。

　ボスニア・ヘルツェゴヴィナ紛争およびルワンダ内戦において，かつての隣人同士が殺し合う凄惨な戦いと激しい性暴力が国際社会に与えた衝撃が契機となり，国際的な議論が高まった。1998年に採択され2002年に発効した国際刑事裁判所ローマ規程では，「強姦，性的な奴隷，強制売春，強いられた妊娠状態の継続，強制断種その他あらゆる形態の性的暴力であってこれらと同等の重大性を有するもの」が，人道に対する犯罪と定められている。

第一次世界大戦時にアメリカで制作されたポスター「ベルギーを忘れるな」
ドイツ兵によるベルギーの若い女性に対する性暴力の恐怖をプロパガンダに利用して，戦時国債の購入を呼びかけている。

当時の議論　敵軍による性暴力がヨーロッパにおいて国家と国民にとっての問題として論じられるようになった契機は第一次世界大戦であった。とりわけドイツ軍によるベルギーおよびフランスの女性に対する性暴力が報じられ，反独プロパガンダにも利用された。兵士による性暴力は，敵国に損害を与える意図をもつ戦略であると考えられた（常に組織的であるわけではないことを指摘した研究もある）。また，それ以前から植民地侵略の過程でヨーロッパ各国軍によって現地女性に対してふるわれた性暴力については長らく不問に付されてきたことにも注意しなければならない。

　国際法においては，ハーグ陸戦条約（1907年）にある「家の名誉と権利」の尊重（第46条）が，明示的にではないが戦争における強姦の禁止と考えられてきた。またジュネーヴ条約（1949年）は「女子は，その名誉に対する侵害，特に，強かん，強

映画『ふたりの女』（*La Ciociara*, 1960年，イタリア）
第二次世界大戦末期のイタリアにおける，連合軍兵士によるイタリア人女性に対する性暴力がモチーフの一つになっている。

制売いんその他あらゆる種類のわいせつ行為から特別に保護しなければならない」（第4条約第27条第2項）として，戦時における女性の強姦を禁じている。ここから，20世紀前半の国際社会における認識を指摘することができる。戦時性暴力は，第一に，蔓延しながら処罰されないできたこと，第二に，「名誉」を傷つけることが問題なのであって，性暴力行為そのものが犯罪とみなされてきたのではないことである（ローマ規程の革新性はこの点にある）。こうした認識はかえって，「名誉」を守るために被害女性に沈黙を強いることになった。

論点

1. 男性性と性暴力

戦時性暴力を問うとき，被害女性（やその証言の妥当性）にのみ焦点が向けられやすい。しかし，男性学や男性史研究によって，性暴力をふるう男性兵士に目を向ける必要が提示された。軍隊やそれを取り巻く社会は，男らしさの証として攻撃性を肯定したり，異性愛を介して男同士の絆を確かめ合ったりする**ホモソーシャル**な男性性を構築している。戦時性暴力の背景としてこれを研究することは，戦時性暴力を特殊な状況下での例外的な出来事ではなく，日常からの連続性の中で理解するために重要な課題である。

2. 女性の行為主体性と沈黙の強制

レギーナ・ミュールホイザー（2015）の研究が示すように，侵略軍の兵士と市民の女性の性的接触が，生命の保護や食料獲得などを目的としてなされることがある。生存可能性がきわめて限定された状況においてかろうじてとりうる生存戦略には，女性の**行為主体性**が発揮されている。しかし女性が属する社会の側がこうした行為を認めず，戦後に女性を罰したり，差別したりすることがある。加害や差別を批判し，同時に女性の行為主体性を評価する歴史叙述が必要とされる。

3. 過去の加害を問うことの現在的意味

戦争・占領の際の兵士による性暴力やそれに伴う殺害などは広く認識されてきたが，それが国際社会や学術上の喫緊の課題と意識されるようになったのは，ボスニア・ヘルツェゴヴィナ紛争やルワンダ内戦における性暴力が報じられた1990年代前半であったとダグマー・ヘルツォークは指摘している（Herzog ed. 2009）。国際的な世論の変化に刺激され，加害行為から長い時間を経てようやく告発された加害行為もある。被害者は性暴力に起因する身体的・精神的損害や，その後の差別が引き金となった貧困等の長い影響下に置かれる。社会がそれを放置してきたという意味で，加害の起こった時点で告発がなされなくても，歴史的責任は免除されないだろう。

探究のポイント

①女性に対する暴力を正当化する男性性の文化にはどのようなものがあるだろうか。
②映画『**主戦場**』（2018年）を観て，戦時性暴力の歴史叙述や告発の難しさについて話し合ってみよう。
③性暴力がその後に被害者に与える影響にどのようなことが考えられるだろうか。

▷1 ホモソーシャル
同性同士，とくに男性間の，性愛を伴わない社会関係。アメリカの文学研究者，クイア理論家イヴ・セジウィックによって理論化された。コラム20 も参照。

▷2 行為主体性
制度や構造，規範の中で，ときにそれらに反して選択して行為すること。環境に対して完全に従属的ではないが，完全に自律的でもない主体を表す。

▷3 主戦場
ミキ・デザキ監督。日本軍「慰安婦」制度の歴史認識をめぐる論争を，日本の植民地主義の歴史や日米関係とともに示す。家父長制やナショナリズムなど，女性に戦時性暴力の告発をためらわせる力学が描き出されている。

（参考文献）

イヴ・K・セジウィック（上原早苗・亀澤美由紀訳）『男同士の絆——イギリス文学とホモソーシャルな欲望』名古屋大学出版会，2001年。

歴史学研究会・日本史研究会編『「慰安婦」問題を／から考える——軍事性暴力と日常世界』岩波書店，2014年。

レギーナ・ミュールホイザー（姫岡とし子監訳）『戦場の性——独ソ戦下のドイツ兵と女性たち』岩波書店，2015年。

メアリー・ルイーズ・ロバーツ（佐藤文香監訳，西川美樹訳）『兵士とセックス——第二次世界大戦下のフランスで米兵は何をしたのか？』明石書店，2015年。

上野千鶴子・蘭信三・平井和子編『戦争と性暴力の比較史へ向けて』岩波書店，2018年。

Column 19　イタリア

ファシズム

人口戦争　1922年にムッソリーニ率いるファシズム運動が政権の座に就いたとき，一部の女性は大きな期待を寄せた。ファシズムの綱領に女性参政権獲得が盛り込まれていたからである。

実際，1925年には地方選挙に限って一部の女性に参政権が認められた。ところが，ほどなく地方選挙自体が廃止され，イタリアで女性が投票所に足を踏み入れるのはファシズム崩壊後の1946年まで待たねばならなかった。

ファシズムのジェンダー観は端的に「兵士たる男，母親たる女」という言葉に示される。そこでは家父長権に服す良妻賢母が理想的な女性像とされ，政治活動に参加することはもちろんのこと，家庭外の労働の自由も制限された。こうした考え方は，伝統的なカトリック教会の家族観とも符合した。

地中海帝国の樹立を目論むムッソリーニは，「数は力」という考えのもとで様々な出生奨励策を講じ，子だくさんの家族を表彰した。一方で避妊具の販売や広告を禁じ，同性愛者を人口増加に寄与しないと断じて南部の僻地や小島へ政治犯とともに流刑にした。

ラテン・フェミニズム　イタリアでは19世紀末に女性の権利向上を推進する諸団体が設立されるが，20世紀初頭には異なる動きもみられた。これは貴族や富裕層の女性を中心に，男女の違いを前提として女性に固有の役割を強調する立場で，慈善活動に精力的に取り組んだ。カトリック系組織の活発化もこうした風潮を後押しした。

ファシズム体制が巧みだったのはこうした女性をファシスト党の女性組織に糾合して国の社会福祉事業をボランティアで担わせた点である。彼女たちは，妊婦や乳児のための無料食堂や世界恐慌期の炊き出しの運営，党青少年組織の遠足引率をはじめ，1930年代に体制が掲げた「人民のなかへ」という社会のファシスト化政策を最前線かつ末端で支えた。

こうして女性ファシストはソーシャルワーカーの役割を果たしたが，一方で家庭訪問を通じて私的領域に積極的に介入し，国家と社会を媒介した。彼女たちはこのような国家に貢献しナショナリズムと結びついた女性の活動をアングロ・サクソン系の個人主義的で男女同権を目指す女性運動に対置して「ラテン・フェミニズム」と呼び意義を強調した。

祖国に金を　1935年にイタリアがエチオピアを侵略すると，国際連盟は経済制裁を実行に移した。これに対してファシズム体制は国民に貴金属の供出を求めたが，その象徴となったのが社会階層を問わず多くの女性から差し出された金の結婚指輪であった。さらに国産品の消費と節約が求められると，家庭内での役割が重要視されるようになっていた主婦がそれに応じた。

一方，公務員など一部の職業で女性の就業が制限されたとはいえ，既婚女性の就業率はヨーロッパ諸国の中でも高いままだったし，若い女性たちは第二次世界大戦末期には補助部隊に動員されるに至った。

したがって，女性の役割を家庭内に限定するイデオロギーとは裏腹に，ファシズム体制は女性に対しても積極的に公的行事への参加を求めたといえる。しかし，それは男女同権や女性解放と結びつくものではなく，むしろ性差に基づく新たな義務の強制だったのである。

（山手昌樹）

参考文献

ヴィクトリア・デ・グラツィア（川口陽子訳）「ファシズムの家父長制」フランソワーズ・テボー編『女の歴史 V 二十世紀1』藤原書店，1998年。

土肥秀行・山手昌樹編著『教養のイタリア近現代史』ミネルヴァ書房，2017年。

ファシズムとホモフォビア

ファシズムが望む性のあり方　ケヴィン・パスモアの『ファシズムとは何か』（岩波書店，2016年）によれば，ファシズムはたしかに多様で明確に定義するのは困難だが，共通するのは，ネイションや人種の共同体を分裂させうる社会主義やフェミニズム，ユダヤ人を嫌悪したことに加え，男性は公的領域（政治）で活動し，女性は私的領域（家庭）で家事・育児に専念するというように，男女の役割を二分した点だ。たとえばナチスは，結婚資金貸付制度や家族援助金制度を通して家族形成を後押しし，多子家庭の母親にはドイツ母親名誉十字章を与えることで，理想となるジェンダーや家族像を喧伝した。「アーリア人種」を増やす異性愛は奨励する一方で，異人種間の性行為や生殖を目的としない同性間の性行為は取り締まりの対象としたのである。

ある同性愛者の悲劇　ピエール・セールは，1923年にフランス・ストラスブールの北方に位置するアグノーに生まれ，2005年にトゥールーズで亡くなった。彼は1941年，アルザス地方がナチスに占領された翌年に逮捕され，ほどなくシルメックの強制収容所に移送された。16歳のときに同性愛者が集う場所で時計を盗まれたという記録が警察に残っていたことによる。フランスでは18世紀末に同性愛行為に対する処罰は廃止されていたが，占領下ではナチスの法が適用された。「男性間もしくは人間と動物の間で行われた自然に反する猥褻行為」に軽懲役刑，市民権行使の禁止を課すドイツ刑法175条は1935年に改悪され，有罪判決確定者数は激増した。性行為だけでなく，性的な意図を含むと思われる接触，まなざしや素振りさえもが処罰の対象となったためである。セールは，「裁判もなく連行され，虐待され，何の助けもなく，性的暴行も受け」，人体実験の対象にさえなったと語る。なぜなら収容所内で，囚人は連行理由を示す色のバッジを衣服に縫いつけられ，序列化され，分断されていたからだ。政治犯は赤，「聖書研究者」（具体的には「エホバの証人」）は紫，亡命者は青，常習犯は緑，路上生活者など「反社会的分子」は黒，男性同性愛者はピンクで，とくに緑・黒・ピンクの「犯罪者」は下層に位置づけられ，最下層の男性同性愛者は侮蔑と虐待の対象だった。

ホモソーシャルとホモフォビアの共存　「第三の性」を提唱したマグヌス・ヒルシュフェルトが設立した性科学研究所への攻撃，同性愛者としても知られた突撃隊幕僚長エルンスト・レームの粛清，刑法175条の改悪，また，「劣等」とみなされていたユダヤ人や女性と男性同性愛者とを同一視し，国家を崩壊させる存在とした親衛隊全国指導者ハインリヒ・ヒムラーの発言からも，ナチスの「ホモフォビア」（同性愛嫌悪）が，いかに強力なものであったのかが窺われる。この嫌悪は，キリスト教的な伝統に根ざすとか，人口政策上の懸念から生まれただけではなく，「男性同盟」的なナチス・イデオロギーのもつ「ホモソーシャル」（V-3 参照）な特性に由来している。男性たちが結束して男性優位の社会を形成していたナチスは，女性を母・妻として「他者化」し，女性的とされた男性同性愛者を排除することで，「男同士の絆」をいっそう強めることができた。この仕組みをイヴ・K・セジウィックは『男同士の絆』（名古屋大学出版会，2001年）の中で，「特定の弾圧」を同性愛者という「少数派に加える」ことで，異性愛を自然なものとするように「多数派の行動を統制するメカニズム」であると総括している。

（石井香江）

参考文献

星乃治彦『男たちの帝国——ヴィルヘルム2世からナチスへ』岩波書店，2006年。
田野大輔『愛と欲望のナチズム』講談社，2012年。

Column **21**　中欧・東欧

ホロコーストと女性

**ジェンダー不在の
ホロコースト?**　ホロコーストの犠牲者は, ナチスが定義した「ユダヤ人」として殺されたのであるから, ホロコーストに「人種」の問題は存在しても, ジェンダーの問題はないといわれてきた。ユダヤ人の男性が殺されたのか女性が殺されたのかを問い, その死に異なる意味を与えることは, 苦しみの階層化を意味しかねない。このためホロコースト研究にジェンダーの視点が取り入れられたのは遅く, 1980年代半ばであった。

実際には, ユダヤ人は当時のジェンダー規範を通してホロコーストを体験し, 性別の違いは年齢や国籍, 言語等の違いと同様に, ユダヤ人の適応戦略や生存に大きく影響した。

**性別によるナチス
の扱いの違い**　ナチス政権は, ユダヤ人の男性と女性を同等に扱わなかった。たとえば, 1938年11月のクリスタルナハト (帝国水晶の夜) の際, ユダヤ人男性は逮捕され強制収容所に拘留されたが, 女性は対象とされなかった。また「アーリア人」の夫をもつユダヤ人女性より, 「アーリア人」の妻をもつユダヤ人男性に対する処遇の方が厳しかった。ユダヤ人男性はドイツ女性に対する性的な脅威だという認識と, 女性は男性に精神的にも社会的にも従属するゆえ, 危険性は低いという固定観念の現れであった。

死の現場での男女差　東欧ではユダヤ人としての可視性が男女で異なったため, 性別は生存を直接左右した。正統派ユダヤ教徒の男性は, 長く伸ばした髭や独特の服装ですぐにそれと認識できたが, ユダヤ人女性は外見ではキリスト教徒と区別できないことがあった。彼女らは男性より現地語に堪能で, キリスト教的な習慣にも通じていたため, 「アーリア人」と偽って現地キリスト教社会に潜伏することができた。

しかしアウシュヴィッツのような場所では, 労働か殺害かの「選抜」が, 一般に男性に有利であった。女性が子どもを連れていた場合, 母親が若く健康であっても, たいてい子どもとともにガス室へと送られた。対して男性は家族という集合から切り離され, 個としての労働力を判断された。ここには子どもと母親を不可分の存在とみなし, 死においても母子の分離を是としないジェンダー観があった。

**ジェンダー規範
からの逸脱事例**　ホロコーストの中で女性は団結し助け合ったとされる一方で, 女性に期待される役割や理想から逸脱した事例はタブー視され, しまい込まれた。ゲットーや強制収容所での売春や性暴力, 母親による嬰児殺しなどのことだ。

女性が生き残るために性という手段を使ったか, もしくは死の前に性的に虐待されたかを問うことは, 死者の名誉を汚すと思われた。たとえそうであったとしても, 死という事実に変更を加えないからだ。ホロコーストでは実際には性暴力が蔓延していたが, 生存者証言からこうした側面は欠落した。

女性に期待された役割が果たせない状況下で, 慈愛に満ちた母親像は一時的に停止された。強制収容所などで出産した場合, 子どもの泣き声は周囲を危険にさらすため, 母親自身がわが子を手にかけることもあったが, この事実は長く沈黙された。

死して人は平等であるという語りが, ジェンダーによる体験の違いを塗り込め, 犠牲者集団としての「ユダヤ人」を立ち上げてきた。ホロコーストはユダヤ人社会のジェンダー秩序の一時的な例外状態とみなされた。戦後に生存者が生活を再建する中で, 一部は従来のジェンダー規範に回帰したが, 一部の女性にはそれはもはや不可能となっていた。　　　　(武井彩佳)

参考文献
ウェンディ・ロワー (武井彩佳監訳, 石川三カ訳)『ヒトラーの娘たち──ホロコーストに加担したドイツ女性』明石書店, 2016年。

第二次世界大戦後における
家族と政治

国家の再建／
家族の再建　古代国家が登場して以降，家族は人口政策の基礎単位であり，かつ再生産の場と考えられてきた。第二次世界大戦においても家族は，人口を総力戦に導くため，あるいは国民を「守る」ための人口政策の要の一つとなった。一方で，第二次世界大戦を通じて，大人だけではなく多くの子どもたちが，飢えや爆撃にさらされ，孤児や難民となった。子どもは再生産を象徴し未来を担う存在だと考えられていたために，こうした事態は家族の解体ととらえられ，国や民族，人種といった共同体に決定的な打撃をもたらすものとみなされた。そのため第二次世界大戦によって荒廃した国家を再建するためには，家族の再建（具体的には「未来を担う子どもたちを「正当な」家族の元に返す」こと）が不可欠だとされ，戦後の国家政策においても，国際的な子どもの救済活動においても，子どものルーツを明らかにし，家族や祖国のもとに返すための活動が展開された。

政治化される
家族再建　戦後，子どもの救済活動を中心的に担ったのは，1943年に英米，ソ連，中華民国を中心に創設されたアンラ（連合国救済復興機関）と1947年にその任務を引き継いだ IRO（国連難民機関）であった。孤児や難民となった子どもたちの多くが，第二次世界大戦中に親から強制的に引き離されるか，子どもの命を守るために存在を示す証拠が破棄されているなどの状況にあった。さらに彼らは，生き残るために年齢や国籍を詐称した。そのため，彼らの「正当な」家族や国を見つけることは困難を極めた。見つかったとしても，その家族が生きているとは限らなかった。結果として，アンラは難民キャンプや児童ホーム，あるいは里親の元にいた多くの子どもたちを，本人や養父母の意思にかかわらず，アンラや裁判所が「本国」と認めた国に送還した。戦後に人口の補強を

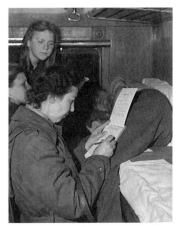

赤十字の車両の中で横たわる10代の少年に聞き取り調査をしているアンラの担当者（1945〜48年頃）

願う各国が子どもの争奪戦を繰り広げる状況の中で，子どもを家族に「返す」ための活動は，国家再建＝家族再建という政治的文脈の中で，各国の論理に強く規定されることとなったのである。

冷戦下の家族と政治　戦後間もなく，家族や子どもをめぐる国民主義に基づく対立は，東西の政治闘争へと形を変えた。1959年にモスクワで開催されたアメリカ博覧会において，アメリカ製の最新の電化製品を，アメリカ女性が社会的に高い地位を得ている証拠であると主張する米副大統領リチャード・ニクソンと，女性を家庭に閉じ込めている証だとして批判するソ連第一書記ニキータ・フルシチョフとの間で繰り広げられたキッチン・ディベートは，まさにこのことを象徴している。家族の生活様式をめぐって資本主義と社会主義の理想像を対置させたこの対決は，戦後においても家族が政治に強く規定され続けたことを明示している。　　　　　　　（三時眞貴子）

（参考文献）

タラ・ザーラ（三時眞貴子・北村陽子監訳）『失われた子どもたち——第二次世界大戦後のヨーロッパの家族再建』みすず書房，2019年。

4 中国共産党根拠地の「女性解放」 江上 幸子

【関連項目：女性運動と党・国家，ロシア革命と女性，近代中国の女性作家，抗戦と日常，社会主義と女性，女性研究運動，婚姻法と家族の今】

▷1 抗日根拠地

国民党に包囲攻撃された共産党は「長征」と呼ぶ1万キロ余りの逃避行（1934〜36年）の末，陝西省の延安を中心に根拠地を築いた。ここに抗日を志す左翼的な知識人や学生が全国から多数集まった。1937年にはアメリカ人女性ジャーナリストのニム・ウェールズが延安に入り，蔡暢・鄧穎超・康克清ら「長征」の苦難を乗り越え女性運動を進める女性幹部にインタビューした。

▷2 婚姻条例

共産党は1928年を皮切りに各地の根拠地で婚姻条例を制定した。国民党による民法親属・継承両編（1930年）に比べると，夫妻の一方の要求で離婚を認め，離婚後は夫が妻の生活を保障するなど，女性の利益を偏重し，子どもの保護にも力を入れた。ただし男性側の反発が強く，その後の婚姻条例では反家父長制的姿勢が少しずつ弱まった。

▷3 「整風」運動と「搶救」運動

1940年代になると毛沢東が，党の作風を正すとして党内批判運動を始めた。この「整風」運動で毛は王明らソ連派との政治闘争に勝利した。1943年からは，王実味・蕭軍ら知識人による党への意見提起を弾圧する「搶救」運動に拡大した。「搶救」運動の実態は2000年前後になって，女性作家・韋君宜の回想（楠原 2016）や高華の研究（高華 2011）で知られた。「整風」は延安期だけでなく1957年の反

概　要

　1930年代半ば，共産党は国民党の攻撃を逃れて陝西省に**抗日根拠地**をつくると，改めて女性政策に着手した。1937年9月には『婦女工作大綱』で，女性の地位向上と抗日戦争への動員を掲げ，翌秋には王明を中心に鄧穎超・孟慶樹らの婦女委員会を結成した。女性選挙権や**婚姻条例**（1939年）を定め，識字教育班や女子大学を開設し，『中国婦女』誌も発行された。

　しかし，まもなく毛沢東が「**整風**」運動を開始すると，それまでの女性運動は「大衆から遊離した」フェミニズムと否定された。1941年秋には王明にかわり蔡暢が婦女委員会書記となった。さらに1943年には『各抗日根拠地の当面の女性工作方針に関する決定』（略称『四三年決定*』）が出され，毛沢東によって女性政策の新方針が定められた。新方針とは，女性の経済力向上のために今後は「生産活動への参加」を中心政策とする，というものだった。

　整風後には「**搶救**」運動が続き，共産党根拠地の問題を指摘した知識人が思想弾圧に遭った。女性作家の丁玲も『霞村にいた時』（1941），『国際女性デーに思う』（1942）を書き，根拠地や党指導者らの旧いジェンダー意識を告発したため，厳しい批判を浴びた。

当時の議論　　『四三年決定』時には，蔡暢が整風前の女性運動をこう批判した。「婚姻の自由」などのスローガンばかり唱え，「妻の肩ばかり」もって「夫と姑を強く責め」，「一面的な女性主義」の観点で「党からの独立性」を要求し，「党が女性工作を援助しない」と恨んだ，と。だが『中国婦女』誌を見ると，整風前の運動が女性の抱えるジェンダー問題や，農村女性の組織化に努めていたことがわかる。

　丁玲の『国際女性デーに思う』は，民族・階級の解放を願い根拠地へ来た女性たちの結婚について，問題をこう指摘している。独身を通せば好奇の眼で見られ，結婚して子どもができ保育所を求めれば，「子育てが仕事じゃないか」「なにか素晴らしい政治工作でもしたのかね」とそしられる。家庭負担を担った結果，「家に帰った」落後女性とされ，それが離婚の口実にもされる，と。だがすぐ批判に遭い，まもなく劉少奇から「反革命の同盟者」とされた。

その後の展開　　『四三年決定』の新方針は，中華人民共和国後もずっと女性運動の基本綱領として絶対化された。「生産活動への参加」による経済的自立を女性解放の中心としたことは，一方では女性の社会進出を促した。1958年の「大躍進」政策期にはそれが進展し，農村に根強かった伝統的ジェンダー構造も変化をみせた。

だが一方では、経済力さえ得れば男女平等は実現するとして、様々なジェンダー問題が軽視された。たとえば『四三年決定』時には同時に「家庭の和睦」が唱えられ、家族制度や男性による抑圧はなおざりにされた。土地改革では、女性も土地分配の対象人数に数えられたものの、土地証は家族単位で与えられ女性の所有権は確立しなかった。

中華人民共和国になると、「階級解放」されたことで「女性解放」も実現したとされ、それは毛沢東の言葉「男女は同じになった。男にできることは女にもできる」「女性は天の半分を支える」によって体現された。しかし実際には女性労働は安価に評価され、国の経済状況によっては社会労働から排除もされた。また、家庭役割との二重負担やジェンダー格差は今も残っている。

長征に参加した女性幹部（左から2人目が蔡暢）

論点

1. 「経済的自立」と「男性への同化」　　『四三年決定』の新方針は、女性の二重役割負担や健康が考慮されないまま、男性と同一の社会労働への参加が要求されることにつながった。文革期にこれが顕著となり、高圧電線鉄塔の作業工に象徴される「鉄の娘」が多数生まれた（江上 2015）。

1980年代後半になって、李小江*の『イヴの探索』（河南人民出版社、1988年）が人民共和国の「女性解放」の問題を提起した。李は女性と階級をイコールで結ぶことを問題とし、また、「解放された」女性とは実は「男女の差異」を抹消し「男性に同化」することを強要されていたのだ、と指摘した。

2. 共産党の制約と女性の主体性　　『四三年決定』が整風前の女性運動に対して、「党からの独立」を謀った「一面的な女性主義」と批判したため、中華人民共和国では女性解放の自立的活動が制約され、フェミニズムがタブー視された（江上 1993）。

ジュディス・ステイシーは『四三年決定』を、共産党が男性農民の支持を得るために「家父長制擁護」に転じたのだと論じた（ステイシー 1990）。また、『四三年決定』時の批判の背景に毛沢東と王明の政治闘争があったように、女性運動は党の政策に左右されてきた。ゲイル・ハーシャッターは農村で聞き取り調査をし、女性の「解放」が進んだことを認めながら「主体的解放だったのか」と疑問も示している（Hershatter 2011）。近年の中国には、毛沢東時代の農村女性解放運動の中に、西洋とは異なるフェミニズムを見出そうとする研究もある。

右派闘争などで繰り返され、知識人弾圧も規模がより拡大されて文革に至った。V-5 も参照。

* 『四三年決定』
V-5 参照。

* 丁玲
IV-15 参照。

* 李小江
VI-6 参照。

（参考文献）

ジュディス・ステイシー（秋山洋子訳）『フェミニズムは中国をどう見るか』勁草書房、1990年。
江上幸子「抗戦期の辺区における中国共産党の女性運動とその方針転換——雑誌『中国婦女』を中心に」柳田節子先生古稀記念論集編集委員会編『中国の伝統社会と家族』汲古書院、1993年。
江上幸子「「鉄の娘」と女性民兵——文化大革命における性別役割への挑戦」小浜正子編『ジェンダーの中国史』勉誠出版、2015年。
中国一九三〇年代文学研究会編『中国現代散文傑作選1920～1940——戦争・革命の時代と民衆の姿』勉誠出版、2016年。
楠原俊代『韋君宜研究——記憶のなかの中国革命』中国書店、2016年。

探究のポイント

① 丁玲の『霞村にいた時』『国際女性デーに思う』（中国一九三〇年代文学研究会 2016）を読み、共産党地区や指導者のジェンダー意識について考えよう。

② 李小江、ステイシー、ハーシャッターの著述を通し、政治と女性解放運動の関係を考えてみよう。

◇◇◇ 中 国 ◇◇◇
5 抗戦と日常

石川照子

【関連項目：第一次世界大戦と女性，近代中国の女性作家，戦時性暴力，防空と銃後，二つの国の戦争孤児，引揚者の性暴力被害と中絶，映画・演劇】

📖 概　要

　1937年7月7日の盧溝橋事件（七・七事変）により，日中全面戦争が始まった。8年に及ぶ日本の侵略と中国の抵抗は，すべての中国女性たちを巻き込み，甚大な破壊と犠牲をもたらした。それは同時に，女性たちを抗戦へ動員する大きな契機ともなり，女性たちも男性と同様に抗戦建国への貢献を要請される存在とみなされた。募金や兵士に送る衣類・毛布・薬品等の徴収活動，傷病兵服務，抗日宣伝といった後方支援に，多くの女性たちが携わったが，それにとどまらず作家の丁玲*（1904～86）や胡蘭畦らは，戦地服務団を組織して前線へと赴いた。さらに延安等抗日根拠地の女性たちや海南島の女性たちは，自ら銃を執り日本軍と戦った。

　とはいえ，すべての女性たちが「女英雄」であったわけではない。大多数の女性たちは迫りくる日本軍の攻撃に抗うすべもない中で，粘り強く忍耐強く試練の日々を生き抜こうとした。いわば戦争の中の日常を，必死で生きていたのである。

　しかし，南京をはじめ日本軍が占領した地区では略奪，殺害，性的暴行等が頻発し，多くの女性たちが犠牲となった。また，日本軍が侵攻，占領した土地の女性たちが騙されたり拉致・監禁されて「慰安婦」とされ，性暴力の被害者となった。

当時の議論　戦争が進行する中で，戦禍を避けるために内地に移転した沿海部の工場や大学は少なくなかった。日本の占領による物価高の生活苦と失業に苦しむ上海の人々の中には，内地へ向かおうと考える人々も増えていた。女性雑誌『上海婦女』（1938～40年）は，居住・勉学の地，求職の地，傷兵・難民・学生・労働者・農民として生活する地の三つに分けた上で，上海残留も考えるべきだと提言している（第1巻第7期，1938年7月20日）。単に脱出を目的として内地を目指すことには慎重な姿勢を示していたが，内地へ向かった人も，とどまった人も，とどまらざるをえなかった人も，いずれも戦争の災禍から完全に逃れることはできなかったのである。

その後の展開　1945年8月15日，戦争は中国の勝利によって終結した。しかし，それは甚大な人的・物的犠牲を払っての勝利だった。戦後，蔣介石国民党政府の統治が回復したが，強圧的政治運営のもとでの物価の高騰，すさまじいインフレが再び人々を苦しめることとなった。そして日中戦争の終結から1年足らずで国民党と共産党の内戦が再発し，人々は再び戦火にみまわれたのだった。内戦は最終的には共産党が軍事的勝利をおさめ，1949年10月1日，中華人民共和国が成立した。人々は社会主義体制のもとで，新たな生活をスタートさせることとなったのである。

---

* 丁 玲
Ⅳ-15 参照。

▷1 胡蘭畦（1901～94）
作家，軍事指導者，共産党員。1930年代にドイツに留学し，ナチスに投獄された。その経験を『在徳国女牢中（ドイツの女性牢獄の中で）』（1933年）として発表している。

▷2 南 京
国民政府の首都であった南京は，1937年12月に日本軍に占領され，多数の市民が殺害された。中国側はその犠牲者を30万人としている。

* 『上海婦女』
Ⅴ-15 参照。

抗日根拠地の女性兵士

論 点

1. 戦時グレーゾーンをめぐって　日本軍の侵攻下にあった中国の人々を，単純に日本への「抵抗」と「協力」と二項区分することはできない。古厩忠夫（2004）は日本が進攻・占領した上海を取り上げて，①重慶等に内遷した人々，②上海に残留した／せざるをえなかった人々の二つに分け，さらに後者を(1) 抗日救国の活動をしようとした人々，(2) 民族ブルジョワジー，(3) 残された多数の人々，(4) 様々なレベルで日本に協力した人々（「漢奸」）に分類している。そして，人々が略奪に負けずに生き延びることこそ抗日であったと指摘している（古厩 2004）。こうした戦時中国のグレーゾーンというとらえ方はすでに登場して久しい。現在ではグレーゾーンに関するグローバルな比較史研究が進展しており，ジェンダー視点からの研究にも影響を与えている。

2. 抗戦と日常の連続性　戦争は女性たちの状況を一変させ，抗戦への貢献を求められて戦時活動に多くの女性たちが従事することとなった。しかし，戦争という非日常における活動の中でも従来の日常は継続していた。石川照子は社会事業を展開していたキリスト教女性団体であるYWCAを取り上げて，戦時の活動として傷病兵服務，難民・流亡学生救済，女性戦地服務団の組織，抗戦宣伝等を展開していたと説明する。一方，宿舎・託児所・女工夜間学校の運営，運動競技等従来から行われていた経常活動も変わらず継続されていたことを指摘している。すべて戦時活動に特化してしまわなかったことは，戦時下にあっても人々の日常のいとなみは継続されていたことを示している（石川 2005）。

3. 戦時の課題と女性解放の課題との関係　抗戦勝利という課題の前に，女性特有の問題，フェミニズムの課題はしばしば抑制され，押しとどめられた。1940年代に入って共産党の抗日根拠地が日本軍の攻撃と国民党の攻勢にさらされると，毛沢東は「整風」運動[*]を開始した。それまでの女性運動も大衆から遊離した運動だとして全面的に見直され，「女性を動員して生産に参加させる」ことが新たな方針とされた。この『四三年決定』[*]は，女性が社会労働に参加し経済的自立を得ることを助けたが，一面では経済的自立のみで女性解放は達成されるとし，他の女性問題への取り組みを欠落させたと指摘されている。そして女性運動が党に服従することへの強制，女性の社会的労働と家事・育児との二重負担の問題等，現在に続く問題も生み出したとされる（中国女性史研究会編 2004）。

探究のポイント

①『未完の対局』（1982年）等の映画を観て，日中戦争下の両国の人々の置かれた状況について考えてみよう。

②〈論点3〉と関連して批判された女性作家，丁玲について調べてみよう。

③wam（アクティヴ・ミュージアム　女たちの戦争と平和資料館）のサイト（https://wam-peace.org/）を見て，「慰安婦」問題を手がかりに戦争と女性について考えてみよう。

---

* 「整風」運動
Ⅴ-4 側注3参照。

* 『四三年決定』
Ⅴ-4 参照。

参考文献

中国女性史研究会編『中国女性の一〇〇年——史料にみる歩み』青木書店，2004年。

古厩忠夫「日中戦争・上海・私」「日中戦争史叙述の視角」『日中戦争と上海，そして私——古厩忠夫中国近現代史論集』研文出版，2004年。

石川照子「抗戦期におけるYWCAの活動と女性動員」中央大学人文科学研究所編『民国後期中国国民党政権の研究』中央大学出版部，2005年。

関西中国女性史研究会編『【増補改訂版】中国女性史入門——女たちの今と昔』人文書院，2014年。

末次玲子『二〇世紀中国女性史』青木書店，2009年。

6 植民地下における女子教育

＜朝鮮＞

広瀬玲子

【関連項目：コロニアリズム，女子教育（台湾・満洲）】

▷1　儒教的規範

男尊女卑を柱として，女子は男子に従順で，男子に尽くさなければならないとする男性優位の考え方。女子には知的教養は不必要かつ有害とされ，一人の人間として女子を教育するという近代的教育は必要ないとされた。

▷2　同化政策

朝鮮民族の独自の文化を否定して，日本の文化を強要する政策。日本語使用を強制，神社参拝，皇居遥拝などを強制して言語・信仰の自由を奪った。さらに1942年には，氏名を日本風に改めさせる創氏改名政策を強行した。

▷3　農村振興運動

8割を占める小作農自身の生活と意識改善を図る一方，農業振興に必要な農政上の諸施策を実施した。「春窮退治，借金退治，借金予防」をスローガンにして，農家の調査や指導を行うことで，農村経済の「自力更生」を試みた。

📖　概　要

　朝鮮は開国と同時に植民地化の危機にさらされた。1895年の改革で，近代国家への道を歩もうとして国家に役立つ人間を育てる母の教育が重視されるようになる。しかし，1905年に日本の保護国となり，国権が危機に瀕する。さらに1910年に日本の植民地となったことにより，教育制度は宗主国日本によってつくられていく。その結果として，義務教育制は施行されず，民族別（日本人と朝鮮人を分離した）教育が行われ，さらに男女を分離した教育が実施された。植民地朝鮮における教育はジェンダー化された空間で行われたのである。在朝日本人の男女には十分な教育機会が保障され，実質的な義務教育が実現していた。その反面，被支配民族である朝鮮人は上・中層階級以外は教育を受ける機会に恵まれなかった。さらに男子に比して女子の就学率は低く，大多数の女子は教育の恩恵を受けることができなかった。中等教育を受けることができたのは，ほんの一握りの女子にすぎなかった。

当時の議論　李氏朝鮮においては儒教的規範[1]の中で，女子の教育機関は皆無だった。1895年の甲午改革で小学校令が出され，満8歳から15歳の男女児童の就学が方向づけられた。迫りくる植民地化の危機・民族の危機を脱するために国家に役立つ人材を育てることができる，賢い母と良い妻を教育によって育成することが求められるようになった。愛国的良妻賢母を育てるという主張である。民族主義の高揚の中で女子の教育熱が高まりを見せ，キリスト教関係者が開設した私立の教育機関が主としてその受け皿となった。

その後の展開　1910年に朝鮮は日本の植民地となり，同化政策[2]のもとで教育の方向は大きく変えられることになる。朝鮮総督府は朝鮮人女子の教育については事実上放置していた。女子の就学率は上がらず，常態的不就学が続いていった。しかし，総督府によって1932年に開始された農村振興運動[3]は，初等教育を受けて，文字の読み書きができ，日本語を解する女子を必要とするようになった。女子の教育政策が見直され，初等教育拡充が図られ，就学率も少しずつ向上していく。だが総督府が目指したのは，植民地支配を忠実に下支えする良妻賢母・皇国女性の育成であった。教育の機会を得たとはいえ，朝鮮民族の利益とは相反する人間を育成することにつながるものであり，ここに民族の苦悩があった。

愛国朝会（1939年）
日本帝国の「臣民」となるよう教育された。

🔑 論点

1. 民族別教育は段階性か，植民地性か

朝鮮に住んでいた日本人の子弟の初等学校就学率は100％に近く，事実上の義務教育制が実現していた。これは朝鮮人の就学率との大きな相違である。この差異について，古川宣子（2007）は朝鮮人にもいずれは義務教育を認めるという段階的なものであり，いずれはこの差異を解消しようとしたという。

その一方で，金富子（2005）は民族によって教育を差別した構造に着目して，これは解消される差異ではなく，教育の植民地性を刻印するものだとし，さらにこうした構造の中で，放置された女子教育は男子の教育よりもさらに差別的扱いを受けていたと主張する。ここにも植民地におけるジェンダー差別の貫徹をみようとする。

2. 教育を受ける意味は何か

被支配民族となった朝鮮人女性にとって，教育を受けることはどのような意味をもったのだろうか。崔誠姫（2019）によれば文字を習い，言葉を習得するという近代知の獲得は，「近代的主体」としての自己を形成し獲得するという意味をもっていたという。被支配者であっても教育から「近代」の恩恵を得ることができたということを強調している。

その一方で，金富子（2011）は朝鮮総督府による植民地下の教育は，宗主国の支配に逆らわず，それを支え，時には推進する人間を生み出したという意味で，「人種化・ジェンダー化された」「植民地的客体」を生み出すものだったとする。ここでも女子は人種と性による二重の抑圧を受けた客体ととらえられている。

3. 育てたのは皇国女性か，新女性か

中等教育を受けることができたほんの一握りの女子は，どのような人間として育ったのだろうか。朝鮮総督府は女子中等教育で「良妻賢母」育成を方針として同化政策の具現者を育てることを意図した。卒業生は「国家の中堅主婦」となることを期待された。さらに戦時下には植民地支配に忠実な「皇国女性」を育てるという方針をとった。

一方井上和枝の研究（2013）によると，女子中等教育は「新式教育」といわれ，日本を経由して受容された西洋の思想・文化・生活様式を広める場でもあった。「女性としての自己」に目覚めたり，旧来の儒教的規範を批判して「新家庭」を建設するような「新女性」を卒業生の中から生み出す場でもあった。

探究のポイント

①分離して行われた男子と女子の教科内容はどのように異なっていたのだろうか。それぞれの特徴を調べよう。

②植民地であった朝鮮では日本語の習得が強制された。これは階層上昇のための手段ともなったが，疑問や抵抗はなかったのだろうか。

③他の地域（植民地台湾，満洲など）での教育とどのような違いがあるのだろうか，比較してみよう。

参考文献

金富子『植民地朝鮮の教育とジェンダー──就学・不就学をめぐる権力関係』世織書房，2005年。

古川宣子「植民地朝鮮における初等教育構造──朝鮮における非義務化と学校普及問題」駒込武・橋本伸也編『帝国と学校』昭和堂，2007年。

金富子「植民地教育が求めた朝鮮人像とジェンダー──皇民化政策期を中心に」『朝鮮史研究会論文集』49，2011年。

井上和枝『植民地朝鮮の新女性──「民族的賢母良妻」と「自己」のはざまで』明石書店，2013年。

崔誠姫『近代朝鮮の中等教育──1920-30年代の高等普通学校・女子高等普通学校を中心に』晃洋書房，2019年。

7 女子教育

沈　　潔

【関連項目：台湾原住民女性の経験，女子教育（台湾），植民地下における女子教育】

▷1　満洲
現在の中国東北部。元来，清朝をうち建てた満洲族（女真族）の故郷で，日本は1905年，日露戦争の戦勝によってロシアから南満洲における鉄道・鉱山開発などの権益を獲得し，さらに1931年の「柳条湖事件（満洲事変）」の勃発によって中国東北部の全域を占領した。その後，直接支配を間接支配に方針転換した関東軍は，傀儡政権「満洲国」をつくり，敗戦まで満洲での植民地支配を続けた。

▷2　岩間徳也
1901年南京の東亜同文書院に進学し，1904年卒業後日本に戻り，1905年に中国の満洲地域に派遣され，その後指導者として植民地教育に力を尽くした。

📖　概　要

　日本が満洲[1]地域に立脚点を獲得してまもない1908年に，満洲植民地教育政策の策定者ともいわれる岩間徳也[2]は，大連に女学部を開設し，植民地での女子教育をスタートさせた。「満洲地域の改造は，まず家庭の改善から」と，社会の安定にとっても，植民地支配にとっても，女子の教育が肝要であることが強調された。女性たちの政治意識やナショナリズムの台頭を抑え，伝統的民族文化との剝離を特徴とする世界観の形成や従順な性格の育成などが，植民地での女子教育の特徴となっていた。

　一方，1912年に成立した中華民国政府は，日本支配地域（関東州）に展開された植民地教育に対抗するため，民族（民族の独立）・民権（民主制の導入）・民生（国民生活の安定）の三つから成る三民主義を教育の理念とした。満洲地域の女子生徒は女性の独立と解放を目指す様々な社会運動を起こし，吉林女子中学校の生徒たちは1926年に省立憲起草委員会に請願書を提出した。これは，欧米諸国で女性参政権が実現し湖南省においても採択されたことを意識し，「時勢に適応するため，真理を求めるため」，ただちに女性参政権を含む「省憲［省の憲法］を起草することを要請」した。また，同校が同じ時期に発行した雑誌は，「女子参政運動」というタイトルで，「天賦人権。（中略）我が女性は自ら機会をとらえて要領よくそれを導き，参政権を獲得し，衰退した国家を救わなければならない」と，社会全体に向けて女性の権利と国家の運命との関連性を強調した。

　1932年，「満洲国」が建国された。独占的植民地だった「満洲国」においては，同化教育が植民地教育の基本方針の一つになり，批判的視点の涵養を避けた教育が植民地女子教育の重要な内容となった。学制では，女子国民学校制度が導入され，「満洲国」に公布された「学制要綱」によれば，13歳以上の女子に対して，「国民道徳特に婦徳の涵養に努め，国民精神を修練し身体を鍛練し，女子に必要なる知識技能を授け，労作の習慣を養ひ，以て良妻賢母たるべき者を養成する」という女子国民学校の理念が明記されている。学習科目に関しては，「国民道徳，教育，国語（日本語），歴史，地理，数学，理科，実業，家事，裁縫，手芸，図画，音楽，体育など」が設定され，日本語の国語化と「婦徳の涵養」関連科目の開設が目立った。1939年までに「満洲国」では，女子国民高等教育学校が33校に増え，女子生徒は9428人に，1940年には1万2043人にのぼったという。中には，満洲国から日本へ派遣された女性たち（理系が多数）もいた。

当時の議論　「満洲国」で行われた女子教育については，「近代的」と肯定した意見と同時に，図のような「享楽主義」とする批判の声も絶えな

かった。1935年8月に中国語版の『盛京時報』「婦女週刊」[3]コーナーに、「時代的女児（今時の女性）」というタイトルのイラストが掲載され、新教育を受けた女子をモデルに、その意識の変化が表象された。イラストには、「儀式一覧」、「現代交際舞」（社交ダンス）、「離婚刀筆」（離婚司法指南）、「裸運新解」（ヌード主義解説）など伝統的学問とまったく違

「婦女週刊」に掲載された漫画「時代的女児（今時の女性）」

う世界観をもつ流行書が並び、その上にモダンガールのような女子生徒を座らせた構図だった。植民地支配下の女子教育の内容や女子生徒の価値観の変化への驚きとともに、この教育システムの理念とその影響に対する疑念と不安の表れの一例ともいえよう。

論点

1. 「奴化教育（奴隷化教育）」の本質をどうとらえるか

かつて岩間徳也らは、「社会の安定」につながる「家庭の改善」を満洲での女子教育の主眼と据えた。それに対し中国人研究者ら（斉2002）は、植民地支配下の満洲、とりわけ「満洲国」での女子教育を「奴化教育（奴隷化教育）」として批判している。すなわち日本語を「国語」として小中学校で強制し、教科書の内容も「王道楽土」「五族協和」など民族差別の現実を無視する理念を先行させ、さらに「裁縫、手芸、家事」のような女子生徒を家庭に縛りつけるような科目を開設したとする。

2. 植民地という構造の中で女性らはどう生きたのか

「満洲国」という構造の中で、支配と被支配の関係は、終始貫かれていた。満洲で教育を受けた中国人女性は、民族が序列化され、ジェンダーが差別化された重層的な構図の中にあった。彼女たちは植民地支配によってもたらされた近代化の波に巻き込まれ、従来の伝統文化からますます乖離していた生活に困惑しながら波に流されてしまったとされる。その結果主体性を喪失し、困難に満ちた生活環境に生きていたのである（沈2004）。

探究のポイント

①日本統治下の台湾や朝鮮の女子教育と満洲の女子教育を比較してみよう。
②植民地支配下の社会の安定にとってどのような教育が有利とされただろうか。
③『写真記録「満洲」生活の記憶』（2017）を用いて、女性やジェンダーの視点からどのような議論ができるか、考えてみよう。

▷3 『盛京時報』
1906年に中島真雄により奉天（現 瀋陽）で創刊（1944年廃刊）。満洲で日本人が初めて発行した中国語新聞。

参考文献

岩間徳也『満洲・満洲国』教育資料集成3期』第14巻、エムティ、1993年。
沈潔「満洲の女性——植民地に生きる」中国女性史研究会編『中国女性の一〇〇年——史料にみる歩み』青木書店、2004年。
生田美智子編『女たちの満洲——多民族空間を生きて』大阪大学出版会、2015年。
沈潔・趙軍・佐藤仁史監修・解説『写真記録「満洲」生活の記憶』全4巻、近現代資料刊行会、2017年。

日本
8
防空と銃後

長　志珠絵

【関連項目：第一次世界大戦と女性，戦争と女性労働，抗戦と日常】

▷1　防空法
1937年4月成立，10月施行段階から「陸海軍ノ行フ防衛ニ則応シテ陸海軍以外ノ者ノ行フ燈火管制，消防，防毒，避難及救護」等とされ，1941年11月の「改正」では「退去の禁止」や「応急消火の義務」など国土防衛の義務が盛り込まれ，1943年10月改正にも継承された。1941年改正の第8条ノ三「一定区域内ニ居住スル者ニ対シ期間ヲ限リ其ノ区域ヨリノ退去ヲ禁止又ハ制限スルコトヲ得」規定は，政策が都市民の空爆被害を甚大なものにした一例である。

内務省情報局『写真週報』29号（1938年8月）の防空特集号（表紙は東宝劇団の橘美枝子）

▷2　焼夷弾（空襲）
軍事開発技術としての焼夷弾は，日本の木造家屋に向けて，人の手によっては消火できない「コンプライアンス火災」を引き起こし，街を消尽させる目的で作られた。「無差別空襲」と批判される。なお焼夷弾空襲に限らず，空爆対象は，大都市圏と中小都市も含め，本土の600以上の市町村に

📖　概　要

　総力戦の時代は民間人を戦時動員する体制を必要とした。日中戦争の開始（1937年7月）によって国家総動員法（1938年4月1日制定・施行）が施行された日本では，これに先行して10月，急遽「防空法」 ◁1 が施行された。内務省管轄のため，府県行政‐警察機構によって組織が編成された。

　では国土の空を守るのは誰か。防空法の対象は，非戦闘員としての民間人であり，「銃後」の女性動員と組織化は必須事項だった。しかし「民防空」——Civil Defense は民間人に国土防衛の義務を課し，人々の命や安全を守ることを目的としなかった。とくに1941年11月改正では「退去禁止（第8条ノ3）」「消火義務（第8条ノ5）」が盛り込まれた。1945年3月以降，大都市圏にとどまらない焼夷弾空襲は本格化し，地方都市もが焦土と化した。この中，人々に「逃げるな火を消せ」と義務づけた防空法体制とその運用は，空爆被害を拡大させた。「民間人」死者はしかし，軍人身分ではなく，国家との雇用関係がないという理由を根拠に，戦後も国家補償の対象ではなく，全体の死者数は把握されていない。

　当時の議論　アジア太平洋戦争末期に至るまで，日本の防空法体制は，第一次世界大戦の化学兵器・新兵器である毒ガス攻撃を想定した。1930年代前半では軍が師団の管轄区で地域の婦人団体も動員して「防空演習」を繰り返し，防空法以降は内務省の『写真週報』他，婦人雑誌にも壮年女性の毒ガスマスク姿が頻出した。焼夷弾 ◁2 は知られていたが，『時局防空必携』（内務省 1943）でも，老人や女性に対し砂袋や火叩きによる「初期消火」を求めた。米軍が焼夷弾を日本家屋用に向けて本格的に開発量産し，本土440市町村とされる夜間低高度の空爆・無差別爆撃の本格化はアジア太平洋戦争末期の1945年以降である。しかし軍部や政府は情報統制し，夜も昼も空襲警報に明け暮れた7月には，市民の市外への退去を禁じる県知事も登場した。

　その後の展開　防空法は当初から樺太・台湾・朝鮮にも施行されて「国土」防衛を負った。陸海軍省系の大日本国防婦人会等に次いで，各婦人会が大日本婦人会に統合（1941年）された際も，日常的な防空訓練等は主要な任務だった。植民地朝鮮でも都市部では防空演習がなされ，ハングル文の家庭防空指南が出版された。本土でもハングル文を用い，在日朝鮮人住民への防空演習動員がなされた。一方戦局の悪化は，都市部の人々の住居を壊して閑地を広げる建物疎開や山上の防空監視哨業務などに男女学生や若年女性を動員した。地域女性史では女性の防空業務の例が多い。防空法体制は，銃後と前線という境界線をゆるがした。

論　点

1．銃後と前線という区分　帝国の時代の「国民」は，兵役を担う宗主国男性であり，植民地男性，本国女性，植民地女性は周辺化された。しかしこの図式は，第一次世界大戦以降，総力戦の時代を迎え，大きく変わる。兵士役割を本国の男性かつ健常者の役割とする体制は限界を迎えた。第二次世界大戦では祖国防衛に向かう女性兵士が制度化され，可視化された。植民地兵の動員に加え，戦時下日本では，「チアガール」役割の強化が特徴とされる（若桑 1995）一方，比較研究は，1945年6月の戦争末期，沖縄戦後に閣議決定され，女性を兵役の対象にした**義勇兵役法・国民義勇戦闘隊**に注目する（佐々木 2001）。これに対し，軍事史研究は，これらの制度は実際には施行されなかった，日本軍部は女性兵士に無関心だったとみる（吉田 2005）。だが総力戦下において，前線と銃後の二分は有効だろうか。戦場か否か，空間の分離を前提にジェンダーロールを割り当てる認識には注意を向ける必要がある。

2．女は銃後にとどまるのか　シンシア・エンロー（2004）は，「軍事化された社会」にとって，戦闘員と民間人という区分は，線引きの政治とする。女性の戦争動員のあり方も，国際比較も含めた検討が進む。「国民」防空は，女性を「銃後の民間人」の位置におしとどめる一方，戦争動員への能動性を求め，人々の生への希求に優先させた。婦人雑誌に積極的に論説を寄せた軍部は，防空法改正の主旨は，軍の身分がない民間人・非戦闘員が国土をいかに守るかだとする。また，大日本帝国憲法の兵役義務は性別規定がないが，今や女性も兵役と無関係ではない，認識を新たにせよとも迫る。民防空としての日本の防空体制は，兵役を担う国民概念を揺るがす一方，女性への負荷を拡大させた。

　日本と同様，女性兵士論不在とされてきたドイツ帝国には国防軍女性補助兵団があり，女性の戦場動員ともされる（桑原 2020）。日本でもアジア太平洋戦争末期の地域研究が進み，国民義勇戦闘隊の行政名簿に若年女性が登録されるなど，沖縄戦と同様，「本土決戦」に備え，戦闘員対象の拡大が整った。女性が兵士身分を得，軍隊組織に「正式に」位置づけられたかどうかと，どのような役割を負うかは，戦時動員の様々な形態にすぎない。空爆にさらされる総力戦の日々の，「逃げるな火を消せ」と迫る戦前日本の「民防空」という体制は，総力戦下で「銃後」は存在したのかを問うだろう。

及ぶ。人的被害は甚大だが，「民間人」被害として戦後も国家補償の枠外にある。

▷**3　義勇兵役法・国民義勇戦闘隊**
1945年3月23日，閣議決定は「国民義勇隊」の編成を定め，兵役法年齢と対象に17〜41歳の女子を加えた（男子は従来の17〜40歳から16〜61歳へ拡大）。さらに「国民義勇兵役法」に基づき「国民義勇隊」と「国民義勇戦闘隊」が設置されたが，8月23日，再び閣議決定により解散した。

参考文献

若桑みどり『戦争が作る女性像』筑摩書房，1995年（ちくま学芸文庫，2000年）。
佐々木陽子『総力戦と女性兵士』青弓社，2001年。
吉田裕「日本陸軍と女性兵士」早川紀代編『軍国の女たち』吉川弘文館，2005年。
桑原ヒサ子『ナチス機関誌「女性展望」を読む』青弓社，2020年。
長志珠絵「「母」は銃後にいたのか？」髙田京比子ほか編『〈母〉を問う——母の比較文化史』神戸大学出版会，2021年。

探究のポイント

①映画『この世界の片隅に』（2016年）等を視聴し，「女性と子ども」の置かれた戦時下の状況をめぐる表象について考えてみよう。
②第二次世界大戦での女性の戦争動員について世界の様々な状況を調べてみよう。

Column **23** 日本

戦後史が問う戦争孤児

**ＮＨＫドラマの
中の「戦争孤児」**　「戦争孤児」設定のドラマは少なくない。戦後草創期のＮＨＫ連続ラジオ放送『鐘の鳴る丘』（1947〜50年）に始まり視聴率50％前後だったカラーＴＶ時代，朝ドラ『鳩子の海』（1974年度）の主人公は原爆で記憶を失った。旧満洲の国策移民・中国残留孤児の『大地の子』（山崎豊子原作，1986年）は日中共同長編ＴＶドラマとして制作（1996年），高い評価を得たのは戦後50年の後だ。近年の朝ドラ『なつぞら』（2019年度前期），『カムカム　エヴリバディ』（2021年度後期）でも主役級である。

**「かくされた
　戦争孤児」**　しかし12万人といわれる戦争孤児の経験は封印されてきた。東京大空襲の戦災孤児で，空襲記録運動を担った金田茉莉の労作『東京大空襲と戦災孤児』（2002）は，戦後70年を前に副題を「隠蔽された真実を追って」とある。当事者の語りや戦後の保護施設等の記録が注目され，ドキュメンタリーが作成される等，経験の共有・可視化の動きはようやく近年だ。『ＮＨＫスペシャル"駅の子"の闘い──語り始めた戦争孤児』（2018年初回放送）は当事者の語りが中心だ。今日の視聴者は改めて，「戦争孤児」を取り巻く社会の側の差別と根深い偏見の様を知る。親族に引き取られてさえ，それは変わりない。ある高齢男性は自身に向けられたカメラに「何が辛かったかわかりますか？」と問いかけ，親を悪様に言われ続けたことだと語った。生き抜くことの困難さに加え，就職や結婚など人生の節目で社会の側の偏見がその語りを封じこめてきた。「戦争孤児」の存在に無関心だった戦後史もみえてくる。その上今日なお，ジェンダーバランスは偏り，女児の語りは圧倒的に少ない。横断的な研究も近年で，総論編，西日本編，東日本・満洲編からなる全三巻『戦災孤児たちの戦後史』（吉川弘文館）は2021年の完結だ。

『戦災孤児の記録』（1947年），「おそるべき子供」『漫画：見る時局雑誌』（1947年6月）
保護の対象か逸脱者かの2つのステレオタイプ化された表象パターンは男児に集中する。

**戦後史の中
の戦争孤児**　映画『火垂るの墓』（野坂昭如原作，1968年／高畑勲監督，1988年）の主人公は空爆で母を亡くし，幼い妹と二人残された。職業軍人の父の生死は不明，大都市ターミナル駅を生活拠点とせざるをえないがその死は戦時下ではない。「戦災孤児」は「駅の子」とも称され，戦後直後の児童保護政策は不在だった。都市部の空襲，原爆被災，集団疎開から戻って知る一家全滅，引揚の過程で親を失う等，1948年2月1日付の厚生省調査は，「一般」「戦災」「引き揚げ」「棄迷児」の4分類，12万3511人（女性5万5024人，男性6万8487人）を算出したが，調査は遅い。沖縄戦の戦場の子どもたちは調査対象でさえない。何より戦後直後の児童保護政策の基本は「浮浪児」対策だった。神戸空襲で戦災孤児となった当事者は，2001年出版の手記を『俺たちは野良犬か！』とつけた。保護行政は駅や闇市で「浮浪児狩り」を行い，施設に隔離収容した。劣悪な施設環境から子どもが脱走，「不良少年」を見つけ隔離へという悪循環は，「排貧」政策ともされる。農村への「里子」制度も事件が頻発，「人身売買」問題を引き起こした。子どもの人権を守り，トラウマに配慮し，性暴力被害を防ぐ等の今日の新たな人権意識と実践は，戦禍がやまない21世紀でも普遍的な問題を含むだろう。　　　　（長　志珠絵）

参考文献

金田茉莉『かくされてきた戦争孤児』講談社，2020年。

二つの国の戦争孤児

中国の戦争孤児と支援活動　1937年に勃発した日中戦争は長期化し，戦場は中国各地に拡大した。戦火にみまわれた多くの人々が家を失い避難を余儀なくされ，家族を失った戦争孤児が大量に生まれた。寝食の拠り所もなく命の危険にさらされて流浪する孤児たちの救済は，喫緊の課題と受け止められた。

1938年には国民党のリーダーであった蔣介石夫人の宋美齢を会長として，臨時首都武漢で中国戦時児童保育会が設立された。8年に及ぶ抗戦期間中に，3万人の孤児が救済されたという。同会には宋美齢の姉で，主に共産党支配地区への支援活動を行っていた孫文夫人の宋慶齢，のちに中華人民共和国成立後に衛生部部長，中国赤十字会会長を務めた李徳全のほかに，共産党の周恩来夫人の鄧穎超らも参加しており，国民党以外の各党派や各界の人々が結集した統一戦線的性格の組織であったといえる。中国の将来を担う孤児の救済が，全民族的課題と認識されていたことがわかる。宋美齢は1942〜43年に訪米し，議会演説などを通して対中支援を呼びかけた。これによりアメリカでも中国での戦争への関心が高まり，孤児支援にも寄付が集まった。

また，抗戦児童劇団などが創設され，孤児自身も生活の資を得ながら，抗戦活動の一端を担った。張楽平の『三毛流浪記』という漫画は，主人公の孤児三毛が過酷な戦時下の中で懸命に生きていく姿を描いて，戦後大変な人気を博した。それは，8年抗戦を耐えて生き延びた自分自身のたくましさと強さを象徴した姿として，人々にとらえられたからであろう。三毛はアニメ化，実写映画化もされて，長く人々に支持されている。

中国「残留孤児」と「残留婦人」　一方，中国に軍事侵攻した日本の側も，戦争の敗北による満洲の国策開拓農民たちの悲惨な逃避行の中で，多数の中国「残留孤児」を生み出した。その数は日本政府による認定者だけで2800人以上に上り，孤児たちを育てた中国人養父母は5000人を超えるとされている。1981年から

『三毛放浪記』（1948年）の主人公

孤児たちの肉親捜しのための訪日調査が始まったが，判明率は回を追うごとに低下していった。肉親が判明して帰国した後は，中国帰国者定着促進センター等で日本語や日本で生活する知識を学ぶことができたが，言葉や習慣の問題から帰国後の生活に困難をきたした人たちも少なくなかった。戦争は侵略した側の日本の弱者である子どもたちにも，過酷な経験を強いたのである。

中国「残留孤児」とともに忘れてはならないのが，中国「残留婦人」の存在である。それは敗戦時に13歳以上の女性たちで，その多くが生きていくために現地の中国人男性との結婚を余儀なくされた。長い間日本政府は彼女たちが一定の年齢に達していて，自分の意思で中国に「残留」したとして，「残留孤児」が受けた支援から除外していた。のちに彼女たちも支援の対象となり，永住帰国した人は4000人以上になったという。

敗戦後，性暴力にもさらされた「残留婦人」たちは，当初，日本政府の「支援」の対象の線引きの際に，除外され不可視化されていた。「公助」の対象認定が生み出す排除と差別の構造を，ここにも見ることができるだろう。

　　　　　　　　　　　　　　　　（石川照子）

参考文献

中国女性史研究会編『中国女性の一〇〇年——史料にみる歩み』青木書店，2004年。
小川津根子『祖国よ——「中国残留婦人」の半世紀』岩波書店，1995年。

◇◇日本◇◇ 9 引揚者の性暴力被害と中絶

山本めゆ

【関連項目：売買春と性病予防法，戦時性暴力】

▷1　引揚げ
植民地や占領地で敗戦を迎えた人々は，民間人と軍人・軍属を合わせて約630万人を数えた。引揚げとは総人口の約10％に相当する人々が還流するという未曾有の大移動であり，受入社会にも強い不安をもたらした。民間人の帰還は「引揚げ」，軍人・軍属については「復員」と呼び分けられることも多い。

▷2　中絶
日本では1880（明治13）年に堕胎罪が制定され，中絶や間引きは犯罪とされた。兵力増強が推進された戦時下では，本来認められていたはずの医学的理由（母体の生命健康の保護）による中絶までもが厳しく監視された。1948年に優生保護法が成立，数度の改正によって経済的理由による中絶が可能になり，中絶は実質自由化された。

引揚船内で配布されていたリーフレット
（写真提供：福岡市）

📖 概　要

　敗戦時，植民地や占領地に居住していた日本の民間人は約350万人といわれる。敗戦前後の状況は地域によって異なるものの，日本軍がいち早く撤退した満洲ではソ連軍の侵攻，飢餓や伝染病等により約25万人が犠牲となるなど，彼らの帰還までの道のりは苦難に満ちたものだった。こうした凄惨な状況下で多発したのがソ連兵らによる性暴力である。『満蒙終戦史』（1962年）には「錦州市街は全く地獄の様相を呈し……陵辱に堪えかねて死を選ぶ者，あるいは身を護るため屋上からわが子を抱いたまま墜死する者も現われ，敗戦の悲劇はここに極まった」などと記録されている。

　民間人の集団引揚げが本格化することとなった1946年春，厚生省とその外局である引揚援護院は，性暴力被害者を対象とする医療救護体制を整備した。引揚船が入港する港の検疫所には「特殊婦人相談所」が開設され，港周辺の国立病院・療養所の一部は女性専用の病院に指定されていた。そこでは性病の治療に加え，当時は禁止されていたはずの中絶も実施された。

　無償で提供されたこれらの医療に救われた女性も多かっただろう。ただし，引揚援護院が各引揚港宛に作成した実施要項では，該当者を「徹底的に抽出し，洩らすことなく保護する」ことを要請しており，実際に各検疫所では被害経験や自覚症状がありながら無申告で通過しようとする人々を捕捉するための努力が続いた。ここからも明らかなように，この医療救護は，傷ついた被害者の救援と水際における女性の身体の管理という二面性を備えていた。

当時の議論　女性参政権運動でも知られる久布白落実は，これらの地域からの本格的な引揚げ開始を前に，『朝日新聞』の紙上（1946年4月24日付）で次のように語っている。「戦争と性病は切っても切れない関係にあるが，日本民族の将来のためにぜひなんとか食い止めなければならないと思い，復員省，厚生省にたびたび進言している。満州の婦女子も，脱走者の話によると四割位は混血児を生む運命を背負っているらしい」。敗戦直後の日本では進駐軍兵士と接触をもつ女性が増加し，優生学的な観点から性病の蔓延や「混血児」の急増を危惧する声が高まっていた。外国由来の性病は際立って悪質であると信じられ，また外国人との「混血児」も民族の純血を脅かす存在として危険視されたためである。それゆえ，満洲や朝鮮半島から帰還する性暴力被害者は性病と「混血児」という二つの脅威の宿主とみなされ，強い警戒をもって迎えられた。

論点

1. 現場の献身か，国家の指示か

二日市保養所跡に建立された「仁の碑」と
水子供養塔（筆者撮影）

当時厳しく取り締まられていたはずの中絶が，引揚港周辺で広範囲に実施された背景については，これまで二つの見方が提示されてきた。一つは傷ついた女性たちを救済すべく現場の医師が勇断したという見方，もう一つは「混血児」の誕生を危険視した厚生省が帝国大学医学部の医師らに中絶を命じたとする見方である。この議論に重要な示唆を与えるのが，1990年代以降世界各地で蓄積されてきた**戦時性暴力**[*]とその結果としてもたらされた子（胎児）に関する研究である。セトによると，子（胎児）はしばしばそれを宿した女性ではなく加害者と同一視され，暴力の汚辱を繰り返し想起させる存在として被害側のコミュニティから嫌悪を向けられる（Seto 2013）。引揚港での中絶を理解する上でも，「現場の献身か，国家の指示か」を問うのではなく，現場の人々の心情が厚生省や引揚援護院の方針といかに共振していたかを検討する必要がある（山本 2019）。

2. 記憶の継承とジェンダー

福岡県の二日市保養所は，京城帝国大学の関係者により1946年春に開設された施設で，翌年秋の閉所までに多数の中絶と性病治療が実施された。1970年代より上坪隆（1979）のルポルタージュを筆頭に繰り返し報じられ，引揚女性の受難が刻まれた地として紹介されることも多い。しかし保養所の跡地に目を向ければ，そこに建立されているのは保養所の医師を顕彰する「仁の碑」，水子供養塔，京城帝大同窓会によって植樹された欅のみであり，被害者を記念（コメモレイト）し語り継ぐための碑は存在しない。このことは，保養所をめぐる記憶の継承がジェンダー中立的ではなかったことを示している。

3. 性暴力被害と強いられた沈黙

引揚げに伴う苦難といっても，社会的地位や現地社会との関係によって人々の経験は大きく異なる上，弱い立場にあった人々の記録や証言は残されていないことも多い。たとえば，ある満蒙開拓団の事例として近年明らかになってきたのは，敗戦直後の混乱の中，団を守るためとして女性たちをソ連兵に差し出した団員たちが，帰郷後には彼女たちを冷視し，ときにはその経験を語ろうとする彼女たちの声を封じようとしてきたということだった（『岐阜新聞』「封印された記憶」2018年）。開拓団が現地の人々の生業や生活を破壊する入植者であった点も含め，被害と加害の複雑な重層を念頭に置かなければ，女性たちの敗戦史とその後の沈黙を理解することはできない。

[*] 戦時性暴力
V-3 参照。

参考文献

上坪隆『水子の譜——引揚孤児と犯された女たちの記録』現代史出版社，1979年。
松原洋子「引揚者医療救護における組織的人工妊娠中絶」坪井秀人編『ジェンダーと生政治』臨川書店，2019年。
山本めゆ「性暴力被害者の帰還——引揚港における「婦女子医療救護」と海港検疫のジェンダー化」蘭信三・川喜田敦子・松浦雄介編著『引揚・追放・残留——戦後国際民族移動の比較研究』名古屋大学出版会，2019年。
加藤聖文『海外引揚の研究——忘却された「大日本帝国」』岩波書店，2020年。
川恵美・NHK ETV 特集取材班『告白——岐阜・黒川満蒙開拓団73年の記録』かもがわ出版，2020年。

探究のポイント

①上坪隆『水子の譜』（1979）を読み，中絶された胎児の様子がどのように語られているのか，ジェンダーの視点から考えてみよう。
②引揚げに関する記憶の継承活動とそのジェンダー非対称性について，ETV 特集「告白——満蒙開拓の女たち」（2017年）などを手がかりに検証してみよう。

～イギリス～
10 移民とジェンダー

浜井祐三子

【関連項目：女性の経済活動と移動，コロニアリズム，マスキュリニティ，家事労働と「女中」，女性の海外出稼ぎ労働，グローバル・ヒストリーとジェンダー】

▷1　国民保険制度（NHS）
イギリスの公的医療サービス。1945年総選挙で勝利したアトリー政権（労働党）によって設立された。1950年代以降，不足する看護師は主にアイルランドやカリブ海諸島からリクルートされた。皮肉なことに，推進した保健相の一人はのちに移民排斥を訴える過激な演説で物議をかもすことになる，保守党のイーノック・パウエルであった。

▷2　グランウィック労働争議
1976年にロンドン北西部にあったグランウィック現像所において起きた労働争議。会社側の不当な処遇に抗議しストに参加した労働者には移民労働者，とくに東アフリカを経由して1960年代～70年代初めに移住した南アジア系女性移民が多く含まれていた。最終的にスト参加者側の「敗北」に終わったが，労働環境は一部改善に向かったとされ，また2年にわたった争議は広く社会に大きな印象を残した。

南アジア系女性の職場での抵抗運動を扱った研究書（2018年）

📖　概　要

　1948年6月，カリブ海諸島から500人近い移民労働者を乗せてエンパイア・ウィンドラッシュ号がロンドンの港に到着した。この出来事は，戦後の旧帝国植民地からの移民流入の先駆けとしてしばしば語られる。ただし，この船の乗客に50人近くの女性が含まれていたことはめったに語られない。彼女たちの多くは30代，裁縫師や美容師などの手に職をもつ女性たちで，中には勇気ある密航者も含まれていた。

当時の議論　彼女たちの物語が語られにくいのは，移民流入の歴史において女性が周辺化されやすいこと，とくに，この時期の典型的な移民労働者が単身の男性とみなされがちであったことと無関係ではない。実際はこののちも，カリブ海諸島からイギリスの戦後復興や福祉国家体制を支えるため移住した人々には多くの女性が含まれていた。よく知られた例は，できたばかりの**国民保険制度**（NHS）を支えるためにリクルートされた看護師たちである。当時の保健省は深刻なスタッフ不足からカリブ海諸島に直接出向き，表面上は「一時的に」，また「訓練と労働」を主な理由として組織的なリクルートを行った。

　ただしこの看護師たちの例などを別とすれば，女性移民たちは政策上も社会的にも，男性移民労働者の帯同者として扱われがちで，労働者としての彼女たちの存在はしばしば軽視された。1960年代以降に増加する南アジア系の移民流入においても，実際には数多くの女性が移住後，教員などの専門職のほか，事務職や工場労働に従事した。また統計上は無職であっても家業や内職に従事している場合が多かったが，その事実は見過ごされがちであった。

その後の展開　自立的な労働者としての，またイギリス社会での人種・女性差別に，主体的に抗う存在としての女性移民の存在が注目された一つの事例は，1976年の**グランウィック労働争議**である。「サリーを着たスト労働者」ともいわれた南アジア系女性移民ジャヤベン・デサイーらは，不当な労働環境に果敢に声を上げた。彼女たちの抗議は，白人男性が主流を占め，人種的マイノリティや女性の権利擁護に必ずしも熱心ではなかった当時の労働組合運動にも変化の要求をつきつけた。

　近年，ケア労働の需要の高まりなどを背景に，移住労働者としての「女性」によりフォーカスが当たるようになったことや，女性史研究の進展により，移民に関する歴史研究にジェンダー的視点を取り入れるものも増えてきている。これは単に過小評価されてきた女性移民の貢献を再評価するのみならず，20世紀の移民史および人種やエスニシティの歴史に多角的な視野をもたらす効果を生む。

論 点

1. 移住のプロセスをどのように多面的にとらえることが可能か

MANY YOUNG WOMEN *arrive alone, some in woollen clothes prepared for a British summer, others in cotton dresses fit only for a tropical sun.*
Photographed by HAYWOOD MAGEE

1950年代にはカリブ海諸島からの移住労働者の約3分の1を女性が占めた（1956年の『ピクチャーポスト』誌より）

移民の移住プロセスに関わる研究においては，経済的・政治的・法的要因がしばしば文化的・社会的要因よりも注目されがちであり，そこでは単身で自立的に移住する男性移民が念頭に置かれる。これに対し，カリブ系移民への聞き取り（オーラルヒストリー）の分析を行ったメアリ・チェンバレン（Chamberlain 1997）は，男性中心の視点が経済的動機や自己実現に向けた自発的決定に焦点を合わせやすいのに対して，移民女性による語りは，家族との関係性や移住に親和的なカリブ社会・文化の特徴をより如実に指し示すことを指摘している。

2. 人種と性をめぐる言説をどう理解するか

人種と性（ジェンダー，セクシュアリティ）の交錯やそれを取り巻く言説を扱う研究もある。たとえば，第二次世界大戦後の旧植民地からの移民流入はイギリス社会に「人種問題」の意識を生じさせた。人種的他者としての「新コモンウェルス移民」は社会的秩序を乱す存在として受け止められたのだ。とくに，1950〜60年代にかけて，「黒人」男性と「白人」女性との恋愛・結婚が，「帝国」から「宗主国」への異質な要素の侵入を象徴する「脅威」として受け止められたことをウェンディ・ウェブスター（Webster 2005）は指摘した。その背後には「黒人」男性を暴力的で衝動的な存在とみなす根強い人種主義的偏見が存在した。

3. ジェンダーの要素とアイデンティティの理解

移住者やそれに続く世代のアイデンティティを研究対象とする上でも，ジェンダー的視点を入れることは利点を生む。近年，イギリス社会の人種差別に対する移民たちの主体的抵抗や，その組織的な取り組みを歴史的に紐解く研究が増えてきている。さらにジェンダーの視点を加え，前述のグランウィック労働争議など移民マイノリティ女性が中心となった職場差別への抵抗，女性による反人種差別運動の系譜を検証することで，エスニシティ，ジェンダー，社会階層の複雑な交差とアイデンティティの構築過程を見出すことができる。

探究のポイント

①〈論点〉に示されたほかに，移民をめぐる歴史研究にジェンダーの視点を組み入れることの利点として何が考えられるだろうか。

②現代イギリスにおいて移民やエスニック・マイノリティを扱った映画（『ベッカムに恋して』2002年）などで，ジェンダーの要素はどのように扱われているだろうか。

③ここでは20世紀後半イギリスの事例が紹介されたが，コラム30で紹介されている事例など，他の時代，他の地域の事例との比較を行ってみよう。

▷3 新コモンウェルス移民

第二次世界大戦後に独立を果たし，コモンウェルス（英連邦）に加わった国々，とくにカリブ海諸島と南アジア（インド亜大陸）からの移民を指す言葉として用いられ，実質「カラード（有色人種）移民」という含みをもった。アイルランドなどからの白人の移民も多かったが，1950〜60年代頃には「移民」という言葉自体が「カラード移民」とほぼ同義に用いられた。

参考文献

奥田伸子「1960年代イギリスの移民女性労働とジェンダー——1966年サンプル・センサスを中心に」『人間文化研究』名古屋市立大学大学院人間文化研究科，2007年。

井野瀬久美惠「帝国の逆襲——ともに生きるために」井野瀬久美惠編『イギリス文化史』昭和堂，2010年。

パニコス・パナイー（浜井祐三子・溝上宏美訳）『近現代イギリス移民の歴史——寛容と排除に揺れた二〇〇年の歩み』人文書院，2016年。

堀内真由美「OWAADとウィンドラッシュの娘たち——旧宗主国における移民女性運動「史」」『女性とジェンダーの歴史』イギリス女性史研究会，2020年。

フィリッパ・レヴァイン（並河葉子・森本真美・水谷智訳）『イギリス帝国史——移民・ジェンダー・植民地へのまなざしから』昭和堂，2021年。

Column **25** 日 本

新制大学と女子学生

GHQ の教育政策と女子大学の登場　敗戦後の1945年12月，閣議は「女子教育刷新要綱」を諒解した。女性に対する高等教育機関の開放をうたい，実際の措置として，女性の入学を阻止する規定を改廃し，女子大学の創設と大学における共学制を実施することが目指された。議論を主導した GHQ 内の CI&E（民間情報教育局）では，アイリーン・ドノヴァンやルル・ホームズといった女性担当官が力を発揮した。その下で，1946年にはアメリカにならって日本大学婦人協会が，翌年には10校以上の女子高等教育機関からなる女子大学連盟が発足し，戦前以来の女子大学設立運動を繰り広げた。これらの組織において牽引役を果たしたのが，星野あいや藤田たきなど津田塾関係者であった。

1948年2〜4月に，初めての新制大学が12校誕生したが，そこには日本女子大学・東京女子大学・津田塾大学・聖心女子大学・神戸女学院大学という五つの私立女子大学が含まれていた。これらの大学は，別学制の下，女性の自立と地位向上を掲げつつ，家政学など，女性の特性を養うとされる学課も構想していた。

新制国立共学大学の女子学生　京都帝国大学は戦前から，専修科生として女性が在籍することを認めてはいたが，1946年，初めて17名の「女子学徒」に入学許可を与えた（入学総数1254名中）。鳥養利三郎総長は同年5月の入学宣誓式にて，「私は女学生諸子の学力，人格に信頼し，何等差別的取扱，特別待遇を考慮しない考へであります」（『京都大学百年史』資料編二）と告辞を読み上げた。女性へのエールなのか，はたまた冷たさとみるべきか，真意は読み取りづらい。

1949年5月，京都大学は新制国立大学として出発し，女子学生数は以後5年間で10倍に増えたが，それでも全学生数の2〜3％を占めるにすぎなかった（参考：2021年5月現在の京大女子学部学生数は2867名，全体の22％に相当）。

1954年，卒業生を含む京大女子学生を対象としたアンケートが行われた。①入学や勉強は単に向学心に由来し，明確な目的意識はない，②受験には両親の賛成があった，③卒業後には結婚ではなく就職を希望する，④とはいえ結婚を否定するわけではなく，「仕事を協同できる人」を理想の相手と考えている，といった平均的女子京大生像が浮かび上がる（京大女子学生懇親会実施，『学園新聞』1954.2.1）。学生新聞の男子局員は政治的社会的関心を期待したが，女子寮の設置という福利厚生面での要求を第一とするのが彼女たちでもあった。

「女子学生亡国論」　1962年，東京の大学の男性教授らによる鼎談「大学は花嫁学校か——女子学生亡国論」がラジオで放送され，議論を呼んだ。結婚のための教養しか求めない女子が，学科試験の成績が良いだけで男子をはじき出して入学し，文学部の英文・国文・心理専攻などで過半数を占め，学者と社会人の養成を目的とする大学の機能を損ねている，と批判するものであった（『早稲田公論』1962.6）。

1981年には，「キャリア・ウーマン」となったかつての女子学生らが，20年越しの反駁シンポジウムを試みたが，くだんの男性教授の一人は，「目的もないのに大学へ来るなといったんでね。きちんと仕事をしたいという女の人をとやかくいったのではない」と弁明し，招待を辞退した（『朝日新聞』1981.8.29）。

大学における女子学生の出現は，はからずも「大学の目的」「大学で学ぶ目的」という大問題を提示した。その歴史は，ジェンダーの次元を超え，今なお大学の本質（「目的」は必要か，「目的」とはそもそも何か）を問い続けている。　　　　　　（田中智子）

参考文献

湯川次義『近代日本の女性と大学教育——教育機会開放をめぐる歴史』不二出版，2003年。
上村千賀子『女性解放をめぐる占領政策』勁草書房，2007年。

農村「家族」と女性

戦後の始まり 敗戦後の農地改革と民法改正は，多くの小規模自作農家を輩出し，戸主が強い権限をもつ「家」制度を解体した。しかし，直系家族が労働と家計を共にし，長男が農地を相続する農家経営は続いた。そこでの役割は親と子，兄と弟，妻と夫，村落共同体での立場など幾層もの関係に規定され，そこにジェンダーがからむものだった。たとえば，1950年代，家族関係に踏み込み東北の農村調査を行った山岸正子は，農作業の配分は男性が管理担当，女性は除草や堆肥散らしなど裸手労働や単純な継続作業，家計管理は夫またはその親世代，「嫁」の小遣いは実家に依存，乳幼児の世話は夫の母という生活を明らかにしている。この状況に対して，GHQ の指導の下で展開した生活改良普及事業は，カマド改善や家計簿記帳等の生活合理化による，農家女性の地位向上を目指した。事業はしだいに，女性の「主体性」の発揮を労働より家事に見出す志向に傾いていくが，事業や1950年代に各地で広がった生活記録運動等は，今まで家の中で孤立していた「嫁」どうしがつながる場ともなった。彼女たちの作品は，自分を主語に現状をとらえる視点や，農家構成員としての責任感に裏づけられた問題意識等，主体としての農家女性という自己意識を伝えている。

高度成長を迎えて 農村の滞留人口は経済近代化の宿痾とされていたが，1950年代中頃から新規学卒者の脱農が始まり，やがて世帯主の兼業化が本格化する。ただし，農業就業者と農家の減少は軌を一にしたわけではない。減少は，農業就業人口，農家人口，農地面積の順に現れた。このように農地を保持しつつ，まずは新卒者，それから成人男性が被雇用者化する状況で，日常の農作業を担ったのが農家既婚女性だった。1970年国勢調査では，25歳から59歳の農業就業者数は，女性が男性の1.5倍を数えた。農家女性の健康悪化も問題となった。もっとも，営農方針の決定は夫という大勢は変わらず，1971年発足の農業者年金も受給者は農地の名義人に限られた。女性の農外労働も増加する。農業センサスによれば，1960〜70年の間で，農家女性のうち非就業が17％であることに変化はないが，自家農業専従は74％から54％に減る。家族の多重就労で農家家計は維持されたのだ。非農業所得は農家所得を引き上げ，1970年には世帯所得は都市勤労者と同水準となった。1968年の労働省婦人少年局調査は，妻の農外就労を家族は支持し本人も積極的であること，一方で農外収入を自身で管理する妻は20代の場合5割にすぎないことを示した。農村部にパート雇用を当て込んだ工場が進出すると，農家女性は，女性の低賃金構造の底辺を下支えする労働者となった。変わる農村風景を前に，一条ふみや小野和子らは，それでも「土着」で生きる農家女性の言葉や伝承を聞き，その意味を掘り下げた。それは市場主義に突き進む社会に対峙することでもあった。

農家減少加速化の中で 1980年代後半には農家の減少が加速し，高齢化も顕著となる。農業と地域の維持を課題とした行政は，営農方針や所得配分を明示する家族経営協定締結を呼びかけ，女性の農業定着を図った。2002年の農業者年金法改正は，実働者である妻の加入を認めた。また，農産物加工品製造や直売所等を起業する農家女性に脚光を当て，「女性の活躍」として称揚した。しかし，2010年においても，各市町村農業委員会の女性委員割合が5％に満たないというのが現状であった。 （倉敷伸子）

参考文献
倉敷伸子「近代家族規範受容の重層性──専業農家経営解体期の女性就業と主婦・母親役割」『年報日本現代史』12，2007年。

∞∞日本∞∞
11
家事労働と「女中」

坂井博美

【関連項目：奴隷でもなく，女中でもなく，移民とジェンダー，社会主義と女性，改革開放と女性，女性の海外出稼ぎ労働】

▷1　家事労働者

明治末期頃まで，家事労働者は「下女」「下婢」と呼ばれることが多かったが，しだいに「女中」の語が使われるようになった。その後，「女中」の語は差別的であるとして「お手伝いさん」などが広まっていった。

▷2　1950年代前後の「女中」

1959年に住み込みの「女中」を対象に労働省婦人少年局が実施した調査（『住込家事使用人の実情──調査報告』）によれば，農家出身者が51％を占めた。現職を選んだ理由についての回答は，「行儀見習をしたいと思ったから」が最多で，「自分に合う仕事と思ったから」「都会へ出たいと思ったから」が続く。1日あたりの平均拘束時間は15時間で，休日を与えている家は9割，月2回の休みが最も多かった。

📖　概　要

　高度経済成長期の半ば頃まで，雇い主の家に住み込みで働く女性**家事労働者**は，現在よりも一般的な存在であった。国勢調査によれば，1930年には全国平均で19世帯に約1人の割合で「女中」が雇われており，その数は約67万人に上った。戦時期に大幅に減少するが，戦後復興の中で1950年には約23万人，55年は約30万人というように，戦前には遠く及ばないとはいえ一時は再び増加傾向をみせた。1950年代前後の「女中」たちの多くは，新制中学校を卒業した10代後半から20代前半の未婚者で，知人・親類の紹介で職に就いた。雇用先は，高所得者やサラリーマン家庭などのほか，商店や診療所など自営業世帯も多く，そうした家の「女中」は店員や診療補助者など家業の業務を兼ねることもあった。

　「女中」雇用は常に需要超過の状態にあったが，高校進学率の上昇や，高度経済成長の本格化を受けた女性の就労先の拡大によって，なり手はさらに減り，1970年には「女中」数は約5万人までに下降した。並行してこの時期には，核家族化や専業主婦率の上昇が進んだため，多くの家庭で家事は主婦のみが担当するものとなっていった。その後，個人家庭の有償家事労働者は通勤型の中高年女性がメインとなったほか，保育所の増加や高齢化の中での介護サービスの拡大によって，家事・保育や高齢者の生活補助などを行う職種は再編されていった。とはいえ，それらの担い手が主に女性であることは変化していない。

当時の議論

　近代の「女中」奉公は，口減らしや家計補助とともに，嫁入支度の準備や行儀見習いを目的とした。労働時間と休憩時間の区別は曖昧で，長時間労働・低賃金であり，雇用主との関わりは主従関係の性格をもった。「女中」のなり手不足を背景に，待遇改善の必要性が大正期頃からしばしば論じられたが，ほとんどが雇う層の立場から語られたもので，「女中」に思いやりをもって接するといった温情主義的な策の提唱にとどまることが多かった。

　1947年公布の労働基準法で，「家事使用人」は同法の適用除外となった。「女中」は，主従関係に縛られた使用人とみなされたことや，家事労働は女性が無償で担うはずのものであって他の労働に比べると価値が低いとみなされていたことなどから，しばしば蔑視された。また，

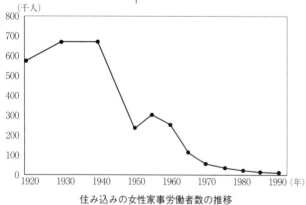

住み込みの女性家事労働者数の推移
注：1920〜90年「国勢調査」（https://www.e-stat.go.jp）をもとに作成。調査回ごとに職業分類等は異なる。表の数値は，1920年は「家事使用人」（「主人の世帯に在る家事使用人」），30年「主人ノ世帯ニ在ル家事使用人」，40年「家事使用人」，50年「女中（個人の家庭の）」，55〜65年「家事女中」，70年「家事女中（住込みのもの）」，75〜90年「家事手伝い（住（み）込みの女子）」。なお，上記1940年のデータは，通勤の家事使用人も含むと思われる。

職場が家庭内であったため，「女中」は孤立状態にあることが多かった。そうした中で1954年，「女中」の当事者団体である希交会が結成された。希交会は，機関誌の発行やハイキング・会合の開催，雑誌やテレビなどへの取材協力・出演などを行って，会員間の親睦を深めるとともに，差別を訴え，労働条件の改善の要求を発信した点で大きな特徴をもつ。

論 点

1. 「女中」はどこでどのように働いていたのだろうか

近代以降の「女中」労働に関する研究は1990年代頃から増加したが，その大半がアジア太平洋戦争以前を対象にしている。それらの研究は，「女中」数の歴史的変化の要因を分析した論考や，労働者の属性，都市新中間層による「女中」雇用の実態，「女中」と雇う側の「主婦」の間の関係性を考察した論考が多い。一方で，もう一つの雇用層である商業主の「女中」雇用に焦点を当てた研究も，少ないが存在する。戦後については，明治期以降を対象とした通史的著作である清水美知子（2004）が検討しているほか，定松文（2020）が在宅介護の生活援助も含めた有償家事労働者について，現在に至るまでに登場した様々な労働形態のあり方を整理している。

2. 家庭での主婦の仕事量の変化とその要因

昔は家事の量が膨大であったため「女中」が必要とされていたが，家電の登場や家事の市場化の進行によって，主婦のみで家事を処理することが可能になり，主婦の余暇も増えたという議論がある。一方で，家電が普及しても，主婦に期待される家事・育児水準も上昇したので，家電の普及は家事・育児時間の大幅な短縮に結びつかなかったという議論もある。品田知美（2007）は，1941年と1970年代を比較し，女性の家事時間は農家世帯を除いて減少したものの，その理由は家電製品の利用ではなく，既製服の購入による裁縫の時間の減少が大きいとした。

3. なぜ労働基準法の適用から排除されたのか

現在に至るまで，「家事使用人」には労働基準法が適用されていない。坂井博美（2014）は，労働基準法の制定過程では，「女中」など「家事使用人」にも適用するべきだとの声もあがったが，「女中」は家族に準ずるものであるとの考え方や家庭への国家の介入が不適当とみなされたこと，他国の労働法規でも除外されていることが理由とされたほか，その他様々なジェンダー要因によって，結局，適用外となったとする。なお，国際労働機関（ILO）は2011年，初の国際基準「家事労働者の適切な仕事に関する条約」および勧告を採択したが，日本は未批准である。

― 探究のポイント ―
①「女中」の実態調査報告書である『住込家事使用人の実情――調査報告』（労働省婦人少年局，1960年）から，「女中」の労働実態を検討してみよう。
②映画『女中ッ子』（田坂具隆監督，1955年，由起しげ子原作）を観て，この作品における「女中」イメージを分析してみよう。

▷3 希交会
『朝日新聞』の読者投稿欄「ひととき」に，「女中」として働く女性の投稿が掲載されたことをきっかけに発足した「女中」の当事者団体。1975年に休会。2017～19年には，機関誌『あさつゆ』の復刻版（阪本博志編・解題，全10巻）が金沢文圃閣から刊行された。

参考文献
清水美知子『〈女中〉イメージの家庭文化史』世界思想社，2004年。
品田知美『家事と家族の日常生活――主婦はなぜ暇にならなかったのか』学文社，2007年。
坂井博美「「女中」の1950年代――メディア・当事者団体・労働行政」『南山大学日本文化学科論集』20，2020年。
定松文「日本における家事労働の市場化と分断された家事労働者――家事労働者史からみる国家戦略特区の外国人家事労働者」伊藤るり編著『家事労働の国際社会学――ディーセント・ワークを求めて』人文書院，2020年。

12 アラブ社会主義とフェミニズム

長沢栄治

【関連項目：イスラーム法と家族，フェミニズムの萌芽，婚姻法の変化，フェミニズム運動，ヴェール，女性参政権獲得後のフェミニズム，社会主義と女性，ウーマンリブ，女性運動，ジェンダー平等と法，国際的な女性活動】

📖 概要

　アラブ社会主義とは，第二次世界大戦後のアラブの共和制諸国で広くみられた国家主義的な開発イデオロギーである。ナセル大統領時代のエジプトがその典型であり，バアス党政権のイラクやシリア，独立後のアルジェリアなど多くの国に影響を与えた。アラブ社会主義の女性や家族に対する政策内容は，一言でいえばアラブ版の**国家フェミニズム**[◁1]であった。ジェンダー関係に対する国家による政治的介入という点において，同じ中東のトルコ共和国やパフラヴィー朝イランの国家フェミニズムとも比較できる特徴をもつ。

　「エジプト国民憲章」（1962年）が示すように，アラブ社会主義が求めた家族像とは，アラブ民族主義を通じた国民統合のための政策的単位であり，また大家族（アーイラ）[◁2]や部族的紐帯から切り離された近代的小家族（ウスラ）であった（長沢2019）。また，女性には参政権が与えられ，女子教育の推進や母性保護，そして家族計画が実施された。しかし，女性労働の推奨においては，ソ連圏の社会主義諸国と同様，性別役割分業に変化がないまま家事労働の負担を強いる「働く女性」のモデルが掲げられた。

　こうしたアラブ社会主義の国家フェミニズムは，それまでのリベラル・フェミニズムを掲げた自由な女性運動の抑圧の上に成り立っていた点に注意しなければならない。その代表的な例が「ナイルの娘連合」を率いたドリヤ・シャフィーク（1908〜75）の悲劇である。2回にわたるハンストなどでナセルの新体制に抗議した彼女の行動は，親欧米で民族を裏切るものだと同志の女性活動家から非難された。自宅軟禁の措置を受けた彼女は，その後，自死する運命をたどった（Nelson 1996）。

当時の議論

　アラブ社会主義の国家フェミニズムの最も厳しい批判者は，アラブ世界を代表するフェミニスト作家，ナワール・サアダーウィー（1931〜2021）であろう。彼女はナセルの改革が庶民階級の女性に高等教育への道を開いた点を評価する一方，家父長制が残存するアラブ社会主義体制の欺瞞性を激しく批判した。

その後の展開

　しかしその後，アラブ社会主義の権威は，1967年の第三次中東

▷1　国家フェミニズム
リベラル・フェミニズムを国家が支援してジェンダー関係の改革を目指したノルウェーのような先進国の事例とは異なり，第三世界の諸地域では，権威主義体制の下で，自由な女性運動を統制・抑圧しながら，開発のために女性の地位向上と社会的政治的権利を上から付与する国家フェミニズムが多くみられた。

▷2　アーイラとウスラ
現在，多くのアラブ諸国では拡大家族（アーイラ）と単婚小家族（ウスラ）の家族の二重構造がみられるとの指摘があるが，これらの呼称は伝統的なものではなく，近代的な家族概念の普及により，政策担当者や研究者によって作り出され，社会に普及したものと考えられる（長沢 2019）。

7月革命30周年を祝うエジプト人女性（1982年）『労働』誌表紙
近代以降，エジプトはヴェールを着けた農村女性の姿で表象された。女性の周りを飾る六つの綿花には，1952年7月革命の成果（〔英軍のスエズ運河地帯〕撤退の実現，アラブ民族主義，社会的公正，民族的産業基盤，労働者の利益，農地改革）が書かれているが，女性の権利については触れられていない。

戦争での対イスラエル惨敗によって大きく損なわれた。その反動的な結果として顕在化したのが，伝統的な社会的紐帯の活性化と**イスラーム主義**[43]の台頭である。

論　点

1. 国家フェミニズムによるリベラル・フェミニズムの否定

1920年代に始まるエジプト女性運動は，家族法改正や女性参政権獲得を求めるリベラル・フェミニズムの運動として展開したが，目標の実現の道は遠かった。革命以前のリベラルな立憲王制の枠内では，女性の権利のみならず，農地改革や労働者の権利保護など社会改革の実現が困難だったからである。この特権階級が支配する政治体制を1952年革命で打倒したナセルは，イスラーム運動（ムスリム同胞団）や労働運動，そして女性運動などの社会運動を弾圧・統制する一方，それまで実現できなかった社会改革を推し進めた。女性参政権の付与など国家フェミニズムの一連の政策も，他の社会政策と同様，自律的な社会組織を抑圧したアラブ社会主義による上からの改革として実行されたものであった。

2. 国家フェミニズムとイスラーム

アラブ社会主義の国家フェミニズムにとって最大の抵抗勢力はイスラームの伝統的権威であった。これに対しナセルは，スンナ派イスラーム教学の中心であるアズハル大学に女子教育を導入させ，家族計画を正当化するファトワー（イスラーム的法学裁定）を発令させた。一方，1970年代以降，アラブ社会主義の理念を放棄し，台頭するイスラーム主義勢力に妥協して，家族法を女性に不利な内容に改正するアルジェリアのような国も現れた（Tripp 2019）。

3. 国家フェミニズムから市民フェミニズムへ

2010年12月のチュニジア革命に始まるアラブ各地での民衆蜂起を，研究者らは〈論点1〉で述べた抑圧体制に対する異議申し立ての運動と位置づけてきた。しかし，シリア内戦に代表されるように，ほとんどの運動は挫折した。その中で，革命後の民主的改革が評価されたチュニジアでは，従来の国家フェミニズムから市民フェミニズムへの転換という新しい展開がみられた。鷹木が述べるように，この市民の手によるジェンダー関係の変革をめぐっては，リベラル派と穏健なイスラーム主義勢力との対立もあった（鷹木 2020）。そしてその中で，男女平等の相続権や女性の宗教を超えた配偶者選択の自由をめぐる家族法の改正を目指す変革が試みられた点は注目される。

探究のポイント

①アラブ社会主義以前の中東における国家フェミニズムとして，トルコ共和国や王制期イランの西洋化改革があるが，これらの国で女性のヴェール着用が禁止された理由は何か，森田・小野編（2019）などを参考に考えてみよう。

②チュニジア革命の事例（鷹木 2016, 2020）をもとに，女性が民主化運動に果たした役割と市民フェミニズムの発展の背景を考察してみよう。

③イスラームを女性抑圧的な宗教と短絡的に考えるのではなく，イスラーム法の再解釈を通じて，ジェンダー関係の変革を目指すイスラーム・フェミニズムの議論について調べてみよう。

▷3　イスラーム主義
欧米的モデルの国家形成を試みる上からの近代化の動きに対抗して，イスラームの理念に従った政治秩序の建設を目指す運動。この近代的な運動には，多くの女性が参加したことが重要であり，あるべきジェンダー秩序とイスラームの理念との間の関係をめぐって様々な議論が展開した。

【参考文献】

ナワル・エル・サーダーウィー（村山真弓訳）『イヴの隠れた顔——アラブ世界の女たち』未來社，1988年。

鷹木恵子『チュニジア革命と民主化——人類学的ドキュメンテーションの試み』明石書店，2016年。

長沢栄治『近代エジプト家族の社会史』東京大学出版会，2019年。

森田豊子・小野仁美編著，長沢栄治監修『結婚と離婚』（イスラーム・ジェンダー・スタディーズ1）明石書店，2019年。

鷹木恵子「チュニジアの女性運動——国家フェミニズムから市民フェミニズムへ」鷹木恵子編著，長沢栄治監修『越境する社会運動』（イスラーム・ジェンダー・スタディーズ2）明石書店，2020年。

∞∞中国∞∞

13 映画・演劇

中山　文

【関連項目：日本映画の女性身体，映画（インド・エジプト）】

📖 概　要

映画には「見る男性（のまなざし）と見られる女性（の身体）」という構図が常に存在する。中国映画史上最大のスター女優阮玲玉は，旧社会に抑圧される「不幸な女」を演じ続けた。国産映画が最初の黄金期を築き上げた頃に第二次上海事変が勃発したため，撮影所は被害に遭い映画産業は沈滞した。映画人の多くは救国演劇隊に参加し，全国各地で「抗日救国」の啓蒙活動を行った。最も多く演じられた街頭劇『その鞭をすてろ』▷1（1931年）でも，日本に占領された東北地方の不幸を語る少女が男性労働者の呼びかけによって救われる。女優は男性が社会改革を進める上での困難を体現する客体として必要とされた。

孤島期（第二次上海事変からアジア・太平洋戦争勃発まで，自由な租界地が存在した時期）の上海では，国難に際して救国や抵抗の行動をとった明清時代の名妓の物語が相次いで演劇となり，「救国の妓女」という女性イメージが生まれた。過去の物語を借りて現在を諷刺する時代劇は，妓女の愛国精神と対比させることで腐敗した官僚や売国奴を貶めたのである。映画『木蘭従軍』▷2（1939年）は，男装して異民族と闘い自由恋愛も獲得する新女性のモデルを生み，国を越えて大ヒットした。

淪陥期（1942年から45年までの上海が完全に日本の占領地となった時期）になると，愛国テーマを正面から訴える演劇作品は影を潜め，恋愛ものやコメディの形で社会批判が試みられた。また女性だけで演じる越劇が上海女性の人気を集めて一大ブームとなった。一方，「解放区」（共産党支配地区）延安では民話と社会主義の宣伝を結びつけた歌劇『白毛女』▷3（1945年）が誕生した。日本占領下でも映画製作は継続されて娯楽としての映画は存続したものの，明示的に抗日メッセージを伝える映画の製作はもはや不可能だった。だが戦後は『春の河，東へ流る』▷4（1947年）や『田舎町の春』▷5（1948年）など，高い芸術性をもつ作品が生まれた。

当時の議論　「救国の妓女」作品は左翼系作家夏衍の『賽金花』（1936年）に始まるが，清末の名妓賽金花にロマンティックな人物イメージを与えることには否定的評価があった。魯迅も妓女を救国のヒロインに神格化しようとする共産主義者たちの情熱には，偽善と矛盾が潜んでいると皮肉を込めた指摘をしている。

その後の展開　1949年に中華人民共和国が成立すると，演劇・映画の中心は上海から首都北京に移り，共産党の指導下に置かれた。演劇界は，社会主義の新時代にふさわしい俳優教育と伝統作品の改編を推し進めた。映画界はソ連の方式を導入して『赤軍女性中隊』▷6（1960年）などの革命映画を製作した。だが1966年に文化大革命（文革）＊が始まると，「革命現代京劇」▷7しか上演されず

▷1 『その鞭をすてろ』
原題：放下你的鞭子。陳鯉庭作。父親に鞭を振るわれる大道芸の少女が，植民地化する東北地方の悲惨な状況を語る。青年労働者は父親に「その鞭で敵を倒すんだ！」と訴えかけ，父親も本当の敵が誰なのかを理解し観衆たちと団結する。

▷2 『木蘭従軍』
卜萬蒼監督，欧陽予倩脚本。宋代の長編叙事詩『花木蘭』をもとに，年老いた父の代わりに男装した娘が従軍して大功を立て，帰郷して女装に戻るという内容。その女性像は時代とともに変化し，現代もなお様々な読みが行われている。ディズニー映画『ムーラン』もその一つである。

▷3 『白毛女』
魯迅芸術劇院集団創作。悪辣な地主の暴行から逃げて，山奥の洞穴に隠れ住んだために全身に白い毛が生えた少女が，共産軍に救い出されて地主を打倒するという物語。農村と地主の階級対立がテーマである。

▷4 『春の河，東へ流る』
原題：一江春水向東流。監督，脚本とも蔡楚生・鄭君里。満洲侵略による家族離散の悲劇をテーマに，政府の腐敗を批判し庶民の苦難を描いた大河ドラマ。

▷5 『田舎町の春』
原題：小城之春。費穆監督，李天済脚本。田舎町で閉塞した生活を送る夫婦と，その友人の間で起きた感情の葛藤を描く。

撮影されないという異常な時代が始まった。

論点

1. 現代劇は妓女をどのように描いているか

妓女は詩や小説，戯曲に繰り返し描かれてきた。だが「救国の妓女」はあくまで孤島期の時代劇のイメージである。江上幸子（2016）は曹禺『日の出』（1935年）の主人公・白露を，中国近代文学中で最も印象的・魅力的な妓女表象だとする。彼女は近代化した高級妓女であり，その地位を活用して自らの運命を切り開こうとし，下級妓女のチビを必死で救おうとする。その主体的に生きる姿を高く評価する。同時に，今もなお多くの研究者は古い妓女観や革命観に束縛されており，彼女を「世間を弄び，自ら堕落に甘んじる」反面人物とみていることを指摘している。

2. 「戦闘する女性」はどのように生まれたのか

中華人民共和国成立後，社会主義的国家建設の中で妓院は閉鎖され，売春業は影を潜め，救国の妓女は消滅する。田村容子（2019）は代わって登場したのが60年代に登場する女性民兵の姿だと指摘する。『赤軍女性中隊』では「虐待される女性」から「戦闘する女性」への革命的成長が描かれている。奴隷的状況から救い出してくれた男性共産党員に教育された女性兵士が，犠牲となった男性の志を継承する。そこには男性が女性を指導するという典型的なジェンダー秩序がみえる。軍隊におけるこのジェンダー非対称性は，その後の作品でも変わらないのである。

3. ソ連と中国で女性兵士の描き方は同じか

秋山洋子（2004）は女性兵士の群像を描いたソ連演劇『夜明けは静かだ……』（1970年）を取り上げ，作品の底に流れるジェンダー意識が中国とは異なることを指摘する。制服はスカート，シャワーや洗濯の場面では裸をイメージさせるむき出しの手足や下着が見せられる。戦死した女性を悼む言葉に「彼女が子を産めなかったことが大事だ」という台詞があり，本作の底には男女の差異に重点を置くジェンダー意識と母性の尊重があることを示している。本作と『赤軍女性中隊』は女性の軍隊参加を肯定する建前は同じでも，女性が武器を取ることの意味づけは見事に逆である。後者がそれを女にとっての解放と意味づけるのに対して，前者は避けるべき犠牲であったとしている。ソ連ではジェンダーの差異を肯定する意識が70年代にはすでに復活していたのである。

探究のポイント

①当時日本と中国の映画界をつないだ大スター李香蘭について調べてみよう。

②ディズニー映画『ムーラン』のヒロイン像は，1998年のアニメ版と2020年の実写版では，どのように変化しているだろうか。

③『さらば，わが愛——覇王別姫』（1993年，香港映画），『花の生涯——梅蘭芳』（2008年，中国映画）を観て，当時の女形俳優に対する社会の視線について考えてみよう。

『赤軍女性中隊』（1964年にバレエに改編された）

▷6 『赤軍女性中隊』

原題：紅色娘子軍。謝晋監督，梁信脚本。海南島の共産党ゲリラとして活躍した実在の女性部隊を題材とし，地主の奴隷となっていた少女が，共産党に救出され紅軍兵士に成長する姿を描く。女性解放の象徴的作品とされた。

＊ 文化大革命（文革）

IV-15 側注4，VI-9 側注3参照。

▷7 「革命現代京劇」

京劇の様式をとり現代の「革命的」内容を表現するもので，舞台でも『紅灯記』『沙家浜』など8本の模範劇だけが繰り返し演じられた。

参考文献

秋山洋子「女性兵士の描かれかた——60年代の中国映画と70年代のソ連映画」『私と中国とフェミニズム』インパクト出版会，2004年。

邵迎建「上海「孤島」末期及び淪陥時期の話劇——黄佐臨を中心に」高綱博文編『戦時上海1937～45年』研文出版，2005年。

戴錦華『中国映画のジェンダー・ポリティクス——ポスト冷戦時代の文化構造』御茶の水書房，2006年。

江上幸子「近代中国における主体的妓女の表象とその夭折——民国期の多様なメディアから」『中国のメディア・表象とジェンダー』東方書店，2016年。

田村容子「「救国の妓女」を描く中国映画——社会主義文化における女性の身体と国家の創造」『紅い戦争のメモリースケープ——旧ソ連・東欧・中国・ベトナム』北海道大学出版会，2019年。

日本映画の女性身体

木下千花

【関連項目：映画・演劇，映画（インド・エジプト）】

▷1　母物

母親と子どもの関係をドラマの中心として母性愛を称揚する映画一般を指して使われることもあるが，狭義には，『山猫令嬢』（森一生監督，1948年）に始まり，1950年代後半まで，多くは三益愛子を主演に大映東京撮影所で製作され続けたシリーズを指す。地方の観客の嗜好に訴えて直営館をもたない大映の経営を支えたといわれる。同時代的には日本の後進性の象徴として批判されたが，『ステラ・ダラス』（1925/1937年）などのアメリカ映画のリメイクであることが指摘されている。

▷2　（戦前の映画）検閲

芝居や見世物とは異なる自律したメディアとしての映画の検閲は，1917年に東京府で制定された活動写真興行取締規則に始まり，それぞれの地方の警察が担った。1925年からは内務省が省令「活動写真「フィルム」検閲規則」に基づいて全国の検閲を一元化した。内務省の検閲官は，公安・風俗の両面から内規（非公開）に照らしてフィルムの審査を行ったが，接吻と並び，性労働や姦通などの描写や，公序良俗に反するとされる女性の服装・振る舞いは，しばしば制限（カット）の対象となった。1939年に制定された映画法は，脚本の事前検閲，映画人の登録制度を法制化するとともに，検閲の法的根拠も確立した。

▷3　映画産業で働く女性

戦後，各撮影所の筆記・面接試験を通って助監督とし

📖　概　要

　連合国占領下の日本映画においてまず耳目を集めたのは，スペクタクルとしてのダンサーや性労働者の身体である。女性身体の露出は，GHQ によってロマンティック・ラヴのオープンな表現として奨励されたスクリーン上での接吻とともに，「解放」の象徴となった。『わが青春に悔なし』（1946年）で原節子が演じたエリート女性は，観念的なロマンティック・ラヴと民主主義による解放に身を捧げる闘士であった。一方で，自己犠牲の母を三益愛子が演じる大映の「母物」[1]がヒットし，解放されざる地方の女性観客は滂沱の涙にくれたという。こうした女性身体の類型と「解放」をめぐる議論において，当事者や女性の視点は希薄であった。しかし，性的スペクタクル，民主主義の女神，「封建的」母の関係は複雑であり，しばしば同一の作品や人物の中に重層的に折りたたまれている。たとえば，母物第二作目としてシリーズ化を決定づけた『母』（1948年）は，「パンパン」（占領軍を主な顧客とする街娼）の生活を扇情的に描く映画として企画されたものの，GHQ の検閲によって方向転換を余儀なくされ，結果的に母性愛の比重が増したという経緯が近年の研究で明らかになった。

当時の議論　戦前の内務省による統制・検閲[2]の時代と比較すると，女性身体の露出に対する自由度ははるかに増し，たとえば占領期の京マチ子の躍動する肉感的な身体は，戦前的な社会規範からの解放を印象づけた。しかし，パンパンの生活と性暴力を赤裸々に描いた『夜の女たち』に対しては，GHQ ばかりではなく批評家からも「悪影響を及ぼす」との懸念が表明され，京都市では青少年の観覧が禁じられた。一方で，GHQ の女性解放と民主化の二つの政策を具現した『わが青春に悔なし』の意志的なヒロインは，批評家によって「異常な女性」と形容された。初期の接吻シーンのぎこちなさとともに，女性身体は男性文化人・批評家の不安を刺激する題材でもあった。

　このように映画雑誌や新聞で展開される主流の言説がもっぱら男性によって担われていたなか，鶴見和子，高野悦子，鈴木初美が『映画評論』（1951年5月号）に「日本母性愛映画の分析」を発表し，母物に「泣きにくる」女性観客を批判した。また，ファン雑誌

『夜の女たち』（溝口健二監督，松竹京都，1948年）のスチール写真

や婦人雑誌では，女優や女性作家，水木洋子や田中澄江ら1950年前後に映画界入りした脚本家など映画産業で働く女性が女性目線の発言を行っていた。[▷3]

その後の展開　女性観客の涙腺を刺激して興行的成功を収め，知識人に日本社会の後進性を見せつけるサブジャンルとして母物の地位を継承したのは，『君の名は』（1953〜54年）に始まる「すれ違いメロドラマ」である。日本映画は1958年をピークとして第二の黄金時代を迎え，1930年代前半生まれの女優たちが次々とデビューして戦後派のヒロインを演じた。1956年には「太陽族映画」『太陽の季節』『処刑の部屋』における性暴力が問題になり，映画産業の自主規制機関であった旧映倫が第三者機関としての映倫へと改組されるが，被害女性の身体と心ではなく加害者予備軍への影響を憂慮するメディアの論調は占領期と同様だった。[▷4]

論 点

1. 検閲や自主規制は女性身体とどのように関わったのか　現実社会における女性身体と画面上の表象を媒介する要素の中でも，検閲や自主規制は重要である。平野（1998）の先駆的研究によれば，1945年から1949年まで，GHQの諜報組織の一部であるCCD（民間検閲支隊）と対日宣伝・教育組織でCIE（社会情報教育局）の映画演劇班による二重検閲が行われていた。紙屋（2014）らが示すように，こうした検閲システムと製作者の折衝によって占領下の女性身体は生み出された。

2. 「女性観客」にいかにアクセスするか　映画テクストが理想的な見るポジションとして割り当てる「観客」と，歴史的・地理的に実在する具体的な観客の二つの意味において，女性観客はフェミニスト映画研究の中心的な論点となってきた。占領期から記者として活躍した小森和子，1960年代後半から本格的批評家として健筆をふるった矢島翠（『出会いの遠近法――私の映画論』潮出版社，1979年）らを貴重な例外として，映画雑誌や全国紙の映画評がほぼすべて男性批評家によって書かれていたこの時代，具体的な女性観客の声を掘り起こすには，どうしたらよいのだろうか。映画の宣伝資料からターゲットを推定する，婦人雑誌やファン雑誌も含む文献資料において投書欄などを精査する，1950年代に大手映画会社が実施した事前市場調査を参照する，当時の観客を対象としたオーラル・ヒストリー，などの方法が試みられ，成果が上がりつつある。

て採用され，修業時代を経て第一作目を撮るというのが，映画監督になるほぼ唯一のルートとして確立される。しかし，助監督の応募資格は「大卒男子」であり，女性がこのルートを通って監督になる道は閉ざされた。スター女優としてのキャリアと経験を基盤に，50年代から60年代にかけて6本の長編劇映画を撮ったのが田中絹代である。一方，脚本家をはじめ，美術，衣裳，結髪などの分野では，スタッフとして活躍する女性もいた。とりわけスクリプター（記録係）は伝統的に女性の職とされ，監督を補佐し，編集などのポストプロダクションの工程に現場での決定を伝える重責を担った。

▷4　旧映倫
映画倫理規程管理委員会をこう呼ぶ。1949年，GHQの助言のもと，アメリカの映画業界の自主規制機関であるPCA（映画製作倫理規定管理局，通称ヘイズ・オフィス）をモデルとして設立され，映画業界大手の代表が審査にあたった。

参考文献
平野共余子『天皇と接吻――アメリカ占領下の日本映画検閲』草思社，1998年。
紙屋牧子「「聖」なる女たち――占領史的文脈から「母もの映画」を読み直す」『演劇研究――演劇博物館紀要』37，2014年。
河野真理江『日本の〈メロドラマ〉映画――撮影所時代のジャンルと作品』森話社，2021年。
中村秀之「〈戦後映倫関係資料集〉解説　旧映倫・序説」『戦後映倫関係資料　別冊』クレス出版，2021年。

探究のポイント
①製作・配給・興行からなる映画産業への女性の参画はどのようなものだったのだろうか。
②作り手・売り手側の女性の存在と画面上の女性身体にはどのような関係があるのだろうか。

Column **27**　インド

映 画

映画表現の中
のジェンダー　日本でも公開されて話題となったインド映画に『ボンベイ』（1995年）がある。ヒンドゥー教徒とイスラーム教徒の対立をテーマにした物語の終盤で壮絶な暴動のシーンが描かれるが，そこで逃げ惑う群衆の中，倒れ込んだ幼い男の子を助けたのはヒジュラであった。ヒジュラとは女性の民族衣装サリーを着た芸人集団である。去勢した（元）男性らを含む性的マイノリティだが，俗世のジェンダー規範から逸脱または超越した人々として理解されている。この映画でヒジュラは短い場面にしか登場しないが，宗教対立を超えた象徴的存在として印象的かつ重要な役柄であった。もちろん，このように良い意味で使われるばかりではないが，一般的にヒジュラが画面に一瞬であれ登場するインド映画は少なくない。そのような場面に出くわすたびに，インドには本来西欧近代的範疇とは異なる多様で複雑なジェンダーがあることを感じさせられる。

女形から「女優」へ　映画『ボンベイ』から遡ること100年前の1895年にフランスのリュミエール兄弟によって発明されたシネマトグラフは，早くもその翌年にインドで上映された。当時インドはイギリスの植民地だったが，1912年にはインド人自身の手によって初の長編映画の製作が始まった。それはヒンドゥー教の叙事詩に題材をとった『ハリシュチャンドラ王』である。

興味深いことに，この映画で記念すべき「女優」第1号になったのは実は男性であった。名をサールンケーといい，食堂のコックとして働いていたところを，その細身でしなやかな物腰が監督パールケーの目に留まったのである。逸話によると，パールケーはスカウトしたすべての女性から，最後には「売春婦からも」出演を断られ困っていたという。公共の面前で姿形を

さらす女優業は最低の職業，軽蔑の対象だったからである。

映画以前の時代，インドの舞台演劇には女優もいたが，女性役は男性の女形が演じる伝統が根強くあった。しかしそれにもかかわらずパールケーが「本物」の女性の起用に固執したのは映画では役者が大写しになるからだったといわれるが，より端的には，女性が当たり前のように女性を演じる西欧映画から映画の文法を学んだからにほかならない。題材をインドの叙事詩にとりながらも，役者の女形はしょせん偽物にすぎないと考えたところに，植民地知識人の西欧近代的ジェンダー規範に対する「学び」とインド人意識のせめぎあいが読み取れる。

ナショナリズム
時代の女優　『ハリシュチャンドラ王』が大成功を収めると，次の作品には「本物」の女性が起用された。こんにちインド映画最初の女優とされるカムラーバーイー・ゴーカレーとその母ドゥルガーバーイーである。一方，「女優」サールンケーは男優として演じるようになっていった。その後，時代は民族独立運動の高揚期に入ってゆく。いったん「本物」の女優が当たり前になると，次にはその女優には「教養ある女性」がなるべきだと考えられるようになった。なぜならナショナリズムを表で担う男性に対してそれを裏で支える良妻賢母，または国民文化の象徴としての女性という役割が，彼女たちに担わされたからである。それこそが植民地的近代のジェンダー規範であった。

こうして，西欧化と民族意識が錯綜する中での矛盾や葛藤を通じて，のちに「インド映画」と呼ばれる独自のジャンルが形成されていった。現在製作本数世界一を誇る映画大国インドの始まりである。

（山田桂子）

参考文献
松岡環『アジア・映画の都』めこん，1997年。

映 画

映画産業の形成 アラブ圏での映画上映が始まったのは、リュミエール兄弟のシネマトグラフの初上映の翌年1896年のことである。当初はもっぱら外国映画が上映されたが、1900年代の終わりから、現地で制作されたニュース映像や短編映画の上映も始まった。

アラビア語による映画制作の中心地となったのはエジプトである。同地で最初の長編映画『ライラ（*Laylā*）』が完成したのは、1927年だった。この作品をプロデュースし、主演を務めたのは、当時20代後半のアズィーザ・アミール（1901〜52）である。1920年代から40年代にかけて、エジプトでは複数の女性俳優たちが、プロデューサーや監督として映画制作に関わった。さらに、アミールやレバノン出身のアースィヤー・ダーゲル（1909〜86）、エジプトの貴族階級出身

アズィーザ・アミール

のバヒーガ・ハーフィズ（1908〜83）は、それぞれ制作会社を設立し、映画産業の発展に寄与した。

リアリズムと「現実」の再生産 彼女たちが手がけた作品では、望まない結婚や夫の裏切りなど、精神的・肉体的暴力に苦しむエジプトの女性たちの姿が描かれた。これらのモチーフは、のちに映画産業が男性主導となってからも頻繁に用いられた。とくに1940年代以降、リアリズム映画が主流となる中、家父長的な倫理意識や、通底する女性蔑視を描く作品が次々と誕生した。

20世紀初頭から1960年代までの映画史における女性表象を検討したマリサ・ファッルージャは、多くの作品の中で、ジェンダーはステレオタイプ化され、「そういうもの」として描かれていたことを指摘した。登場する女性たちは、罰を受けるか、狂気に陥るか、結婚するか、すべてを諦めるか、あるいは非業の死を遂げるかのいずれの形にせよ、男性主流社会に屈することになっていた。現実にある抑圧や、それを促す社会構造が、銀幕の上でも再生産されていたのである（Farrugia 2002）。

「現実」から「問題」へ 1975年に公開された『解決策がほしい（*Uridu Hallan*）』は女性に圧倒的に不利な婚姻法によって苦難を強いられる人々を描いた作品である。当時のエジプトの法制度では、夫からの離婚は容易に認められ、妻の落ち度や意思に関係なく、一方的に成立した。他方、妻からの離婚には厳しい条件があり、長い期間を要する裁判が必要だった。

主人公は、抑圧的で不品行な夫との離婚を望む女性である。裁判所に赴いた彼女は、自分以外にも、突如離婚を突きつけられたり、扶養が途絶えたりして困難を抱える女性たちがあまりに多いことに驚く。

『解決策がほしい』を立案したのは、主演女優のファーティン・ハマーマ（1931〜2015）、脚本を担ったのは、女性弁護士で作家のフスン・シャー（1931〜2012）だった。同作品はのちにエジプト・フェミニズム映画の代表作といわれるようになったが、それは作品の中に、悲惨な現実の描写に加えて、その現実こそが問題であり、その解決策が必要であるという強いメッセージが込められていたからであろう。1970年代後半以降、婚姻法改正の議論は活気づき、法律の一部改正が始まった。

それから半世紀。エジプトでは、ジェンダー問題について「解決策がほしい」と訴える映画が少しずつ増えている。そして現実も、少しずつ変化している。

（後藤絵美）

参考文献
後藤絵美「女優たちの神学」岡真理・後藤絵美編著、長沢栄治監修『記憶と記録にみる女性たちと百年』（イスラーム・ジェンダー・スタディーズ5）明石書店、2023年。

◇◇中国◇◇

15 女性雑誌

須藤　瑞代

【関連項目：読書，近代中国の女性作家，雑誌とジェンダー】

📖 概　要

中国における初の女性雑誌は，1898年に創刊された『**女学報**』[▷1]で，その後続々と多種多様な女性雑誌が刊行された。1949年までに刊行された女性雑誌の総数は600種を超える。出版地は上海が多かった。全国的に販路を広げていたものは少ないが，『**婦女雑誌**』[*]（1915〜31年，上海）のように複数の都市で販売される雑誌もあった。女性雑誌は，中国の女性たちが新しい思想に出合い，新しい知識を得て，国内外の女性たちの動向を知ることができる貴重なメディアであった。

表紙は，初期のものは題字のみのシンプルな場合も多いが，しだいにモダンで魅力的なイラストや写真で飾られるようになった。見開きには，国内外の著名女性の写真や女性画家などの作品が掲載され，読者の目を引きつける工夫もなされている。

誌面は，論説，家政，詩文など様々な記事によって構成された。誌上では，女性参政権について，また自由恋愛について，女子学生の望ましいあり方についてなど，様々なテーマについて意見が提起された。西洋の科学的な知見に基づいた衛生観念や病気についての知識を伝える記事も多く，中国のみならず外国の女性たちの活動なども紹介された。

また，国民党と共産党の対立を背景として，それぞれの政党の影響を強く受けた雑誌も複数刊行された。たとえば国民党の刊行物としては『婦女共鳴』（1929〜44年，南京），共産党の影響力が強いものとしては『中国婦女』（1939〜41年，延安）などがあげられる。

当時の議論　日中戦争期には，たとえば『**上海婦女**』[*]（1938〜40年，上海）などでは，「抗日」の主張や節約の呼びかけが繰り返しなされた。逆に日本の影響下で出版される雑誌もあった。代表的なものとして，日本海軍報道部の後援をうけて刊行された中国語雑誌『女声』（1942〜45年，上海）は，**田村（佐藤）俊子**[▷2]が「左俊芝」という中国名を用いて，女性文学者である関露らの協力のもと刊行したものだった。

その後の展開　1940年代は戦争の影響で停

側注（左段）

▷1　『女学報』
中国女学会（1897年に上海で創立）が1898年に創刊した雑誌。主筆30余人は皆女性で，李蕙仙（清末の啓蒙思想家梁啓超の夫人）や康同薇（梁の師康有為の娘）らであった。1899年3月までに13期発行されたことがわかっているが，停刊時期は不明である。

＊　『婦女雑誌』
Ⅳ-11 側注2参照。

＊　『上海婦女』
Ⅴ-5 参照。

▷2　田村（佐藤）俊子
（1884〜1945）
日本の小説家。『木乃伊の口紅』など官能的な世界を描いた作品で知られる。幸田露伴に師事し，同じく小説家の田村松魚と結婚した。バンクーバーやサンフランシスコなどでも生活し，その後日中戦争下の中国に渡った。上海で『女声』を3年間刊行したが，同地で脳溢血のため死去した。

『婦女雑誌』第13巻第1号
表紙（1927年）

『上海婦女』第3巻第4期
表紙（1939年）

刊に追い込まれる雑誌もある一方で，それぞれの主義主張を訴えるための雑誌は貴重なメディアであり，女性雑誌の創刊・刊行は続けられた。そのため，グラフにあるように，上海で刊行された女性雑誌の数を見てみると，戦時中の1937年8月から1945年8月までは，その前の時期と比べると数は減少しているものの，8年間で30種もの女性雑誌が刊行されていたことがわかる。

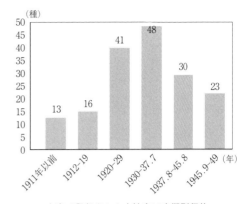

上海で発行された女性向け定期刊行物

論点

1. 女性雑誌をどのように読みとくか　雑誌は，編集者・執筆者による記事のほかに，表紙や挿絵，広告なども多数掲載される複合的なメディアである。女性雑誌が登場すると，女子学生や主婦，職業をもつ女性など様々な読者から作文や詩の投稿がなされ，相談コーナーへもいろいろな悩みごとが書き送られた。女性雑誌は，女性たちが知識を得る場であると同時に，自らの考えや希望を表現する場でもあったのである。

こうした女性雑誌は，当時の中国女性の状況を知る貴重な史料となっている。雑誌を史料として特定のテーマを研究する際には，テーマに関する記事を複数の雑誌から選び出して，それらの記事を関連づけながら論じることが多い。しかし，北米の中国史研究者ジョアン・ジャッジは，雑誌そのものが当時どのように読まれていたかを再現する形で読み解くことを重視し，個別の記事のみではなく雑誌まるごと全体に目を配り，さらにそれを当時の印刷文化の中に戻し，当時の文脈の中でとらえなおすことの重要性を提起している（Judge 2015）。

2. 諸外国の女性たちとのつながり　女性雑誌は当時の中国と諸外国の女性とのつながりを知る史料でもある。たとえば村田雄二郎編（2005）は，1915年から16年間にわたって刊行された『婦女雑誌』についての総合的な共同研究で，家事や家政，産児調節，自由離婚といった様々な新知識・新思想の導入に際し，『婦女雑誌』に掲載された欧米や日本の著作の翻訳や紹介記事が大きく影響していたことを明らかにしている。

探究のポイント

①データベース「近代婦女期刊資料庫」（台湾，中央研究院近代史研究所近代史数位資料庫 https://mhdb.mh.sinica.edu.tw/），および Chinese Women's Magazines in the Late Qing and Early Republican Period (https://kjc-sv034.kjc.uni-heidelberg.de/frauenzeitschriften/index.php) を利用すると，数多くの女性雑誌を閲覧することができる。どのような雑誌が刊行されていたのか，調べてみよう。

②①のデータベースを使って，「纏足」「女子教育」「恋愛」など様々なキーワードで検索をしてみよう。どのような記事が書かれているだろうか。

③女性雑誌には国内外の女性の姿を伝える数多くの写真が掲載されている。これらの写真から，どのようなことが読み取れるだろうか。

参考文献

前山加奈子「中国の女性向け定期刊行物について——その内容と特徴」『駿河台大学論叢』10，1995年。

村田雄二郎編『婦女雑誌にみる近代中国女性』研文出版，2005年。

須藤瑞代『中国「女権」概念の変容——清末民初の人権とジェンダー』研文出版，2007年。

中国女性史研究会編『中国のメディア・表象とジェンダー』研文出版，2016年。

江上幸子「「孤島」期の『上海婦女』誌に見る女性市民ネットワークと党派」（『上海婦女』特集）『中国女性史研究』28，2019年。

16 雑誌とジェンダー

光成　歩

【関連項目：イスラーム法と家族，婚姻法の変化，女性雑誌，戦後日本における男性同性愛者の「悩み」】

▷1　マレー・イスラーム世界

東南アジア島嶼部の港市は，交易を通してイスラーム教を受容し，15世紀には，マレー語とイスラームを共通の要素とする港市国家のネットワークが発達してマレー・イスラーム世界が形成された。

▷2　シンガポール

マレー半島南端に位置する島。1819年に上陸したラッフルズにより，19世紀半ばには東南アジアにおけるイギリスの自由貿易秩序の中心に発展した。

▷3　月刊誌『カラム』

1950年7月から1969年10月の20年間にわたり発行された。短期間で休・廃刊となるメディアが多い中，アラビア文字表記のマレー語（ジャウィ）を採用し，読者を事実上ムスリムに限定する雑誌として異例の長期刊行を続けた。

📖　概　要

　マレー・イスラーム世界[1]の港市は，歴史的に多様な文化的背景をもつ人々が集まる国際商業空間であった。イギリスの植民地都市として発展を遂げたシンガポール[2]にも，華人を多数派としつつ宗教的・文化的な多様性を誇る都市空間が形成された。中東，南アジア，そしてマレー世界に出自をもつ多様なムスリムを惹きつけたシンガポールは，20世紀マレー・イスラーム世界の中心的都市となった。シンガポールは，高い混成性のもとでムスリムのジェンダー論争が先取り的に起こった場所として，また，中東や南アジアのイスラーム改革思想やその出版物のマレー・イスラーム世界における流通拠点として，雑誌を通したムスリム社会のジェンダー論争の展開に重要な役割を果たすこととなった。

　当時の議論　第二次世界大戦後，戦争によって家族を失ったり，夫と離別したりした女性の困窮が伝えられて社会問題になるとともに，脱植民地化に向けた社会変動の中，就業，就学，政治参加などにより公共領域でのムスリム女性の存在感は増していった。こうしたことにより，女性を社会にどう位置づけるかがムスリム社会の課題となっていた。1950年にシンガポールで創刊されたムスリム向けの月刊誌『カラム』[3]には，国際政治や社会情勢とならんで女性をテーマとする連載が掲載されていた。中でも，読者の質問に知識人が回答する人気コラム「千一問」では，離婚[4]や婚姻適齢[5]といった婚姻法改革に関する話題に加え，女性をめぐる生活上の様々な問いが寄せられており，読者がコラムを通して問題意識を共有していた様子が伺える。

　多宗教社会を象徴する女性イシューの一つが，宗教的他者との家族形成に関する問いである。コラムには，キリスト教徒の男性と夫婦生活を送っていたムスリム女性の葬儀，華人女性とムスリム男性の結婚の条件，異教徒家庭から迎えた養子の宗教の判定など，越境的な家族に関する問いが寄せられ，そのいずれも，ムスリム社会が誰をムスリムと処遇するべきかを問うものだった。家族形成に関わる宗教的な障壁がそれほど高くない当時の社会状況の中，個々の宗教的越境に社会がどのように対処するかが問われていた。

　男女の適切な距離や装いにも議論が集中した。学校や職場，交通機関といった日常生活の場や，雑誌の文通欄，政治集会や宗教行事といった非日常の場で男女が交流することの是非，また，女性が化粧やパーマなどの流行を取り入れること，男性がネクタイや半ズボンなどの西洋服を着ることの是非が問われるなど，コラムには，当時の社会変化が反映された。議論の核心を占めたのは，華人を中心に宗教的他者が多数を占める都市や，形成されつつある公共空間

『カラム』創刊号（1950年）
表紙はヴェール姿のインドネシア大統領夫人。

において，ムスリムとしてどのように振る舞うことが適切かという問題だった。

その後の展開　1960年代の終わりには，社会の安定と経済開発を優先する権威主義的な体制が東南アジア各国で成立した。雑誌や新聞等の定期刊行物による言論空間は政治的自由の制限を受けて縮小し，女性の社会的地位に関わる課題への対応は国家が主導するようになった。女性には，家庭と社会の両方の運営を担うことが期待され，家庭を安定させるために離婚を抑制し，妻の権利を拡大する婚姻法改革が実現された。改革を経た婚姻法では，夫婦や家族の宗教は同じであることが前提となり，改宗しなければ婚姻登録が認められないなどの制約を受けて，越境的な家族形成は周辺化された。他方，経済開発の結果，中間層化し他者性の高い都市空間に身を置くようになったムスリムの間では宗教実践への関心が高まり，大衆的なイスラーム復興現象が始まった。

論 点

1．越境的な家族は例外か　20世紀半ばの雑誌記事には，越境的な家族形成を多宗教社会の現実として受け止め，誰をムスリムと処遇するかを節目ごとに確認して対応しようとするムスリム社会の柔軟さが表れていた。このような柔軟性は，宗教・民族の棲み分けを重視した国家形成やそのもとでの婚姻法改革によって宗教間の境界が固定され，失われたように見える。しかし，系譜をたどれば混成的な出自をもつ人は多く，混血性や越境的な家族形成に着目した研究の取り組みもある（山本 2008）。

2．マレー・イスラーム世界のジェンダー関係　男女の距離が問題となる場面が多岐にわたって論じられた背景には，社会生活において女性が厳格な隔離の対象ではなく，比較的行動の自由をもつというマレー・イスラーム世界のジェンダー関係の特徴がある。女性が相対的に高い地位にあるジェンダー関係のもとで，ムスリムらしいジェンダー規範の追求がどのような変化をもたらすかは，東南アジアにおけるイスラームと社会を分析する上での重要な研究トピックとなっている（服部 2001）。

3．混成社会におけるムスリムらしさ　20世紀半ばは，教育やビジネスの機会を求めた都市部への移動が拡大し，都市の混成性や流動性に触れるムスリムが増加した時期だった。『カラム』は，この過程での課題や問いを共有するメディアとしてマレー・イスラーム世界で長期にわたり受け入れられた。高い流動性や混成的な環境のもとで発信された『カラム』の問いは，開発の時代を経て始まったイスラーム復興期にはムスリム大衆の問いとなり，また，現在，異なる背景の移民を迎えるすべての社会においても，無縁でなくなっている。

── 探究のポイント ──
①コラム「千一問」の日本語訳（光成・山本編著 2021）を読んで，1950年代と現代の社会状況のもとでムスリム女性が直面している問題を比較してみよう。
②山本（2016）を参考に，写真や挿絵に表れるジェンダー観と背景を検討しよう。

▷**4 離 婚**
マレー・イスラーム世界のムスリム社会は，1950年代まで世界で最も離婚率が高く，年間に登録される婚姻数に対し離婚数が5割を超えていた。双系的な親族構造のもと，夫婦間の不和が離婚に結びつきやすく，結婚を個人間の契約とみなして離婚の手続きを提供するイスラーム法も離婚傾向に拍車をかけた。1950年代以降，離婚率の高さを問題視する考え方が浸透し，就学率の向上や婚姻法改革を経て離婚率は低下した。

▷**5 婚姻適齢**
婚姻法改革では，早婚やそれに伴う教育機会の喪失が問題視され，婚姻適齢の設定が試みられたが，イスラーム法に反するとする反対意見もあった。その後，就学率の向上に伴い初婚年齢は上昇したが，婚姻適齢導入をめぐる議論は続いている。

参考文献

服部美奈『インドネシアの近代女子教育』勁草書房，2001年。
小林寧子『インドネシアにおけるイスラームの展開』名古屋大学出版会，2008年。
山本博之「壁としてのジャウィ，橋としてのジャウィ」佐藤次高・岡田恵美子編著『イスラーム世界のことばと文化』成文堂，2008年。
山本博之『雑誌から見る社会』京都大学学術出版会，2016年。
光成歩・山本博之編著『カラムの時代XII』京都大学東南アジア地域研究研究所，2021年。

17　戦後日本における男性同性愛者の「悩み」　前川直哉

【関連項目：同性愛／異性愛，江戸文化と男性同性愛，同性愛，ファシズムとホモフォビア，雑誌とジェンダー】

▷1　同性愛の「治療」
過去には日本においても同性愛の「治療」と称し，様々な精神的・身体的介入の必要が説かれ，また実践された。現在ではWHO（世界保健機関）をはじめ各団体により，同性愛はいかなる意味でも疾患ではなく，治療の対象ではないと明言されている。

▷2　変態雑誌
1950〜60年代に数多く刊行された，同性愛やSMなど周縁化されたセクシュアリティを扱う雑誌の総称。男性同性愛に関する記事を多く掲載した変態雑誌としては1950年代の『人間探究』や『風俗科学』，60〜70年代の『風俗奇譚』などがある。

▷3　文通欄
『薔薇族』などゲイ雑誌には毎号，文通欄が掲載された。文通欄には自分のプロフィールや相手に求める要

📖　概　要

　「成長するに従い同性に対して魅力を感じるようになり，今では白粉や紅で粧われた女性に対し真の美と魅力を感じなくなりました」。1951年の『読売新聞』「人生案内」欄に載った，23歳男性からの投書である。「将来と人生への疑惑に死さえ思い，悩んでいます」と切々と語る，こうした男性同性愛者からの投書はこの時期何度か掲載されたが，回答する「識者」は同性愛を病理視し矯正すべき対象とみなす一方，有効な対応策は何一つ助言できなかった。

　大正期から続く当事者男性たちの主な悩みは，「周囲に打ち明けられない」という悩み，「相手探し」の困難，結婚をめぐる苦悩の三つであった。彼らの中には同性愛の「治療」[1]を求めるのではなく，「同性愛者」というアイデンティティを受容し，その上で目前の悩みを解決しようとする者も少なくなかった。

　戦後に多数刊行された「変態雑誌」[2]の中には，男性同性愛の記事を掲載するものもあり，当事者男性たちはこれらを積極的に購入し，また誌面へのリクエストを行った。「変態雑誌」を母体とした男性同性愛専門の会員制同人誌もつくられ，1971年には日本初のゲイ雑誌（商業誌）『薔薇族』が創刊された。

　当事者男性は戦後，日本各地に増えていくゲイバーなどの商業施設とともに，これらの活字メディアを利用することで「周囲に打ち明けられない」という悩みを癒し，また雑誌の文通欄[3]などを用い「相手探し」を行っていたのである。

当時の議論

　「男性同性愛者」というアイデンティティを受容し，ゲイバーや男性同性愛向けの活字メディアを利用することで，三つの悩みのうち二つについては対応が図られた。では残る一つ，結婚をめぐる苦悩にはどう向き合ったのだろうか。

　一定年齢になれば結婚するのが当然とされていた時代において，『薔薇族』などのゲイ雑誌や，先行する変態雑誌・会員制同人誌などでも，女性との結婚をどうするかは大きなテーマであった。そこで語られた男性同性愛者が求める結婚のあり方は，「妻に隠れて同性と交際する」「妻に告白し，理解してもらう」「女性同性愛者と結婚する」などである。「異性との結婚」と「同性との交際」の両立が模索され，文通欄では妻がいることを明記した上で「相手探し」をする投稿も少なくなかった。もちろん，中には「独身を貫く」と宣言する投稿もあったが，そこに男性が有する経済的・社会的特権への自覚，すなわち，そう困難なく独身を貫くことができるのは，自分が男性であるからだ，という自覚は見られなかった。

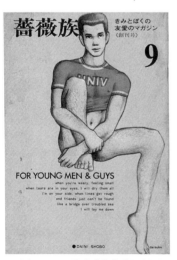

日本初のゲイ雑誌『薔薇族』創刊号（1971年）

論 点

1. 男性同性愛者の主体性

同性に対し性的な欲望をもつ者を「同性愛者」と規定する認識枠組みは，日本では大正期に流行した性欲学（通俗的な性科学）によりもたらされた。以前の研究では性欲学が「同性愛」を「変態性欲」の一つとして病理視し周縁化した点が強調されたが，最近の研究では，当事者男性たちが決して権威に唯々諾々と従う無力な存在だったわけではないことも明らかにされている。むしろここで見たように，自らの悩みの解決とより良き生の実現を図る際に「同性愛者」というアイデンティティを積極的に利用した当事者男性も，数多くいたのである。

2. 戦前と戦後は断絶しているか

日本の「男性同性愛」の歴史について，従来は戦前または戦後いずれかのみを対象とする研究が中心であった。だが戦後の活字メディア等で語られる男性同性愛者の三つの「悩み」の原型は，大正期の性欲学雑誌への当事者男性からの投稿にも見られ，最近の研究では戦前・戦後を貫く視点での検証も行われている。

3. ジェンダーはどう関係していたか

戦後日本の当事者男性たちの多くは，自らが同性愛者であると周囲に明かすカミングアウトではなく，周囲にセクシュアリティを明かさないクローゼットと呼ばれる状態のまま，ゲイバーや活字メディアを利用し発展させることで，悩みの解決や自分たちのより良き生の実現を図った。こうした動きは「クローゼットからの解放」ではなく，いわば「クローゼットへの解放」と表現できる。

これが可能だったのは，彼らが男性というジェンダー非対称における特権的地位にいたからであったことが，最近の研究で指摘されている（前川 2017など）。変態雑誌やゲイ雑誌などポルノグラフィックな媒体へは，女性よりも男性の方がアクセスしやすい。また男性だからこそ夜，一人で外に飲みに行くことが許され，ゲイバーに通うことができる。雑誌を買ったり飲み歩いたりと比較的自由にお金を使える，経済的な優位性も重要である。そして結婚に関して「女性と結婚しつつ，同性と交際する」ことが可能だった背景には，女性と比べ男性の浮気の方が大目に見られやすいという性規範の二重基準がある。かつてのジェンダー研究はセクシュアリティの視点が乏しいと批判されることもあったが，逆にセクシュアリティ研究においてもジェンダー非対称性の検証が不可欠であるといえよう。

--- **探究のポイント** ---

①男性同性愛者と女性同性愛者，両者の歩んできた歴史には，どのような違いがあるだろうか。

②同性愛解放運動の歴史や現状において，ジェンダーの非対称はどのような影響をもたらしているだろうか。

③活字メディアからインターネットに移行し，何が変化しただろうか。

素などが短文で記載され，読者は希望にあう相手を見つけると，雑誌の「回送券」を利用し編集部経由で文通を行った。この編集部回送システムにより，読者は自分の住所・氏名を誌面に掲載することなく，匿名のまま「相手探し」を開始することができたのである。『薔薇族』創刊1年後の文通欄には1号あたり300〜400件の投稿が掲載されている。インターネットが普及するまで，ゲイ雑誌の文通欄は「相手探し」の主要なツールの一つであった。

参考文献

古川誠「セクシュアリティの変容――近代日本の同性愛をめぐる3つのコード」『日米女性ジャーナル』17, 1994年。

赤枝香奈子『近代日本における女同士の親密な関係』角川学芸出版，2011年。

前川直哉『〈男性同性愛者〉の社会史――アイデンティティの受容／クローゼットへの解放』作品社，2017年。

石田仁『はじめて学ぶLGBT――基礎からトレンドまで』ナツメ社，2019年。

菊地夏野・堀江有里・飯野由里子編『クィア・スタディーズをひらく1――アイデンティティ，コミュニティ，スペース』晃洋書房，2019年。

Ⅵ　現　代

レインボーパレードに参加する
ゲイカップルと子ども

1970年アメリカでの女性解放運動

1979年イラン革命に参加する人々

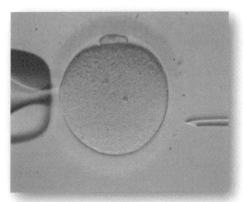

顕微授精

Introduction

　本章では，1960年代から2020年代初頭までの約半世紀を扱います。この間，第二波フェミニズムを含めた思想や運動，政治経済，科学技術，メディアをめぐる状況が急激な展開を見せます。本書のタイトルにある「ジェンダー」という言葉は，この時期に，社会学者の間で使用されはじめ，多くの議論を経て現実を批判的に見るための概念として鍛えられ，やがて歴史学を含む多分野にパラダイム・チェンジをもたらしました。ローカルな出来事や議論が，ほぼ共時的に地域を越えてつながり，グローバルな運動として共有されるようになったことも現代の特徴の一つでしょう。社会構造に埋め込まれた性差別の存在を指摘し，それをなくそうと取り組む人々による議論や運動が次々と生まれました。本章の項目が扱う事象は，多くが現在進行形のものです。すでに錯綜しつつある論点を本書で押さえた上で，今後の展開にも関心をもっていただけたらと思います。

∞中国∞ 1 社会主義と女性

大橋史恵

【関連項目：ロシア革命と女性，アラブ社会主義とフェミニズム，女性労働の曲折】

＊ 婚姻法
Ⅵ-14 参照。

▷1 **土地の再分配**
中国では市場経済化が進んだ今日でも土地を私的所有することはできず，期限つきの「使用権」のみが認められている。2022年現在，土地使用権の年限は都市の宅地が70年間，工業用地が50年間，商業用地が40年間であるのに対して，農村では農地の生産請負経営権が30年と短い（ただし，使用期限内の土地については一定の条件を満たせば相続や譲渡，売買が可能である）。

▷2 **社会主義計画経済**
土地，工場，機械，資源といった生産手段の公有化の下で，国家の計画に基づいて経済活動や資源配分を行う経済システムのこと。中国では今日でも五カ年計画の仕組みがとられているが，一般に計画経済期というときは1953年の第一次五カ年計画開始から1992年の社会主義市場経済導入までの時期を指す。農業の集団化は当初は「互助組」「初級合作社」「高級合作社」という段階をとったが，1958年に第二次五カ年計画が始まると「人民公社」制度に統合された。「人民公社」は行政と生産を一体化したシステムとして機能した。都市でも1956年までに商工業の公私合営が進められ，生産手段は公有化されていった。

＊ 大躍進政策
Ⅵ-15 側注3参照。
＊ 文化大革命（文革）
Ⅳ-15 Ⅵ-9 参照。

▷3 **婦女連合会（婦女連）**

📖 概 要

1949年10月に中華人民共和国が成立する以前から，中国共産党は社会主義の理念の下で，男女平等を志向していた。1947年10月に公布された「中国土地法大綱」は，土地改革の方針として「男女老幼を分けず，統一平均に分配する」（第6条）とした。また建国直前の9月に公布され臨時憲法として機能した「中国人民政治協商会議共同綱領」は，「婦女は政治的，経済的，文化教育的，社会的生活の各方面において均しく男子と平等の権利を有する。男女の婚姻の自由を実行する」（総綱第6条）と明記し，その半年後に成立した「**婚姻法**＊」（1950年）は，封建的婚姻の廃絶，婚姻や離婚の自由，重婚や納妾の禁止，男女の権利平等，女性と子どもの合法的権益保護といった方針を掲げた。

このとき，父系相続の原理自体が廃止されたわけではない。「男女老幼を分けず」という方針がたてられたとはいえ，農村における**土地の再分配**◁1は世帯単位に行われ，実態としての権限は家長（男性）が握った。しかし1950年代に農業の集団化が進み，生産性の向上のために人民公社に公共食堂や託児所が設けられると，農業生産や政治活動に参加する女性たちは増えていった。

社会主義計画経済◁2は，都市のジェンダー関係も大きく変化させた。1950年代後半，食糧の生産と供給を安定化させる目的において農村と都市の間の人口移動に制限がかけられると，都市では農村出身者に代わる労働力が必要になった。学校を出た若い男女の就職の分配が政策化されたほか，職場（「単位」）や居住地域（「街道」）の福利厚生が整備され，都市女性の就業率は上昇していった。

当時の議論 **大躍進政策**＊期から**文化大革命（文革）**＊期の中国では「女性は天の半分を支える」というスローガンが浸透した。しかしその一方で文革期には，女性の問題を政治課題として取り上げることはブルジョワジー的であるとして批判の対象となった。

その後の展開 社会主義中国は男女平等の方針を掲げたが，父権秩序的なジェンダー関係が失われたわけではない。人民公社における公共食堂や託児所の経営は，大躍進政策の失敗の中で破綻していったが，その背景には男性たちからの強い反発もあったといわれる。また改革開放を経て農業の集団化が終焉を迎え，生産請負責任制が導入されると，世帯ごとの土地の分配と農業経営のあり方が復活した。こうした変化は，男性家長の権限の再強化につながっていった。

1950〜60年頃の農村女性を描いた映画『李双双（リシュアンシュアン）』（1962年）

🔑 論　点

1. 社会主義は女性の家庭役割をどう変化させたか

大躍進政策期の中国では，農村でも都市でも女性の家庭外での生産労働参加が進んだ。同時に農村では人民公社が，都市では「単位」や「街道」が，託児所や公共食堂の運営を通じて家事やケアの一部を担った。ただし宋少鵬（Song 2007）は，中国共産党中央が女性たちの生産労働参加を一貫して奨励したわけではなく，経済秩序の変動に応じて女性の家庭役割を強調したと論じた。

2. 婦女連合会の女性解放論はどう位置づけられてきたか

婦女連合会（婦女連）[▷3]はマルクス主義女性解放の理念を掲げ，社会主義建設において女性は男性と同じように生産労働に参加すべきと主張した。だが〈論点1〉でも示したように，党内部でも雇用調整が必要となる時期になると，女性の家庭役割を重視し生産労働からの撤退を促す議論がたびたび生じた。尹鳳先（2004）はこうした議論の中でも「婦女回家（ふじょかいか）」[▷4]（女性は家に帰れ）論争の変遷をとらえ，とりわけ改革開放以降の論点を整理した。また大橋史恵（2011）は，1980年代の「婦女回家」への抵抗において，婦女連が都市女性の家事負担軽減と雇用創出を目的として家事サービス事業を手がけたこと，この取り組みがやがて農村出身の家事労働者の都市への組織的移動につながったことを明らかにした。一方で1980年代には女性たちのあいだでも婦女連の女性解放論を批判する声が上がった。代表的な論者として李小江（2001）は，中国女性は男性と同様であることを求められる中で「女性であること」を否定されてきたのではないかと論じた。

3. 農村女性の状況はどのように変化したか

金一虹（2010）は社会主義をめぐる女性の経験は都市と農村で異なっていたと論じ，文革期には少なからぬ農村女性たちが，農業生産や政治活動への動員を通じて社会的平等を経験したととらえた。ただし農村における男女平等は，改革開放以降に大きく後退したといわざるをえない。土地の権利についていえば，李亜姣（2022）は現代中国の農村において女児に土地の分配がなされない，戸籍を残した状態で村を離れた女性が分配された土地を失うといったケースが頻発していることに目を向け，その背景に女性は夫方居住婚によって婚出するというジェンダー意識がはたらいていると指摘している。

探究のポイント

①社会主義下での女性たちの状況は，農村と都市とでどのように異なっていただろうか。1950年代の様々な小説や映画を題材に想像してみよう。

②女性の生産労働参加を支持しつつ，家庭役割を強調する政策は，人々の日常にどのような影響を及ぼしただろうか。図に示した映画『李双双』に登場する女性たち，そして男性たちにも目を向けて考えてみよう。

③女性が土地の権利をもつことには，どのような意味があるだろうか。他の財（貨幣，証券，金銀や装飾品など）をもつことと比較してみよう。

全国組織としての正式名称は中華全国女性連合会（1949年の成立から66年の活動停止までの名称は，中華全国民主婦女連合会）であるが，行政地区ごとにそれぞれの婦女連合会組織がある。婦女連は中国共産党の指導下で，行政単位や経済単位のあらゆる女性たちを組織化している。Ⅵ-6側注3も参照。

▷4 「婦女国家」
「婦女国家」言説は現代中国社会にたびたび出現してきた。その背景には経済秩序の変化において，女性が労働力の調節弁として扱われてきたことがある。よく知られるのは1980年代の「二保一」（夫婦2人のうち一方だけを就労させる）や2000年代初頭の「段階性就業」（出産・育児期の女性を家庭に戻らせる）など改革開放以降の言説であるが，大躍進政策が失敗に終わった1960年代初頭にも，女性の家庭役割の重要性をことさらに強調する論調がみられた。Ⅳ-7側注1，Ⅳ-9，Ⅳ-13も参照。

参考文献

李小江（秋山洋子訳）『女に向かって』インパクト出版会，2001年。

尹鳳先「中国の「女は家に帰れ（婦女回家）」キャンペーンの歴史と現在」お茶の水女子大学21世紀COEプログラム『F-GENSジャーナル』2，2004年。

金一虹（大橋史恵訳）「振り返り再考する」ジェンダー史学会『ジェンダー史学』6，2010年。

大橋史恵『現代中国の移住家事労働者』御茶の水書房，2011年。

李亜姣『現代中国の高度成長とジェンダー』東方書店，2022年。

ウーマンリブ

∞ アメリカ ∞
2

吉原令子

【関連項目：フェミニズムの萌芽，フェミニズム運動，女性参政権運動とミリタンシー，女性参政権獲得後のフェミニズム，女性運動と党・国家，現代思想とジェンダー，ファッションと消費行動】

＊　第二波フェミニズム
Ⅰ-5 側注5参照。

▷1　意 識 高 揚 (Consciousness Raising)

少人数のグループで，参加者が個人的な経験，抑圧的・差別的な経験を語り合い，その経験が自分だけではなかったこと，女性ゆえに被る不当なものであることを認識していく。ラディカル・フェミニズムの「個人的なことは政治的なこと」というスローガンを体現する実践。

▷2　家 父 長 制

男性優位の権力構造，男性の女性に対する支配構造。Ⅵ-5 参照。

▷3　ザップ行動

1970年代にアメリカで使用されるようになった政治的直接行動。派手なパフォーマンスでメディアの注目を集める戦術。たとえば，ミスアメリカ・コンテストに反対してブラジャーを焼き捨てる，ニューヨーク株式取引所に魔女の格好をして乱入する，ブライダル・フェアの会場に真っ黒のヴェールを被って侵入するなどがみられた。

▷4　ホモフォビア（同性愛嫌悪）

同性愛や同性愛者に対する

📖 概　要

　ウーマンリブ（のちに**第二波フェミニズム**＊と呼ばれる）は1960年代後半から1970年代前半にかけてアメリカで興隆し，全世界に広がった女性運動である。その起爆剤となったのが，1963年に出版されたベティ・フリーダンの『女らしさの神話（邦題：新しい女性の創造）』である。この本は当時，郊外に住む白人中流階級の専業主婦が抱えていた，とらえようのない憂鬱や不安を「名前のない問題」と名づけ，その原因は〈女らしさ〉を賛美する社会，性役割分業にあると批判した。そして，この問題を解決するためには，〈女らしさ〉から解放され，経済的に自立した人間として社会進出を目指すべきだと主張した。

　その後，フリーダンは全米女性機構（NOW）を設立し，男女平等の権利を獲得するために法改正や社会の改良を求めていった。このようなリベラリズムの諸原理を信奉するフェミニストたちをリベラル・フェミニストという。そして，1967年に女性の解放を訴える最初のデモ行進がニューヨーク，ボストン，シカゴ，サンフランシスコで行われた。これらのデモには，NOW の女性たちだけではなく，若いラディカル派の女性たち（ラディカル・フェミニスト）も参加し，「個人的なことは政治的なこと」というスローガンを掲げた。彼女たちは，女性の解放は社会・経済的領域（公的な領域）における男女平等だけではなく，私的な領域における女性問題の解決も含むことを主張し，**意識高揚**▷1のグループを通して日常生活の中に埋め込まれた抑圧構造を語り合い，**家父長制**▷2こそが本質的な女性抑圧の形態なのだと認識していった。そして，抗議のために様々な**ザップ行動**▷3を展開した。しかし，これらの示威行動は徐々に過激化し，しだいに社会からの支持を失い，ウーマンリブ運動は1970年代後半に終息していく。

当時の議論　リベラル・フェミニズムの運動の担い手であった NOW の女性たち（多くが白人中流階級の異性愛女性たち）が〈女〉という同一性を強調すればするほど，運動内に存在する女の差異が露わになっていった。若いラディカル派の女性たちやレズビアンたちは NOW 内のブルジョワジー的意識や**ホモフォビア**（同性愛嫌悪）▷4に反発し，NOW を去っていった。一方，リベラル・フェミニストたちはレズビアン・フェミニストたちを「ラベンダーの脅威」と呼び，排除していった。また，黒人フェミニストたちも，NOW がいつまでも人種問題を取り上げようとしないことに業を煮やし，NOW を離れていった。

デモ行進（1970年）に参加するベティ・フリーダン

その後の展開　ウーマンリブ運動をきっかけに，アメリカの大学では，女性の視点から様々な分野の研究を見直そうとする女性学講座や女性学部が次々に設立された。また，フェミニズム理論の構築も盛んになり，リベラル・フェミニズムやラディカル・フェミニズムの理論だけではなく，レズビアン・フェミニズム，ブラック・フェミニズム，マルクス主義フェミニズム，ポストモダン・フェミニズム，ポストコロニアル・フェミニズムなどの理論が展開されていった。

1971年のウーマンリブ運動（NY）
（中央右はベティ・フリーダン）

 論　点

1．〈女〉とはいったい誰なのか　ウーマンリブ運動は〈女〉という主体を構築し，〈女〉というジェンダーを基盤とした運動であった。しかし，その後，多様なフェミニストたちが，人種，階級，セクシュアリティなどの要素によって「女は一つではない」と主張し，女性の中の差異論が活発化した。現在のジェンダー研究では女性の差異論が主流であるが，1960〜70年代のウーマンリブ運動を，〈女〉という同一性をもとにした組織の創造と解体の連続とみることもできる。

2．何が女性たちをつなぎ，運動の波をつくるのか　近年の女性運動史研究では，ソーシャルメディアで広がるハッシュタグ・フェミニズムが注目され，何が女性たちをつなぎ，運動の波をつくるのかが探究されている。従来の運動史研究は「女性の経験」をもとにした女性運動の研究が大勢であったが，近年は異なるバックグラウンドや問題意識をもつ人々がつながる新しいフェミニズムの波に注目した研究が進んでいる。

3．性別二元論を超えられるのか　ウーマンリブ運動時代のフェミニストたちは女対男という性別二元論を前提とし，性別による差別や問題を分析した。しかし，ジュディス・バトラー（『ジェンダー・トラブル』1990/邦訳は1999）は従来のフェミニストたちが自明視してきた性別二元論を批判し，「女性抑圧の普遍性」に疑問を呈した。これは「女性の視点」を否定することなのか，「女性の視点」から社会をとらえ直す必要はなくなったのか，現存する性による差別や偏見と闘うためにはどうすればいいのか，さらなる考察が必要だ。

差別，偏見，嫌悪感，恐怖感などを含む否定的な価値観。コラム20も参照。

参考文献

江原由美子・金井淑子編『ワードマップ　フェミニズム』新曜社，1997年。
渡辺和子編『アメリカ研究とジェンダー』世界思想社，1997年。
リンダ・K・カーバー，ジェーン・シェロン・ドゥハート編著（有賀夏紀・杉森長子・瀧田佳子・能登路雅子・藤田文子監訳）『ウィメンズアメリカ資料編』ドメス出版，2000年。
吉原令子「ひとつではないフェミニズム——1960年代のアメリカの女性解放運動を通して」『歴史学研究』増刊号，2004年。
吉原令子『アメリカの第二波フェミニズム——1960年代から現在まで』ドメス出版，2013年。

探究のポイント

①近年，#MeToo や #TimesUp などのハッシュタグ・フェミニズム運動が注目をあびている。これらの運動とウーマンリブ運動を比較してみよう。

②1960年代のミスアメリカ・コンテスト反対運動（Ⅵ-22側注2参照）を考察しながら，日本の大学のミス・キャンパス・コンテストの是非について議論してみよう。

③ウーマンリブの時代から連綿と続くジェンダー問題（たとえば，中絶，ポルノグラフィ，セックスワーク，同性婚など）がアメリカにはある。他国のジェンダー問題と比較してみよう。

3 <small>ドイツ</small>

女性運動

水戸部由枝

【関連項目：フェミニズムの萌芽，フェミニズム運動，同性愛，ウーマンリブ，現代思想とジェンダー，ジェンダー平等と法，国際的な女性活動】

概　要

「われわれは中絶した」——1971年に西ドイツの女性団体「アクツィオーン70」は，妊娠中絶経験者374人の署名と写真を公開した。その立役者は，シモーヌ・ド・ボーヴォワールを中心にフランスの雑誌で発表された企画「343人の女性たちの宣言」（1971年4月5日）に深く関わっていた**アリス・シュヴァルツァー**で，後に彼女は，「**トマト事件**」を機に発足する「**新しい女性運動**」を牽引した。

　ドイツの女性運動は1848年の三月革命以降，徐々に組織化された。19世紀後半にはブルジョワ女性運動に加え，社会主義運動と連動したプロレタリア女性運動も展開され，女子教育の充実化，女性の社会的・政治的活動領域や権利の拡大，さらに自由恋愛・事実婚，避妊・妊娠中絶，同性愛関係の合法化等の急進的要求も掲げられた。これらは1960年代末〜70年代の西ドイツでほぼ実現された。女性たちは，家事・育児への専念よりも就労による経済的自立を選択し始め，婚姻率・出生率の低下，離婚率の上昇，婚前性交渉の広がりのほか，1961年のピル（経口避妊薬）市販開始と相まって産児制限の広範化がみられた。1976年には**刑法218条改正**により中絶が，また1969年には男性間の同性愛が合法化されている。

　他方，社会主義国家の東ドイツでは，国家主導のもと1965年にピルが解禁され，1968年に**同性愛**，1972年には出産・育児と労働の両立を目的に12週以内の中絶が条件なしに合法化された。それゆえ自律的な女性組織の発足は遅れたが，武器使用を伴う兵役を女性に義務づけた1982年の兵役法公布を機に，同年「平和を目指す女性たち」が結成された。1984年以降同組織は，フェミニスト神学を探究する教会系女性団体やレズビアン団体とともに毎年女性集会を開催するようになる。

　1960年代にアメリカのラディカル・フェミニストが掲げたスローガン「個人的なものは政治的なもの」は西ドイツにも波及し，公的領域で生じる女性に対する抑圧や差別は，家族および性・身体への過剰な法的・政治的介入と深く関与することが広く認識されていく。こうした中「新しい女性運動」は，①反権威主義的な集団教育を行う共同保育所の設置，②政治・国家行政機関・司法・経済・大学・メディア・職場・家族における男女平等，③性別役割分業に則った生活・家族スタイルを推進する体制に対する批判，④女性の社会的決定への参加，⑤女性への虐待・暴力に対する闘い，⑥性の領域での権利獲得を目指した。中でも妊娠中絶合法化運動では，妊

サイドノート（左欄）

▷1　**アリス・シュヴァルツァー**（1942〜）
ジャーナリスト・文筆家で，1977年の『エマ（EMMA）』創刊以降，同編集長を務める。本誌は「政治・経済・宣伝広告に左右されない」を理念に，主に売上を資金源として，政治的目標を発信してきた。

▷2　**トマト事件**
1968年9月の「社会主義ドイツ学生同盟（SDS）」代表者会議で，女性側がナチス世代の権威主義や既存の政治体制に抗議するSDS内部の権威主義的・家父長的・男性中心主義的な面を批判すると，資本主義体制への抵抗は女性問題に優先されると切り返され，怒った女性メンバーが議長目がけてトマトを投げつけた。

▷3　**新しい女性運動**
19〜20世紀転換期の女性運動との対比で「新しい女性運動」と呼ばれる。女性センター・相談所，暴力被害者の支援施設，大学教育機関での女性セミナーの開設，女性のための書店や出版社の設立，女性雑誌の定期刊行を実現させたほか，女性間の同性愛行為の承認や妊娠中絶合法化をも求めた。

▷4　**刑法218条改正**
妊婦が相談所にて医学的・社会的助言を受けること，また医師による中絶手術を条件に，医学的事由（母親の重い身体的・精神的障がい），優生学的事由（胎児の重い障がい及びその可能性がある場合），犯罪的事由（性的虐待や強姦による

当時の議論

「われわれは中絶した！」
ドイツの週刊誌『シュテルン』表紙（1971年6月6日）。

娠・出産の当事者である女性に「産む・産まない」の自己決定権がないことが問題化し、「私のおなかは私のもの」を掲げたデモ行進・パンフレットの配布・署名活動・国外への中絶バスツアーを通じて、階層・宗教・政党・性差を超えた大規模な運動が展開された。結果、中絶が合法化された。

東ドイツでは、壁崩壊直後の1989年12月3日にベルリンに集った1200人以上の女性が「独立女性連盟」を結成し、「女性なくして国家はつくれず」をスローガンに、現代的な社会主義の定着、エコロジー的な社会の再組織化、民主主義・自治・公共圏および多文化社会の実現、すべての社会集団の相互連帯等を求めた。さらに1990年3月に人民議会での議席獲得に乗り出すが、母性と就業の両立、社会による子育て、中絶の権利といった要求では新鮮さに欠け、叶わなかった。

再統一後、東西女性運動の統合は平等・解放の解釈の違いから実現せず、妊娠中絶法は大論争の末、1995年に優生学的事由を除く西ドイツモデルで落ち着いた。2022年には219条aが削除され、医師による中絶手術・方法の情報公開が認められた。

論点

1. 「新しい女性運動」から「緑の党」へ

井関正久、小野一、西田慎の社会運動研究が着目するのは、「緑の党」[46]に合流した女性運動家の間の対立である。女性運動家の議会内外での働きかけにより、州・市町村における男女平等を推進する部局の新設、女性研究の専門化・制度化が実現した一方、妊娠中絶については、男女同等の責任義務や貧困を理由に合法化を支持する党の方針に反し、自己決定権と胎児の人権をめぐり論争が生じた。女性政策に関しても、職業をもつ女性と母親役割の再評価を求める女性とが対立した。

2. フェミニズムの終焉？——バックラッシュ

2000年代初頭の新聞や雑誌では、能力・キャリア志向・意欲の高い今日の女性は、男性敵視・嘆き・犠牲神話を繰り返すフェミニズムをもはや求めていないとの見解が頻繁にみられた。たとえばシュヴァルツァーを痛烈に批判した文芸評論家ウルズラ・メルツ[47]は、多くの女性はフェミニズムに無関心または否定的で、男女平等は絶好の機会どころか強制やストレスを生み出していると指摘した。

3. 21世紀のジェンダー・アプローチ

「新しい女性運動」が紆余曲折を経ながら継承された今日、性別役割分業、「ガラスの天井」、暴力に抗う女性たちは、電子メディアの普及による国際ネットワークの確立や芸術・音楽等の文化を通じて新たな活路を見出した。今やフェミニズム・ジェンダー研究や運動は、全生活領域を対象に、民族、人種、階級、宗教、権利、暴力、同性愛等の問題をも重視することにより、多様化し、深化しつつある。

探究のポイント
①避妊および妊娠中絶をめぐる議論が今も決着がつかないのはなぜだろう。
②東西ドイツの政治体制の違いが統一後のジェンダー観に与えた影響とは何か。
③「新しい女性運動」が現代にもたらした歴史的意義について考えてみよう。

▷5 同性愛
西ドイツでは刑法175条により、21歳以上の男性間の同性愛行為が刑罰対象とされ、東ドイツと異なり、女性の同性愛は存在しないと考えられた。1973年には対象が18歳以上に引き下げられ、1994年に刑法175条は撤廃された。2017年には同性婚が合法化されている。

▷6 緑の党
1980年設立。1983年の連邦議会進出の際、27人中10人が女性議員であった。1986年に導入した、党役員や議会候補者の50％以上を女性とする「クォータ制」は他政党に影響を与え、女性の政界進出を促進させた。

▷7 ウルズラ・メルツ（1957～）
1990年代初頭以降、文芸評論家として日刊紙『フランクフルター・ルントシャウ』や週刊紙『ツァイト』などに寄稿してきた。2005年のベルリン文芸評論賞ほか、数々の賞を受賞し、最近は小説も出版している。

（参考文献）
西田慎『ドイツ・エコロジー政党の誕生』昭和堂、2009年。
水戸部由枝「世代間闘争としての「68年運動」」「戦後西ドイツの性文化」若尾祐司・井上茂子編『ドイツ文化史入門』昭和堂、2011年。
ダグマー・ヘルツォーク（川越修・田野大輔・荻野美穂訳）『セックスとナチズムの記憶』岩波書店、2012年。
小野一『緑の党』講談社、2014年。
井関正久『戦後ドイツの抗議運動』岩波書店、2016年。

∞ フランス ∞ 4　現代思想とジェンダー

木村信子

【関連項目：ウーマンリブ，女性運動】

▷1　女性解放運動
1968年の五月革命が契機となり，1970年代に活発な運動を展開した。人工妊娠中絶を合法化させ（1975年），また結婚制度への異議申し立ては，後のPACS（連帯市民契約）の成立（1999年）に大きく寄与した。

▷2　差延（différance）
différence（差異）と一文字違うが発音はどちらも同じ「ディフェランス」。「書いてはじめて明確になる違い」を示すためのデリダによる造語。動詞 différerには「異なる」という自動詞のほかに，「遅延させる」という他動詞があることから，差異を繰り出すことによってロゴスの現前をどこまでも遅延させる，絶対的真理なるものの否認を意味する。

▷3　ロゴス（ギリシア語）
神が発するような絶対的意味づけをされた言葉。

▷4　ファルス＝ロゴス中心主義
ファルス（男根）は男性器に男らしさの象徴的意味をもたせることが多い。この場合，女性を周縁化し男性が誇示する，ロゴスのように絶対的な男性中心主義をあらわにするための，デリダによる造語。

▷5　脱構築
解体して構築しなおすこと。

▷6　アブジェ（abjet）
主体（sujet）でも対象（objet）でもない，おぞましくも魅惑的なもの。クリステヴァによる造語。

▷7　ボゴミール派
10世紀中頃から14世紀末に

📖　概　要

　フランス現代思想は西欧近代を問い直す思想として，1960年代に構造主義の名のもとに席巻した。その先陣となったクロード・レヴィ＝ストロースは，文化が形成されるのは女の交換に基づく婚姻によると，『親族の基本構造』（1949）ですでに唱えていた。フロイトを継承したジャック・ラカンは，無意識とは言語活動として構造化されており（『セミネール』1964），他者によって語らされてしまう言説であると説き（『エクリ』1966），さらに**女性解放運動**[△1]のさなか，女なるものは象徴秩序（言語活動の場）に存在しないと発言した（『セミネール』1972）。

　これらを受けて，リュス・イリガライは，「女の市場」で交換される女が，象徴秩序にみずからを位置づけ，その秩序を変革するには，エクリチュール・フェミニンヌ（女の文体）を創造しなければならないと主張した（『ひとつではない女の性』1977）。またエレーヌ・シクスーも，文化によって抑圧され黙らされた女の潜在能力をエクリチュール・フェミニンヌによって解放しなければならないとし，みずから実践した（『メデューサの笑い』1975）。

　こうした構造を動かそうとする試みに大きな影響力を与えたのは，ジャック・デリダである。彼は**差延**[△2]という造語によって**ロゴス**[△3]中心的形而上学を批判した（『グラマトロジーについて』1967）。ジェンダー研究はこの差延の概念を用いて男性優位の**ファルス＝ロゴス中心主義**[△4]を**脱構築**[△5]し，女の抑圧状況を明るみに出そうとする。サラ・コフマンは，西欧の男性哲学者たちが構築した哲学体系に「女性的なもの」を見出して破れ目をつくり，その体系を解体してみせる（Kofman 1978等）。

　ジュリア・クリステヴァは，幼児が言語を獲得して象徴秩序に参入する際，言語でない混沌としたおぞましいもの（幼児に癒着する**アブジェ**[△6]の母）を，みずからの内奥深く棄却するのだという。その後，幼児が成長し自分の内面に耳をすますようになったとき，そこに棄却されてあるユニークなものを言語活動によって表出し，社会を革新しなければならないと説く（「愛のアブジェ」1982）。この混沌（闇）から秩序（光）への幼児の引き上げという発想には，彼女の生国ブルガリア起源の**ボゴミール派**[△7]の影響がみられ，思想界に異邦性が添えられた。

　ミシェル・フーコーは，近代では自己のセクシュアリテ（性的欲望）の告白が義務化されあるいは煽動され，至るところに潜む権力装置によって，性倒錯とみなされる事例を仔細に分類・拡散させたことを，明るみに出した（『性の歴史Ⅰ』1976）。フーコーのセクシュアリテ論はジェンダー・ポリティクス[△8]に大きな影響を与え，また排除され続けてきた女性史学の確立に寄与した（ミシェル・ペ

ロー「ミシェル・フーコーと女性史」1997)。

当時の議論 ジャン゠ポール・サルトルの実存主義による意識の自由は，自ら意識し考える主体を前提とする。レヴィ゠ストロースはサルトルをコギト[19]の捕囚になっていると批判した（『野生の思考』1962)。こうして無意識を重視する構造主義の時代に入っていく。しかしラカンの見解に沿うと，主体は無意識に語ってしまう言説に脅かされることになる。必然的に動く構造を探究するポスト構造主義が目指される。たとえばクリステヴァは，主体が言語体系に沿って語る以外に，語りえぬものを語る存在でもあり，その語りに既成概念を揺るがす運動があることを明らかにする。

その後の展開 サルトルが主題とした主体と意識の問題はその後に受け継がれていく。（近代的）人間の死を唱え（『言葉と物』1966)，構造主義者とみられていたフーコーは，自らのセクシュアリテを取り上げてからは主体について考察するようになる。また意識を探求する現象学も再認識され，フェミニズム現象学も注目されている。

🔑 論 点

1．女性というジェンダー シモーヌ・ド・ボーヴォワールはサルトルの実存主義の観点から『第二の性』(1949) を執筆した。しかしそこに描かれるのは男の同伴者として他者にされた女たちであり，実存主義のモラルに沿って自由に女が生きる例はまれである。アメリカでフランス現代思想が普及しジェンダー研究が活発になると，サルトルの問題意識にはなかった，ボーヴォワールのこうした複雑で曖昧な女の主体を出発点に，LGBTQ＊＋に至るまで，多角的な視点が当てられるようになる。

2．ジェンダーはセックスに先行する 近代では男は外で仕事，女は内で家事と子育てというような，男女の分業が厳然としてある。これは，社会的に構築されたジェンダーがまずあって，その役割にセックスが割り当てられることを意味する。つまり，ジェンダーはセックスに先行するのである（クリスティーヌ・デルフィ「ジェンダーについて考える」1991)。

3．自分の中の他者・社会の中の他者 西欧近代人は「考える私・意識する私」の追求に呪縛されてきた。その行き詰まりに，思考や意識の奥深くに潜む無意識の世界が発見される。以降，とりわけ社会の中の他者にされた女たちは，無意識裏に広がる女自身のセクシュアリテの複雑な多様性を言語化しつつ，既存の価値体系に挑戦していく。

探究のポイント

①性別の境界が多様化する今，自らのセクシュアリテの位置を探ってみよう。

②無意識から引き出せるものによってどこまで新たな自己実現が可能だろうか。

③アンコンシャス・バイアス（無意識の偏見）によって，先入観や勝手な解釈で他者を傷つけたこと，あるいは自分が傷つけられたことはないだろうか。

ボゴミールを教祖とし善悪二元論を説くキリスト教の一派。のち西方に伝播して12世紀頃にはカタリ派に影響を与えた。女も男と同じ被造物であるとされ，男女隔てなく教義の指導者「完全者」にもなれた。

▷8 ジェンダー・ポリティクス
性差の政治学。男/女はそれぞれに固有のセクシュアリテがあるとする既成概念を問い直し，男/女間に張り巡らされた支配/従属関係を明るみに出そうとする。

▷9 コギト（ラテン語）
「わたしは考える」という意味（コギト・エルゴ・スム：われおもうゆえにわれあり）。

＊ LGBTQ＋
III-11 側注5参照。

参考文献

棚沢直子編『女たちのフランス思想』勁草書房，1998年。

メアリ・エヴァンス（奥田暁子訳）『現代フェミニスト思想入門』明石書店，1998年。

フランソワ・キュセ（桑田光平ほか訳）『フレンチ・セオリー——アメリカにおけるフランス現代思想』NTT出版，2010年。

岡本裕一郎『フランス現代思想史——構造主義からデリダ以後へ』中央公論新社，2015年。

木村信子『フランスの他者——コミュニケーション思想とジェンダー』創英社／三省堂書店，2015年。

5 家父長制

鳥山　純子

【関連項目：父系原理と男耕女織，イスラーム法と家族，婚姻法の変化，フェミニズム運動，マスキュリニティ，ウーマンリブ，男性稼ぎ主モデル，「女性保守」政治家・社会運動家の台頭】

 ## 概　要

　中東では，「結婚できない[1]」「（家族の）墓がない」という言い回しが侮蔑表現となるほど，家族に絶大な社会的重要性が与えられてきた。家族をもたない・もてないことは，社会生活や個人の幸せの基盤を決定的に欠く，深刻な問題とされている。家庭生活に限らず，商売でも政治でも，名家や有力家族（部族）が一部の特権を独占所有するなど，その影響力は社会生活全般に及んでいる。人々は家族のもとに生まれ，家族の中で社会化され，また家族の名前で社会生活に参入するのである。

　そのため，中東のジェンダー規範の議論においても，家族には特別な重要性が与えられてきた。父系制，父方居住，家父長制という中東家族の特性は，女性たちの社会的地位や生き方の選択を形作る基本要素とみなされてきた。公的空間からの女性の抹消，女性の移動制限などの中東での慣行は，男性親族による女性抑圧，さらにはそれを要請し正当化する家父長制にその責任があるとされたのである。

　当時の議論　家父長制とは一般的に，女性に対する男性支配を可能にする権力関係の総体として議論されてきた。たとえばケイト・ミレットらラディカル・フェミニストは，家父長制を性別と年齢による二重の女性支配制度であると糾弾し，家父長制は最も社会に広くいきわたる支配の基本構造であると指摘した。中東の女性抑圧に関する議論でも1970年代に入ると，それまでのイスラームに替わり，家父長制こそが女性抑圧の直接的要因であるとする論調が生み出された。

　その後の展開　1980年代以降，女性を対象にした民族誌が盛んに執筆されるに至り，家父長制を女性抑圧の諸悪の根源とするのではない，より実態に即した権力概念としての家父長制論が発展を遂げた。今日に至るまで中東家父長制論は，現地の人々の社会認識を反映した権力概念として用いられ，その射程は，公私の区分を超え，家族，地域，学校といった社会組織，国家と国民の関係などを含むに至っている。

論　点

　1. 資源配分システムとしての家父長制　デニズ・カンディヨティ（Kandiyoti 1988）は，世界各地で実践される家父長制を大まかに分類し，中東，南アジア，東アジアの家父長制を「古典的家父長制」と命名した。その特徴は，男性と年長者には女性と若年者を従属させることができるだけでなく，監督と扶養の義

▷1　結婚できない
エジプトは2018年，婚姻率（人口千人に対する婚姻件数の割合）が9.6と世界3位を記録した。結婚は，社会生活を十全に営む上で，人が必ず踏む社会参入の手順として広く認識されている。

▷2　身分関係法（家族法や婚姻法とも呼ばれる）

務があり，対する女性や若年者たちには，男性や年長者への従属を通じて資源にアクセスできることにあった。家父長制を資源配分回路として位置づけたカンディヨティの議論は，現地の言説とも一致するだけでなく，婚姻規範と家族規範を一つの枠組みで理解できる点に優れていた。エジプトのムスリムを対象にした身分関係法[2]には，夫による妻の扶養義務[3]の明記があるが（婚姻規範），実際には妻には夫だけでなく，結婚後も実家の父，兄弟，オジ，男性親族全員に扶養を請求する権利があるとされている（家族規範）。家父長制を単に男尊女卑的支配構造とみるのではなく，家族関係を通じた資源配分システムととらえたカンディヨティの視座は，人々にとっ

結婚式の記念写真（エジプト，2019年）

て家族が資源アクセスをめぐる主戦場であることを明らかにし，家父長制という「ブラックボックス」内部の機能を詳細に検討することを促した。

2．家父長制下の抵抗論　　詳細な民族誌に定評のあるライラ・アブー＝ルゴド（Abu-Lughod 1990）は，現地調査に基づき，家父長制下で抵抗や逸脱が，家族・親族，さらには社会秩序に対する抵抗とみなされることを看破した。女性身体の隠蔽はその一例であり，そこからの逸脱は「家族の恥」として特定の男性や家族の名誉を汚すものとみなされる。こうした規範への抵抗や逸脱の難しさは，それが家族だけでなく，家父長制規範を内部に抱え込む社会システムや社会秩序全体への抵抗というきわめて深刻な問題とみなされ，重い社会的制裁が課される現状を把握することで初めて理解可能となった。

3．家父長制的男性論　　家父長制論は，近年女性たちだけでなく，男性たちがどのように家族に関わり，またその関わりの中で男性性を身につけるのかといった「男性論」の発展を牽引するものともなっている。資本主義体制のもとでの社会再編が進む中，中東では若い男性の失業率が大きな社会問題となってきた。若者に蔓延する不満は2010年12月のチュニジアを皮切りに，エジプトをはじめとする中東諸国で反政権運動[4]に発展した。人類学者のファラハ・ガンナーム（Ghannam 2013）は，こうした民主化運動の直接的な原動力の一つに，男性になることを奪われた男性性，すなわち経済的資源の欠如による未婚と，不十分な扶養能力があったことを論証した。家父長制論は今日，女性抑圧，あるいは家庭内権力といった対象の枠を超え，社会不安や社会騒乱を議論する上でも必要不可欠な枠組みとなっている。

エジプトでは，結婚，離婚，遺産相続といった事柄は身分関係法で規定されている。それらは宗教法に依拠して作られ，信仰する宗教ごとに異なるものが適用されている。

▷3　夫による妻の扶養義務
中東地域には一般に，「保護・従属」という婚姻規範があり，妻には夫への従属が，夫には妻を身体的，社会経済的に保護（扶養）することが求められている。

▷4　反政権運動
2010年12月から2012年にかけて中東地域で高まりを見せた民主化運動は，チュニジア，エジプト，イエメン，リビアなどで国家最高指導者の交代を招いた。「アラブの春」とも呼ばれたが，多くの国で社会騒乱や経済状態の悪化を招いた。

（参考文献）
ケイト・ミレット（藤枝澪子・加地永都子・滝沢海南子・横山貞子訳）『性の政治学』ドメス出版，1985年。
千田有紀「家父長制」『岩波女性学事典』岩波書店，2002年。
森田豊子・小野仁美編著，長沢栄治監修『結婚と離婚』（イスラーム・ジェンダー・スタディーズ1）明石書店，2019年。

探究のポイント

①なぜ中東の女性は積極的に家父長制に参入するのか，またどうしても家父長制に参加したくない女性にはどういった不利益があるのかを考えてみよう。

②近年の中東の社会変化（消費社会化，グローバル化，移民・難民の増加など）が家父長制に与える影響にはどのようなものがあるのかを考えてみよう。

女性研究運動

大濱慶子

【関連項目：社会主義と女性，女性運動，改革開放と女性】

▷1　新旧の女性問題

市場経済の導入によって国営企業では余剰人員の整理が行われ，出産育児期の女性がリストラされ，幹部候補であったエリート大卒女性は就職難に陥った。選挙でも女性候補が相次いで落選し，女性代表比率の低下を招いた。都会では風俗産業，妾，売買春など社会主義中国ではなくなったとされた性風俗が復活し，農村では女性の誘拐や人身売買などが横行するようになった。

▷2　婦女学

「婦女学」という学術用語が最初に中国に登場したのは，日本の学者，白井厚の論文の訳語であった。何培忠は白井の「フェミニズムの歴史と女性学」（『思想の科学』第7次(5)，1981年）を抄訳し，1982年『国外社会科学』に紹介した。women's studies の日本語訳である女性学は，中国で婦女学という新概念になった。

▷3　婦女連合会（婦女連）

中国共産党の指導下にある全国の女性大衆組織。1984年，全国婦女連は「女性問題の社会調査と理論研究座談会」を開催し，女性研究の口火を切った。『中国婦女学』などの専門書が，80年代地方の婦女連関係者によって，多数公刊された。Ⅵ-1 側注3も参照。

▷4　李小江

1951年生まれ。中国女性学のパイオニア。鄭州大学で教鞭を執り，1983年「人類

📖 概　要

　中国で改革開放の幕が開けた1980年代，女性研究が興隆した。アメリカの women's studies や日本の女性学と並称される中国女性学のルーツである。ただし，80年代の女性研究は独自の社会的背景から生まれた。中国では女性解放は社会主義革命や階級闘争によって成し遂げられるとされ，中華人民共和国の成立をもって男女平等が約束されたはずであった。だが改革開放後，市場原理の導入によって**新旧の女性問題**[△1]が噴出し，都市農村で不平等が助長されていった。中国女性の拠りどころになってきたマルクス主義女性解放理論では対処しきれない女性問題の解決に向けて，80年代の思想解放の中で現実に即した理論を再構築し，女性学（「**婦女学**[△2]」）を創成しようという動きが起こった。

　その担い手には次の二つの系統がある。一つは女性政策の実務に携わる体制内組織，**婦女連合会**（**婦女連**）[△3]に属する論客であり，もう一つは大学教員など知識層の女性たちであった。80年代後半，先駆的な活動を展開した後者において，中心的な役割を担ったのは鄭州大学の**李小江**[△4]である。李は鋭い感性で中国の女性が置かれていた境遇を言語化し，理論探索を行い，女性の主体意識と集団意識の覚醒を促した。また中国最初の民間女性研究団体「女性学会」を設立し，数十冊に及ぶ『婦女研究叢書』を創刊，学問分野を横断する女性学を精力的に開拓していった。李はこのムーブメントを「女性研究運動」と呼ぶ。中国の政治風土の中で女性知識人が主体となって女性学創成の公共空間を切り拓き，体制内部に変化の種を蒔いていく手法は，改革開放後に現れた中国固有の女性運動の形態といえる。李は在野の研究を貫き，その手法や精神は後進に引き継がれていった。

当時の議論　中国には近代の革命運動と結びついたマルクス主義女性解放理論が確立されている。80年代，女性研究から女性学が提唱されるとこれに賛同する意見とブルジョワ・フェミニストの学問だと批判する意見に分かれ，このせめぎあいは90年代まで続いた。女性学が中国で正当性を獲得し，マルクス主義女性解放理論と併存していく過程は，女性学提唱者の取り組みに加え，計画経済からの社会経済基盤の転換と市場経済の深化に伴い増え続ける男女不平等問題の解決に向けて，女性学が主流理論の補完的役割を担うという合意が徐々に形成されてきたことによる。

その後の展開　長らく女性研究や女性学は中国の学術界に認知されていなかった。国連の第4回世界女性会議が1995年，北京で開催されたことにより，第2ステージへと進展していく。中国の女性研究運動は世界の女性運動とつながり，全国に**女性学・ジェンダー研究学科建設ネットワーク**[△5]が幾重にも

形成され，制度化を求める大きなうねりとなった。21世紀，女性学は大学の正規科目となり，学部の女性学専攻も誕生した。一人っ子世代の大学進学，女子の大学在学者数の飛躍的増加という新たな若年女性層の出現と連動した現象でもあった。

1980年代，90年代初頭に公刊された中国の女性研究，女性学の専門書

🔑 論 点

1. 「有性」論と女性の主体の確立

80年代女性学を牽引した李小江は，中国の学問は「無性」（性別がない）であり，暗黙のうちに男性が基準になっているとして「有性」論を唱えて，「女性意識」を喚起した。中国では60年代以降「男にできることは女にもできる」をかけ声に，空前の女性の社会参加が進み，**文化大革命（文革）**[*]期は左傾化運動が高まり性差が失われた。戦後「男は外，女は内」の性別役割分業をベースに，高度経済成長を遂げた日本とは逆の道を歩んだといえる。「女性意識」はのちに王政によって本質主義と批判されるが，集団言説の中に回収されてしまった個を取り戻し，中国女性の主体を確立するために「有性」論は当時有効な理論的武器になったと考えられる。

2. 中国最初のNGO（非政府組織）と女性研究運動

中国政府は官製組織である全国婦女連合会を中国最大のNGOと認定し，1995年世界女性会議を開催して，NGOフォーラムを組織した。だが婦女連をNGOと規定することについて，他国の専門家から疑義の声が上がった。全国婦女連婦女研究所副所長であり，世界女性会議の準備に携わった劉伯紅は「中国女性NGOの発展」について論じ，中国でNGOフォーラムを開催することこそが，婦女連や中国女性にNGOの仕組みを理解させ，中国の女性NGOを発展させる歴史的契機になったと述べている。女性NGOは中国のNGO全体の雛形になり，女性研究運動に活力を注ぎ込んで行動へと変え，中国女性学の制度化実現へ導いていく。

3. 女性学の本土化（土着化）

黎明期の中国女性学は，伝統的マルクス主義女性解放理論を発展させた学問だと解釈された。李小江が提唱する女性学も，歴史や土壌が異なるとして西側のフェミニズムと一線を画す。だが秋山（1996）ら日本の研究者を含む西側研究者の多くは，李を広義のフェミニストとみなして紹介した。90年代，海外の開発援助の下で中国の女性研究運動は欧米のジェンダー研究を取り入れ，理論的にめざましい進展を遂げる。その一方で中国土着の女性学創設という「本土化」の風潮が全国に再燃した。

探究のポイント

①1980年代，中国で女性研究が盛んに行われるようになったのはなぜだろう。
②欧米や日本の第二波フェミニズムと中国の女性研究運動を比較してみよう。
③参考文献の李小江の著作（秋山洋子訳，2000年）を読んで，日本のフェミニストと比較してみよう。

の進歩と女性解放」を発表。民間女性研究団体「女性学会」，鄭州大学女性研究センターを設立し，大連大学ジェンダー研究センター主任を務めた。『婦女研究叢書』『ジェンダーと中国』『婦女口述史』などの学術叢書を編纂し，改革開放後の中国女性研究運動を牽引した。

李小江

▷5 女性学・ジェンダー研究学科建設ネットワーク
女性学・ジェンダー研究の学問を発展させ，アカデミズムにおける正規の地位獲得を目指して90年代後期に結成されたネットワークである。

* 文化大革命（文革）
Ⅳ-15 Ⅵ-9 参照。

参考文献

秋山洋子「中国の女性学」『女性学』4，1996年。
李小江（秋山洋子訳）『女に向かって』インパクト出版会，2000年。
大濱慶子「中国における女性学制度化の歩み」『人間研究』43，2007年。
劉伯紅（大浜慶子訳）「中国女性NGOの発展」（抄訳）『国立女性教育会館研究ジャーナル』11，2007年。
王政（秋山洋子訳）「〈女性意識〉と〈社会性別意識〉」小浜正子・秋山洋子編『現代中国のジェンダー・ポリティクス』勉誠出版，2016年。

グローバル 7 ジェンダー平等と法

三成美保

【関連項目：イスラーム法と家族，フェミニズムの萌芽，ウーマンリブ，女性運動，国際的な女性活動，議員】

▷1　女性差別撤廃条約
2020年10月現在，189カ国が批准。日本は1985年に批准した。条約を補うものとして，1999年に個人通報制度と調査制度を定めた選択議定書が採択されたが，日本はこれを批准していない。条約批准国は定期的に女性差別撤廃委員会（CEDAW）の審査を受ける。過去5回の日本政府レポート審査（直近は2016年）では，選択的夫婦別姓の導入やポジティブアクションの強化などが勧告されている。

＊　ロー対ウェイド判決
Ⅳ-10 側注3参照。

▷2　ジェンダー主流化
政策の立案・実行・検証のすべての過程をジェンダー視点でチェックすること。

▷3　国際刑事裁判所規程
1990年代に，ジェノサイド目的の強制出産が行われたボスニア・ヘルツェゴヴィナ内戦や多数派部族による少数派部族の大量虐殺・レイプが行われたルワンダ内戦に関して，臨時の国際刑事法廷が設置された。これを常設化したのが国際刑事裁判所である。その設置規程で国際条約としてはじめてジェンダーという語が用いられ，性暴力が「人道に対する罪」と定められた。

▷4　人身取引禁止議定書
国際組織犯罪防止条約の一つとして採択された。人身売買禁止条約（1949年）は売春限定であったため，グローバル化によって多発している臓器売買や強制労働を含む人身取引の禁止を目指して成立した。日本は

📖 概　要

今日の世界でジェンダー平等実現のための最も基本的な国際条約は，**女性差別撤廃条約**（1979年）である。同条約は，男女の固定的な性役割を否定し，社会慣行に基づく性差別の撤廃を求め，ポジティブアクションを肯定している。第4回世界女性会議（1995年北京会議）の成果たる「北京行動綱領」は，ジェンダー平等実現に向けた包括的アジェンダである。北京会議以降，EU諸国では急速にジェンダー主流化が進んでいる。2011年，国連のジェンダー系4機関が統合されて国連女性機関（UN Women）が発足し，女性のリーダーシップと参画の拡大，女性の経済的エンパワーメント，女性に対する暴力の撤廃などの取り組みが強化された。同機関の働きかけにより，ジェンダー平等はSDGs（持続可能な開発目標：2016～30年）の第5目標に定められただけでなく，17目標のすべてを貫く課題とされた。日本でも1999年に男女共同参画社会基本法が成立し，関連法律が制定されているが，ジェンダー平等は停滞している。

当時の議論　女性差別撤廃条約は，戦後30年以上にわたる国連の女性政策の集大成であった。女性に対する差別撤廃宣言（1967年）にはジェンダー視点はなかったが，条約はジェンダー視点を全面に打ち出している。第二波フェミニズムの活動や1970年代にアメリカで成立したフェミニスト法学および判例の確立が背景にある。1970年代，欧米では「私のおなかは私のもの」のスローガンのもとに自己決定権を掲げて堕胎罪撤廃の動きが強まった。アメリカの**ロー対ウェイド判決***（1973年）は妊娠期間を3期に分け，初期12週までの中絶を「女性のプライバシー権」と認めた。フェミニスト法学は，ハラスメント・DV・セカンドレイプなどの語を案出して，家父長制下で不可視化されてきた暴力を可視化した。

1990年代になると，国連を中心にジェンダー法・政策は新たな段階に入る。その後の重要な枠組みとなる「女性に対する暴力撤廃宣言」（1993年国連総会），「リプロダクティブライツ（性と生殖の権利）」の承認（1994年カイロ人口会議），「**ジェンダー主流化**」の提唱（1995年北京会議）がなされた。女性に対する暴力撤廃宣言は，公私を問わずあらゆる身体的・精神的・性的暴力の撤廃を目指すとした。この理念は**国際刑事裁判所規程**（1998年）に引き継がれ，強制出産や慰安婦などの戦時性暴力は「人道に対する罪」と定められた。グローバル化とともに深刻化したトラフィッキング（人身取引）については，2000年に**人身取引禁止議定書**が成立した。意思決定過程への女性参画も求められるようになり，1990年代から議会・公務員等で**ポジティブアクション**が導入され始める。

その後の展開　21世紀に進展が著しいのが，レイプとハラスメントに関する法整備である。レイプについては「性の二重基準」の下で女性の落ち度を問う従来の刑事司法を改めて「同意の有無」を中核に置く方針が「イスタンブール宣言」等で示され，複数の国で刑法改正が進んでいる。日本でも110年ぶりに刑法性犯

デモ行進での #MeToo サイン（2017年）

罪規定改正◁6（2017年）が実現したが，「同意の有無」原則は導入されなかった。ハラスメントについては，2017年以降，＃Me Too が国際的広がりを見せ，2019年ILO 総会で「仕事の領域におけるハラスメントの禁止条約」が成立した。しかし，日本では経営団体が条約批准に消極的である。アメリカ大統領選では常にプロライフとプロチョイスが争点になり，中絶法は州によって異なる。2022年，アメリカ連邦最高裁は，ロー対ウェイド判決を覆した。これにより，ほぼ半数の州で中絶の自由が否定されることになる。

 論　点

1．ポジティブアクションの是非　平等概念は形式的平等から実質的平等へと拡大している。実質的平等の加速を目指すための手段がポジティブアクションであるが，これを逆差別とする批判も根強い。欧州司法裁判所は，ドイツの州公務員法につき，無条件の女性優遇規定は平等原則に反するが（1995年），男性の反論権を保障すれば平等原則に反しないとした（1997年）。フランスでは地方議会に関する性別クォータ制（議席割当制）が違憲とされ，憲法改正（1999年パリテ条項）によって議員職等への平等なアクセスを保障するパリテ法が導入された（2000年）。男女交互名簿方式のほか，1人区を2人区に改めて男女ペア立候補制をとり（2013年），女性議員が急増した。

2．性をめぐる論争　1980年代にキャサリン・マッキノンらはポルノグラフィーを性差別とみなし，アメリカやカナダでポルノ禁止条例の制定に向けて活動した。性の自由を女性の自由の不可欠な要素とみなすセックス・ポジティブ・フェミニストはこれに激しく反発した。女性の性を肯定する立場からは自発的売春をセックスワークとして合法化することが求められた。一方，アジア・アフリカでは，人身取引被害者の多くが売春を強制されている実態に鑑み，買売春廃絶を唱えるフェミニストも多い。今日，EU 諸国の多くで売春は合法化されているが，北欧で買春禁止法が成立するなどの新しい動きもある。

┌─ **探究のポイント** ─────────
①「女性が働くと少子化が進む」との考え方は事実に合致するか調べてみよう。
②「援助交際」「JK ビジネス」「パパ活」の是非をジェンダー視点から考えよう。
③「ポジティブアクションは逆差別である」に対する反論を考えてみよう。
└──────────────────

2005年に刑法に人身売買罪を新設し，2017年に同議定書を批准した。

▷5　ポジティブアクション
政治・経済などの意思決定に参加する女性の比率を男性と同等にするための暫定的な特別措置。緩やかな女性支援策から最も実効性が高いクォータ制（一定比率を女性に割り当てる）まで多様である。現在，国会議員についてクォータ制を導入する国が増えている。とくにアジア・アフリカ諸国では法律によるクォータ制が導入されている。近年では企業取締役にクォータ制（取締役クォータ法）を導入する国もある。

▷6　刑法性犯罪規定改正
2017年の刑法改正では，強姦罪が「強制性交等罪」に変わって男性もレイプ被害対象者とされるようになり，重罰化（懲役3年から5年）された。また，親告罪から職権による起訴に変更された。18歳未満の子どもへの性的虐待について「監護者強制性交等罪」が新設された。

参考文献

糠塚康江『パリテの論理』信山社，2005年。
キャサリン・マッキノン（森田成也・中里見博・武田万里子訳）『女の生，男の法』全2巻，岩波書店，2011年。
三成美保・笹沼朋子・立石直子・谷田川知恵『ジェンダー法学入門（第3版）』法律文化社，2019年。
辻村みよ子・三浦まり・糠塚康江編『女性の参画が政治を変える』信山社，2020年。
特集「コロナ禍／性犯罪改正の課題」『ジェンダーと法』18，2021年。

林　みどり

アルゼンチン
8 軍事政権とジェンダー

【関連項目：アラブ社会主義とフェミニズム，ウーマンリブ，ジェンダー平等と法】

📖 概　要

　毎週木曜日の午後3時半，アルゼンチンの大統領官邸前広場に三々五々集まった高齢の女性たちは，白いスカーフを被り，手に手を携えてゆっくりと広場を歩き始める。彼女らは1976〜83年の軍事独裁政権下で子どもを**強制失踪**させられた母親たちで，広場の名をとって「五月広場の母たち」（以下「母たち」）と呼ばれる。軍事政権下では，カトリシズムや西洋文明といったアルゼンチンの伝統的な諸価値に基づく社会秩序の再構築が目指され，安全保障上の脅威とみなされた勢力は徹底的に弾圧された。政治的迫害の対象は反政府勢力にとどまらず，保守的価値観に相容れない主義主張や信条をもつ幅広い層の市民に及んだ。軍部による熾烈な人権侵害が横行し，7年あまりで1万〜3万人の市民が強制失踪者となった。失踪者には妊娠中の女性も含まれ，秘密収容所で出産後，乳児は軍関係者に不法に譲渡され，生母は殺された。

　子どもたちの行方調査を政府に求める活動を1977年に開始した「母たち」は，軍部からの脅迫や弾圧を受けつつ粘り強く抗議運動を続け，民主化後は人権侵害に関与した軍関係者の裁判を要求した。また妊娠中の娘を連れ去られた母親らは「五月広場の祖母たち」を結成し，秘密収容所で生まれて不法に養子に出された孫の行方を捜すとともに，目撃情報などを手がかりに特定した孫との血縁関係を証明するため，国に遺伝子データ銀行の設立を求めて1987年に実現させた。

　襁褓を象徴する白スカーフを被り子どもの顔写真を身につけて歩く「母たち」や「祖母たち」のユニークな運動は，アルゼンチン国内の人権状況を世界中に知らしめただけでなく，司法の正義を求めて活動する母親主体の人権運動の国際的なモデルになった。同様に軍政下で多くの人々が強制失踪者となったチリ，ブラジル，ウルグアイ，グアテマラ，ホンジュラスでも，白スカーフと顔写真をもった母親たちによる運動が広がった。現在では，軍政・民政の別を問わず続く強制失踪に抗議して，失踪者の母親たちによる抗議運動が世界各地で行われている。

当時の議論

　子どもを生み育て慈しむ営みは，女性に生まれつき備わる母性の「自然な」機能とされ，家庭内の私的領域に閉じ込められてきた。「母たち」は，こうした愛とケアに基づく伝統的な母性原理を盾に，抗議運動は子どもの命を取り戻そうとする母性の「自然な」要求であると主張した。表面的にみると，「母たち」の主張は，母性に関する伝統的な価値観を補強しているようにみえる。だが，伝統的に男性が独占してきた公的領域に，私的領域に属するとされてきた子どもの写真や家族写真を持ち込み，家族が被った私的な苦悩の経験を通して**国家テロ**の暴力を告発することによって，公的領域と私的領域の境界

▷1　強制失踪
軍事政権や独裁的な文民政府のもと，軍や準軍事組織が市民を誘拐し，秘密施設に監禁し，拷問を加え，殺害した遺体を秘密裏に処理すること。失踪者の消息や所在が隠蔽されるので，強制失踪の事実は公的には否認される。

元軍秘密施設発掘現場と強制失踪者らの写真（筆者撮影，2009年）

▷2　国家テロ
政治的・思想的・宗教的理由から，国家が主体となって自国ないし他国の市民や集団に暴力を用いる行為。対象者の殺害や毀傷のほかに，広く恐怖心を醸成することを目的とし，専制国家だけでなく民主国家によっても行われる。

を超えて母性を政治化することを可能にした。また，強制失踪者の母親という共通項で連帯し，出身地域や階級，エスニシティを超えて国内外の女性たちと結びつくことによって，生物学的に決定された母親ではなく，社会が生み出した母親という新たな女性像を提示し，社会の不正義を告発する女性たちのエンパワーメントになった。

「五月広場の母たち」の母と娘（アドリアナ・レスティード撮影，1982年）

 論 点

1. 運動は〈公＝男性／私＝女性〉の区別への批判になったか

「母たち」の人権運動が広く社会的な支持を獲得できた理由は，「子どもを慈しむ母親」という母親像が，キリスト教的価値観と高い親和性をもっていた点にある。「母たち」の運動は，伝統的な母性主義を政治的に利用することによって反軍政の機運を醸成し，社会の幅広い支持につなげた。だが公的領域への侵犯を可能にした一方，私的領域では従来の性別役割分業を担うなど，「公／私」の領域区分そのものへの批判には結びつかなかったとする批判もある。近年は，ケアの倫理から政治的公共圏を構想するフェミニズム理論の中で，公私二元論的構造そのものを解体する試みの一例として，「母たち」の運動に光が当てられつつある。

2. 戦略的本質主義としての母性

運動が始まった当初，「母たち」の母性主義は，母性を女性の本性とみなす性別特性論を強化すると批判された。その後の研究では，母親として抵抗することを決意した女性たちの運動である点に力点が移され，生来の本質ではなく戦略的に選び取られた母性という，新たな政治的戦術としての母性という解釈がなされた。

3. フェミニズム運動とどのような関係にあるか

これまでの研究では，母性主義的な「母たち」の運動は，中絶合法化や女性の権利拡大を目指すフェミニズム運動とは相容れないとされてきた。だが2000年代以降，新自由主義がもたらした格差拡大や経済危機，膨大な件数のフェミサイド[3]が社会問題化。新たな時代状況を受けて，女性や性的マイノリティへの身体的・経済的・社会的な人権侵害は，異性愛的男性優位の価値観のもとで軍政期から現在まで一貫してきたとの認識が広がり，「母たち」や「祖母たち」の一部はフェミニズム運動と共闘するようになった。近年は「母たち」とフェミニズム運動の政治的・思想的連続性を論じる研究が盛んである。

┌─ **探究のポイント** ─────────────
　①公的領域から排除されるジェンダー化された領域の具体例を考えてみよう。
　②「母たち」の活動が，民主化後，何十年も続いてきた理由はどこにあるだろう。
　③排他的ナショナリズムと結びつく母親像と「母たち」の違いは何だろう。
└─────────────────────────

▷3　フェミサイド
ジェンダーに基づく憎悪犯罪。女性が女性であるがゆえに行われる殺人。加害男性の大多数が，（元）配偶者，父，兄弟，（元）恋人など，被害女性に近い人物である点で一般の殺人とは異なる。多くは度重なる暴力や虐待の結果生じ，根底には女性への根深い差別意識がある。

（参考文献）
大串和雄『ラテンアメリカの新しい風——社会運動と左翼思想』同文舘出版，1996年。
杉山知子『移行期の正義とラテンアメリカの教訓——真実と正義の政治学』北樹出版，2011年。
岡野八代『フェミニズムの政治学——ケアの倫理をグローバル社会へ』みすず書房，2012年。
林みどり「身体-領土の潜勢力——五月広場の母たちから Ni Una Menos へ」『福音と世界』76(8)，2021年。

∞∞中国∞∞
9 教育の光と影

新 保 敦 子

【関連項目：近代教育と女子大生，イスラーム革命と女子宗教学院】

概　要

中国においては伝統的に，「男子才有れば便ち是れ徳，**女子の才無きはすなわち是れ徳**」といわれており，女性にとって教育は無縁の存在であった。

中華人民共和国の成立（1949年）以降，こうした状況は大きく変わっていく。「中国人民政治協商会議共同綱領」（1949年）の中で，「女性は政治・経済・文化教育・社会生活の各方面において，すべて男性と平等の権利をもつ」（総綱第6条）と明記され，女性は，「半辺天」（天の半分を支える存在）となったのである。

当時の議論　これによって，女性が男性同様に労働力であるとする新しい国家の方針が生まれ，女性に対する教育に力が注がれることになる。そのため，中華人民共和国の成立から1950年代半ばにかけての建国初期において，初等教育・中等教育・高等教育を含めて，女性に対する教育が急速に普及していく。女性の非識字者を減らすために，夜学や識字班が組織され**識字学習運動**[1]も展開された。中華人民共和国成立初期においては，女性への文化教育機会の保障が活発に議論され，政策に反映されていった。また，女子は男子と同等の教育を受ける権利をもつという考え方から，男女共学（男女同校，男女同級）が推進され，**女子校**[2]は廃校となり，原則的に教育機関は共学化していった。

その後の展開　**大躍進政策**[*]（1958～61年）から**文化大革命**（文革）[3]開始前までの時期においても，女子に対する教育が発展し，各段階の教育機関で学ぶ女子生徒数が増加した。しかしながら文化大革命期（1966～76年）には，政治闘争の展開の中で，教育界は正常な秩序を保つことができず，教育が停滞し女子に対する教育も破壊された。一方，文革が終結し，改革開放政策がとられるようになったことで，1980年代以降，中国は教育大国への道を歩み始める。まず初等・中等教育については，1986年に**義務教育法**[4]が制定され，これによって，小中学校の9年間が義務教育とされた。初等教育の普及が困難であった山岳地域，少数民族地域においても，**婦女連合会**（婦女連）[*]による**春蕾計画**[5]などによって，未就学女児に対する教育普及が進んだ。

さらに1990年以来の高等教育の大衆化により，同一年齢人口の51.6％が大学に進学しており，教育レベルは急速に向上している（『中国教育統計年鑑2019』参照。以下，本項目の統計数値は2019年データ）。女性の高等教育進学者も着実に増加しており，4年制大学に在籍する女子学生は，学生総数の53.9％，修士・博士課程に在籍する女子学生は50.6％を占めている。

また，女性は教師として教育界で活躍してきた。とくに，小学校では女性教員の比率が高く（70.0％），都市部の小学校ではほとんどの教員が女性である。高校，

側注

* 「女子の才無きはすなわち是れ徳」
Ⅰ-9 側注3参照。

▷1 識字学習運動
文字の読み書きができない非識字者が，文字を学ぶ学習活動。形態としては夜学（夜間学校）や識字班（識字サークル）の形で行われ，大衆動員を伴う運動として実施された。

▷2 女子校
中華民国期（1911～49年）においては，外国のキリスト教系団体によって，多くの女子教育機関が設置されてきた。とりわけ中等教育段階においては，ミッション系の団体によって設立された教育機関が多かった。中華人民共和国成立後は，こうしたミッション系の女子教育機関は，人民共和国政府の管轄下に置かれ，男女共学校として再編された。

* 大躍進政策
Ⅵ-15 側注3参照。

▷3 文化大革命（文革）
毛沢東主席のイニシアティブの下で展開された政治闘争。紅衛兵の攻撃によって教育界や知識人が受けた人的被害は甚だしいものがあった。Ⅳ-15 側注4も参照。

▷4 義務教育法
中華人民共和国建国後に，初めて全国的な義務教育の実施を定めた法律。

* 婦女連合会（婦女連）
Ⅵ-1 側注3，Ⅵ-6 側注3参照。

▷5 春蕾計画
1990年代に実施された婦女連合会による女児に対する

大学においても，女性教員の比率は，それぞれ54.3％，50.8％と日本以上に高く，女性が男性と対等な立場で教育界を支えているといえよう。

活躍する女性教師（北京の小学校で，2019年）

🔑 論 点

1. 女性への教育普及と社会進出　中華人民共和国成立後，初等教育，中等教育，高等教育段階において女性への教育が急速に普及し，それが土台となって，女性の社会進出が顕著となった。

ただし，このように女性の教育レベルが向上し，多くの女子学生が大学で学ぶようになっても，就職においては男子学生よりも不利な状況にある。また，政治の世界における女性の進出は十分ではないことが様々な研究から指摘されており，女性の地位は，まだまだ男性と対等とはいえない状況である（ジェンダーギャップ指数・2022によれば，中国は世界102位，日本は116位）。

2. 学校教育におけるジェンダー平等／不平等　中華人民共和国においては，男女平等の理念が掲げられ，公教育では男女共学の下で同一の教育を受けることになった。しかしながら，教材の中に，男尊女卑の考え方や女性に対するステレオタイプな理解が組み込まれていたり，男子学生により発言の機会を与え勉学を励ます傾向といった，いわゆる「隠れたカリキュラム」があると論じる研究もある（鄭 2005）。学校教育におけるジェンダー平等は依然として課題といえよう。

一方，イスラーム・ジェンダー・スタディーズの立場から，公教育において目指されているジェンダー平等は，男並みのジェンダー平等であり，本来の意味での女性のエンパワーメントにつながっているのかどうか，検討の余地があるとする研究者もいる（松本 2010，服部・小林編著 2021）。

3. 少数民族女性への近代教育の普及と文化喪失　改革開放期以降，少数民族地域において学校教育が普及するようになった。そのため少数民族女性であっても大学に進学し，教師，医師といった近代的な職業につく者も生まれ，女性の社会的な地位が向上した。しかし，そのことは，同時に自分の出身地域のコミュニティから離れ，民族固有の文化から切り離されることにつながるのではないか，という指摘もある。

教育支援のプログラム。山岳地域，少数民族地域，貧しい農村における女児に対する奨学金の支給を重点としたプロジェクトであり，各地で初等教育の就学率が向上した。

参考文献

中国女性史研究会編『中国女性の一〇〇年——史料にみる歩み』青木書店，2004年。
園田茂人・新保敦子『教育は不平等を克服できるか』岩波書店，2010年。
松本ますみ『イスラームへの回帰——中国のムスリマたち』山川出版社，2010年。
新保敦子・阿古智子『超大国・中国のゆくえ5　勃興する「民」』東京大学出版会，2016年。
服部美奈・小林寧子編著，長沢栄治監修『教育とエンパワーメント』（イスラーム・ジェンダー・スタディーズ3）明石書店，2021年。

探究のポイント

①ジェンダーギャップ指数などを参考にしながら，学校教育におけるジェンダー平等について，これまで受けてきた教育から考えてみよう。

②近代教育を受けることは，エスニック・マイノリティにとって，民族固有の文化の喪失も伴っている。ジェンダーの視点から，世界における具体的な事例を考えてみよう。

イスラーム革命と女子宗教学院

10

桜井 啓子

【関連項目：イスラーム社会における女子教育，仏教の「近代化」と女子教育，近代教育と女子大生，教育の光と影，スポーツ（イラン）】

▷**1 ダール・アル＝フォヌーン**
フランスのポリテクニークをモデルとするイラン初の近代的な高等教育機関。

▷**2 ウラマー**
イスラーム諸学を修めた知識人を指す。単数形はアーリム。ウラマーは，学識のレベルや専門に基づき，教師，学者，裁判官，官僚，モスクの導師など様々な役割を担う。イスラーム諸学の中でも，法学は，信徒の行動に指針を与えることから，とくに重視されている。Ⅱ-5 側注3も参照。

▷**3 イスラーム革命**
パフラヴィー朝の末期，貧富の差の拡大，急速な西洋化とイスラーム軽視の風潮，言論統制と政治弾圧，国王の独裁と対米追従などに対する不満から，国民のあらゆる層を巻き込んだ反国王運動が巻き起こった。1979年，王制は崩壊し，反国王運動を率いたホメイニーの指導のもと，イスラーム共和国が樹立された。

▷**4 シーア派**
預言者ムハンマドの死後，後継者をめぐってイスラーム共同体は分裂した。共同体のコンセンサスに基づき初代カリフを選出したスンナ派に対して，後継者は，ムハンマドの従弟で娘婿のアリーとその子孫であると主張した人々がシーア派を形成した。現在，シーア派は，イスラーム教徒の約10～15％程度を占め，その多くが十二イマーム・シーア派に属する。イランは，

📖 概 要

イランの近代教育は，1851年の**ダール・アル＝フォヌーン**[1]の設立によって幕を開けた。以後，イランの教育の中心は，**ウラマー**[2]を養成する宗教学院から近代教育機関へと移行していった。パフラヴィー朝時代（1925～79年）に女性の就学率が向上し，大学の男女共学も一般化した。一方で，宗教学院における女性の受け入れは進まなかったため，イスラーム諸学の専門的な知識を求める女性たちは，家庭教師に頼った。女性イスラーム学者として多くの著作を残したノスラト・アミーン（1886～1983）もその一人である。ただし，生前，彼女の著作は，「あるイスファハーンの女性」ないしは男性の名でしか出版されなかった。現在，女性のムジュタヒド（定められた方法に基づき法解釈を示す資格を有するイスラーム法学者）として認知されているゾフレ・セファティーも専門教育を求めて宗教学院の門を叩いたが，男性の傍らで学ぶことは許されず，家庭教師や宗教学者でもある夫のもとで学問を続けた。両名の経験から，女性の学者は，例外かつ特殊な存在であり，歓迎もされていなかったことがわかる。

当時の議論　1979年，**イスラーム革命**[3]が成功し，**シーア派**[4]のイスラーム法学者である**ホメイニー**[5]を最高指導者とするイスラーム共和国が誕生すると状況は一変した。イスラーム共和国を支える宗教指導者たちが，イスラーム法に基づく統治を国民に浸透させるためには，女性の宗教専門家も必要だとして，**女子宗教学院の設置**[6]に乗り出したのである。その結果，1985年にイランの宗教都市ゴムにアル＝ザフラー女子宗教学院が設立された。

その後の展開　革命を機にイスラームへの関心が高まり，学校や職場で女性を対象とする宗教集会や宗教教室の開催が盛んになり，女性の宗教指導者の需要が高まった。これを機に，全国各地に規模も教育レベルも異なる女子宗教学院が次々に誕生した。1990年代後半になると入試，カリキュラム，テキストなどを統一する動きが現れ，しだいに高等教育機関としての体裁が整えられた。その結果，女子宗教学院は，高校卒業後の進学先の一つとして定着した。

🔑 論 点

1. 男性が進学する宗教学院と女子宗教学院との違い　男性は宗教学院で定められた課程を修了するとウラマーの服装であるターバンと法衣の着用が許される。さらに専門的な訓練を重ね，法解釈に必要な能力を獲得すればムジュタヒドとして認められ，信徒を導くことができる。一方，女子宗教学院では，布教者や教育者の育成を重視し，通常，ムジェタヒドの育成に必要な専門教育は行

わない。こうした差異は，女性たちの多くが結婚を機に家庭に入るため，という理由で正当化されてきた。しかしその背景には，指導的な立場にある男性ムジュタヒドが，女性が学問を続けること自体は問題ないとしつつも，一般信徒が女性ムジュタヒドの法解釈に従うことを認めておらず，また女性を

アブドゥルアズィーム女子宗教学院の校舎（イラン・レイ，2011年）

ムジュタヒドに認定することにも消極的だという現実がある。他方，こうした現実に否定的な見解を述べるムジュタヒドもおり，女性の宗教的な役割をめぐって議論が交わされている（Sakurai 2012）。

2．女子宗教学院の可能性　男性中心の宗教界において，様々な制約はありながらも女性がイスラーム諸学の専門教育を受けられるようになったことの意義は大きい。イスラーム諸学を学ぶ女性が増えるにしたがって，法解釈能力の獲得に近づく女性が現れ，男性ムジュタヒドが独占してきた法解釈の妥当性を問い始めたからである。法解釈は，典拠から定められた手続きに基づいて法規定を導きだす行為で，そのプロセスに性別は関係ない。しかし，前出のセファティーは，法解釈に取り組む前提として，法解釈を必要とする問題そのものを本質的に理解することが重要であると主張する。女性の身体や人生に関わる諸問題の法解釈に女性が自ら取り組むことで，従来の解釈にいかなる変更が加えられることになるのか，多くの研究者が注目している（Künkler and Fazaeli 2011, Sakurai 2012，桜井 2015）。

3．男女共学の大学，男女別学の宗教学院　イスラーム共和国は，社会のイスラーム化を推進するために女性のヴェール着用や学校の男女分離を推進した。その結果，高校までは男女別学となったが，大学では，教員や教室の確保が難しい等の理由から共学が維持されてきた。女子宗教学院に進学した女性たちは，異性の視線を気にせず学べる環境や卒業後，女性を対象とした教育や布教活動に従事できる点を評価する。これに対して，大学に進学した女性たちは，女性だけの環境の限界や男女ともに学び働くことの重要性を指摘しており，両者の間で議論が続いている（桜井 2015）。

人口の約90％が十二イマーム・シーア派とされる。Ⅱ-5 側注2も参照。

▷5　ホメイニー（1902〜89）
十二イマーム・シーア派の宗教指導者。イスラーム共和国の初代最高指導者に就任し，1989年に死去するまでイランを統治した。

▷6　女子宗教学院の設置
イスラーム共和国の宗教指導者たちは，女子宗教学院の卒業生が，宗教の教師や布教者として，西洋に憧れがちな女性たちに，イスラーム的なジェンダー規範や家族観を説いてくれることを期待した。

─　探究のポイント　─

①女子宗教学院が女性に支持されてきた背景には，男女分離を支持する女性たちの存在がある。イランの映画や小説にみられるイラン社会におけるジェンダー関係からその理由を考えてみよう。

②イスラーム以外の宗教においても女性の宗教指導者の活躍は限定的である。なぜだろうか，考えてみよう。

③ムジュタヒドの社会的役割について調べてみよう。

（参考文献）

桜井啓子『現代イラン・神の国の変貌』岩波書店，2001年。

黒田健治『イランにおける宗教と国家──現代シーア派の実相』ナカニシヤ出版，2015年。

桜井啓子『イランの宗教教育戦略』山川出版社，2015年。

11 改革開放と女性

大濱慶子

【関連項目：農村「家族」と女性，家事労働と「女中」，社会主義と女性，女性の海外出稼ぎ労働】

＊ 文化大革命（文革）
Ⅳ-15 側注 4，Ⅵ-9 側注
3 参照。

▷ 1 「新時期文学」の女性作家

「新時期文学」は文化大革命終結後の改革開放政策時期の文学の総称である。思想の解放，文学の多様化，政治からの独立を特徴としており，女性作家では70年代末文壇に登場した張潔が名高い。『愛，忘れられざるもの』（1979年），『方舟』（1982年）を上梓し，フェミニズム批評でも高く評価されている。

▷ 2 戸籍制度

1958年に「中華人民共和国戸籍登記条例」が施行され，都市戸籍と農村戸籍に二分され，中国の厳しい社会管理の手段となってきた。農村から都市への自由な移動が制限され，農民の都市への移転は大学入学，就職，入隊以外は不可能となる。自由な転籍が認められていないことから身分制もしくは準身分制とも呼ばれた。

＊ 打工妹
Ⅵ-12 側注 2 参照。

1984年上映の映画『街上流行紅裙子』
街に赤いスカートが流行した。

📖 概　要

　中国では**文化大革命（文革）**期の政治動乱により停滞し，国際的に孤立していた経済を立て直す「経済改革，対外開放」が1970年代末にスタートし，新たな時代に入った。毛沢東時代の計画経済の枠組みを突破して市場経済が推進され，全国に社会変革の波が広がり，中国女性を取り巻く状況は大きく変化していった。

　人口の大半を擁する農村部では人民公社が解体され，家庭請負責任制が導入されて集団経営から家族経営へと転換する。その結果，飛躍的に生産効率が伸び，「離土不離郷」，すなわち農業から離れ，地元の製造業や商業に従事する女性たちが現れる。その一方で，伝統的な家父長制が復活し，一人っ子政策が実施されたため，女児の間引きや女性の人身売買，売買春，性犯罪など，社会主義下の中国社会では根絶されたといわれた不法行為が横行し始めた。

　都市では改革開放の新風をいち早く感じ取った**「新時期文学」の女性作家**が，文革期にタブーとされていた恋愛小説を書き，一躍センセーションを巻き起こす。1980年代半ば，都市でも商品経済の活性化が提唱され，経済合理化が進む。国有企業の統廃合や人員整理が行われると，社会主義制度下で保障されていた男女の共働き体制や安定的雇用制度が崩れ始め，出産育児期の女性労働者がリストラの対象になった。社会に噴出する女性問題を改善するため，「女性労働者保護規定」（1988年），「婦女権益保障法」（1992年）が相次いで制定された。

　当時の議論　1980年代の「改革と女性」を主題とする論争の中で，『中国婦女』雑誌が連載した「1988年―女の活路」が注目を集めた。改革開放が功を奏し豊かになった農村で，農婦が家庭主婦になったという「大邱庄「婦女回家」の思索」と，育児期の都市高学歴女性労働者がリストラされ，「私の活路はどこに？」と訴える二編に端を発し，女性の家庭回帰は中国社会にとって進歩か後退かをめぐる論争が起こった。当時の議論は農民，都市労働者，肉体労働，頭脳労働を問わず女性を家から出し，社会労働に参加させることが解放であるとする，マルクス主義女性解放理論の延長線上に展開された。

　改革開放と市場経済の発展に伴い，**戸籍制度**で分けられた都市農村二元構造から深刻な経済，教育，ジェンダー格差が生み出されていく。

　その後の展開　天安門事件後，鄧小平の「改革開放を加速せよ」のかけ声とともに1992年，社会主義市場経済政策が打ち出され，グローバル経済に接合した中国経済は驚異的な成長を遂げる。「離土離郷」，すなわち農村から都市へ流入した大量の出稼ぎ労働者がこの高成長を支え，**「打工妹」**と呼ばれる若い女性も加わるようになった。

先に豊かになった富裕層が再生産され，新中間層が増大し，2002年新しい社会階層区分モデルが発表された。激しい社会変動の中で女性の階層分化も進んだ。

論点

1. 発展の中で不可視化される都市農村，ジェンダー格差

先鋭化し始めた上低層の矛盾の緩衝材となる中間層育成が政策課題となり，中間層を生み出す装置として1990年代後半から高等教育が急速に拡大した。そして2009年，女子学生の総数が男子を上回った。大学大衆化の受益者は女性であるといわれたが，都市と農村との地域間格差を踏まえると，はたしてそういえるだろうか。1978年から2001年までの北京大学の新入生を分析した研究によると，1990年代半ばより都市部出身の女子の入学者数が急増し，入れ替わるように農村出身の男子が減少，農村出身の女子はわずかな比率であることが明らかになった。都市農村格差構造の上に成り立つ表層的なジェンダー平等は，「限定された進歩」と呼ばれた。

2. 周縁化される女性出稼ぎ労働者のエンパワーメント

農村都市間の流動人口が増大し，女性出稼ぎ労働者が増えると，都市の多忙な共働き世帯の家事，育児を担う農村家事労働者の存在が新たな女性問題としてクローズアップされてくる。女性間格差拡大の過程で家事労働の需要が高まるが，その担い手は法的に労働者として認められず周縁化された。国連の第4回世界女性会議を経て「打工妹之家（出稼ぎ女性の家）」[3]のような女性NGOの支援活動が活発に行われるようになった。内外のフェミニスト研究者による研究も盛んになり，支配—従属関係を超えた家事労働者の多元的主体性を内側から論じてエンパワーメントを後押しした（大橋 2011等）。

3. イノベーションと科学技術分野における女性ハイレベル層5％の課題

21世紀，中国の発展を維持するために，「世界の工場」から「イノベーション型国家」へ転換させるマンパワー強国戦略が打ち出された。2009年には全国婦女連が主導し，「女性ハイレベル人材成長状況研究と政策推進プロジェクト」[4]がスタートした。その中では，イノベーションの鍵を握る科学技術分野において，院士（科学者の最高名誉称号）や政策決定などに影響力をもつ女性ハイレベル層はわずか5％であること，全体の40％を占める女性科学技術従事者の社会貢献度に見合った比率でないことが改善すべき課題として提起された。改革開放以来，農村や基層女性に力点が置かれてきた中国の女性政策が，上層部の女性支援へシフトする転機になった。

探究のポイント

① チャン・イーモウ監督の中国映画『あの子を探して』（1999年）を手がかりとして市場経済の発展や，経済のグローバル化によって生じる階層分化，女性間格差問題について考えてみよう。
② 女性のエンパワーメントを支援するNGOやNPOの活動について，まず「打工妹之家」等を調べてみよう。
③ 中国や日本では指導的地位に占める女性がなぜ少ないのか，女性割合を高めるための改善策を議論してみよう。

▷3 打工妹之家（出稼ぎ女性の家）
国連の第4回世界女性会議北京開催の翌年に設立された農村女性労働者のためのNGO。農村女性のエンパワーメントを支援する民間組織「農家女文化発展センター」の事業の一つで，『中国婦女報』の副編集であった謝麗華や北京外国語大学教授で北京市海淀区人民代表を務めた呉青らが運営に携わった。

▷4 女性ハイレベル人材成長状況研究と政策推進プロジェクト
2009年に全国婦女連合会が提唱し，中央組織部，人力資源・社会保障部，教育部，国家自然科学基金委員会，中国科学技術協会，中国科学院など日本の中央省庁や学術機構に相当する10の機関を動員し，実施された。中国の科学技術分野における女性支援政策の一里塚として評価されている。

（参考文献）
天児慧・石原亨一・朱建栄・辻康吾・菱田雅晴・村田雄二郎編『岩波 現代中国事典』岩波書店，1999年。
中国女性史研究会編『中国女性の一〇〇年——史料にみる歩み』青木書店，2004年。
大橋史恵『現代中国の移住家事労働者——農村－都市関係と再生産労働のジェンダー・ポリティクス』御茶の水書房，2011年。
大浜慶子「中国の高等教育拡大にみる性差の構造——都市・農村，社会階層及びジェンダーの分断と再編」『中国女性史研究』22，2013年。

中国
12 女性労働の曲折

リンダ・グローブ

【関連項目：女子職業教育，女性と職業（ドイツ・中国），戦争と女性労働，社会主義と女性，男性稼ぎ主モデル，女性の海外出稼ぎ労働】

 概　要

　毛沢東時代（1949〜76年）の中国では，共産党政府の主導の下で，伝統的な男女の性別役割分業に革命的変化が起こった。都市でも農村でも，女性が賃労働にたずさわることも当然とされるようになった。当時の中国は「天の半分は女性が支えている」（半辺天）と唱え，女性の地位向上と経済的自立を革命の成果として誇っていた。

　しかし1970年代後半に**改革開放政策**▷1が始まると，中国の女性を取り巻く環境は大きく変化した。人々は豊かになったが，国連のジェンダー平等指数では，中国の順位は2008年の57位から2022年には102位まで下落している。一体何が起こったのだろうか。改革開放政策は女性の労働や生活のあり方を根本的に変えた。その直接の要因は都市や農村の労働市場の変化であったが，共働き家庭を支える社会的制度の変容や，人々の態度の変化も女性の労働環境に影響していた。

　毛沢東時代の中国では，都市・農村に区分された**戸籍制度***により移動の自由が制限され，農村戸籍をもつ人は都市に移住できなかった。都市戸籍をもつ女性は比較的恵まれており，男性と同様に仕事を与えられ，生産現場，事務，サービス業等の職務に就き，「単位」と呼ばれる職場組織に組み込まれた。単位は終身雇用のほか，住居，産休，託児所などを供給した。都市の女性は社会主義を支える労働者階級の一員としての権利を享受したが，農村の女性は人民公社と呼ばれる集団農場に縛りつけられ，社会保障の枠外に置かれたため，家事労働と農業労働の二重の負担を強いられることとなった。

　80年代初めに人民公社が解体されると，農村労働者は農場に縛られなくなり，若い女性は沿海地域にできた民間工場での仕事を求めて流出した。「**打工妹**」▷2と呼ばれるこうした出稼ぎ労働者は，毛沢東時代に国営工場で働く女性が有していた権利をほとんどもっていなかった。彼女らは厳しい規則の下で長時間働かねばならず，都市戸籍から得られる保障もないため，しばしば農村に子どもを残して出稼ぎに行った。一方，毛沢東時代には労働者としての特権を享受した都市の女性の多くも失業したり，以前からの権利を失った。

　当時の議論　改革開放政策は中国にめざましい経済発展をもたらしたが，競争・効率が重視される中で，女性のリストラ・失業は増加した。都市の多くの中流階級の女性も，子どもに受験競争の準備をさせるため，中途で退職しており，育児終了後の復職は非常に難しかった。経済発展と女性の労働権の問題が，大きな焦点となっていた。

▷1　改革開放政策
毛沢東の死後，鄧小平の指導のもとで1978年に始まった改革。中国は社会主義計画経済制度を採用し，海外に国を閉ざした貧困国だったが，この政策で市場原理の導入，世界経済への参入を行ったことで中国経済は大きく成長した。Ⅵ-11 も参照。

*　戸籍制度
Ⅵ-11 側注2参照。

▷2　打工妹
毛沢東時代には，「労働者（中国語では工人）」は社会主義を担う，栄誉ある階級だとされていた。これに対し「打工」は「雇われ人」を意味し，労働市場で低い地位を占めるというニュアンスがある。

江蘇省の絹糸紡績工場で働く打工妹（1985年）

その後の展開 改革開放後は，都市戸籍をもつ女性も自ら職を探さねばならず，男女平等を定めた規則はしばしば無視され，労働市場では女性差別が横行した。また以前の公的保育制度が崩れたため，若夫婦は親に子どもを預けざるをえなくなった。都市の中流女性の中にはキャリアアップに成功した女性起業家等も現れたが，働く意欲を失い，出産を機に離職する者も多い。改革開放後は性産業も復活した。1949年以前に栄えた性産業は毛沢東時代にいったん消滅したが，20世紀末には息を吹き返し，大都市から中小都市や村にも広がった。有力者の愛人から，マッサージパーラーの女性まで，その実態は多様である。

論 点

1. 毛沢東時代に女性は本当に「解放」されたのか 毛沢東時代には政府主導で女性の雇用機会や賃金の平等が保障され，男性も平等な家事分担を求められた。このため，中国の女性は伝統的な性別役割分業から解放されたと考えられてきた。しかし1980年代には，マージョリー・ウルフ（Wolf 1985）等のフェミニズム研究者が，中国女性は本当に「解放」されたのかという疑問を呈し，これを検証した。ウルフは300人以上の女性へのインタビューをもとに，都市でも農村でも様々な形で男女間の不平等が存在することを示した。

2. 改革開放後，女性の労働に何が起こったのか 改革開放後，雇用機会や賃金平等の保障がなくなったことから，性別役割分業が復活する傾向がみられた。この時期には，かつて男女平等の象徴とされた「鉄の娘」（通常男性の役割とされた仕事に就いた女性）も非効率な経済制度の象徴として嘲笑の的となった（Honig 2000）。社会学者のパン・ガイ（Pun 2006）は「打工妹」の実地調査を行い，革命で「解放」されたはずの労働者が，新たに登場した資本家に低賃金で売られている状況を指摘している。一方，ジャーナリストのレスリー・T・チャン（2010）は，現代の「打工妹」は貧困ではなく，農村の単調な生活から逃れるため，進んで働きに出ていることを示した。社会学者のチン・クワン・リー（Lee 1998）も，農村で仕事のない娘たちが都会での新たな仕事を自ら求めた点を強調している。

3. 労働市場の変化が女性の地位に及ぼした変化 社会学者佟新（2003）は国営企業で働いていた女性を調査し，女性が職を失うと夫婦関係にも影響が及び，性別役割分業に関する伝統的な考えが復活することを示した。女性の社会参画を支える公的支援が弱まったため，高い教育を受けた都市部の女性は仕事と家庭の両立に苦しんでいる。

探究のポイント

①中国はなぜ女性起業家が多いのか，考えてみよう。
②市場経済導入は，なぜジェンダーに関する伝統的規範の一部復活を招いたのか。
③職業上の男女平等を政府主導で実現しようとすると，どのような問題が生じるだろうか。中国の例から考えてみよう。

参考文献

リンダ・グローブ「近現代の女性労働」『中国ジェンダー史入門』京都大学学術出版会，2018年。
レスリー・T・チャン（栗原泉訳，伊藤正解説）『現代中国女工哀史』白水社，2010年。
大橋史恵『現代中国の移住家事労働者——農村－都市関係と再生産労働のジェンダー・ポリティクス』御茶の水書房，2011年。

Column **29** 日　本

男性稼ぎ主モデル

被扶養家族としての妻　男性稼ぎ主モデルとは，夫の収入が家族または世帯における主たる稼ぎ主で，妻は家事・育児を中心的に担うという性別役割分業を規範とする家族モデルである。

　この家族モデルは，高度経済成長期に普及し，1980年代の税と社会保障の制度化によって確立されたといわれる。高度経済成長期に，豊かな消費生活を標榜する労働者（労働組合）が求めた賃上げ要求は，夫一人の稼ぎで妻や子を扶養することができる男性稼ぎ主による「家族賃金」という賃金体系であった。これをさらに，制度として補強したのが，1980年代の年金制度における第3号被保険者制度と配偶者控除，妻の年収103万円未満における所得税免除などの税と社会保障における専業主婦優遇策である。つまり，男性稼ぎ主モデルとは，妻を被扶養家族として位置づけることを意味する。

夫婦共稼ぎから男性稼ぎ主へ　男性稼ぎ主が登場した一事例として，近代の筑豊炭鉱における女性労働の変遷をみよう。

　筑豊炭鉱では，夫である先山（さきやま）が鶴嘴（つるはし）で石炭を掘り，妻である後山（あとやま）が採炭現場から石炭を坑道まで運び出す夫婦共稼ぎが一般的であった。賃金は，搬出した炭函の数によって決まる出来高払いである。つまり，夫婦で坑内の採炭を行い，夫婦で家計を支えたのである。ところが，1919年のワシントン会議において保護鉱夫問題が提起されるや女性の坑内労働禁止が内務省社会局の方針となった。当初，炭鉱側は後山の坑内労働を禁止することは「夫婦共稼ぎの良習慣を破る」として反対した。これに対し社会局は「妻女の天職は子供の養育にあり」と反論したが，議論は平行線のままであった。ところが，1920年代半ば，坑内の石炭搬出の機械化の目途が立つやいなや，炭鉱側は後山の坑内労

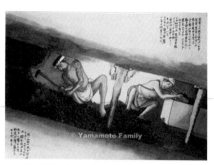

「坐り掘り」（山本作兵衛コレクション）

働を禁止することに同意し，1928年鉱夫労役扶助規則改正によって女性の坑内労働は禁止となった。規則改正にしたがって，大手炭鉱では女性の坑内労働者は解雇されたのである。その際，炭鉱側が提示したのが夫である先山の賃金上昇案であった。夫の賃金によって家計を支えるという発想である。

男性稼ぎ主モデルの現在　歴史的にみるならば，男性稼ぎ主の登場は，近代以降，生産労働と再生産労働（家事・育児など労働力を再生する労働）が分化したことによる性別役割分業が背景にある。いわば近代の産物である。しかし，その直接的契機は，筑豊炭鉱の事例からみるに，生産過程における機械化にあったといえる。つまり生産性向上を優先することによって女性の坑内労働者は解雇され，その表裏として夫の収入で家計を支えるという男性稼ぎ主モデルが示されたといえよう。

　しかし1990年代以降，新自由主義による「雇用の破壊」は男性の非正規労働を増加させ，もはや男性稼ぎ主モデルは崩壊しつつあるといえる。にもかかわらず，税と社会保障制度はあいかわらず男性稼ぎ主モデルを標準にしており，それによって男性稼ぎ主をもたないシングルの女性の貧困を招いている。　（野依智子）

参考文献

木本喜美子・大森真紀・室住眞麻子編著『社会政策のなかのジェンダー』明石書店，2010年。
野依智子『近代筑豊炭鉱における女性労働と家族』明石書店，2010年。

女性の海外出稼ぎ労働

インド映画『あなたの名前を呼べたなら』 2018年の映画『あなたの名前を呼べたなら』は，大都市ムンバイで住み込みのメイドとして働く農村出身の若い寡婦ラトナと，雇い主の青年実業家の恋物語である。南アジア，とくに農村には家庭外で女性が就ける仕事が少ない。そのため，ラトナのように都会に出てメイドとして働く女性が多いのだ。貧しいメイドが身分違いの恋もファッションデザイナーになる夢も実現する——そんな未来を予感させるエンディングには，女性に厳しい南アジア社会の変化を求める制作者の願いが感じられる。

増加する女性の海外出稼ぎ 映画の冒頭，ラトナは長距離バスでムンバイに向かう。しかし，飛行機での移動が容易になった今では，南アジア農村女性の出稼ぎ先は，海外にまで広がっている。中でも人気なのはサウジアラビアやUAE，オマーンなど石油や天然ガス収入で潤うアラブ諸国で，出稼ぎ者数は今世紀に入って急増している（図）。

海外出稼ぎを支援する政府 中東へ行ってメイドとなる女性が増えている背景には，教育のない女性であっても高い賃金が得られるというメリットだけでなく，女性の出稼ぎを後押しする各国の政策がある。出稼ぎ者が家族に送るお金は，暮らし向きを楽にするだけでなく，国全体の経済の発展に資するものであり，貴重な外貨でもあるからである。

たとえばスリランカ海外雇用局のウェブサイトは，出稼ぎ希望者にこう呼びかける——「海外出稼ぎは立派な決断です。あなたにもご家族にも大きな利益をもたらすでしょう」。その利益とは，たとえば「土地や家を買う」ことであり，「自分の事業を始め」たり，「地位と自由を得ること」であるようだ。こうした言葉に引かれ，農村女性たちは故郷を後にするのである。

女性の海外出稼ぎに潜む危険 しかし女性の海外出稼ぎには思わぬ落とし穴もある。とくに，アラブ諸国ではカファーラ制度という保証人制度のため雇用者側の力が強く，過重労働，（性的）虐待，給料不払いなどの問題が起きることがある。また，2年程度の雇用契約の間には，家庭問題も生じがちだ。女性の海外出稼ぎへの反対が根強いのも頷ける。

筆者が主なフィールドとするバングラデシュでも，政府の規制緩和政策によって近年女性の海外出稼ぎが急増した。25歳以上という年齢規制があることから子どもをもつ寡婦が多いが，10代半ばの少女が年齢を偽って出ていく例もある。出稼ぎから帰った女性に話を聞くと，広い世界に触れて多くのことを学んだ，自立できた，家族の幸福に貢献できたなど，肯定的な声が目立つ。しかし，失意を胸に帰国する人も少なくない。ある女性は出稼ぎ中に夫が第二夫人を迎えたことを知り，慌てて帰国した。それでも今，彼女は娘たちに良い教育を受けさせ，土地を買って自分の家を建てるために，再び中東に向かおうとしている。様々な問題を生みながらも，貧しい女性の海外出稼ぎが南アジアで増え続けている。 （須田敏彦）

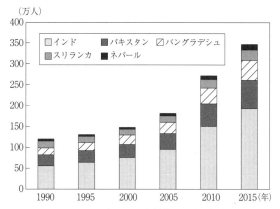

西アジアにおける南アジア女性移民の数（調査時の数）

参考文献
細田尚美編著『湾岸アラブ諸国の移民労働者』明石書店，2014年。

一夫多妻婚

椎 野 若 菜

【関連項目：伝統家族，結婚をめぐる法，ロマンティック・フレンドシップ，婚姻法の変化，女性宣教師，家父長制，ジェンダー平等と法，国際開発のジェンダー政策】

▷1　レヴィレート，寡婦相続

女性が夫を亡くした場合，夫の類別的兄弟（兄弟と呼ぶ間柄，同一祖先をもつ）を代理夫とする慣習的関係のレヴィレートを結ぶ。新たに生まれた子は亡夫を社会的父にもち，亡夫のリネージが存続する（寡婦と亡夫の類別的兄弟の男性との子どもが，その男性の嗣子となる場合，両者のつながりを寡婦相続と呼ぶ）。

▷2　幽霊婚／亡霊婚

幽霊婚（ghost marriage）とは，成人男性が結婚する前に亡くなった際，男性の親族が彼の代わりに婚資を支払い，妻を迎える結婚のことである。妻が，亡くなった男性（夫）の類別的兄弟との間に子どもをもつと，その子は亡くなった男性を社会的父にもつ，その父の名を継ぐ嗣子となる。男性は結婚せず，名前を継ぐ子ももたずに死ぬことはよくないことと考えられているために行われる。

▷3　女性婚

アフリカの一部の地域では，夫を亡くしたり，シングル女性であったり，いずれにしても息子をもたない女性がジェンダーを変え「女性夫」となり，妻を迎える女性婚を行う慣習がある。妻となった女性は「女性夫」の（亡）夫の類別的兄弟とのあいだに子をもうけ，その子が孫（嗣子）となる慣習的規範がある。女性婚は社会的父，生物学的父が異なるという点で幽霊婚と類似した点がある。

📖　概　要

　アフリカにおける社会の多くは父系で，同じ先祖をもつクラン（氏族），リネージ（個人と先祖が辿れる規模の集団）といった出自体系をもとにした分節的社会となっている。婚資を支払い，自らの出身以外のクランから配偶者を得る外婚クラン制をとり，複数の妻と結婚する一夫多妻が選択肢としてある。夫の死後に寡婦のケアを行う一夫多妻の変形としてのレヴィレート[◁1]，寡婦相続，また嗣子を得るための幽霊婚[◁2]，女性婚[◁3]，といった一見すると特殊な結婚形態が発達した。

　帝国主義時代，19世紀後半より西欧列強によって次々とアフリカの植民地化・キリスト教化が進んだ。キリスト教宣教師らは現地の多様な結婚制度を「不道徳」とし一夫多妻を非難し，一夫一婦制を奨励した。同様に植民地政府も法により一夫多妻を禁じたが，独立後は多元的法体制において国家法と慣習法による一夫多妻が共存してきた（椎野 2018）。

　当時の議論　一夫多妻がなされる理由について，たとえば以下8つの理由があげられた。①女性の不妊，②数々の「良い」家族との関係を確保，③男女の結婚の年齢差，④複数の妻と複数の子どもをもつことで生業の分業が保障される，⑤寡婦を引き取る，⑥妊娠中や出産までの妻との禁欲中の性交渉を補う，⑦男性としての名声，⑧男性の欲望。かつては感染症等により子どもの生存率は低かったこと，植民化以前はクラン同士などで戦いが多く，男性の数が圧倒的に少なかったためだという説もあった。父系社会の男性は，結婚により得た息子が自分の名と財産を継ぎ，クラン・リネージの継続に資してこそ成人とみなされる思考が基礎にあった。

　その後の展開　近年は高学歴化が進み，女性の人権，ジェンダー・セクシュアリティの観点から，また経済的にも一夫多妻により多くの子どもをもつことは難しくなってきている。その一方で権力者が国際社会において一夫多妻を「アフリカ文化」として積極的にアピールし，法律によってその実践を後押しする動きもある。

🗝️　論　点

1.　一夫多妻制をとる拡大家族はどのように運営されているのか　夫が妻たちと同じ屋根の下で暮らす場合，また妻が独立した家屋を持つ場合など，居住形態は多様であるが，一夫多妻家族の形成する家囲いが，当

一夫多妻の家囲い
妻たちが同じ家屋内に住まう場合，独立した家屋に暮らす場合など，民族，文化によって異なる。

該社会の経済・労働システムの核となる単位になっているという指摘もある。南部アフリカのズールー社会を調査したマックス・グラックマンは，一夫多妻の家族内の財産が各妻の「家」ごとに分割され，個別に保有される財産保有，もしくは相続の仕組みを「家財産複合（house property complex）」と呼んだ。そして一夫多妻の社会では，息子は父から直接相続をするのでなく，母親を通じて土地や家畜といった家産を継承する傾向があると結論づけた（Gluckman 1950）。

2．ポストコロニアルと男性性

近代国家による社会福祉制度が充実していない，生態学的環境の厳しい地域では，複数の妻たちとその子たちが生業を協力しうる一夫多妻制は生活維持を支える役割を担ってきた。嗣子が得られない，あるいは妻が老いて労働が難しくなった時点で，夫は次の妻を迎えることもある。障がい者の女性も第二，第三の妻として生きていくことができた。西ケニアの村落ではアクク・デンジャー（1918〜2010）と呼ばれたルオ人の男が，100人以上の妻と結婚した。イギリス植民地期，彼はインド人の仕立て屋で手に職をつけて働き，アフリカが独立しインド人が退避した後，自ら仕立て屋を始めビジネスを展開。商才を発揮し植民地から独立という過渡期に土地所有も拡大，生きた時代背景と彼自身のカリスマ性がこのような大型一夫多妻を可能にした。自ら学校を建て，自分の子どもたちを学ばせた。彼の存在は国内外で広く取り上げられ，富の象徴である多くの妻子と広範囲にわたる土地と複数の商店をもつ，独立・近代社会において成功したアフリカの男性性のシンボルと化したと考えられる（Shiino 2021）。

3．「アフリカの文化」としての強調

かつて「不道徳」として西洋によって否定されながらも，人々の生活文化に慣習として根強く残ってきた一夫多妻は，現代のアフリカ諸国家において，アフリカの文化として肯定的にとらえられる傾向がある。南アフリカの前大統領ズマも，大統領の任期中に複数の妻を迎え，「誰がファーストレディか」と話題になった。ズマは，西洋人は愛人を隠すが私たちアフリカ人は隠さないのだと発言している。近年の一夫多妻の状況については，フェミニズム法学を唱道する学者らが「女性差別撤廃条約」に反していると批判している。他方，たとえばケニアではイギリスからの独立（1963年）後，初めて2010年に男女平等，夫婦間の平等を謳う憲法改正がなされ，2014年に慣習であった一夫多妻がケニア法に書き込まれ，論議を呼んでいる。一夫多妻は，今後アフリカにとってどのような意味をもっていくのか。シングルマザーを救うのか，あるいは女性の意思にかかわらず男性主導の一夫多妻を助長させることになるのか——疑問視する声もあがっている（Shiino 2021）。

アククの葬式で売られていたカレンダー
亡くなった2010年（92歳時）には息子（106人），娘（104人），孫（1267人），ひ孫（273人）がいた。その中には3カ月になるアククの赤ん坊がいた。

探究のポイント

①アフリカで様々な結婚形態がなぜ生まれたのだろうか。
②現代における一夫多妻は，法的問題か，それとも倫理的問題だろうか。ジェンダー，宗教の視点からも考えよう。
③映画『母たちの村』（センベーヌ・ウスマン監督，2004年）を観て，舞台となる一夫多妻の拡大家族の妻たちの関係性を観察してみよう。

参考文献

エヴァンズ・プリチャード（長島信弘・向井元子訳）『ヌアー族の親族と結婚』岩波書店，1985年。
和田正平『性と結婚の民族学』同朋舎，1988年。
田川玄・慶田勝彦・花渕馨也編『アフリカの老人——老いの制度と力をめぐる民族誌』九州大学出版会，2016年。
小馬徹『女性婚を生きる——キプシギスの「女の知恵」を考える』神奈川大学出版会，2018年。
椎野若菜『結婚と死をめぐる女の民族誌——ケニア・ルオ社会の寡婦が男を選ぶとき』世界思想社，2018年。

∞∞中 国∞∞
14 婚姻法と家族の今

姚　　毅

【関連項目：産科学とジェンダー，婚姻法の変化，優生学，母性と身体解放，一夫多妻婚，一人っ子政策と生殖，医療技術とジェンダー】

📖 概　要

中国の婚姻法は，私法より公法的な性格をもっており，そのため，時の政策が如実に反映される。中華人民共和国の最初の婚姻法は，1950年５月に公布施行された。強制結婚，男尊女卑の封建的婚姻制度を撤廃し，結婚の自由，一夫一婦，男女平等を原則とするものである。また旧来の慣習であった一夫多妻や**売買婚**，**請負婚**，**童養媳**（トンヤンシー）◁1 は禁じられ，離婚の自由や寡婦の再婚の自由を認めるなど，婚姻制度の一大革命といわれている。

当時の議論　当時の中国は強い家父長的家族観の下で，自由意思による結婚や，女性からの離婚要求は厳しく忌避されていたため，「婚姻法」を確実に実行するためのキャンペーンが大々的に行われた。その結果，グラフで示しているように離婚件数——とくに女性からの離婚申し立て——が急増し，「離婚法」とさえ揶揄された。また結婚と離婚の自由を求める女性に対するバッシングが起き，女性の自殺と他殺を含む人命に関わる事件が多発した。

その後の展開　時代の変化に合わせて，婚姻法はいくども改正された。1980年の１回目の改正は，「計画出産」の内容が盛り込まれ，晩婚・晩育を目的として，男女とも法定婚姻適齢が２歳ずつ引き上げられた。さらに「男性が女性の家庭の一員となることができる」「子どもは父母どちらの姓を称してもよい」とするなど，父系から双系への移行を促すことで，後継ぎの男子へのこだわりを牽制している。

改革開放の20年で社会経済のあり方は激変し，家族をめぐって新たな問題が噴出した。これを受けて，2001年４月には，２回目の婚姻法の改正が行われた。修正婚姻法は，配偶者のある者の第三者との同棲禁止，家庭内暴力禁止，夫婦財産所有の明確化，非嫡子および老人の権益保護などの内容がつけ加えられた。これらの改正点の背後には，市場経済の進展に伴う家族関係の変化と，急激な変化に歯止めをかけようとする司法・行政側の意思とのせめぎ合いを見て取ることができる。21世紀に入り，中国の社会経済はさらなる変貌を遂げ，離婚率が急増する。こうした中，2021年１月に中国立法史上初となる『中華人民共和国民法典』が制定・実施され，それまでの婚姻法は「婚姻家庭編」として『中華人民共和国民法典』に入った。「婚姻家庭編」には，計画出産の関連内容の削除，合意離婚の場合の待機期間の増設など

▷1　売買婚，請負婚，童養媳
売買婚とは，婿側が嫁側に金品を支払って，嫁を娶る形式の婚姻を指す。請負婚とは，父母が子女の婚姻を取り決める，あるいは婚姻を強制することをいう。童養媳とは，幼女を婿になる男児の家庭が買い取って養育し，成人後に買い取った家庭の息子と正式に婚姻させる形式の婚姻を指す。これらは，いずれも中国の古い時代から広くみられる婚姻を名目とした人身売買契約である。

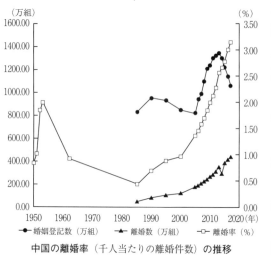

中国の離婚率（千人当たりの離婚件数）の推移

—●— 婚姻登記数（万組）　—▲— 離婚数（万組）　—□— 離婚率（％）

の外に，夫婦の共同財産および親子関係などについて，より具体的な規定が盛り込まれた。これらはいずれも複雑化する家族関係に対応するものである。

論　点

1. 「結婚すべきでないとされる病気」に関する内容の変化と優生思想

現代中国の婚姻法には「結婚すべきでないとされる病気」に関する優生思想絡みの条項があった。1950年「婚姻法」には，「治癒していない性病や精神失調を罹っている者，ハンセン病その他の医学上結婚すべきでないとされる疾病の患者」に対する結婚禁止規定があったが，その後の修正では，これに関する内容が改められ，『民法典　婚姻家族編』は，この禁止規定も削除された。また1994年「中華人民共和国母嬰保健法」によって結婚に際して婚前身体検査が必要になったが，2003年「婚姻登記条例」により任意に変更された。こうした変化からは，根強い優生思想や障がい者差別観念が緩みつつあると読み取れるが，姚は現状では依然として厳しいものであると指摘している（姚 2022，中国女性史研究会編 2004）。

2. 父（夫）方居住婚慣行と男女平等

中国では夫方居住婚慣行の名残で，結婚に際して男性が家屋を準備し，女性が嫁入り道具を用意する慣習がある。今では男性は家屋を買う，女性が内装工事を行い，あるいは車を用意するのが一般的である。これは家屋を用意できない男性の結婚難と直結し，また離婚時に，当該不動産の法的帰属または分割をめぐる訴訟が激増した背景である。現在では，個人財産の増加，婚姻のあり方の多様化，法意識の高まり等により，夫婦間の財産管理のあり方が見直され，婚姻後自分の名義で購入した家屋で生活する女性が増えつつある。張は，それが夫方居住婚慣行の脱却につながり，男女平等の促進にも寄与できるとしている（張 2016）。

3. 文明家庭の建設と伝統的価値観の回帰

2021年の婚姻家族編は，「婚姻家庭は国家の保護を受ける」「文明家庭の建設を重視する」等の文言が付け加えられ，孝を中心とする儒教的価値観に基づく家族像を打ち立てようとした。家族を国家秩序の基盤として維持すること自体は，近代国家の婚姻家族法でも決して珍しいものではない。しかし，中国は事情が少し異なる。男女平等国策とは裏腹に，女性の家事仕事の二重負担の強要，福祉保障制度の未整備，離婚や老人・子どもの扶養，家庭内暴力等，これらの問題に対処するための家族機能の重視という国内的事情の外に，西側の「普遍的価値」を拒否し，中華民族の「伝統美徳」への回帰という政治的な意図も見え隠れしている（佐々木 2021）。

探究のポイント
①1950年「婚姻法」が当時において「革命的」といわれた理由を考えよう。
②中華人民共和国は4回の婚姻法制定・改定を行った。それぞれの内容と背景を整理してみよう。
③中華人民共和国の婚姻法の特徴を日本の婚姻家族法と比較してみよう。

▷2　婚姻登記
中国では，結婚しようとする男女双方が，自ら結婚登記機関に赴き，婚姻登記を行う必要がある。登記の際に，身分証や戸籍証明書に加え，個人情報や結婚禁止条項に違反していないことを記入した誓約書等の書類を提出する必要がある。結婚の合法性が認められると，赤色の結婚証が発給される。離婚する際には緑色の離婚証が発給される。

参考文献
中国女性史研究会編『中国女性の一〇〇年——史料にみる歩み』青木書店，2004年。
関西中国女性史編『中国女性史入門——女たちの今と昔』人文書院，2005年。
張琢（星明訳）「中国における婚姻と家族の研究」『佛教大学社会学部論集』63，2016年。
佐々木彩「新中国家族法における法秩序——国際私法上の公序を手掛かりに」『現代社会研究』19，2021年。
姚毅「生命リスク回避の「テクノロジー」と優生願望」白井千晶編『アジアの出産とテクノロジー——リプロダクティブの最前線』勉誠出版，2022年。

中国

一人っ子政策と生殖

姚　毅

【関連項目：産科学とジェンダー，婚姻法の変化，優生学，母性と身体解放，一夫多妻婚，婚姻法と家族の今，医療技術とジェンダー】

＊　文化大革命（文革）
Ⅳ-15 側注 4，Ⅵ-9 側注3 参照。

▷1　「一・五子」体制
1984年から厳格な一人っ子政策が見直され，第一子が非遺伝性疾患の場合，再婚カップルの場合，農村部では第一子が女児の場合，条件付きで第二子の出産が認められることになり，それを「一・五子」体制という。

▷2　人口論論争
1957年後半に人口抑制を主張する呉景超・陳達・馬寅初らと人口増加放任策を主張する王亜南・劉毅らの間に起こった論争である。

▷3　大躍進政策
1958年から1961年まで施行された農業と工業の大増産政策。アメリカやイギリスを15年以内に追い越すと宣言。しかし，現実を無視した手法に自然災害が加わり，中国国内で大混乱を招き，多数の死者を出した。

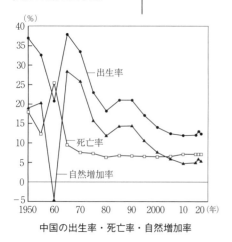

中国の出生率・死亡率・自然増加率

📖　概　要

　中国の一人っ子政策とは，中国語でいう「計画生育」のことで，1979年頃から始まった厳しい人口抑制政策である。中華人民共和国では，建国以来，時の政治状況と現状認識によって人口を抑制したり緩和したりしてきた。1971年から「1組の夫婦に子ども2人」を理想とする人口政策がとられ，都市では少なからず効果が現れたが，農村部では十分には普及しなかった。**文化大革命（文革）**＊後，中国は計画経済から市場経済へ転換すると同時に，基本国策として「一人っ子」政策に踏み切った。政府は規定に違反し超過出産した夫婦には厳しい罰則を設けたため，各地で大きな混乱が起こった。とりわけ農村部では，後継ぎの男児を求める農民による女児の間引き，虐待，捨て子，戸籍登録のできない「闇っ子」，女児を生んだ女性への虐待が頻発し，国際社会から人権侵害と厳しく批判され，政策調整を余儀なくされた。都市では厳格な一人っ子政策が継続していたが，農村部ではいわゆる「一・五子」体制が認められた。

当時の議論

　中国では「多子多福」の考えが根強く，建国初期にも人口奨励政策がとられていた。しかし，1953年の人口センサスで，人口が想定以上の6億人に達したことに危機感が抱かれた。費孝通・馬寅初等の社会学者，人口学者が相次いで人口抑制必要論を展開し，いわゆる「**人口論論争**」が始まった。1957年，北京大学学長であった馬寅初が「新人口論」を発表し，女性の身体を傷つけ胎児の命を奪う中絶を避け，「晩婚，避妊」の普及で人口抑制すべき，と提案したが，**大躍進政策**以降，馬寅初は批判され，彼の人口抑制論も長い間葬られていた。1979年，馬寅初が名誉回復され，社会主義中国でも人間の意思によって左右されない人口法則が存在することが認められた。

その後の展開

　1995年北京で開催された第4回国連世界女性会議が一つのきっかけになって，リプロダクティブ・ヘルスを取り入れた，女性に優しい行政サービスが模索されるようになった。2002年9月から「人口及び計画出産法」が施行され，新しい人口動態やジェンダー関係を反映した条文が盛り込まれた。少子化が進みすぎたため，2016年1月から「二人っ子政策」になったが，出生数は予想していたほどには増えず，今度はいかに少子高齢化に対応するかが課題となった。こうした現状を踏まえ，2021年1月施行の『中華人民共和国民法典　婚姻家族編』では，計画出産に関する言及が削除された。一方，生殖補助技術の発達に伴い，「多子多福」の伝統的観念が刺激され，海外

での代理出産や国内での闇の代理出産が横行し，政府は法的対応に追われている。条件付きの代理出産合法化が主張され，それをきっかけに独身女性と同性愛カップルの代理出産利用権をめぐる議論も沸き起こった。しかし，一夫一婦の異性愛を理想とし，血筋を重視する中国では，その利用権承認は困難を極めるとみられている。

中国都市農村別出生順位別出生性比（2010年）

	第一子	第二子	第三子	第四子	合　計
都　市	113.44	132.19	178.16	160.63	118.33
鎮	114.48	132.85	171.12	157.61	122.76
農　村	113.62	128.95	157.34	143.35	122.09
合　計	113.73	130.29	161.56	146.50	121.21

 論　点

1．人権侵害か自主権の獲得か　一人っ子政策開始後，予期せぬ妊娠をすると流産させられたり，妊娠中後期に達しても強制的に中絶させられたりするケースが後を絶たない。このように，女性に負担を強い，女性蔑視につながる中国の計画出産は，とくに英語圏から「人権侵害」と厳しく糾弾された（モーシャー 1994）。一方，中国側の研究では，この政策が「人口抑制に成功し持続的な発展を可能にし，世界の人口増を遅らせるのに貢献した」「女性に生育の自主権を獲得させた側面がある」と評価している（小浜 2020）。

2．優生優育と出生前検査　一人っ子政策を実施する際に，罰則だけでなく，少なくよりよく産んで，よりよく育てることを意味する「少子優生優育」が積極的に提唱された。ここでの「優生」は，遺伝を問題にする優生学そのものを中核に置く概念ではあるが，広く非遺伝的な先天性障がい児の出産に対する医療保健サービスも含まれる。1995年の「母嬰保健法」は，「出生人口の資質の向上を目的」とし，「婚前医学検査証明」の提出を義務としただけでなく，「胎児に発育異常ないし奇形の疑いがある場合」，医師には「妊婦に人工妊娠中絶をするように勧告する義務」が課されている。姚の研究は，現状では，胎児に異常がある場合，ほとんどの妊婦が医師の意見に従い中絶を選択していると指摘した（姚 2022b）。

3．男児選好と出生性比のアンバランス　一人っ子政策は，人口抑制に成果を上げたが，急激な少子高齢化，出生性比の不均衡など様々な問題を引き起こし，人口構造，社会経済に大きな影響を与えている。2010年の人口センサスでは，全国の出生性比は121.2となり，地域によっては130を超えるところも現れた。表の出生順位別を見ると，第二子以降の出生性比が漸次高くなり，明らかに男児出産を目的とする性別の選択が行われていたことがわかる。男児の高い出生比の背景には，社会保障制度の未整備，根強い男児選好のほかに，一人っ子政策や超音波技術の使用等があるとされている（尹 2013）。

探究のポイント

①一人っ子政策の成果と弊害を考えてみよう。
②どの国も家族計画の歴史がある。中国と自身が関心のある国とを比較してみよう。
③男女の出生比率のアンバランスがもたらされた原因を調べよう。

参考文献

スティーブン・W・モーシャー（津藤清美訳）『中国農民が語る隠された過去——1979-1980年，中国広東省の農村で』どうぶつ社，1994年。

尹豪「中国の人口政策と出生性比問題」『国際社会研究：福岡女子大学国際文理学部紀要』2，2013年。

小浜正子『一人っ子政策と中国社会』京都大学学術出版会，2020年。

姚毅「中国における生殖補助医療規制に見る排除と包摂」小浜正子・板橋暁子編『東アジアの家族とセクシュアリティ』京都大学学術出版会，2022年a。

姚毅「生命リスク回避の「テクノロジー」と優生願望」白井千晶編『アジアの出産とテクノロジー——リプロダクティブの最前線』勉誠出版，2022年b。

グローバル

16 医療技術とジェンダー

松尾瑞穂

【関連項目：産科学とジェンダー，疫病とジェンダー，女性運動】

📖 概　要

　医療技術は，必ずしも普遍的で価値中立的な技術ではなく，その成立と展開には，ジェンダーを含む社会文化的な要因が関わっている。その代表例が，出産の医療化である。これまでジェンダー史学は，近代以降，出産が男性医師の管理下に置かれるようになったことで，女性の産む経験に大きな変化が生じたと論じてきた。近年においてそれが顕著なのが，子どもを妊娠・出産するための医療である**生殖医療**である。生殖医療を特殊なものにしているのは，身体的には健康な女性であっても，子どもができないという理由で侵襲性の高い治療を受けて「患者」になるということや，原因が夫にある場合や不明の場合も，治療を受けるのはもっぱら女性だということである。生殖医療は，きわめてジェンダー化された医療だと考えられる。

　さらに**代理出産**の場合は，その技術の受け手は，子どもを望む人ではなく，第三者の女性（代理母と呼ぶ）である。代理出産は，国によって一切認められない場合と，無償のみ認可される場合，有償で商業化されている場合がある。2021年まで規制法がなかったインドでは，2000年代以降，高度な技術と安価なコスト，豊富なドナーを求めて海外から多くの依頼人が訪れていた。代理母となる貧困層のインド女性にとっては報酬という恩恵がある一方で，望まない中絶を強要されたり，出産後すぐに子どもを引き渡さなければならないなど，身体的，精神的負担の大きさが指摘されている。

当時の議論　代理出産は，様々な論争を引き起こしてきた。まず，代理出産で生まれた子どもの親は誰かという法的問題がある。日本を含む多くの社会では，法律上，母親は分娩の事実をもって定められている。代理出産では，産みの親，遺伝上の親，依頼親というように親が複数化し，親子認定が複雑化した。代理出産で生まれた子と依頼親の間で法的な親子関係が認められず，子が無国籍の状態に置かれる事態も多数生じた。また，匿名のドナー配偶子や胚を用いた場合には，将来的に子どもの「出自を知る権利」を侵害する恐れもある。さらに，身体的リスクもある妊娠，出産を代理母に請け負わせることの倫理的問題も大きな論点である。自国では規制されている生殖医療を求めて国境を越える生殖ツーリズムの広がりは，経済格差を背景とした途上国の女性の利用・搾取であり，そこで取引される子は人身売買に等しいという批判もなされている。

その後の展開　今日，インドを含む多くの国・地域では，商業的代理出産は全面的に禁止されるようになっている。一方で，ドナー配偶子を用いた体外受精は，子どもを望む女性が自分で妊娠，出産を行うので親子関係に

▷1　生殖医療

高度な医療技術を用いた不妊治療で，体外受精や顕微授精などがある。女性の卵子を摘出し，精子と接触させて受精させ，分割した胚を女性の子宮内に移植する体外受精（IVF）は，1978年にイギリスで初めて成功してから世界中に広まり，いまや日本では，年間5万6969人（1年間に出生した子ども16人に1人の割合）が体外受精によって生まれている（2018年）。顕微授精は体外受精の一種で，卵子に精子を針で直接注入して受精させる技術。

▷2　代理出産

人工授精型（伝統的）代理出産と体外受精型代理出産がある。1980年代まで主流だった人工授精型代理出産は，依頼夫婦以外の第三者の女性に依頼夫の精子を注入し，妊娠，出産をしてもらう方法で，代理母と胎児との間には遺伝的関係がある。それに対し，代理母による子の引き渡し拒否などを防ぐため，90年代以降に広まった体外受精型は，夫婦（あるいはドナー）の精子と卵子を体外受精させて作った胚を，代理母の子宮に移植，妊娠，出産してもらう方法で，代理母と胎児との間に遺伝的関係はない。

法的齟齬は生じず，また生殖医療の利用
の事実も秘匿できるため，代理出産に代
わって広く実施されるようになっている。
子宮移植の実験も進められ，2014年には
スウェーデンで移植子宮による妊娠，出
産が成功した。国によって異なる生殖医
療の適用をめぐっては，国を越えたガイ
ドライン作りが求められているが，進展
していないのが現状である。

「僕の母さんたちに会った？」
代理出産と母親の複数化。

論点

1. フェミニズムと生殖医療

フェミニズムにとって，生殖医療は両義的である。生殖の医療化に慎重な立場と，「産む性」としての女性の「解放」をもたらすとして歓迎する立場がある。生殖医療によって，いつ，どのように子どもをもつのかという選択肢が広がりコントロールが可能になることは，生殖の自己決定[3]につながるとも考えられた。だが，代理出産や卵子提供のような第三者が関与する生殖医療や，妊娠期の出生前／着床前診断などのように，女性による女性の身体利用や，胎児のスクリーニングと排除をもたらす技術は，女性の解放を目指すフェミニズムにとっても困難な問いを突きつけている。

2. 医療技術の倫理

医療技術の進展と個人の欲望の充足や社会的需要はどこまで容認されるべきかは，医療倫理における重要な論点である。代理出産に代わる新たな選択として登場した子宮移植も，生命維持を目的としない臓器移植の是非や，侵襲性の高い手術を受けるドナーのリスクといった多くの問題が示されている。ジェンダー研究や社会学では，子どもをもつための手段としてあくまでも医療技術を追求することに対して，そもそも子どもをもつことを要請するジェンダー規範や家族イデオロギーといった，社会のあり方自体を相対化する重要性も論じられている（柘植 2012）。

3. 自己決定と関係的自律性

資本主義的市場経済のもとでは，欲望を満たすために法的に許容された手段を利用することは，個人の自由だとされる。だが，個人の欲望に基づいて選択される自己決定も，規範やイデオロギー，ジェンダーバイアスによって社会的に形成されている可能性がある。このような社会関係や価値との相互作用の上で成り立つ個人の自律性は，フェミニズムでは「関係的自律性」という概念で説明されている（Mackenzie and Stoljar eds. 2000）。

探究のポイント

①ルーマニア映画『4 か月，3 週と 2 日』[4]（2007年）を観て，国家と女性の身体について考えてみよう。
②生殖の自己決定について，リプロダクティブ・ヘルス／ライツという概念との関係から考えてみよう。

▷3　自己決定権
他人に危害を及ぼさない範囲で自己の私事に関しては自由に決定してよいという権利であり，日本では憲法第13条の幸福追求権を根拠とする。生殖の領域では，「産む権利」は公的権力の介入を受けない私的な事項に関する自己決定の問題としてとらえられてきたのに対し，代理出産の場合は，親の（子をもつという）自己決定権は自明のものとはされない，という議論がある。

▷4　『4 か月，3 週と 2 日』
クリスティアン・ムンジウ監督作品。1980年代後半，人口増加による経済成長をうたい，避妊も中絶も禁じていたルーマニアのチャウシェスク独裁政権下で，妊娠した友人を助けるため，違法中絶を求める女性の物語。女性の身体に対する国家の介入が描かれている。

参考文献
浅井美智子「生殖技術と自己決定——代理母のエシックス／ポリティクス」金井淑子・細谷実編『身体のエシックス／ポリティクス——倫理学とフェミニズムの交叉』ナカニシヤ出版，2002年。
柘植あづみ『生殖医療——不妊治療と再生医療は社会に何をもたらすか』みすず書房，2012年。
松尾瑞穂『代理出産の文化論——出産の商業化のゆくえ』風響社，2013年。

「新しい父親」と「男らしさ」

石井香江

【関連項目：マスキュリニティ，男性稼ぎ主モデル】

📖　概　要

　育児・家事・介護など「ケア労働」の担い手というと，家庭でも職場でも依然として女性が多いという印象だ。実際，男性のケア労働に関する研究はこれまで少なく，長いこと周縁化されたテーマでもあった。しかし，近年では男性の貢献も無視できなくなっている。たとえば2000年代初頭のアメリカでは，父親が担うケア労働は全体の３割を占めているという調査研究もある。同じ時期のヨーロッパでも，その数値は１～３割を推移している。ドイツに関しては地域差もあり，ドイツ西部では月～金曜日の平日は22％（ドイツ東部は27％），日曜日は32％（同じく36％）であることが判明している。そして，平日に育児に関与していない父親の割合は，2004年にはドイツ西部で５％と，20年前と比べて11％減少している。2021年３月のドイツ家族・高齢者・婦人・青少年省の報告によれば，ドイツで育児休業を取得した父親の比率は多い州では41.3％，平均すると27.8％となっている。このように積極的に育児に関わる男性は「新しい父親」と呼ばれ，メディアでも盛んに取り上げられ，注目を集めてきた。社会心理学者のジョゼフ・H・プレックは「新しい父親」を，「子どもの誕生に立ち会い，まだ幼児期の子どもに関わり，遊ぶだけでなく，日々子ども（娘とも息子とも）のケアに関わる」父親であると定義している（Pleck 1987）。

　当時の議論　「新しい父親」をめぐる議論において，父親にはまず何よりも育児に関わることが求められる。たとえば心理学の研究は，父親が労働時間を短縮して，育児に参画することによって育児の質が高まると強調し，社会学をはじめとする研究では，父親が育児に関わることとジェンダー平等とを同一視するケースさえある。しかし事態はそれほど単純ではない。

　ポスト工業化社会において，就労する母親の増加により，家族の中での父親の位置づけは大きく変化した。非正規雇用といった雇用形態の変化は，もはや女性だけではなく若年男性も直撃し，従来の「**男性稼ぎ主モデル**」[▷1]を支える経済的基盤は失われつつある。しかも，この動きは父親の意思とは無関係に進展している。父親が主たる稼ぎ手である旧来の家族モデルは変化しつつあるといえるが，この事実だけを根拠に，父親が「**覇権的な男らしさ**」[▷2]から解放されているとはいえない。

　その後の展開　2006年のドイツのバーデン＝ヴュルテンベルク州選挙における同盟90/緑の党の選挙ポスター（左図）をみてみよう。「子どもとキャリアのために」という標語の後で，背広を着た男性たちが，ベビーカーを押しつつ談笑している。育児疲れが見えない颯爽とした

選挙ポスター「今こそ緑！」（2006年）

姿からは，育児の生々しい現実はあまり感じとれない。

　次に，フォルクスワーゲングループ傘下にあるチェコの自動車メーカー，シュコダ・オートがドイツで売り出した巨大なベビーカーの2013年の広告（右図）をみてみよう。父親は母親たちと前後して並びながらも，その身体もベビーカーも女性のものと比べて目立って大きく，力強い「男らしさ」が強調されている。

巨大なベビーカーの広告（2013年）

🔑 論点

1. 育児は常に「女の仕事」だったのか

「新しい父親」とはそもそも，家庭における「父親の不在」に対する批判から，1960年代以降に生まれた理想の形であった。父親の不在は市民層の家族に特有な現象と理解されてきたが，ハンブルクの市民層の自伝を検討したアンネ・シャルロット・トレップ（1997）によると，「家族思い」という特性は，市民層の「父親らしさ」の一部であった。19世紀半ばまで，市民層の父親は後継者でもある子どもの発達に関心をもち，教育にも関わっている。父親がもっぱら稼ぎ手という役割を負わされ，近寄りがたい存在として家族の中心から周縁に追いやられたのは，19世紀後半以降のことであった。

2. 父親は母親よりも育児が苦手なのだろうか

母親が育児をしても特別のことをしているとはみられないが，父親が育児をすると過度に誉めそやされることがある。その背景には，女性と違って男性は育児が苦手なはずであるという前提があると思われる。アメリカでは1990年代以降，「マターナル・ゲートキーピング」という概念が注目されている。これは，母親が「ゲートキーパー」（門番）として，意識的・無意識的に父親を育児から遠ざける，あるいは育児に関与させることを意味している（Schoppe-Sullivan et al. 2008）。父親の育児の得手不得手だけでなく，母親の意向も父親の育児参加に影響を与えている。

3. 「新しい父親」はジェンダー平等を後押しするのか

前ページの図をもう一度みて「新しい父親」像について考えてみよう。普段はオフィスで働いているであろう，ホワイトカラーの男性たちが，やや片手間にベビーカーを押している。現在こうした「エリート」ともいえる男性たちの中で「男らしい」育児が称揚されるなど，新たな「男らしさ」を形作る場として育児が浮上している。右上の図では父親が母親の育児から距離を置き，従来の「男らしさ」を育児に取り入れ，育児を「男らしい」ものに作りかえているようにもみえる。威圧感のある巨大なベビーカーを前にすると，男性の育児参加が実際にジェンダー平等を進めるかどうかを簡単に判断することはできない。

―― 探究のポイント ――
①日本語の「イクメン」はいつ頃から使われるようになったのか調べてみよう。
②参考文献を読んだ上で，日本の「イクメン」の課題について考えてみよう。
③ジェンダー平等を後押しするような育児のあり方について話し合ってみよう。

（参考文献）
ロバート・W・コンネル（森重雄ほか訳）『ジェンダーと権力――セクシュアリティの社会学』三交社，1993年。
アンネ・シャルロット・トレップ「家庭のなかでの男らしさ」T・キューネ編（星乃治彦訳）『男の歴史――市民社会と「男らしさ」の神話』柏書房，1997年。
阿部恒久・大日方純夫・天野正子編『「男らしさ」の現代史』日本経済評論社，2006年。
多賀太『男らしさの社会学――揺らぐ男のライフコース』世界思想社，2006年。
巽真理子『イクメンじゃない「父親の子育て」――現代日本における父親の男らしさと〈ケアとしての子育て〉』晃洋書房，2018年。

セクシュアリティ

遠山日出也

【関連項目：同性愛／異性愛，江戸文化と男性同性愛，売買春と性病予防法，帝政期ドイツの売買春，同性愛，ファシズムとホモフォビア，AIDS の影響】

*　婚姻法
Ⅵ-14 参照。

*　文化大革命（文革）
Ⅳ-15 側注 4，Ⅵ-9 側注
3 参照。

*　改革開放政策
Ⅵ-11 参照。

▷1　世界女性会議
第 4 回世界女性会議。世界
女性会議は国連が主催し，
第 1 回は国際女性年（1975
年）にメキシコシティーで
開催された。政府会議と並
行して NGO フォーラムも
開かれる。

▷2　中国版「ヴァギナ・
モノローグス」上演運動
アメリカのイヴ・エンス
ラーが様々な女性の性に関
する体験に基づいて執筆し
た演劇（1996年初演）をも
とにして，中国各地の女性
たちが，自分たちの性に関
する経験に基づくオリジナ
ルな演劇を上演する運動。

▷3　フェミニスト行動派
中国各地で街頭パフォーマ
ンスアートや署名運動，裁
判，行政への情報開示申請
などによって，就職や大学
入試の男女差別，DV，性
暴力などの問題に取り組ん
だ女子大学生ら若い女性た
ちの自称。

▷4　北京クィア映画祭
当初の名称は「中国同性愛
映画祭」で，2007年からこ
の名称になった。毎回のよ
うに政府当局の妨害にあい，
上演場所を変えながら，1
～3 年に 1 回，自主制作し
た映画や国外の映画を上映。

📖　概　要

　中華人民共和国成立後の1950年に成立した**婚姻法**[*]は，一夫一婦制と結婚・離婚の自由を規定し，一時，女性からの離婚も増えた。売春施設は女性解放と性病防止のために閉鎖された。しかし，中国共産党の一元的支配体制が強化されるにつれ，人間のあらゆる活動は国家建設や政治闘争に従属させられ，それは**文化大革命（文革）**[*]期（1966～76年）に頂点に達した。性についても，生殖のための婚姻内の性以外の，婚外・婚前の性，同性愛は全否定された。文学でも，性はおろか，恋愛もテーマにされなくなった。また，男女とも，軍服をモデルにした「人民服」を着た。

　1970年代末から**改革開放政策**が始まると，性についてもしだいに語られるようになった。しかし，学校の性教育は，現在でも既成のジェンダーや道徳を守ることを重視している。また，職業や服装に関する男性と女性の分化が強まった。売買春も復活したため，政府はそれを処罰の対象にした。

　その一方，女性たちは，性暴力やセクシュアルハラスメントを問題にするようになり，1995年の北京で開催された，**世界女性会議**[▷1]の後に設立され始めた女性NGO も，それらの問題に取り組んだ。さらに，**中国版「ヴァギナ・モノローグス」上演運動**[▷2]（2003年～）や，街頭パフォーマンスアートなどを行う**フェミニスト行動派**[▷3]の活動（2012年～）が若い女性たちによって行われた。後者は「私はふしだらでもいいが，あんたのセクハラは許せない」などのスローガンを掲げ（図参照），女性の身体の自主権を肯定する見地から性暴力に反対した。

　1990年代には，ゲイ，レズビアンの運動も起こり，2001年には**北京クィア映画祭**[▷4]も始まった。同性愛は，1997年に処罰の対象から外され（非犯罪化），2001年には精神障がいとみなされなくなった（非病理化）。セクシュアリティの多様性を尊重する性教育も一部で始まった。2000年代半ばには，男性を含むセックスワー

上海の地下鉄構内で，痴漢を女性の服装のせいにすることに抗議して，スローガンを掲げる女性（2012年）

カーの運動も登場し，客などから暴力や盗難の被害にあっても，売買春が処罰の対象であるために，警察には届けられないことなどを問題にした。しかし今日でも，テレビや映画では同性愛の映像は放映できないなどの差別や売買春に対する処罰は存続している。さらに2010年代半ば以降は，習近平政権による抑圧により，セクシュアリティをめぐる運動はきわめて困難になった。

当時の議論　改革開放後，性や愛も文学のテーマになったが，男性作家はその中の性役割などに無自覚だった。それに対して女性作家たちは，男性本位の性行為，離婚ができないための苦難，一人っ子政策や婚前・婚外の性行為に伴う妊娠中絶，出生の男女比の格差拡大に伴う売買婚などを描写した作品を発表した。

🔑 論 点

1. 改革開放以前と以後のセクシュアリティの相違

潘綏銘ら（2013）は，改革開放以前について，性が否定され，服装や労働の男女同一化が強まったことを理由に，「無性時代」と規定した。しかし，セクシュアリティにおける男性支配は必ずしも弱まっていない。その点は，改革開放以前はおおむね離婚が困難だったことや，文化大革命中に起きた，権力から危険視された人々（元地主・富農，少数民族など）への迫害に伴う性暴力などに示されている。潘は，改革開放後は，婚前の性関係や，性行為における愛撫，一生における性関係の相手が増加したことなどから，「性革命」が起きたと認識した。潘は，その中に女性の性的自主性の高まりも含めているが，近年の男女格差の拡大からみて，性革命とジェンダーの関係については，なお探求が必要だろう。

2. 1950年代と改革開放後の売買春に対する政策

従来，1950年代の売買春根絶政策については，売春女性を社会復帰させたことが高く評価されてきた。それに対して林紅（2007）は，彼女たちの多くが条件の悪い農業労働を強制されたこと，売春は罪悪という観念から抜け出せなかったこと，売買春根絶の目的が人々のエネルギーを国家建設や（再）生産労働に集中させることだったことを指摘する。改革開放後の売買春も，農村女性の人身売買に依拠している場合もあり，売買春処罰にも先述のような問題がある。また，ティエンティエン・ジョン（Zheng 2009）は，客がしばしばコンドームを使わなかったり，性病の伝染がセックスワーカーのせいにされたりするのは，避妊や性道徳が女性の責任とされているからだと指摘する。この点は幅広い女性に関わる問題だろう。

3. 性的マイノリティ相互やフェミニズムとの関係

フェミニズムは近年まで性的マイノリティに無関心だった。ただし遠山日出也（2015）は，フェミニスト行動派は，男性からの独立性が強く，セクシュアリティの問題に関心が強いレズビアンを一つの基盤にしていたことを述べる。

また，性的マイノリティの活動はゲイ男性が中心で，レズビアンやトランスジェンダーが周縁化されていることがレズビアンらによって批判されてきた。とはいえ，様々な性的マイノリティが相互に協力している面も指摘されている。

探究のポイント

①改革開放の前と後のセクシュアリティの相違をどうとらえればいいのだろうか。
②売買春やそのあり方とジェンダー平等とはどういう関係にあるのだろうか。
③フェミニズムと性的マイノリティ，性的マイノリティ同士はどのような関係か。

参考文献

戴晴ほか（林郁編訳）『「性」を語り始めた中国の女たち——重婚・売買婚・売買春・中絶・自立』徳間書店，1989年。
林紅『中国における買売春根絶政策——一九五〇年代の福州市の実施過程を中心に』明石書店，2007年。
スーザン・マン（小浜正子，リンダ・グローブ監訳，秋山洋子・板橋暁子・大橋史恵訳）『性からよむ中国史——男女隔離・纏足・同性愛』平凡社，2015年。
遠山日出也「近年の中国におけるLGBT運動とフェミニスト行動派」『現代思想』43(16)，2015年。
小浜正子・板橋暁子編『東アジアの家族とセクシュアリティ——規範と逸脱』京都大学学術出版会，2022年。

Column **31**　イスラーム圏

名誉と「名誉犯罪」

国際世論と「名誉犯罪」　1990年代後半，女性の人権への国際世論の高まりを背景に，「名誉犯罪」（honor crime）がイスラーム社会における女性の人権侵害の象徴として盛んに論じられるようになった。名誉犯罪とは，女性が性的な規範を破ったことで失墜した家族の名誉を挽回するため，親族が女性や相手男性を殺すことを指す。国際機関や人権活動家，作家，研究者らは，女性を男性と同等の尊厳や権利をもつ人間としてではなく，モノや商品，男性によって管理される身体部位（究極的には処女膜）として扱う社会を糾弾し，その中における特殊な文化として名誉犯罪を位置づけ，ムスリム女性の救済を訴えた。

ジェンダー・オリエンタリズム　エジプトのベドウィンを調査し，名誉の民族誌を著したライラ・アブー＝ルゴドは，「名誉犯罪」への批判が，特定の民族や文化共同体ならではの暴力形態であるという前提で行われていることを指摘した。その際，出発点となったのが，文明化された社会とそうではない社会という二分法的な見方である。アブー＝ルゴドが「ジェンダー化されたオリエンタリズム」と呼ぶそうした見方は，様々な水準で再生産されてきた。トルコでは名誉犯罪を少数民族クルド人の野蛮な伝統とみなす傾向がある。ヨーロッパ人類学が取り組んできた地中海周辺地域における名誉と恥の文化の議論に関しても，ヨーロッパの辺境について，名誉を極端な男性支配や暴力と結びつけたという批判がある。

名誉の道徳規範　トルコでは名誉にあたるものとして「ナームス」という言葉がある。ナームスは，女性の貞淑さを守ることで保持される個人や集団（家族・親族，地域共同体，民族）の性的名誉から，正直さや人の道にかなうこと，それにより尊敬されることや自尊まで，幅広い意味を包含する。

ナームスは理想的な人間として生きるための精神的支柱や基盤の一つである。「名誉犯罪」というカテゴリーの使用には，そうした現地の複雑な道徳規範を，女性抑圧のシステムへと矮小化する作用がある。

解釈と実践の多様性　名誉の観念は，文脈に応じて解釈され，意味を付与されるものである。現代のイスタンブルで，大学生の男女にとり，ナームスはより個人的で精神的な価値である。一方，地方から移住し貧困や差別に直面する男性にとり，ナームスは数少ない拠所であり，それを伝統的価値として称揚し，妻や娘の身体や振る舞いをより厳しく管理することがある。彼らの妻の中には，夫の監視を家族のナームスを守る行為として肯定する者もいれば，都市の価値観に触れ，ナームスを自身の尊厳と考え，夫の監視に反発する者もいる。ナームスはまた，人々の道徳律の中心にあるがゆえに，ときに政治や軍事的な場面で排外感情や愛国心をかきたてる役目を負ってきた。一例として「国境はナームスである」という国軍のスローガンは，国土を女性の身体との比喩でとらえ，（男性）兵士にその防衛を命じる。

トルコにおいてもナームスを理由とする女性の殺害が行われ，名誉殺人として非難を浴びている。しかしそれは，上に述べたようなナームス観念の解釈と実践の多様な展開の中に位置づけて理解する必要もある。ナームスの複雑性を前に，イスラーム社会の名誉の文化を暴力と一義的に結びつけるカテゴリー化の暴力に抗して，現象を読み解く工夫が問われている。

（村上　薫）

参考文献

ライラ・アブー＝ルゴド（鳥山純子・嶺崎寛子訳）『ムスリム女性に救援は必要か』書肆心水，2018年。
村上薫「名誉をよみかえる――イスタンブルの移住者社会における日常の暴力と抵抗」田中雅一・嶺崎寛子編『ジェンダー暴力の文化人類学――家族・国家・ディアスポラ社会』昭和堂，2021年。

日本軍「慰安婦」問題

日本軍「慰安婦」問題とは 　日本軍「慰安婦」問題とは，1932年から1945年まで日本軍が戦地・占領地に設置した性的施設（軍慰安所）で，将兵の性の相手をさせられた女性たちの被害回復問題である。1991年に韓国人元「慰安婦」被害者，金学順さんが日本政府に対して謝罪と賠償を求めて名乗り出てから，重大な人権侵害問題として認識されるようになった。また，同じ時期に旧ユーゴとルワンダで武力紛争下での集団レイプなどが起こったため，女性に対する性暴力の防止という課題につながることとなった。

軍「慰安婦」制度 　日本軍は占領したアジア・太平洋の各地に軍慰安所を設置した。慰安所には高級将校用・将校用・下士官用・兵士用・兵補（補助兵力として動員された東南アジアの人々）用という序列があった。高級将校用・将校用慰安所には日本人芸妓または容姿が美しいとされた日本女性か，若くて容姿が美しいとされた朝鮮女性・台湾女性・中国女性・東南アジア女性，オランダ領東インド（蘭印）にいたオランダ女性が，下士官・兵士用にはそれ以外の女性が入れられた（兵補用は地元女性だけ）。待遇も日本女性→朝鮮女性・台湾女性→地元の女性という人種的序列があった。

　日本軍が慰安所を設置した動機には，兵士によるレイプの防止，性病の予防，軍紀・志気維持のための慰安・享楽の提供，スパイ防止などがあったが，前三者はドイツ国防軍が独ソ戦下の東方占領地で性的施設を設置した動機とも共通する。ここには女性を将兵の享楽などのための道具，モノとみる強固なジェンダー観があった。兵士間の同性愛の防止のためという動機は日本軍にはなかった。アメリカ軍やイギリス軍は第一次世界大戦までの経験から，性的施設の設置はかえって性病感染者を増やすとして第二次世界大戦では設置や利用を認めなかった（米軍では一部に設置を認める司令官もいた）。日本軍はレイプ防止や性病予防に失敗するが，それでもこの制度を廃止せず，逆に拡大していった。それは将校の慰安・享楽のため，また，泥沼の戦場に長期間兵士を釘づけにしておくために必要だと考えたからである。

　日本からは主として性売買の前歴がある21歳以上の女性が，軍または警察が選定した業者による人身売買により移送された。朝鮮・台湾からは人身売買や誘拐により，より若い女性や性売買の前歴のない女性も移送された。中国・フランス領インドシナ・フィリピン・マレー・シンガポール・タイ・ビルマ・蘭印・太平洋地域などの戦地・占領地では，地元の女性が人身売買，誘拐，軍の要求に基づく供出，軍による暴力的連行などで「慰安婦」にされた。女性たちには外出の自由，居住の自由，性交を拒否する自由，辞める自由がなく，性病検査を強制されるなど基本的な自由を奪われていたので，この制度は戦時下の性奴隷制とみなされている。

謝罪・賠償問題 　日本政府は1993年の河野談話での謝罪，その後のアジア平和国民基金による民間募金での償い金支払い，2015年の日韓合意による謝罪で解決した，としている。しかし，事実の究明に基づく責任の所在を明確にした謝罪，国家による個人賠償，歴史教育・人権教育など再発防止措置の実施など，国際基準にかなう被害者への謝罪と賠償，被害回復は未だ実現していない。　　　（吉見義明）

参考文献
吉見義明『従軍慰安婦』岩波書店，1995年。
吉見義明『日本軍「慰安婦」制度とは何か』岩波書店，2010年。
レギーナ・ミュールホイザー（姫岡とし子監訳）『戦場の性——独ソ戦下のドイツ兵と女性たち』岩波書店，2015年。
林博史『帝国主義国の軍隊と性——売春規制と軍用性的施設』吉川弘文館，2021年。

19 国際開発のジェンダー政策

友松夕香

【関連項目：ジェンダー平等と法，国際的な女性活動，グローバル・ヒストリーとジェンダー】

📖　概　要

　女性は男性中心の社会で抑圧され，周縁化されてきた。女性が男性から自立／自律するためには，女性を支援する必要がある——。このようなフェミニズムの学説・政策言説は，国際開発では1970年代に立ち現れた。以降，ジェンダー関連の研究と開発実践は国際的な関心を集め，潮流をつくった。

　当時の議論　「開発と女性（WID：Women in Development）」は，女性への支援を始動させた国際開発の政策パラダイムである。経済学者のエスター・ボズラップは『経済開発における女性の役割』(1970) で，女性の生産活動と教育に政策投資をすれば，女性の地位の回復のみならず，経済成長も得ることができると主張した。しかし，女性を未利用の資源や経済開発の道具とみなす論調には批判が起こる。女性を支援するだけでなく，女性と男性の間の不平等なジェンダー関係を注視し，「女性が男性に従属する」という構造の変革を求める声が，国際開発の議論の場で大きくなった。世界銀行の専門家であった社会人類学者のキャロライン・モーザは，「エンパワーメント」を女性の自立／自律のキー概念として提唱した（モーザ 1996）。こうして，男女の平等と公正の実現を目指す新たな政策パラダイム「ジェンダーと開発（GAD：Gender and Development）」が台頭した。

　その後の展開　国際開発で女性を支援する政策が始まってから，半世紀になる。現在，あらゆる分野の国際開発プロジェクトでは，ジェンダーに注目し，男女間の不平等を是正する「ジェンダー主流化」の手法が重視されている。**グローバルサウス**の国々も，こうした国際開発の政策パラダイムに合わせ，国家開発計画に「ジェンダー主流化」の視点を組み込んでいる。しかし，グローバルレベルで展開されてきた言説と，アフリカをはじめとする開発政策の実施地域の交差点では，ジェンダーをめぐる齟齬や矛盾も認識されてきた。

🔑　論　点

1. アフリカ女性と欧米女性の歴史的経験　国際開発の女性支援は，欧米のフェミニズムの活動家が自分たちのみならず非欧米諸国の女性にも関心を寄せることで始動し，拡大した。この点において，アフリカ地域のジェンダー研究者たちは「エンパワーメント」の議論に共感しつつも，グローバルレベルでの「シスターフッド」（女性間の連帯）の呼びかけは欧米社会のジェンダーと女性の歴史的経験を普遍主義的に想定していると批判した。男性を稼ぎ主として女性を家庭や子育てに結びつける欧米の核家族が，変革の前提モデルになっているとい

▷1　グローバルサウス
グローバルサウスは，新自由主義によって促進された21世紀現在のグローバル資本主義の世界秩序において，相対的に低所得の国々が位置する地域を指す政治・経済学的概念である。その大半は植民地化された歴史を共有し，世界地図の南側に偏在している。「第三世界」や「開発途上国」「発展途上国」など冷戦の時代や開発経済学で定着した概念にかわり，ここ10年で広く使用されるようになった。対義語としてのグローバルノースは，グローバル資本主義経済における高所得の国々，あるいは「先進資本国」が位置する地域を指す。

う指摘である。アフリカでは，アフリカの家族とジェンダーの文化的多様性に注目する必要性が論じられた。また，欧米女性は個人としての自律を求めてきたのに対し，アフリカ女性は文化的に結びついた形で公の場での参加を求めているとする見解も示された。これらの議論を通して，女性やジェンダーに着目し，アフリカ史を再構築する動きが起きた。アミナ・ママは，フェミニズムの活動家／歴史家の立場から，男性に対する女性の集団的闘争の歴史だけでなく，女性が男性とともに抵抗運動に加わった植民地経験や，独立後の経済低迷とグローバル化の中で生き抜いてきた女性に光を当てることで，ジェンダー関係とアフリカの変革の両方を目指す，実践的な歴史研究を呼びかけた（ママ 2006）。

2. 女性は近代化や植民地化を通じて周縁化したのか

「女性の周縁化」論は，農業分野のジェンダー政策に大きな影響を与えた。先述したボズラップは，アフリカの多くの地域で，女性は食料生産の主役だったにもかかわらず，植民地期と独立後の開発政策で男性を対象に新たな農業技術が導入されたため，女性が生産者としての地位を失ったと論じた。実際は，女性が食料生産の主役を担っていた地域は一部だったが，この仮説から「アフリカ」という広い地域枠組みで女性を食料生産者とみなす誤った言説が開発援助業界で広がった。こうして現在も，女性の農業生産を拡大させる政策は，アフリカ各地で実施され続けている。

3. ジェンダー主流化の開発政策と現地社会の変容

国際開発のジェンダー政策の歴史は50年と短いが，すでにジェンダー史としての検討課題が浮かび上がっている。ガーナの研究からは，女性の農業を推し進める政策が，家事に上乗せして女性の労働を増加させる一因になったことが指摘されている（友松 2019，2020）。女性の収入増加による男性性の危機も多数報告されており，国際開発政策との関連が示唆される。ルワンダはジェンダーギャップを著しく縮小させた国として知られている。この背景として，1994年のジェノサイド後，ルワンダが国際開発援助の影響を大いに受け，2003年の憲法にジェンダー主流化のアプローチを採り入れたことがあげられる。

国際開発政策をテーマにするジェンダー史は，ジェンダー関係の変容とその意味を地域社会の深層レベルで明らかにする地域史のみならず，グローバルレベルで展開されてきた社会運動と開発政策の矛盾や想定外の帰結を検討する「グローバル・ヒストリー」としての広がりをもつ。

国際食糧農業機関（FAO）掲載の記事「農業のジェンダーギャップを終わらせる」の写真（2011年）

探究のポイント

①異なる地域，社会階層，職業に注目して「アフリカ女性」の歴史を比較しよう。
②国際開発政策によるジェンダー関係の変容をミクロレベルで検討するには，文献収集のほかに，どのような調査が必要になるだろうか。

▷2 ルワンダ憲法

ポール・カガメ政権による2003年の憲法では，「ジェンダー平等」という用語が多用され，具体的な取り決めがなされている点が急進的である。たとえば，第76条第2項では，下院議会の80議席中24議席を女性のみに割り当てることが明記されている。

（参考文献）

キャロライン・モーザ（久保田賢一・久保田真弓訳）『ジェンダー・開発・NGO――私たち自身のエンパワーメント』新評論，1996年。

ガーヤットリー・チャクラヴォルティ・スピヴァク（上村忠男・本橋哲也訳）『ポストコロニアル理性批判――消え去りゆく現在の歴史のために』月曜社，2003年。

アミナ・ママ「フェミニストによる歴史がアフリカを変革する」富永智津子・永原陽子編『新しいアフリカ史像を求めて――女性・ジェンダー・フェミニズム』御茶の水書房，2006年。

友松夕香『サバンナのジェンダー――西アフリカ農村経済の民族誌』明石書店，2019年。

友松夕香「農業の女性化――フェミニズムとポストコロニアリズムの国際開発をめぐるパラドックス」『西洋史学』270，2020年。

Column **33**　アラブ圏

国際的な女性活動

**帝国主義と伝統的
家父長制からの解放**　アラブ人女性が教育・政治・労働の権利や地位向上を求める，いわゆるフェミニズムの動向はエジプトではすでに19世紀末からみられ始めたが，アラブという枠組みでの国際組織の誕生は1945年にフダー・シャアラーウィーが創設した「アラブ・フェミニズム連盟」（AFU）が最初であろう。彼女はそれに先立ち，1938年にパレスチナ防衛女性会議を開催していたように，当時のフェミニストにとり，同胞のパレスチナ・アラブ人と連帯し，西洋の帝国主義やシオニズムと闘うことは，自社会における伝統的家父長制や男尊女卑的慣習への闘いと重なり合う抑圧や隷属からの解放運動であった。

**海外移住先でのNGO
創設とネットワーク化**　1982年にナワール・サアダーウィーによってカイロで設立された市民団体「アラブ女性連帯協会」（AWSA）は，従来の参政権や教育・労働での男女平等の権利要求に加え，児童婚や家庭内暴力，名誉殺人，女性割礼などの撲滅に向けた活動を展開し，その後アメリカの諸都市にも支部を開設している。20世紀後半には，欧米諸国に在住するアラブ・ムスリムも増え，海外から祖国の女性たちと連携して政府に圧力をかけ，また同じムスリム同士で協働するトランスナショナルな活動が増加していった。「ムスリム法下で生きる女性」（WLUML）は，アルジェリアの女性社会学者を中心にアジア・アフリカ諸国の9人のメンバーにより，1984年にパリで設立された市民団体で，各国の家族法や慣習法，イスラーム法の調査研究を踏まえ，その改善や改正に向けた活動を展開している。こうした背景にはイスラーム主義勢力台頭の影響もあるが，1990年代から21世紀初頭にはまたイスラームの啓典クルアーンの新たな解釈に基づいて，男女平等やジェンダー公正を探求し主張するイスラミック・フェミニズムという潮流も生まれてきている。2009年には，マレーシアでも中東・アジア・アフリカ諸国・北米の会員からなる，アラビア語で「平等」を意味する「ムサワ」という宗教的女性団体も創設され，現在では世俗的／宗教的フェミニズムが併存し（Badran 2009），女性の活動はますます国家・民族・地域・階層などを交差させ，それらを越境する形で展開するようになっている。

**国連・国際機関と
NGOの協働とIT化**　個々の女性団体の活動や各国の女性政策は，国連の「世界女性会議」（1975～95年までに4回開催）や1979年に国連総会採択の「女性差別撤廃条約」（CEDAW）などの影響も受けて，国際機関と協働する動きが，とくに情報技術革新とともに1990年代以降，地球規模でより顕著になってきている（Ferree and Tripp eds. 2006）。1993年には国連諸機関との連携下で，チュニスに「アラブ女性訓練調査センター」（CAWTAR）が，2002年，同センターと世銀の資金協力で「ジェンダーと開発のアラブネットワーク」（NGED）が，それぞれ開設された。またアラブ連盟傘下では2003年に政府間組織として「アラブ女性組織」も創設されている。国連開発計画のアラブ局からは，2002年から『アラブ人間開発報告書』が刊行され，また2005年「科学技術の女性アラブネットワーク」（ANWST）の開設，ILO傘下での2011年「アラブ労働組合女性ネットワーク」，さらに2015年「アラブ女性国会議員平等ネットワーク」の開設なども相次いでいる。アラブ諸国のジェンダー格差には未だに多くの課題がある一方で，IT普及もあり，多様な分野において女性たちの国際的連携や協働が今まさに加速化してきている。　　　（鷹木恵子）

参考文献

鷹木恵子編著，長沢栄治監修『越境する社会運動』（イスラーム・ジェンダー・スタディーズ2）明石書店，2020年。

AIDS の影響

AIDS とは 後天性免疫不全症候群のことである。性交渉等でヒト免疫不全ウイルス（HIV）に感染すると，免疫低下による日和見感染症等により死に至る場合がある。起源に関しては，20世紀初頭アフリカ中央部といわれる。1980年代初頭から2019年までの期間に世界で累計3270万人以上の死者を出し，ブラック・アフリカを中心に，依然深刻な状態にあるものの，現在は適切な治療が可能である。日本では，1980年代血友病患者に対して HIV が混入した血液凝固因子製剤が投与され，全血友病患者の約4割にあたる1800人が HIV に感染し，うち約400人以上が死亡するという薬害 AIDS として社会問題化した。

AIDS＝同性愛者の病気？ 1981年アメリカで初めて発症したとされた人物が同性愛者であったことや，初期の患者比率でゲイが多かったこともあって，欧米では AIDS がゲイに対する「天罰」かのようにみなされた。こうした先入観が当初拡散し，69年6月28日警察によるニューヨークのゲイバー襲撃に抵抗した，「ストーンウォールの反乱」以降高揚していたセクシュアルマイノリティ解放運動に，冷水がかけられた。また初期には麻薬の回し打ちからの感染も多く，社会的弱者に対する差別も加速することとなった。

多くのゲイが命を落とした。20世紀後半を代表する哲学者フーコー（84年死去），ハリウッド屈指の二枚目俳優で典型的タフガイのロック・ハドソン（85年死去），「世界が恋したピアニスト」リベラーチェ（87年死去），ストリートアートの先駆者キース・ヘリング（90年死去），ロックバンド・クィーンのフレディー・マーキュリー（91年死去）などが次々と倒れていった。痩せ細り，カポジ肉腫が顔をはじめ全身を覆う姿は，「現代のペスト」として人々に衝撃を与えた。また，発症が「隠れゲイ」に及ぶと，強制的カムアウトにつながり，ゲイが可視化された。ゲイ差別が一方では加速化したものの，これを救済しようとするマイノリティ全体の連帯の動きも広がった。

フレディー・マーキュリーの銅像（スイス・モントルー）

グラスルーツ（草の根）運動 80年代も後半になると，アメリカのニューヨークなどでは，ゲイ自身が中心となって，87年アクトアップ（ACT UP = AIDS Coalition to Unleash Power）のようなグラスルーツ運動が生み出され，感染者を公的扶助から排除しようとする政府の新自由主義的施策に激しく抵抗する一方，自助的にコンドームを装着する「安全なセックス」を啓発し，他のマイノリティ・グループとも連帯して支援体制を構築した。

社会の変化 パニックを伴いながらも，ゲイに対する社会の理解もしだいに進み，積極的なカムアウトが促された。同性婚によってエイズの蔓延を封じ込めようとする動きも本格化するようになり，21世紀になってからの多様性を容認する動きの先鞭をつけることとなった。

こうした社会的変容を背景としながら，学術的には，ジュディス・バトラーの『ジェンダー・トラブル』（1990）（Ⅵ-2 参照）が誕生した。彼女の問題意識は，当時新たな展開を迎えていたフェミニズム運動とAIDS を背景としたゲイ運動の結節点となり，その後の，「性」そのもの，「身体性」への関心，男性史研究へと展開するようになった。 （星乃治彦）

(参考文献)
新ヶ江章友『日本の「ゲイ」とエイズ』青弓社，2013年。
北丸雄二『愛と差別と友情と LGBTQ＋』人々舎，2021年。

20 議　員

奥田　伸子

【関連項目：女性参政権運動とミリタンシー，ジェンダー平等と法，「女性保守」政治家・社会運動家の台頭】

▷1　シン・フェイン党
1905年に結成されたアイルランド民族主義政治結社・政党。シン・フェインはアイルランド語で「われわれ自身」を意味し，綱領に「ブリテン議会否認」が含まれている。

▷2　コンスタンス・マルケヴィッチ（1868〜1927）
アイルランド独立運動に積極的に関与した活動家。1916年のイースター蜂起に参加。1918年総選挙にダブリンの選挙区の候補者として獄中から立候補し，当選した。

▷3　ナンシー・アスタ（1879〜1964）
渡英し1906年にウォドルフ・アスタ（のちの第2代アスタ子爵）と結婚した。1919年，ウォドルフが貴族院議員に就任し，庶民院議員を辞職したことに伴う補欠選挙において庶民院議員に当選し，その後1945年の引退まで議席を守った。

▷4　マーガレット・サッチャー（1925〜2013）
イギリス最初の女性首相。1959年保守党議員として初当選後，ヒース内閣の教育大臣，1975年から保守党党首となり，1979年から1990年まで首相を務めた。新自由主義的経済政策をとるとともに，「法と秩序」をかかげ，フォークランド戦争を戦った。

▷5　オール・ウィメン・ショートリスト
イギリスの庶民院選挙は小選挙区制であり，各選挙区における各党の候補者は1名である。当該選挙区に党

📖　概　要

　参政権獲得運動の歴史と比較して，女性による選挙権，被選挙権の行使に関わる歴史研究は相対的に少ない。女性に限らず議員の多様性実現の過程も歴史研究の重要なテーマである。こうした観点から，ここではイギリスの女性庶民院議員の歴史を検討する。

　1918年2月イギリスにおいて制限つきながら女性に選挙権が認められ，同年11月，女性の庶民院選挙（総選挙）被選挙権を認める法律が大きな反対もなく成立した。1918年12月の総選挙には17人の女性が立候補したが，当選したのはシン・フェイン党のコンスタンス・マルケヴィッチ◁1 のみであり，彼女は党の方針によって一度も庶民院に登庁しなかった。登庁した最初の女性議員は1919年に当選した合衆国出身のナンシー・アスタ◁3（保守党）である。1920年代半ば頃から労働党の女性議員が当選し始める。1931年総選挙において15名の女性議員（保守党13名，自由党1名，無所属1名，労働党0名）が当選したときが大戦前の女性議員比率のピークである。戦間期，ウィンストン・チャーチルなど一部の男性議員は女性の議員活動に対して懐疑的であり，女性議員の提案が否定的に扱われたという証言もある。一方，多くの女性議員は女性に関わる問題に対して熱心に取り組んだ。とくに，第二次世界大戦中，党派を超えて女性の戦時労働における問題を積極的に取り上げ，この動きは戦後，同一賃金要求運動へとつながった。

　マーガレット・サッチャー◁4 は独身時に2回総選挙に出馬したが落選した。結婚・出産後の1950年代後半，立候補の可能性を探ったが，「妻，母であることと議員活動は両立しない」と拒否された。候補者として認められ初当選したのは1959年であった。彼女は回想録に「私が怒ったのは……こうした批判の裏に庶民院は，女性の場所ではないという思いがあることを察知したから」と書いている。第二次世界大戦後も女性議員比率は低く，第二波フェミニズム（Ⅰ-5 側注5参照）後においても大きく増加することはなかった。1992年総選挙時点での女性比率は9.2％である。この状況を大きく変化させたのは1993年に労働党が取り入れたオール・ウィメン・ショートリスト◁5（AWS：All-Women Shortlist）である。これは女性議員の増加を目的として労働党が優勢の選挙区において女性のみが候補者となる仕組みである。

当時の議論　AWS は1993年労働党大会において承認されたものの党内には反対の声があった。1995年には労働審判所にこの制度は性差別法に反しているとの提訴があり，審判所もこれを認めた。AWS による立候補者選出はすでに進んでいたが，この審判により中断を余儀なくされた。しかし，1997年総選挙では101名の労働党所属議員を含む120名の女性議員が当選し，女性比率は

一挙に18.2％へと増加した。

その後の展開　2002年には性差別禁止法が改正され，AWSはポジティブ・アクションの一環として認められた。これ以降も女性議員の割合は増加し続けている。2010年平等法によって，2030年までAWSが延長され，他のマイノリティ・グループへのポジ

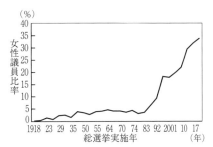

英国庶民院総選挙当選者における女性比率

ティブ・アクションが可能になった。現在，イギリスの主要政党はAWSを取り入れるか否かにかかわらずジェンダー・バランスに配慮した候補者選びを行っている。一方，AWSの制度や効果についての誤解も多く，政治学者らは「不適格な女性を候補者として選んでいる」といった誤解を実証的に否定している。しかし，2010年代半ばの世論調査は，性別や支持政党，年齢を問わず，AWSへの反対が賛成を上回っており，国民から広範な支持を得ているとは言い難い。

🔑 論　点

1. 女性議員の役割　イギリスの歴史研究者ブライアン・ハリソン（Harrison 1986）は，戦間期の女性議員の発言が福祉や女性問題に偏り，軍事や通商問題については少ないことを指摘した。これは女性議員が男性議員の見落としがちな問題を提起したことを意味するのか，それとも「女性にふさわしい」役割を演じた結果なのであろうか。女性議員の立場には男女平等の推進を望む「平等派フェミニズム」に立った考え方と，女性に特有の問題の争点化を期待する「福祉フェミニズム」に依拠する考え方がある。家族手当制度の提唱者エレノア・ラスボーン▷6は後者の代表である。

2. AWSは他のマイノリティの政治参加を阻害するか　ブラック女性最初の庶民院議員となったダイアン・アボットは，AWSが白人女性を候補者として選ぶ傾向があるとして，選ばれた女性候補者の多様性に疑問を呈した。初期のAWSはそうした傾向があったものの，2010年以降は人口構成にほぼ沿った人選となっていると指摘する研究がある。AWS以外のポジティブ・アクションを比較研究し，その効果を分析する試みも行われている。

─ **探究のポイント** ─
①映画『マーガレット・サッチャー　鉄の女の涙』（2011年）をサッチャーのドキュメンタリーや自伝と比較し，ポピュラー・カルチャーにおける女性政治家の描き方と，その背後にある偏見を考えよう。
②列国議会連合が公表している国会（下院）議員の女性比率ランキングにおいて，イギリスは187カ国中47位である（https://data.ipu.org/women-ranking?month=7&year=2022 2022年7月時点）。このランキングを参考に女性議員割合が高い国と低い国の特徴を比較してみよう。
③日本において女性議員が少ない理由とその対策について考えてみよう。

所属現職の議員がいない場合や現職議員が引退する場合などは新たに候補者を選出することとなる。「ショートリスト」とはこのような場合，各選挙区の党支部（この場合は労働党）に党本部から提示する「「候補者の候補者」」名簿であり，立候補希望者数名程度が示されている。支部はこのショートリストから当該選挙区における候補者を選出する。AWSが適用された場合，ショートリスト登載者はすべて女性となる。

▷6　エレノア・ラスボーン（1872〜1946）
社会改良家，フェミニスト。ミリセント・フォーセットの後を継いで，平等市民権協会全国連合（National Union of Societies for Equal Citizenship）の会長となり，1929年，大学選挙区から無党派議員として当選した。家族手当の必要性を粘り強く訴えたことで知られる。

（参考文献）
奥田伸子「女性・公的領域・公共圏──第二次世界大戦期における同一補償要求運動と女性議員」大野誠編『近代イギリスと公共圏』昭和堂，2009年。
三浦まり・衛藤幹子編著『ジェンダー・クオータ──世界の女性議員はなぜ増えたのか』明石書店，2014年。
前田健太郎『女性のいない民主主義』岩波書店，2019年。
武田宏子「政党戦略とジェンダー──1990年代以降のイギリスにおける女性議員の増加」辻村みよ子・三浦まり・糠塚康江編『女性の参画が政治を変える──候補者均等法の活かし方』信山社，2020年。

21 「女性保守」政治家・社会運動家の台頭 海妻径子

【関連項目：ウーマンリブ】

📖 概　要

　1950年代の日本における保守系政党の女性議員は，公職追放を受けた男性近親者に代わり出馬した者が多く，その後追放指令が解除されると，女性候補の擁立自体が低調となった。数少ない女性保守系政党議員には，日本看護協会を基盤とし1984年に史上3番目の女性大臣となった石本茂（1912〜2007）のように，女性職能団体の代表として労働環境改善のために政権政党に接近した者も多く，イデオロギー的にはむしろ中道寄りであった。

　この状況を変えたのが，1992年の日本新党以降の，保守系の新党設立ブームにおける，日本の憲政史上としては大量の新人女性候補の擁立である。1980年代の女性の四年制大学進学率の上昇は，既存政党の現職候補に対抗し得る「清新さ」をもつのみならず，男性同様に自らの言葉で政策を語り，政治学における現実主義（覇権主義）的な視座で国際秩序をとらえ，明瞭に言語化された近代的な主義・思想として，「保守」を主張する女性候補を増加させた。

　他方で，皇道主義的教義の宗教や修養団体の担い手，任侠系右翼の活動を支える女性家族員まで含めれば，多数の無名の「草の根「女性保守」運動家^{▷1}」が近代を通じ存在してきたと考えられるが，そこにも1990年代以降に変化がみられ始める。1993年に韓国で初の文民政権が，アメリカで中国に融和的なクリントン政権が誕生し，1995年に戦後50年不戦決議および「アジア諸国への……お詫び」の文言が盛り込まれた「村山談話」が発表されると，『正論』など保守系論壇誌の論調は，「親米親韓（日米同盟強化と韓国軍事政権支持）」から「反米反韓（米・韓の中国接近への反発）」へと移行した。その結果，東京裁判の否定という「反米」要素を含む，歴史修正主義的・宗教右翼的言説が，皇道主義的教義の宗教や修養団体の会報・ミニコミへの掲載を超え，大衆向けに商業出版される保守系論壇誌へと「進出」する。高学歴化し執筆能力を向上させた，宗教や修養団体を地域で下支えする「活動主婦」は，この言説「進出」の担い手となっていったのである。

当時の議論　2001年に発足した第一次小泉純一郎内閣では，過去最多の5人の女性閣僚が誕生したが，元官僚の森山眞弓（1927〜2021）や川口順子（よりこ）（1941〜）など，イデオロギー的には中道の，いわゆる女性政策の専門家が依然登用されていた。2006年になると第一次安倍晋三内閣が発足し，歴史修正主義者や宗教右翼からの改憲期待は高まるが，**郵政造反議員復党問題**^{▷2}で新自由主義支持層の離反を招き，紆余曲折を経て2009年には，民主党の鳩山由紀夫内閣が誕生した。下野した自民党女性議員の中から，自らの存在アピールや政治資金集めのために，排外主義など煽情的主張の著作を刊行する者が本格的に出現したのは，

▷1　草の根「女性保守」運動家，活動主婦
家事専従者の主婦による社会活動は看過されがちであるが，消費者運動のように主婦の活発な活動に支えられている社会運動は少なくない。これらの女性たちは個人名での言論活動を必ずしも行わないため，無名のいわゆる「草の根」運動家であったが，性別役割規範におさまらない新しいタイプの主婦として，1980〜90年代にはしばしば「活動主婦」と呼ばれた。

▷2　郵政造反議員復党問題
2005年の郵政民営化法案に反対し自民党から離党処分を受けた議員に，翌年復党を認めるかどうかで賛否が割れた問題。

この2010年代初頭の民主党政権期である。

　その後2012年末に第二次内閣が発足して以降の自民党・安倍政権は，宗教右翼・歴史修正主義運動との関わりの深い稲田朋美（1959〜）を入閣させるなど，極右イデオロギーの女性政治家の登用を進めた。さらに2010年代半ばには，サブカルチャー要素を取り入れ，2011年に創刊された保守系論壇誌『Japanism』が排外主義的イラストを表紙等に採用したり，女性政治家・杉田水脈（1967〜）が，極右女性団体なでしこアクション代表・山本優美子とともに国連でクマラスワミ報告批判のロビーイングを行うなど，極右女性の活躍が顕著となった。彼女たちは，2016年末のアメリカ大統領選でのトランプ候補支持の女性団体 Women for Trump や，2017年初頭のフランス大統領選で健闘した極右女性政治家マリーヌ・ルペン（1968〜）とともに，世界的な「女性保守」の台頭を世に印象づけた。

論点

1. 性別役割規範遵守の主張と政治活動

保守の主張には大別して，国際秩序における自国の政治的経済的地位の上昇を重視する新自由主義的・覇権主義的な要素と，外国（人）や外来文化の影響力増大に脅威を感じ自国の伝統文化や宗教教義を強化しようとする排外主義・復古主義的な要素がある。前者の要素が大きい「女性保守」の場合，性別役割規範にはむしろ否定的なことすらある。また後者の要素の大きい「女性保守」の場合には，既存の（男性）政治家や経済人による外国勢力との妥協が，いかに草の根の生活規範を脅かしているかを，真に理解するのは家庭を守る主婦・女性であると考え，自らの政治活動を性別役割の越境とは，必ずしもとらえない傾向がある（海妻 2017b, 2018a）。

2. 近年にみる「女性保守」の活躍

明治以後，女性は近代的に再編創造された「日本の伝統」を，男性から教育される従属的立場に置かれた。しかも差異化の対象である西欧文化に対する知識がなければ，「日本の伝統」を深く考究することは難しかった。「女性保守」の台頭とは，女性における保守思想の単純な浸透拡大ではない。復古主義運動の中で，あるいは国際秩序における日本の地政学的位置と覇権をめぐる議論の中で，近代的高等教育の普及により従来男性に占有されていた知識を得た女性が，男性と対等の能力の持ち主とみなされ，発言の場を得ていく現象である。

探究のポイント
①女性も男性同様に保守／革新いずれの政治的立場をもとるのだとすれば，政治参画におけるジェンダー多様性を促進する意義は，どのような点にあるといえるのだろうか。
②保守的とみなされる主張や社会運動に関わる女性たちを，異なる国・地域や時代で，比較してみよう。
③欧米圏でのポピュリズムの台頭や，世界的な権威主義体制国家の台頭と，マリーヌ・ルペンのような「女性保守」の顕在化はどのように関係しているだろうか。調べてみよう。

▷3 Women for Trump
民主党の福祉政策に対し重い税負担を強いるものとして反対する，アメリカの保守大衆運動「ティー・パーティ」の女性運動家が中心になり立ち上げたといわれる。女性蔑視発言を繰り返していたトランプ大統領候補を擁護し，同候補による銃規制反対・移民排斥の主張に対する支持を訴えた。
▷4 マリーヌ・ルペン
極右政党国民連合（旧国民戦線）の党首であり，2017年フランス大統領選では史上初の決選投票に残った女性候補となった。

（参考文献）
上丸洋一『『諸君！』『正論』の研究——保守論壇はどう変化してきたか』岩波書店，2011年。
海妻径子「トランプ・ショック，あるいは「主体性ある女性保守」の反乱」『現代思想』45(1)，2017年a。
海妻径子「日本における女性保守政治家の軍事強硬主義とジェンダーの変容」『ジェンダー法研究』4，2017年b。
海妻径子「フェミニズムの姉妹，保守とリベラルのキマイラ——軍事強硬主義的女性保守政治家の支持獲得構造とイメージ機能」『現代思想』46(2)，2018年a。
海妻径子「安倍政権期における軍事強硬主義的女性閣僚増加の構造」『女たちの21世紀』96，アジア女性資料センター，2018年b。

22 ファッションと消費行動

眞嶋 史叙

【関連項目：装いとコロニアリズム，ウーマンリブ，現代思想とジェンダー】

📖 概　要

　「人は女に生まれるのではない，女になるのだ」。シモーヌ・ド・ボーヴォワールがそう述べ，社会的構築物としての女性性を確信したとき，この「なる」という行為概念には，「装う」行為も含まれていた。女児は着せ替え人形遊びを通じて，外見による評価客体である自己に気づかされる。『第二の性』が出版された終戦直後，クリスチャン・ディオールのニュールックが世界を席巻していた。窮乏生活の終わりに広がったのは，スカートの幅と大衆消費社会であった。

　ボーヴォワールに影響されたベティ・フリーダンが，郊外消費者である主婦の憂鬱を描いた1960年代には，エレガントな「女らしさの神話」を打破すべく，若者ファッションが次々と流行するようになる。マリー・クワントがアパートの台所で創作したといわれるミニスカートは，家父長制社会によって押し着せられた女性的な装いに反し，自由と解放を象徴するスタイルであった。ウーマンリブ運動の高揚を受け，ブレザーやワイドパンツは，仕事をしてキャリアを目指す女性らがまとい，ベトナム反戦運動とあいまって，不服従を示すブラレス，ジーンズの流行も広がった——否，消費社会を否定する運動はすぐに異端視され，他方，西部原野を想起させる消費広告は全世代的全ジェンダー的なアピールをもって受容されていった。

　ディオールらが復活させたファッションショーは，1960年代に大手衣料品メーカー・化学繊維産業によって大量生産大量消費を無限サイクルで繰り出す装置となった。メディアも女性たちを消費する機械とみなし，そう仕向ける。ファッションをまとい男性の性的対象物と化すか，あるいは異性装のスタイルで男になるか。揺れ動く女性の心理は市場やメディアに絡めとられ，拡散しつつ混乱をきたした。この時代の終わりに，歴史家エリザベス・ウィルソンは「ファッションの重要性はむしろ女性への抑圧を否定してきたことにある」とその役割を擁護した。

　ボーヴォワール以後半世紀，性もジェンダーも，「である」という存在ではなく，「なる」という主体的行為過程にほかならないことが自明となった。1990年代にジュディス・バトラーは，人はジェンダーを繰り返し演じることで，自らのジェンダーを構築しうると唱えた。「装う」行為もまた，**パフォーマティヴ**な行為である。川久保玲のコム・デ・ギャルソンは，ジェンダー中立的な両性具有の装いでバトラーの思想に先んじた。ジェンダーを内在的固定的なものでなく，演技とみなし，従来の男性性とも女性性とも違う，移ろいや

**赤いガウンを家着としていた
シモーヌ・ド・ボーヴォワール**
（*Observer*, 1960年3月20日）

すさを演じ愉しむ。そうした多様な可能性を広げるファッションの存在意義が浮かび上がった。ファッションとジェンダーの交差点を半世紀にわたって革新し続けてきたブランドが，日本を拠点として世界的な影響力を発している姿は，ジェンダーのグローバル消費史を考える上で示唆的である。

当時の議論　**第二波フェミニズム**[*]は，家庭を女性の居場所として固定化する性別役割分業に反発し，家族の社会的地位を維持する目的で，その付属物として外見を着飾ることを拒否した。ミスアメリカ・コンテストの反対運動[◁2]も，容姿の美醜で女性を序列化する男性社会への反発の表明であった。だが，反資本・反差別を包括的に掲げたミスコン反対運動の社会的広がりは限定的だった。1990年代には，女性を性的対象物に貶めうるとかつて批判されたような「装い／演技」には，むしろ能動的に自己の「性」を統御する新しい女性像が現れているとの解釈も生まれた。

論点

1. ファッションの多様性は世代差・サイズを超えうるか　ボーヴォワールは，「老い」とは，客体として規定される私と，それを通して私が主体的にもつ意識との間の乖離であるとした。2010年代にはファッション産業もシニア市場を重視し始め，雑誌モデルとして中高年を起用して，この乖離を埋めつつある。編集者キャリン・フランクリンは，若くて細い理想的身体ではない「自分らしさ」の追求が困難である要因は，費用面から物理的に多様性に対応できないデザイナーらの貧困と，大量生産を軸とする産業構造にあると指摘する。

2. グローバル時代の交差性はいかに認識されてきたか　第三・四波フェミニズムは，西洋中心的な富裕層が主導した運動が女性を一括りのカテゴリーとみなしてきたことを批判し，複層的に重なり合った抑圧と差別の**インターセクショナリティ**[◁3]（交差性）を認識する必要性を主張した。フェミニズムの歴史の中で埋没してきたが，1968年のミスコンに反対して，ミスブラックアメリカ・コンテストも同時開催され，当初からその問題意識を発していた。人種的分断が当時報道されたが，現代ではその歴史的交差性が見直されつつある。

3. 「女／女らしさ」とは何か ──服装・身体とジェンダー　1990年代に社会学者ジョアン・エントウィスル（2005）は，ジェンダー区分の倒壊をまねきうる服装倒錯（トランスヴェスタイト）と異性装について，「仮装」ととらえ省みた。哲学者アミア・スリニヴァサン（Srinivasan 2021）は，女児としての社会化経験が他の女性と違うトランスジェンダー女性もまた，フェミニズムの共闘の中では，「女／女らしさ」の多様性と認め，受容されるべきであるとしている。

─── 探究のポイント ───
①映画『パリの恋人』（1957年）を観て，女性と映画・ファッション産業について考えよう。
②フェミニズム運動は，ファッションや広告をどのように活用したかを考えよう。
③デジタル化によって，ジェンダーをめぐる社会的分断は乗り越えられるか。

それに対する反対運動も続いているが，日本においては大学等のミスキャンパス・コンテストに対する賛否は分かれている。

▷3 インターセクショナリティ
1989年にキンバリー・クレンショーが人種と性の交差する場を脱周縁化する試みとして，多数派フェミニズムをブラック・フェミニストの立場から批判し，概念的に提唱した。性差的抑圧に対する抵抗運動の中でも，人種による抑圧は存在し，二重の意味で有色人種の女性はマージナライズ（周縁化）されている。インターセクショナリティ（交差性）の概念は，ほかに階級，民族，宗教，セクシュアリティ，身体的特徴などによって，交差的に形成される複層的な抑圧の問題としても拡張される。しかし個々の主観的な経験を重視することで，複層的な差別構造に抗するための共通課題を設定しづらくもなった。

（参考文献）
ベティ・フリーダン（三浦富美子訳）『新しい女性の創造』大和書房，1965年。
シモーヌ・ド・ボーヴォワール（朝吹三吉訳）『老い』下，人文書院，1972年。
シモーヌ・ド・ボーヴォワール（中嶋公子・加藤康子監訳）『第二の性』新潮社，1997年。
ジュディス・バトラー（竹村和子訳）『ジェンダー・トラブル』青土社，1999年。
ジョアン・エントウィスル（鈴木信雄訳）『ファッションと身体』日本経済評論社，2005年。

23 フェミニズムと芸術

西洋

香川　檀

【関連項目：科学とジェンダー，インドにおける宗教・芸術・売春，近代音楽文化と女性，女性参政権獲
得後のフェミニズム】

▷1　フェミニズム・アート

1970年代初頭に英米圏から広がった現代アートの運動。アメリカ・カリフォルニア州で女性美術家たちが，従来の美術の規範に縛られず，女性自身が抱く想いや抱える問題を表現しようとしたことが発端となった。1972年にロサンゼルスで開催された「ウーマンハンス」展では，美術家ジュディ・シカゴとミリアム・シャピロの指導のもと，美術学校で「フェミニスト・アート・プログラム」を受講する学生たちが，主婦の日常をテーマとする作品を展示し，話題となった。

▷2　アルテミジア・ジェンティレスキ（1597頃〜1652頃）

17世紀イタリアの女性画家。父親オラツィオもカラヴァッジオ派の有名な画家で，アカデミーでの専門教育を受けられなかった彼女は父の工房で絵画の修業を積んだ。10代の終わり頃，彼女が師事していた画家にレイプされたと父親が訴えたことで，レイプ裁判が行われる。1621年フィレンツェに移り結婚するも，24年には当地を離れ，1630年頃からはナポリを拠点に活躍し，同地のアカデミー会員にも列せられた。長らく忘れられた存在だったが，1980年代に女性画家の草分けとして脚光を浴び，仏伊合作の伝記映画も製作された。

📖 概　要

「なぜ女性の大芸術家は現れないのか？」——アメリカの美術史家リンダ・ノックリンは，1970年代初めにこう銘打った論文を発表した。美術史に「女のミケランジェロ」や「女のピカソ」がいないのは，女性に天賦の才能がないからではなく，傑作を生み出すのに必要な教育や職業の機会が閉ざされていたからであると論じた。折しもアメリカのカリフォルニアでは，既存の美術界の外側で，フェミニズム・アート[1]の実践が試みられていた。現代の女性による美術表現を模索する一方で，過去の女性芸術家たちの歴史を見直そうという研究が始まったのである。ノックリンは歴史に埋もれた女性の画家を発掘し，1976年，同僚とともにロサンゼルスで古今の女性美術家84名の作品を一堂に集めた展覧会「女性芸術家　1550〜1950年」も開催した。アルテミジア・ジェンティレスキ[2]などの女性作家の美術展や，女性の作品だけを収蔵・展示する美術館などが誕生し，こうした機運は瞬く間にヨーロッパやその他の地域にも広まった。

当時の議論　ノックリンの問題提起が「偉大な女性芸術家はいなかった」という前提に立っていたことには，当初から批判があった。歴史調査が進むにつれ，女性芸術家は大勢いたけれども近代の美術史記述の中で抹殺されてきたこと，また「何が偉大か」を決める作品評価の基準自体が白人男性の美術史家や批評家によってつくられたものであることが問題視され，芸術の価値体系そのものを見直そうという動きが強まる。ポロックとパーカー（1992）は，美術史が女性芸術家に割当ててきた「女らしさ（女性性）」の属性——たとえば，繊細で優雅で手芸的であること——を批判的に検証し，ブルードとガラード（1987）は，描かれた女性像などの分析から家父長制イデオロギーを読み取る論集を編んだ。しかし，芸術の「普遍性」と作品の「質」という従来の価値基準を奉じる主流の美術史からは，反発の声もあがった。

🔑 論　点

1. 「女性ならではの芸術」というものはあるのか

美術史から排除されてきた女性の表現を再評価するために，女性の経験や身体性に根ざした表現を探求する研究がなされ

アルテミジア・ジェンティレスキ「絵画の寓意としての自画像」

た。一方，アート制作の現場でも，ジュディ・シカゴ[43]のように，女性史の主題と女性の身体的特徴の造形とを結びつけた作品を発表する者も現れた。しかし，このように女性の芸術表現を「女性の本質」に基づく特殊なものとして定式化することは，ポロックとパーカーが主張するように，それを主流の美術史の中でゲットーとして囲い込み，「二流」の位置を温存してしまうことにもつながる。

2. 「芸術のクォータ制」で美術館の門戸をこじ開けられるか

美術館の収蔵作品に圧倒的に女性の作品が少ないことに抗議して，一定の割合になるまで女性作家の作品を買い上げるよう要求する運動が起きた。今日でいう「クォータ制」である。アメリカでは，女性のアーティストや運動家のグループ「ゲリラ・ガールズ」が，この要求を掲げて各地の美術館の前でデモやパフォーマンスを行い注目を集めた。しかし，制度の門戸を数値目標という芸術外の枠組みによって開放することが真に美術界の男女平等を実現するのか疑問の声があがった。かといって，女性だけの美術館を作ることも，〈論点１〉にある女性のゲットー化につながるとの批判もある。

日本の美術館を見てみると，1990年代から東京都写真美術館の「私という未知に向かって」（1991年）や栃木県立美術館の「揺れる女／揺らぐイメージ——フェミニズムの誕生から現代まで」（1997年）など，ジェンダーをテーマに女性作家の展覧会が企画されるようになり，少しずつ評価の機運が高まっている。しかし，美術館のコレクションに加えられた作品の点数をみると，女性の作品はまだわずかで，ジェンダーフリーには程遠い状況である。『美術手帖』が2019年に行った調査によると，東京国立近代美術館や東京都現代美術館など都内の主要な四つの美術館でも，男性の作品が８〜９割を占めるという（https://bijutsutecho.com/magazine/series/s21/19922）。

3. 美術史の「パラダイム転換」とは

20世紀に確立した美術史の方法論は，絵画における筆致や描法など，目に見える情報に限定して研究する様式論が中心となっていた。これに対し，1980年代に台頭した「新しい美術史学」の潮流は，作品の意味をより広い政治・社会・文化的な背景に照らして読み解こうとするもので，人種・階級・性的指向などと並んで，ジェンダーの視点も重要なファクターとなった。今日，ジェンダー美術史と呼ばれる研究動向は，こうした大きな学問の規範の転換と連動していたのである。

┌─ **探究のポイント** ─────────────

①ノックリンの論文には女性芸術家のハンディとして，女性の才能に対する偏見や教育上の不平等などが挙げられている。女性芸術家を扱った映画『アルテミシア』（1997年）や『見えるもの，その先にヒルマ・アフ・クリントの世界』（2019年）などを観て，この問題について考えてみよう。

②長く歴史に埋もれ，70年代以降に再発見された女性芸術家を探してみよう。

③日本の美術史や美術館のあり方に，フェミニズムの考え方はどこまであてはまるだろうか。

▷3 ジュディ・シカゴ（1939〜）
アメリカのフェミニスト美術家。代表作の「ディナー・パーティー」（1974〜79年）は，三角形に配置した長テーブルに，神話や歴史上の女性たちに捧げたディナーセットが並んだもの。皿には女性器をモチーフにした図柄が描かれたり，オブジェ化したものが置かれたりしている。

参考文献

リンダ・ノックリン（松岡和子訳）「なぜ女性の大芸術家は現れないのか？」月刊『美術手帖』（特集：芸術家としての女性）28，1976年。

ノーマ・ブルード，メアリー・D・ガラード編（坂上桂子訳）『美術とフェミニズム——反駁された女性イメージ』PARCO出版，1987年。

グリゼルダ・ポロック，ロジカ・パーカー（萩原弘子訳）『女・アート・イデオロギー——フェミニストが読みなおす芸術表現の歴史』新水社，1992年。

鈴木杜幾子・千野香織・馬淵明子編『美術とジェンダー——非対称の視線』ブリュッケ，1997年。

熊倉敬聡・千野香織編『女？ 日本？ 美？——新たなジェンダー批評に向けて』慶應義塾大学出版会，1999年。

≈≈≈ イラン ≈≈≈
24

スポーツ

山岸 智子

【関連項目：イスラーム法と家族，スポーツ（イギリス），ヴェール，イスラーム革命と女子宗教学院】

📖 概　要

　イランの女性スポーツの歴史は，ジェンダー規範をめぐる近代的な価値観とイスラームの関係や，国際的な摩擦の様相を映し出している。1925年パフラヴィー朝初代国王となったレザー・シャー（1878〜1944）は近代国家確立を目指し，彼のもとで国家に奉仕する国民の精神と肉体を涵養する政策を推進した。1927年には体育を学校教育のカリキュラムに組み入れ，1933年には国民体育協会を設立。1930〜40年代には一般の学校でも女子が体育の授業を受けるようになっていた。新たに建造された競技場で王族や有力者が洋装の妻を伴ってスポーツ観戦をする姿は，国王の近代化を顕彰するものとして報道された。19世紀末から20世紀初頭にかけてイランの近代化論者たちは，科学的論拠をもって近代スポーツを勧める論説を展開した。その考えは1920年代から拡大した新しい中間階層のあいだに広まり，優生学的観点から，女性の健康増進の必要性と，そのために女性がスポーツをする意義が広く認められるようになった。とはいえ同時期に，健康増進は望ましくとも，少女たちが過激なスポーツをすることには害があるとの論説なども現れている。

　第2代国王モハンマド゠レザー・シャー（1919〜1980）も父の近代化政策を継承し，華々しく国際競技の場でイラン・ナショナリズムを演出した。イランは1900年のパリ大会からオリンピックに参加しており，1964年の東京大会には初めて女子選手も派遣し，1974年にはアジア競技大会を首都テヘランで開催した。

　1978年からの革命運動が成就して1979年4月に**イスラーム共和政が宣言**されると，新体制下ではイスラームの諸基準に合わない法は認められず，女性解放政策を含む王政時代の「西欧化」は厳しく指弾された。王政転覆後，女性の**ヴェール／ヒジャーブ**着用義務は，公務員への要請を皮切りに，抵抗を受けつつも，全女性に課されるようになり，1983年には罰則も定められた。革命後の混乱とそれに続くイラン・イラク戦争でスポーツ環境は悪化し，女性スポーツは壊滅したと考えられたが，戦争終結後1990年代に入って女性の社会的活動が顕著となる中で，女性スポーツは活性化し，その活動をマネージメントする女性の能力も示されるようになった。ことに，1996年

＊　イスラーム共和政の宣言
Ⅵ-10側注3参照。

＊　ヴェール／ヒジャーブ
Ⅲ-18参照。

オリンピックデーのパレードに参加する女性たち（2019年）

に国会議員に当選した**ファーイェゼ・ハーシェミー**は，国際オリンピック委員会と連携しながら，1993年，1997年，2001年，2005年にイスラーム諸国女性スポーツ競技会（競技会の名称は途中で変更）を開催することに成功した。2005年の競技会には，44カ国1316名の女子選手が参加したと報告されている。

当時の議論　1990年代のイランでは女性スポーツの関心が高まっていた。一部の**イスラーム法学者**が女性スポーツに抵抗感を示すのに対して，健康とスポーツはイスラームの推奨するもので憲法に認められた権利だとの議論が繰り広げられた。ファーイェゼ・ハーシェミーはこうした風潮に後押しされ，国際的な場でも，文化的多様性を認め，ムスリム諸地域で女性スポーツを推進すべきだと精力的に訴えた。

論　点

1．多様性か女性抑圧か

男女別に行われるスポーツの練習や国内の競技会はイスラームの男女隔離の教えに反しないとされるが，対外試合では女子選手が異性の視線にさらされることが問題視され，肌や髪を露出させないスポーツウェアが必須となった。ヴェール／ヒジャーブのユニフォームはイスラーム的とされる価値観を表明すると考えられ，それを女性抑圧の徴とみるか，多様性として認めるかで議論は分かれた。国際的な競技連盟においてはスカーフ／ヴェールのユニフォームの承認が重要なアジェンダに入ったが，その議論の決着がつく以前の国際試合では，イラン女子サッカーチームが試合の直前になって不適切なユニフォームを理由に試合放棄を余儀なくされる，といった悲劇も起きた。国際サッカー連盟（FIFA）は2013年，安全性が証明されたとしてヴェールのユニフォームを認め，ほかの競技連盟でもヴェール着用で試合に臨むことを認める趨勢となっている。

2．その他の問題

女子フットサル選手の外国遠征をその夫が阻止した一件は，**その他の問題**がフォーカスされる機会となった。当該選手は，地域の法廷の裁可を得て，さらに離婚もして競技を続け，その次の回の国際的な大会に参加した。また，女性がスタジアムで男性の試合を観戦ができないことについても抗議活動が起こり，2022年8月，革命後初めてリーグ戦の観戦が可能となった。

探究のポイント

①女性スポーツの推進は，必ず欧米化とローカルなジェンダー規範の崩壊をもたらすものなのか，「文化変容」というキーワードを使って考えてみよう。

②スポーツはSDGs（持続可能な開発目標）の目標5「ジェンダー平等を実現しよう」の達成に貢献できると期待されている。これを参考に，スポーツはどのように女性のエンパワーメントをもたらしうるかを考えてみよう。

③ユニフォームのデザインがとくに「女性らしさ」を強調していると思われる例について，選手の立場に立ってその是非を考えてみよう。

▷1　ファーイェゼ・ハーシェミー（1963～）
第4代大統領ラフサンジャーニー（位1989～97）の娘。法学修士。国会議員として，またジャーナリストとして女性の社会活動推進に尽力。女性誌の発刊や女性スポーツの分野で目に見える成果をあげた。その後の政争の中で，2009年，2011年に反国家的宣伝を行ったとして逮捕され，勾留は解かれたが，それ以降政治の表舞台には現れなくなっている。

＊　イスラーム法学者
VI-10参照。

＊　その他の問題
たとえばイランでは，イスラームの規定に則り夫には妻を保護する義務があるとされ，夫は妻が保護の外に出ないよう留めることができることなど。イスラームの規定については I-2 も参照。

参考文献

山岸智子「《うなじ》をめぐる政治的対立──イラン女子サッカーチームのユニフォーム問題について」『スポーツ社会学研究』18(2)，2010年。

山岸智子「イラン　急成長する女子サッカー」『アジ研ワールド・トレンド』237，2015年。

山岸智子「オリンピックとイスラーム世界──宗教とジェンダーの国際力学」高峰修編著『夢と欲望のオリンピック──その多様な姿』成文堂，2020年。

Column **35** 日　本

ジャニーズと戦後日本

それはワシントン・ハイツから始まった　ジャニーズの歴史を考える上で，東京・原宿は特別な意味をもった街である。原宿駅を降りてすぐのところに，代々木公園，国立代々木競技場，NHK 放送センターを含む一帯がある。この地は，かつてワシントン・ハイツと呼ばれる米軍住宅地区だった。1964年の東京オリンピックに際して日本に返還され，選手村や競技場へと造り変えられるまで，フェンスの向こう側は，「アメリカそのもの」の威容を誇っていた。

ジャニーズは，このワシントン・ハイツで練習する少年野球団から生まれた。ジャニーズ事務所を創設したジャニー喜多川は，ワシントン・ハイツの住人だった。1931年，ロサンゼルスに生まれた日系二世のこの青年は，アメリカ大使館に勤務する傍ら，プライベートで日本の少年たちに野球を教えていた。後年問題となる性暴力は当時すでに行われていたとされる。

少年たちは，ある日，映画『ウェスト・サイド物語』を観て衝撃を受け，ミュージカルの大ファンになった。見様見真似で練習を始め，本格的なレッスンに通い始めた。こうして1962年，最初のグループ「ジャニーズ」が，あおい輝彦ら4名によって結成され，東京オリンピックの年にデビューした。

非軍事化されたホモソーシャルな男性性　彼らは，テレビ時代の茶の間（近代家族）の人気者となることを基本戦略とした。学生らしさ，可愛らしさを売りに，少女ファンばかりでなくその親にもアピールしていったのである。

茶の間の男性アイドルとしての魅力を打ち出すためには，戦前・戦中の少年たちが憧れ尊敬した武人・軍人のような男性性や，石原裕次郎流のタフガイのイメージは適切ではなかった。当時の雑誌取材や関係者の回想によると，ジャニー喜多川は，大使館内の在日軍事援助顧問団（MAAGJ）の業務に従事していたという。MAAGJ といえば，日本の陸上自衛隊創設に深く関与した組織であり，彼は軍の存在を間近に感じていた。だが，彼は，自ら育てるグループには強靭な筋力，武威，好戦性を求めず，むしろ軍事的男性性を意図的に消去してきた（Ⅴ-3 側注1も参照）。

スポーツとアイドル　ジャニーズ事務所のアイドルたちが，男性性を表現する際にしばしば前面に出していったのは，スポーツだった。SMAP の「S」がスポーツを意味していたこと，ジャニーズ大運動会が恒例行事だったことなど，ジャニーズとスポーツは切り離せない。中でも見逃せないのは，バレーボールとの関係だ。

ジャニーズとバレーボールをつなぐ重要人物は，松平康隆である。1972年のミュンヘン・オリンピックは，松平率いる男子バレーボール・チームが人気の絶頂を迎えた大会だった。松平は，低迷に喘ぐ男子チームの人気浮揚策として，選手をメディア露出させ，また，曲芸のような必殺技（一人時間差攻撃など）を考案させて話題を集めた。このとき選手らは，ジャニーズの「お家芸」となるバク転も披露していた。松平による人気戦略は，記録『嵐と太陽』（1970年）にまとめられた。それから29年後にデビューした嵐は，最初の楽曲《A・RA・SHI》と続く《SUNRISE 日本》の2曲で「嵐」と「太陽」を歌った。初の主演ドラマ『Ⅴの嵐』は，日本バレーボール史のオマージュに満ちていた。

ジャニーズ事務所は，1995年デビューの V6 以来，バレーボールの国際試合との結びつきを強固にした。新人グループがイメージ・キャラクターとして起用され，バレーボール大会がデビューの檜舞台となった。そして，その試合は，彼らの出生地というべき国立代々木競技場で開催されてきたのである。　　（周東美材）

参考文献
周東美材『「未熟さ」の系譜——宝塚からジャニーズまで』新潮社，2022年。

食文化と女性

**食べないこと
はいいことだ** 日本に住んで長いインド人夫婦の夫の方がある日私に電話をしてきた。なんでも，息子が日本企業で働きだした数日後に家族争議が起こったらしい。「息子が，明日は母さんの作った弁当は要らないよ，日本人の同僚と一緒に外にランチに行くからって言うんだ。酷すぎるじゃないか。妻はショックで泣いている。どんなに傷ついたことか！」と止まらない。彼らはヒンドゥー教徒で，儀礼的秩序では最上位のカーストとされるバラモン，菜食主義である。基本的に母や妻の手料理しか口にしないのがよしとされている人々である。

インドでは日本と正反対に，「なんでも食べられる」ことは美徳とはほど遠い。コミュニティによって食の禁忌は多様多岐にわたり，それを犯すことは宗教的な穢れにあたるとされる。そして，いわゆる「上位」のカーストほど禁忌の対象が増える傾向がある。彼らは他人が差し出した食べ物を平気で断る。その断るときの顔がどこか自慢気に見えるのは，「食べないこと」が生まれの良さのアピールでもあるからだろう。そしてそのような社会では，絶対安心の食を提供できる妻や母の立場は，少なくともその点では盤石だったはずなのだ。

**食に託された
女性の尊厳** インド人の伝統的な結婚は同じカースト内での親の決めたお見合い結婚で，それは食の禁忌を共有する者同士の結婚でもある。嫁にとって料理は最も重要な家事であり，掃除洗濯はサーバントに任せても料理だけは任せない。たとえ料理人を雇おうとも，主婦はメニューやレシピ，調理法など細かく指示して監視を怠らず，家族の日々の食生活を完全に管理下におき掌握する。

そもそもインド料理は多種多様なスパイス，熱帯の豊富な食材を扱う難解な料理である。専業主婦が一日のうちのかなりの時間を台所で過ごすことは珍しくない。その姿は男性中心の社会で抑圧された可哀そうな女性という予断に反して，責任ある仕事を託され自信にあふれた「働く女性」にも見える。ただしそれは妻や母の手料理に家族が完全服従することが保障される限りにおいてである。1990年代経済自由化以降，若い世代を中心に外食や穢れへのタブー感は確実に薄れつつある。妻や母の手作り弁当が家族から「要らない」と言われる事態があちこちで起きているのである。

**グローバル
化の中で** 変化を如実に表すものの一つに2010年から放送が始まった人気テレビ番組 MasterChef India がある。オーストラリア発祥の番組のインド版で，一般の主婦の料理の腕前が男性審査員の有名シェフと料理研究家の前で競わされる。それまで何ものとも比較が許されなかったであろう妻や母の味が，男性の「プロ」から酷評される映像は当初衝撃的だったが，結局番組自体は大当たりの上シリーズ化された。

また映画『マダム・イン・ニューヨーク』（2012年）では，料理上手と周囲で評判の主婦が夫や子どもからは「料理しかできない」と見下される。「男が料理するとアート，女性は料理しても義務よ」とヒンディー語で嘆く彼女に最終的に自信を取り戻させたものは，人前で自分の主張を堂々とスピーチできる英語力であった。「結婚は対等な男女の関係」であり，「自分を助けるのは自分だけ」と拙い英語で懸命に述べる姿には，過去から一歩踏み出したインド女性を待ち受ける次なる闘い――ひとりの人間として平等と自立を求める世界共通の闘い――が暗示されている。

（山田桂子）

参考文献

小磯千尋・小磯学『世界の食文化8　インド』農山漁村文化協会，2006年。
井坂理穂・山根聡編著『食から描くインド』春風社，2019年。

グローバル・ヒストリーとジェンダー

25

浅田進史

【関連項目：女性の経済活動と移動，移民とジェンダー，ジェンダー平等と法，女性の海外出稼ぎ労働，
国際開発のジェンダー政策，国際的な女性活動】

📖 概　要

2000年代以降，グローバルを掲げた数多くの通史や論文集が世界的に刊行されて
きた。しかし，ボニー・G・スミスが批判するように，グローバル・ヒスト
リーの潮流では，女性やジェンダーの視点が後景に退くか，あるいは二義的なも
のとして扱われる傾向がある。たしかに，日本でも歴史教育としての世界史を
ジェンダーの視点から書き直そうとした参考書や，異文化接触の中の女性の役割
に焦点を当てて世界史を描く論文集が出版されている。それでも現状では，グ
ローバル・ヒストリーと題した通史・入門書の叙述に，ジェンダーが不可欠な構
成要素として位置づけられることはほとんどない。

イギリス帝国史家アントニー・G・ホプキンズが編集した『世界史のなかのグ
ローバリゼーション』（2002）の題名に表れているように，グローバル・ヒスト
リーの試みは，1990年代以降に高まったグローバリゼーション論への歴史学の応
答といえる。グローバリゼーション論にみられる「労働力の女性化」論や「移民
の女性化」論[1]は，新たな国際分業が性別役割分業イデオロギーに基づいて再配置
される過程を明らかにしてきた。そうであれば，グローバル・ヒストリーの根幹
にジェンダーの視点が欠けることは奇異に思われるだろう。

現在，グローバル・ヒストリーを掲げる研究は，思想，モノ，人の移動，生態
環境など多様なテーマを切り口に展開している。もちろんそれらにはジェンダー
の視点と切り離せないテーマ，たとえばフェミニズムや家事労働・介護労働に関
する研究も公刊されている。

**当時の議論と
その後の展開**
グローバル・ヒストリーの中で，
ジェンダーが議論の対象となってい
ないわけではない。むしろ経済史では，激しい論争が
起きている。

たとえば，グローバルな比較研究をもとに，相対的
なイギリス高賃金経済[2]が機械化の誘因となり，いち早
く産業革命が生じたと主張するロバート・C・アレン
（2017）に対し，女性史からは，それが成年男性を基
準にした「家父長主義的」な仮定に基づく「非歴史
的」な解釈にすぎないとの批判が寄せられた。また，
ティネ・デ・ムーアとヤン・ライテン・ファン・ザン
デンは，中世末期の北西ヨーロッパに広がった結婚パ
ターンの中に晩婚，両性の合意による婚姻，資産移転

▷1 「労働力の女性化」
論と「移民（国際労働移
動）の女性化」論

1980年代に入って，先発資
本主義諸国での労働市場に
おける女性雇用の増加，な
らびに1960年代以降の開発
途上国の製造業における女
性の低賃金雇用の増加が議
論されるようになった。そ
の後，家事・介護・製造
業・農場などの部門での，
国境を越える移民女性の増
加についても関心が高まっ
ている。

▷2 イギリス高賃金経済
論

R・アレンはイギリスで産
業革命が先行した要因とし
て，労働者の実質賃金の高
さ，エネルギーとなる石炭
価格の安さなどをあげてい
る。この主張に対して，
J・ハンフリーズは，女
性・児童労働の視点から，
実質賃金の算出に際して女
性のカロリー必要量が過小
評価されている，また機械
化による安価な女性・児童
労働に置き換えた点を十分
に考慮していないなど，
様々な角度から批判した。

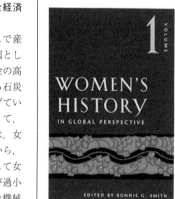

ボニー・G・スミスが編集し
た3巻本 *Women's History
in Global Perspective* の第1
巻（2004）の表紙

の女性にとっての相対的「民主的」性格を見出し，それらが他地域と比べて近代的経済成長を促す要因となったと主張する「ガール・パワー」論[3]を提起している。これに対して，中東欧・ロシア史研究の立場から，経済成長にとって結婚パターンよりも女性を取り巻く制度的要因を重視すべきだという批判が上がっている。

また，ジェンダー平等についても，歴史的視点をもつグローバルな比較研究が進められてきた。かつての近代化理論では，ジェンダー不平等の原因を各国の発展段階によるものと解釈していた。これに対して，1990年代半ばには女性の労働力参加が発展の最初の段階に低下するものの，後に改善することでU字型を描くという説が現れた。しかし，2021年の日本のグローバル・ジェンダー・ギャップ指数[4]の順位が156カ国中120位であるように，必ずしも経済発展がジェンダー平等を促すわけではない。そのため，ジェンダー関係を規定するそれぞれの社会の規範や制度の歴史的過程にいっそう関心が向けられる必要がある。

論点

1. グローバルな移民の「女性化」をどのように理解するか

1960年代以降，開発途上国の輸出工業化によって形成された新国際分業の展開とともに，輸出向けの農園，組立工場，家事労働などで雇用される移民女性が増加し，この現象は「移民の女性化」として注目されてきた。しかし，ジェニファー・L・モーガンが環大西洋奴隷貿易における男女比，つまり女性の割合の高さとその役割についての再検討を促したように（Morgan 2004），グローバル移民の「女性化」をより長い時間軸で問い直す歴史研究も現れている。

2. 「両性の平等」と経済発展の関係をどのようにとらえるか

グローバル・ヒストリーの主要な論点の一つは，産業革命，あるいは工業国型経済成長を促す要因を探るものである。ガール・パワー論は，女性の相対的自立性がその労働市場への積極的な参加を促し，後の経済成長の基盤となったと主張する。しかし，その女性が低賃金労働に固定化されたならば，不平等な男女格差によって経済成長が果たされたことになる。ガール・パワー論の賛否を別として，この議論はジェンダー関係が経済成長の基底に組み込まれていることを明示するものである。

3. グローバル・ヒストリーにジェンダー視点は不可欠か

人類社会の営みをグローバルな視点から通史的に描こうとした場合に，ジェンダーの視点は多様なテーマの一つにすぎないのか，それともグローバル・ヒストリーに欠かせない構成要素なのか。この問いに対しては，各時代の社会的変化とジェンダー関係が相互にどのように影響を及ぼしあったのかという双方向的なアプローチが推奨されている。

探究のポイント

①グローバルな人の移動にジェンダーがもった意味について考えてみよう。
②ジェンダー平等に向けた国際組織や取り組みの歴史的事例を探してみよう。
③グローバル化とともに新たに生まれた性別役割分業の事例を考えてみよう。

▷3 「ガール・パワー」論
「ガール・パワー」論は，ヨーロッパ型結婚パターン（EMP）論をさらにグローバルな視点で発展させ，中世末期以降の北西ヨーロッパにおける女性の積極的な労働市場への参加とその後の近代的経済成長を結びつけた。これに対して，T・デニソンとS・オグルヴィは，EMPはより貧困なスカンディナビア地域やドイツ語圏に顕著であり，近代的経済成長にはEMPよりもほかの制度的要因を重視すべきだと主張した。

▷4 グローバル・ジェンダー・ギャップ指数
世界経済フォーラムが発表する男女格差を国際比較するための指数。2005年度版の刊行以降，各国の経済，教育，健康，政治参加の4分野の指数，総合指数，国別順位が毎年公表されている。

（参考文献）
伊豫谷登士翁編『経済のグローバリゼーションとジェンダー』明石書店，2001年。
三成美保・姫岡とし子・小浜正子編『ジェンダーから見た世界史——歴史を読み替える』大月書店，2014年。
水井万里子・伏見岳志・太田淳・松井洋子・杉浦未樹編『女性から描く世界史——17〜20世紀への新しいアプローチ』勉誠出版，2016年。
ロバート・C・アレン（眞嶋史叙・中野忠・安元稔・湯沢威訳）『世界史のなかの産業革命——資源・人的資本・グローバル経済』名古屋大学出版会，2017年。
浅田進史・榎一江・竹田泉編『グローバル経済史にジェンダー視点を接続する』日本経済評論社，2020年。

参 考 文 献

第Ⅰ章

Ⅰ-1　王玉波『中国家父長制家庭制度史』天津社会科学院出版社，1989年。

　　　王玉波『中国家庭的起源与演変』河北科学技術出版社，1992年。

　　　徐揚傑『中国家族制度史』人民出版社，1992年。

Ⅰ-2　Judith Tucker, *In the House of the Law: Gender and Islamic Law in Ottoman Syria and Palestine*, Berkeley: University of California Press, 1998.

　　　Yossef Rapoport, *Marriage, Money and Divorce in Medieval Islamic Society*, Cambridge: Cambridge University Press, 2005.

　　　Lynn Welchman, *Women and Muslim Family Laws in Arab States*, Amsterdam: Amsterdam University Press, 2007.

Ⅰ-3　鄭永福・呂美頤『近代中国婦女生活』河南人民出版社，1993年。

Ⅰ-4　Jean-Noël Biraben, *Les hommes et la peste en France et dans les pays européens et méditerranéens*, 2 Toms., Paris: Mouton-LeHaye, 1975-76.

　　　Gauvin Bailey et al. eds., *Hope and Healing: Painting in Italy in a Time of Plague, 1500-1800*, Worcester : Worcester Art Museum, 2005.

Ⅰ-5　Mary Daly, *Gyn/ecology: The Metaethics of Radical Feminism*, Boston: Beacon Press, 1978.

　　　John Putnam Demos, *Entertaining Satan: Witchcraft and Culture in Early New England*, New York and Oxford: Oxford University Press, 1982.

　　　Lyndal Roper, *Oedipus and the Devil: Witchcraft, Sexuality, and Religion in Early Modern Europe*, London: Routledge, 1994.

Ⅰ-6　Amy L. Erickson, *Women and Property in Early Modern England*, London and New York: Routledge, 1993.

　　　Rebecca Probert, *Marriage Law and Practice in the Long Eighteenth Century*, New York: Cambridge University Press, 2009.

Ⅰ-7　Jan de Vries, *The Industrious Revolution: Consumer Behavior and the Household Economy, 1650 to the Present*, Cambridge: Cambridge University Press, 2008.

　　　Tine de Moor and Jan Luiten van Zanden, "Girl Power: the European Marriage Pattern and Labour Markets in the North Sea Region in the Late Medieval and Early Modern Period", *The Economic History Review*, 63.1, 2010, pp. 1-33.

　　　Elise van Nederveen Meerkerk, *Women, Work and Colonialism in the Netherlands and Java: Comparisons, Contrasts, and Connections, 1830-1940*, Palgrave Macmillan, 2019.

Ⅰ-8　Huda Lutfi, "Al-Sakhāwī's *Kitāb al-Nisā'* as a Source for the Social and Economic History of Muslim Women during the Fifteenth Century A.D.", *Muslim World*, Vol. 71, No. 2, 1981, pp. 104-124.

　　　Jonathan P. Berkey, "Women and Islamic Education in the Mamluk Period", Nikki R. Keddie and Beth Baron eds., *Women in Middle Eastern History,* New Haven, CT: Yale University Press, 1991, pp. 143-157.

　　　Jun Akiba, "'Girls Are Also People of the Holy Qur'an': Girls' Schools and Female Teachers in Pre-*Tanzimat* Istanbul", *Hawwa*, Vol. 17, No. 1, 2019, pp. 21-54.

Ⅰ-9　Dorothy Ko, *Teachers of the Inner Chambers: Women and Culture in Seventeenth-Century China*, Stanford: Stanford University Press, 1994.

胡文楷編著『歴代婦女著作考（増訂版）』上海古籍出版社，1985年（初版は商務印書館，1957年）。

崔淑芬『中国女子教育史——古代から一九四八年まで』中国書店，2007年。

I-10　Evelyn Fox Keller and Helen E. Longino, *Feminism and Science,* Oxford and New York: Oxford University Press, 1996.

Sally Gregory Kohlstedt and Helen E. Longino eds., *Women, Gender, and Science: New Directions, Osiris,* Vol. 12, 1997.

川島慶子『拝啓キュリー先生——マリー・キュリーとラジウム研究所の女性たち』ドメス出版，2021年。

I-11　Mireille Laget, *Naissance : l'accouchement avant l'âge de la clinique,* Paris, seuil, 1982.

Jacques Gélis, *L'Arbre et le fruit. La naissance dans l'Occident moderne, XVIe-XIXe siècle,* Paris, Editions Fayard, 1984.

Christelle Rabier, « La disparition du barbier chirurgien : Analyse d'une mutation professionnelle au XVIIIe siècle », *Annales : Histoire, Science sociales,* 65e année, no. 3 mai-juin, 2010, pp. 679-711.

I-12　Claudia Opitz, Ulrike Weckel und Elke Kleinau Hg., *Tugend, Vernunft und Gefühl. Geschlechterdiskurse der Aufklärung und weibliche Lebenswelten,* Münster u.a.: Waxmann, 2000.

Carol Strauss Sotiropoulos, *Early Feminists and the Education Debates: England, France, Germany, 1760-1810,* Madison: Fairleigh Dickinson University Press, 2007.

Sarah Knott and Barbara Taylor eds., *Women, Gender and Enlightenment,* Basingstoke: Palgrave Macmillan, 2007.

I-13　Dorothy Ko, *Cinderella's Sisters: A Revisionist History of Footbinding,* Berkeley, CA: University of California Press, 2005.

I-14　Khaled El-Rouayheb, *Before Homosexuality in the Arab-Islamic World, 1500-1800,* Chicago: University of Chicago Press, 2005.

Scott Siraj al-Haqq Kugle, *Homosexuality in Islam: Critical Reflection on Gay, Lesbian, and Transgender Muslims,* Oxford: Oneworld Publications, 2010.

Pernilla Myrne, *Female Sexuality in the Early Medieval Islamic World : Gender and Sex in Arabic Literature,* London: I.B. Tauris, 2020.

I-15　『仮名草子集　浮世草子集』日本古典文学全集37，小学館，1971年。

『男色大鑑』新編日本古典文学全集（67）井原西鶴集（2），小学館，1996年。

染谷智幸・畑中千晶編『全訳　男色大鑑〈歌舞伎若衆編〉』文学通信，2019年。

I-16　Lillian Faderman, *Surpassing the Love of Men: Romantic Friendship and Love Between Women from the Renaissance to the Present,* 1981, rep., New York: Perennial, 2001.

Moira Ferguson ed., *First Feminists: British Women Writers 1578-1799,* Bloomington: Indiana University Press, 1985.

Emma Donoghue, *Passions Between Women: British Lesbian Culture 1668-1801,* London: Scarlet Press, 1993.

I-17　Leslie Peirce, *Morality Tales: Law and Gender in the Ottoman Court of Aintab,* Berkeley: University of California Press, 2003.

Iris Agmon, "Women's History and Ottoman Sharia Court Records: Shifting Perspectives in Social History", *Hawwa,* Vol. 2, No. 2, 2004, pp. 172-209.

Metin Coşgel and Boğaç Ergene, *The Economics of Ottoman Justice: Settlement and Trial in the Sharia Courts,* Cambridge: Cambridge University Press, 2016.

I-18　Leslie P. Peirce, *The Imperial Harem: Women and Sovereignty in the Ottoman Empire,* New York: Oxford University Press, 1993.

Nadia Maria El Cheikh, "Revisiting the Abbasid Harems", *Journal of Middle East Women's Studies,* Vol. 1,

No. 3, 2005, pp. 1-19.

Betül İpşirli Arglt, *Life After the Harem: Female Palace Slaves, Patronage, and the Imperial Ottoman Court*, Cambridge: Cambridge University Press, 2020.

Ⅰ-19　Barbara Stollberg-Rilinger, *Maria Theresia: Die Kaiserin in ihrer Zeit, Ein Biographie*, München: Verlag C. H. Beck oHG, 2017.

Katarzyna Kosior, *Becoming a Queen in Early Modern Europe: East and West*, New York: Palgrave Macmillan, 2019.

Ana Maria S. A. Rodrigues, Manuela S. Silva and Jonathan Spangler eds., *Dynastic Change: Legitimacy and Gender in Medieval and Early Modern Monarchy*, London and New York: Routledge, 2020.

Ⅰ-20　https://chinatsutakeda.com/italy（スタール夫人の小説『コリンヌ』の抜粋）

Dominique Godineau, *Les femmes dans la société française, 16ième -18ième*, Paris: Armand Colin, 2003.

Suzanne Desan, "Recent Historiography on the French Revolution and Gender", *Journal of Social History*, Vol. 52-3, 2019, pp. 566-574.

Chinatsu Takeda, *Mme de Staël and Political Liberalism in France*, London and New York: Palgrave Macmillan, 2018.

Ⅰ-21　Amanda Vickery ed., *Women, Privilege and Power: British Politics, 1750 to the Present*, Stanford: Stanford University Press, 2001.

Kathryn Gleadle, *Borderline Citizens: Women, Gender, and Political Culture in Britain, 1815-1867*, Oxford: Oxford University Press, 2009.

第Ⅱ章

Ⅱ-1　Majorie Garber, *Vested Interests Cross-Dressing & Cultural Anxiety*, New York: Routledge, 1992.

Guyonne Leduc éd., *Travestissement féminin et liberté(s)*, Paris: L'Harmattan, 2006.

Christine Bard, *Une Histoire politique du pantalon*, Paris: Seuil, 2010.

Vern L. Bullough and Bonnie Bullough, *Cross Dressing, Sex and Gender*, Philadelphia: University of Pennsylvania Press, 1993.

Ⅱ-2　Boyd Hilton, *The Age of Atonement: The Influence of Evangelicalism on Social and Economic Thought, 1785-1865*, Oxford: Oxford University Press, 1988.

Anne Stott, *Hannah More: The First Victorian*, Oxford: Oxford University Press, 2006.

Clare Midgley, *Feminism and Empire: Women Activists in Imperial Britain, 1790-1865*, London: Routledge, 2007.

Ⅱ-3　John Tosh, *A Man's Place: Masculinity and the Middle-Class Home in Victorian England*, New Haven: Yale University Press, 1999.

Melanie Newton, "Philanthropy, Gender, and the Production of Public Life in Barbados, ca. 1790-ca. 1850", Pamela Scully and Diana Paton eds., *Gender and Slave Emancipation in the Atlantic World*, Durham, NC: Duke University Press, 2005.

Ⅱ-4　西川祐子『借家と持ち家の文学史』三省堂，1998年。

赤川学『セクシュアリティの歴史社会学』勁草書房，1999年。

三成美保ほか編『〈母〉を問う──母の比較文化史』神戸大学出版会，2021年。

Ⅱ-5　Naṣīr ad-Dīn Tūsī, *The Nasirean Ethics*, trans. G. M. Wickens, London: George Allen & Unwin, 1964.

Afsaneh Najmabadi, *Women with Mustaches and Men without Beards: Gender and Sexual Anxieties of Iranian Modernity*, Berkeley and Los Angeles: University of California Press, 2005.

Beshara Doumani, *Family Life in the Ottoman Mediterranean: A Social History*, Cambridge: Cambridge University Press, 2017.

Ⅱ-6　Susanna Dammer, "Kinder, Küche, Kriegsarbeit: Die Schulung der Frauen durch die NS-Frauenschaft", Frauengruppe Faschismusforschung ed., *Mutterkreuz und Arbeitsbuch*, Frankfurt am Main: Fischer Taschenbuch Verlag, 1981, pp. 215-245.

Michelle Mouton, *From Nurturing the Nation to Purifying the Volk: Weimar and Nazi Family Policy, 1918-1945*, Cambridge: Cambridge University Press, 2007.

Ⅱ-7　Sara Delamont, "The Contradictions in Ladies' Education", Sara Delamont and Lorna Duffin eds., *The Nineteenth Century Woman: Her Cultural and Physical World*, London: Croom Helme, 1978, pp. 134-163.

Carol Dyhouse, *Girls Growing Up in Late Victorian and Edwardian England*, London: Routledge & Kegan Paul, 1981.

Felicity Hunt, "Divided Aims: The Educational Implications of Opposing Ideologies in Girls' Secondary Schooling, 1850-1940", Felicity Hunt ed., *Lessons for Life: The Schooling of Girls and Women, 1850-1950*, Oxford: Basil Blackwell, 1987, pp. 3-21.

Ⅱ-8　Christine Ruane, *The Empire's New Clothes: A History of the Russian Fashion Industry, 1700-1917*, New Haven & London: Yale University Press, 2009.

Eliyana R. Adler, *In Her Hands: The Education of Jewish Girls in Tsarist Russia*, Detroit: Wayne State University Press, 2011.

Melanie Ilic ed., *The Palgrave Handbook of Women and Gender in Twentieth-Century Russia and the Soviet Union*, London: Palgrave Macmillan, 2018.

Ⅱ-9　ユネスコ東アジア文化研究センター編『資料御雇外国人』小学館，1975年。

大口勇次郎『女性のいる近世』勁草書房，1995年。

松井洋子「長崎と丸山遊女」佐賀朝・吉田伸之編『シリーズ遊郭社会1　三都と地方都市』吉川弘文館，2013年。

Ⅱ-10　佐賀朝・吉田伸之編『シリーズ遊廓社会1　三都と地方都市』・『同2　近世から近代へ』吉川弘文館，2013～14年。

高木まどか『近世の遊廓と客』吉川弘文館，2020年。

横山百合子（張敏・丁諾舟訳）『小人物我門明治維新依江戸到東京』上海人民出版社，2021年。

Ⅱ-11　Margot Badran, *Feminists, Islam, and Nation: Gender and the Making of Modern Egypt*, New Jersey: Princeton University Press, 1995.

Meyda Yegenoglu, *Colonial Fantasies: Towards a Feminist Reading of Orientalism*, Cambridge: Cambridge University Press, 1998.

Kenneth M. Cuno, *Modernizing Marriage: Family, Ideology, and Law in Nineteenth-and Early Twentieth-Century Egypt*, Syracuse and New York: Syracuse University Press, 2015.

Ⅱ-12　末次玲子『二〇世紀中国女性史』青木書店，2009年。

陳三井主編『近代中国婦女運動史』台北：近代中国出版社，2000年。

関西中国女性史研究会編『増補改訂版　中国女性史入門』人文書院，2014年。

Ⅱ-13　Sylvia Walby, *Patriarchy at Work: Patriarchal and Capitalist Relations in Employment*, Oxford: Polity, 1986.

Sally J. Kenney, *For Whose Protection?: Reproductive Hazards and Exclusionary Policies in the United States and Britain*, Ann Arbor: The University of Michigan Press, 1992.

Robert Gray, *The Factory Question and Industrial England, 1830-1860*, Cambridge: Cambridge University Press, 2002.

Ⅱ-14　Jean Donnison, *Midwives and Medical Men: A History of the Struggle for the Control of Childbirth*, 2nd ed., London: Historical Publications, 1988.

Simon Szreter, "The Importance of Social Intervention in Britain's Mortality Decline c. 1850-1914: a

Re-interpretation of the Role of Public Health", *The Society for the Social History of Medicine*, 1(1), 1988, pp. 1-38.

Sheila R. Johansson, "Welfare, Mortality, and Gender: Continuity and Change in Explanations for Male/Female Mortality Differences over Three Centuries", *Continuity and Change*, Vol. 6(2), 1991, pp. 135-177.

第Ⅲ章

Ⅲ-1 Margaret Homans, *Royal Representations: Queen Victoria and British Culture*, 1837-1876, Chicago: University of Chicago Press, 1998.

Neil Parsons, *King Khama, Emperor Joe, and the Great White Queen: Victorian Britain through African Eyes*, Chicago: University of Chicago Press, 1998.

Clarissa Campbell Orr, "The Feminization of the Monarchy 1780-1910: Royal Masculinity and Female Empowerment", Andrzej Olechnowicz ed., *The Monarchy and the British Nation, 1780 to the Present*, Cambridge: Cambridge University Press, 2007, pp. 76-107.

Ⅲ-2 Nicoletta Poidimani, '«Faccetta nera»: i crimini sessuali del colonialismo fascista nel Corno d'Africa,' Luigi Borgomenari (a cura di), *Crimini della guerra. Il mito del bravo italiano tra repressione del ribellismo e guerra ai civili nei territori occupati*, Milano: Guerini e Associati, 2006, pp. 33-62.

Angelica Pesarini, "You Are the Shame of the Race: Dynamics of Pain, Shame, and Violence in Shape Shifting Process", Lily Anne Y. Welty Tamai, Ingrid Dineen-Wimberly, and Paul Spickard eds., *Shape Shifters: Journeys across Terrains of Race and Identity*, Lincoln, NE.: Nebraska University Press, 2020, pp. 189-216.

Chelsea Schields and Dagmar Herzog eds., *The Routledge Companion to Sexuality and Colonialism*, London: Routledge, 2021.

Ⅲ-3 Patricia Grimshaw, *Paths of Duty: American Missionary Wives in Nineteenth Century Hawaii*, Honolulu: University of Hawaii Press, 1989.

Dana Robert ed., *Converting Colonialism: Visions and Realities in Mission History, 1706-1914*, Grand Rapids, Michigan: Eerdmans, 2008.

David A. Hollinger, *Protestants Abroad: How Missionaries Tried to Change the World but Changed America*, Princeton: Princeton University Press, 2017.

Ⅲ-4 Maurice Agulhon, *Pénitents et francs-maçons de l'ancienne Provence*, Paris: Fayard, 1968.

Guillaume Cuchet, *Le crépuscule du purgatoire*, Paris: Armand Colin, 2005.

Ⅲ-5 Carol Dyhouse, *No Distinction of Sex? : Women in British Universities 1870-1939*, London: UCL Press, 1995.

Euthalia Lisa Panayotidis and Paul Stortz eds., *Women in Higher Education, 1850-1970: International Perspectives*, London: Routledge, 2015.

Margaret A. Nash ed., *Women's Higher Education in the United States: New Historical Perspectives*, New York: Palgrave Macmillan, 2018.

Ⅲ-6 Anna Macías, *Against All Odds: the Feminist Movement in Mexico to 1940*, Westport, Conn.: Greenwood Press, 1982.

Jocelyn Olcot, Mary Kay Vaughan and Gabriela Cano eds., *Sex in Revolution, Gender, Politics and Power in Modern Mexico*, Durham & London: Duke University Press, 2006.

Galván Lafarga, Luz Elena eds., 2002, Diccionario de historia de la educación en México, CD. México: CONACYT/CIESAS/DGSCA-UNAM, http://biblioweb.tic.unam.mx/diccionario/htm/intro.htm

Ⅲ-7 Edith Moberly Bell, *Storming the Citadel: The Rise of the Woman Doctor*, London: Constable, 1994.

Antoinette Burton, "Contesting the Zenana: The Mission to Make 'Lady Doctors for India', 1874-1885", *Journal of British Studies*, Vol. 35, No. 3, 1996, pp. 368-397.

Ⅲ-8　Philippa Levine, *Prostitution, Race & Politics: Policing Venereal Disease in the British Empire*, London: Routledge, 2003.

Philip Howell, *Geographies of Regulation: Policing Prostitution in Nineteenth-Century Britain and the Empire*, Cambridge: Cambridge University Press, 2009.

Julia Laite, *Common Prostitutes and Ordinary Citizens: Commercial Sex in London, 1885-1960*, Basingstoke: Palgrave Macmillan, 2012.

Ⅲ-9　Fritz Koch, *Verwaltete Lust: Stadtverwaltung und Prostitution in Frankfurt am Main 1866-1968*, Frankfurt am Main: Waldemar Kramer, 2010.

Paul Knepper, *The Invention of International Crime: A Global Issue in the Making, 1881-1914*, Basingstoke: Palgrave Macmillan, 2010.

Martin Lücke, "Hierarchien der Unzucht: Regime männlicher und weiblicher Prostitution in Kaiserreich und Weimarer Republik", *L'Homme: Zeitschrift für feministische Geschichtswissenschaft* 21 (1), 2010, pp. 49-64.

Ⅲ-10　Saskia C. Kersemboom, *Nityasumaṅgalī: Devadasi Tradition in South India*, Delhi: Motilal Banarsidass, 1987.

Davesh Soneji, *Unfinished Gestures: Devadasis, Memory, and Modernity in South India*, Chicago: University of Chicago Press, 2012.

Lucinda Ramberg, *Given to the Goddess: South Indian Devadasis and the Sexuality of Religion*, Durham: Duke University Press, 2014.

Ⅲ-11　John Boswell, *Christianity, Social Tolerance, and Homosexuality*, Chicago: The University of Chicago Press, 1980.

Neil Miller, *Out of the Past: Gay and Lesbian History from the 1869 to the Present*, New York: Vintage, 1995.

Jeffrey Weeks, *Sex, Politics and Society: The Regulation of Sexuality since 1800*, London: Routledge, 2017.

Ⅲ-12　E. Anthony Rotundo, *American Manhood: Transformations in Masculinity from the Revolution to the Modern Era*, New York: Basic Books, 1993.

Clifford Putney, *Muscular Christianity: Manhood and Sport in Protestant America, 1880-1920*, Cambridge, MA: Harvard University Press, 2001.

Kevin P. Murphy, *Political Manhood: Red Bloods, Mollycoddles, and the Politics of Progressive Era Reform*, New York: Columbia University Press, 2010.

Ⅲ-13　Ute Frevert, *Ehrenmänner: Das Duell in der bürgerlichen Gesellschaft*, München: C.H.Beck, 1991.

Winfried Speitkamp, *Ohrfeige, Duell und Ehrenmord: Eine Geschichte der Ehre*, Stuttgart: Reclam, 2010.

Wolfgang Wippermann, *Männer, Mythen und Mensuren. Geschichte der Corps und Burschenschaften*, Hamburg: Osburg Verlag, 2019.

Ⅲ-14　井上清・渡部徹編『米騒動の研究』全5巻，有斐閣，1959～62年。

成田龍一『大正デモクラシー』岩波書店，2007年。

藤野裕子『民衆暴力――一揆・暴動・虐殺の日本近代』中央公論新社，2020年。

Ⅲ-15　Jennifer Hargreaves, *Sporting Females: Critical Issues in the History and Sociology of Women's Sport*, London: Routledge, 1994.

Richard Holt, *Sport and the British: A Modern History*, Oxford: Oxford University Press, 1989.

Jean Williams, *A Game for Rough Girls?: A History of Women's Football in Britain*, London & New York: Routledge, 2003.

Ⅲ-16　Kate Flint, *The Woman Reader, 1837-1914*, Oxford: Clarendon Press, 1993.

Katherine West Scheil, *She Hath Been Reading: Women and Shakespeare Clubs in America*, Ithaca: Cornell University Press, 2012.

Juliette Atkinson, "The London Library and the Circulation of French Fiction in the 1840s", *Information & Culture: A Journal of History*, 48(4), 2013, pp. 391-418.

Ⅲ-17　June Purvis, *Christabel Pankhurst: A Biography*, London & New York: Routledge, 2018.

Martin Pugh, *The March of the Women: A Revisionist Analysis of the Campaign for Women's Suffrage, 1866-1914*, Oxford: Oxford University Press, 2000.

Nicoletta F. Gullace, *"The Blood of Our Sons": Men, Women, and the Renegotiation of British Citizenship During the Great War*, London: Palgrave Macmillan, 2002.

Ⅲ-18　Fadwa El Guindi, "Veiling Infitah with Muslim Ethic: Egypt's Contemporary Islamic Movement", *Social Problems* 28(4), 1981, pp. 465-485.

Beth Baron, "Unveiling in Early Twentieth Century Egypt: Practical and Symbolic Considerations", *Middle Eastern Studies* 25(3), 1989, pp. 370-386.

Margot Badran, *Feminists, Islam, and Nation: Gender and the Making of Modern Egypt*, Cairo: The Princeton University Press, 1996.

Ⅲ-19　Christoph Sachße, *Mütterlichkeit als Beruf. Sozialarbeit, Sozialreform und Frauenbewegung*, Frankfurt a. M.: Suhrkamp, 1986.

Jutta Schmidt, *Beruf: Schwester. Mutterhausdiakonie im 19. Jahrhundert*, Frankfurt a. M./N.Y.: Campus, 1998.

Iris Schröder, *Arbeiten für eine bessere Welt. Frauenbewegung und Sozialreform 1890-1914*, Frankfurt a. M.: Campus, 2001.

Ⅲ-20　Susan Magarey, Sue Rowley and Susan Sheridan eds., *Debutante Nation Feminism Contests the 1890s*, St. Leonards, Australia: Allen & Unwin, 1993.

Patricia Grimshaw, Marilyn Lake, Ann McGrath and Marian Quartly, *Creating a Nation*, Ringwood, Victoria: McPhee Gribble, 1994.

Ian Christopher Fletcher, Laura E. Nym Mayhall and Philippa Levine eds., *Women's Suffrage in the British Empire: Citizenship, Nation and Race*, London: Routledge, 2000.

第Ⅳ章

Ⅳ-1　Michael Roper, *The Secret Battle: Emotional Survival in the Great War*, Manchester and New York: Manchester University Press, 2009.

Suzan Grayzel, *Women and the First World War*, London and New York: Routledge, 2014.

Ⅳ-2　Eric J. Leed, *No Man's Land: Combat and Identity in World War I*, Cambridge: Cambridge University Press, 1979.

Heather R. Perry, *Recycling the Disabled: Army, Medicine, and Modernity in WWI Germany*, Manchester: Manchester University Press, 2014.

Peter Leese and Jason Crouthamel eds., *Psychological Trauma and the Legacies of the First World War*, Cham: Palgrave Macmillan, 2017.

Ⅳ-3　藤井志津枝『日治時期台湾総督府理蕃政策』台北：文映堂, 1996年。

Paul Barclay, *Outcasts of Empire: Japan's Rule on Taiwan's "Savage Border," 1874-1945*, Oakland: University of California Press, 2017.

Ⅳ-4　游鑑明『日据時期台湾的女子教育』台北：国立台湾師範大学歴史研究所, 1988年。

山本禮子『植民地台湾の高等女学校研究』多賀出版, 1999年。

Ⅳ-5　安樹芬主編『中国女性高等教育的歴史与現状研究』高等教育出版社, 2002年。

張素玲『文化，性別与教育——1900-1930年代的中国女大学生』教育科学出版社，2007年。

王暁慧『近代中国女子教育論争史研究（1895-1949）』中国社会科学出版社，2015年。

IV-6 Ute Daniel, *Arbeiterfrauen in der Kriegsgesellschaft. Beruf, Familie und Politik im Ersten Weltkrieg*, Göttingen: Vandenhoeck & Ruprecht, 1989.

Ute Gerhard, *Unerhört - Die Geschichte der deutschen Frauenbewegung*, Reinbek: Rowohlt, 1990.

Angelika Schaser, *Frauenbewegung in Deutschland 1848-1933*, Darmstadt: Wissenschaftliche Buchgesellschaft, 2006.

IV-7 羅蘇文『女性与近代中国社会』上海人民出版社，1996年。

IV-8 Stanley J. Lemons, *The Woman Citizen: Social Feminism in the 1920s*, New York: Oxford University Press, 1973.

Nancy F. Cott, *The Grounding of Modern Feminism*, New Haven: Yale University Press, 1987.

Molly Ladd-Taylor, *Mother-Work: Women, Child Welfare, and the State, 1890-1930*, Urbana: University of Illinois Press, 1994.

IV-9 Christiana K. Gilmartin, Gail Hershatter, Lisa Rofel and Tyrene White eds., *Engendering China: Women, Culture, and the State*, Cambridge, Mass.: Harvard University Press, 1994.

陳三井主編『近代中国婦女運動史』台北：近代中国出版社，2000年。

『近代中国婦女史研究』台北：中央研究院近代史研究所，各年版。

IV-10 Rebecca M. Kluchin, *Fit to Be Tied: Sterilization and Reproductive Rights in America, 1950-1980*, New Brunswick, N.J.: Rutgers University Press, 2009.

Alison Bashford and Philippa Levine, *The Oxford Handbook of the History of Eugenics*, Oxford and New York: Oxford University Press, 2012.

Alison Bashford, *Global Population: History, Geopolitics, and Life on Earth*, New York: Columbia University Press, 2016.

IV-11 Margaret Sanger, *Woman and the New Race*, New York: Brentano's, 1920.

陳永生編著『中国近代節制生育史要』蘇州大学出版社，2013年。

IV-12 John L. Comaroff and Jean Comaroff, *Of Revelation and Revolution, Volume 2 The Dialectics of Modernity on a South African Frontier*, Chicago: University of Chicago Press, 1997.

Karen Tranberg Hansen and D. Soyini Madison eds., *African Dress: Fashion, Agency, Performance*, London: Bloomsbury Academic, 2013.

Brent Luvaas and Joanne B. Eicher eds., *The Anthropology of Dress and Fashion: A Reader*, London: Bloomsbury Visual Arts, 2019.

IV-13 小野和子『中国女性史——太平天国から現代まで』平凡社，1978年。

中華全国婦女連合会婦女運動歴史研究室編『五四時期婦女問題文選』中国婦女出版社，1981年。

中華全国婦女連合会編著（中国女性史研究会編訳）『中国女性運動史1919-49』論創社，1995年。

IV-14 中華全国婦女連合会婦女運動歴史研究室編『中国婦女運動歴史資料1921-1927』人民出版社，1986年。

早川紀代ほか編『東アジアの国民国家形成とジェンダー——女性像をめぐって』青木書店，2007年。

末次玲子『二〇世紀中国女性史』青木書店，2009年。

IV-15 孟悦・戴錦華『浮出歴史地表』河南人民出版社，1989年。

白水紀子『中国女性の20世紀——近現代家父長制研究』明石書店，2001年。

武田雅哉ほか編著『中国文学をつまみ食い——『詩経』から『三体』まで』ミネルヴァ書房，2022年。

IV-16 Lynda J. King, *Best-sellers by Design: Vicki Baum and the House of Ullstein*, Detroit: Wayne State University Press, 1988.

Kerstin Barndt, *Sentiment und Sachlichkeit: Der Roman der Neuen Frau in der Weimarer Republik*, Köln, Weimar, Wien: Böhlau, 2000.

Sabina Becker, *Experiment Weimar: Eine Kulturgeschichte Deutschlands 1918-1933*, Darmstadt: Wissenschaftliche Buchgesellschaft, 2018.

第Ⅴ章

[V-1] Allan Bérubé, *Coming Out Under Fire: The History of Gay Men and Women in World War Two*, Chapel Hill: The University of North Carolina Press, 1990.

佐藤文香『女性兵士という難問』慶應義塾大学出版会，2022年。

[V-2] Ruth Milkman, *The Dynamics of Job Segregation by Sex during World War II*, Champaign: University of Illinois Press, 1987.

Sherna Berger Gluck, *Rosie the Riveter Revisited: Women, the War and Social Change,* New York: Penguin Books, 1988（Rosie the Riveter Revisited, Virtual Oral/Aural History Archive, California State University, Long Beach（https://csulb-dspace.calstate.edu/handle/10211.3/206720）).

Penny Colman, *Rosie the Riveter: Women Working on the Home Front in World War II*, New York: Crown Publishers, 1998.

[V-3] ジョージ・L・モッセ（細谷実・小玉亮子・海妻径子訳）『男のイメージ——男性性の創造と近代社会』作品社，2005年。

Joanna Bourke, *Rape: A History from 1860 to the Present Day*, London: Virago, 2007.

Dagmar Herzog ed., *Brutality and Desire: War and Sexuality in Europe's Twentieth Century*, Basingstoke: Palgrave Macmillan, 2009.

[V-4] 田畑佐和子『丁玲自伝——中国革命を生きた女性作家の回想』東方書店，2004年。

高華『紅太陽怎様昇起的——延安整風運動的来龍去脈』中文大学出版社，2011年。

Gail Hershatter, *The Gender of Memory: Rural Women and China's Collective Past,* Berkeley: University of California Press, 2011.

[V-5] 中華全国婦女連合会編著（中国女性史研究会編訳）『中国女性運動史1919-49』論創社，1995年。

石田米子・内田知行編『黄土の村の性暴力——大娘(ダーニャン)たちの戦争は終わらない』創土社，2004年。

高綱博文・門間卓也・関智英編『グレーゾーンと帝国——歴史修正主義を乗り越える生の営み』勉誠出版，2023年。

[V-6] 李榮娘「近代移行期における朝鮮の女性教育論」『東アジアの国民国家形成とジェンダー』青木書店，2007年

黄慶旭「植民地朝鮮の農村振興運動における農村婦人の教化——金融組合婦人会と婦人社会教化主事に着目して」『アジア教育』13，2019年。

広瀬玲子『帝国に生きた少女たち——京城第一公立高等女学校生の植民地経験』大月書店，2019年。

[V-7] 斉紅深主編『日本侵華教育史』人民教育出版社，2002年。

[V-8] "Fighting Women" during and after the Second World War in Asia and Europe 2013.5, NIOD（オランダ戦争資料研究所）https://www.niod.nl/en/news/conference-fighting-women-asia-and-europe-during-and-after-world-war-ii

中山知華子「国民義勇隊と国民戦闘隊」『立命館平和研究』1，2000年。

シンシア・エンロー（秋林こずえ訳）『フェミニズムで探る軍事化と国際政治』御茶の水書房，2004年。

[V-9] Donna Seto, *No Place for a War Baby: The Global Politics of Children Born of Wartime Sexual Violence*, Farnham: Ashgate Publishing Company, 2013.

満蒙同胞援護会編『満蒙終戦史』河出書房新社，1962年。

『岐阜新聞』「封印された記憶——岐阜・満州黒川開拓団の悲劇」（2018年8月20日〜9月1日）。

[V-10] Mary Chamberlain, "Gender and the Narratives of Migration", *History Workshop Journal*, 53, 1997.

Louise Ryan and Wendy Webster eds., *Gendering Migration: Masculinity, Femininity and Ethnicity in Post-War Britain*, Aldershot: Ashgate, 2008.

Wendy Webster, *Englishness and Empire 1939-1965*, Oxford: Oxford Unversity Press, 2005.

V-11　牛島千尋「戦間期の東京における新中間層と「女中」──もう一つの郊外化」『社会学評論』52(2)，2001年。

坂井博美「労働基準法制定過程にみる戦後初期の「家事使用人」観──労働・家庭・ジェンダー」『ジェンダー研究』16，2014年。

V-12　Cynthia Nelson, *Doria Shafik, Egyptian Feminist: A Woman Apart*, Cairo: the American University in Cairo Press, 1996.

Aili Mari Tripp, *Seeking Legitimacy, Why Arab Autocracies Adopt Women's Rights*, Cambridge: Cambridge University Press, 2019.

V-13　蘇瓊『跨語境中的女性戯劇』学苑出版社，2016年。

晏妮「占領下の上海映画と日本映画──文化融合と非協力」岩本憲児・晏妮編『戦時下の映画──日本・東アジア・ドイツ』森話社，2019年。

中山文編『新版　越劇の世界──中国の女性演劇』NKStation，2019年。

V-14　北村匡平『スター女優の文化社会学──戦後日本が欲望した聖女と魔女』作品社，2017年。

矢島翠『出会いの遠近法──私の映画論』潮出版社，1979年。

V-15　Joan Judge, *Republican Lens: Gender, Visuality, and Experience in the Early Chinese Periodical Press*, Berkeley: University of California Press, 2015.

劉人鋒『中国婦女報刊史研究』中国社会科学出版社，2012年。

「近代婦女期刊資料庫」（中央研究院近代史研究所近代史数位資料庫　https://mhdb.mh.sinica.edu.tw/）

V-16　William R. Roff, *The Origins of Malay Nationalism*, Kualalumpur: University of Malaya Press, 1967.

Susan Blackburn, *Women and the State in Modern Indonesia*, Cambridge: Cambridge University Press, 2004.

V-17　Gregory Pflugfelder, *Cartographies of Desire: Male-Male Sexuality in Japanese Discourse, 1600-1950*, Berkeley: University of California Press, 1999.

第Ⅵ章

Ⅵ-1　Shaopeng Song, "The State Discourse on Housework and Housewives in the 1950s in China", Mechthild Leutner ed., *Rethinking China in the 1950s*, Berlin, 2007.

金一虹「"铁姑娘"再思考──中国文化大革命期间的社会性别与劳动」『社会学研究』4 期，2006年。

Ⅵ-2　Flora Davis, *Moving the Mountain: The Women's Movement in America Since 1960*, Urbana: University of Illinois Press, 1999.

ベティ・フリーダン（三浦冨美子訳）『新しい女性の創造』（改訂版）大和書房，2004年。

Lee Ann Banaszak ed., *The U.S. Women's Movement in Global Perspective*, Lanham: Rowman & Littlefield Publishers, 2006.

Ⅵ-3　Kristina Schulz, *Der lange Atem der Provokation: Die Frauenbewegungen in der Bundesrepublik und in Frankreich 1968-1976*, Frankfurt am Main: Campus Verlag, 2002.

Barbara Holland-Cunz, *Die alte neue Frauenfrage*, Frankfurt am Main: Suhrkamp, 2003.

Ute Gerhard, *Frauenbewegung und Feminismus: Eine Geschichte seit 1789*, München: C.H.Beck, 2009.

Ⅵ-4　Sarah Kofman, *Aberrations, le devenir-femme d'Auguste Comte*, Paris: Aubier-Flammarion, 1978.

Irene Diamond and Lee Quinby eds., *Feminism & Foucault—Reflections on Resistance*, Boston: Northeastern University Press, 1988.

Ellen K. Feder, Mary C. Rawlinson and Emily Zakin, *Derrida and Feminism: Recasting the Question of Woman*, London: Routledge, 1997.

Clotilde Leguil, *L'être et le genre : Homme/Femme après Lacan*, Paris: Presses universitaires de France (PUF), 2018.

Ⅵ-5　Deniz Kandiyoti, "Bargaining with Patriarchy", *Gender and Society*, 2(3), 1988, pp. 274-290.

Lila Abu-Lughod, "The Romance of Resistance: Tracing Transformations of Power Through Bedouin Women", *American Ethnologist*, 17(1), 1990, pp. 41-55.

Farha Ghannam, *Live and Die Like a Man: Gender Dynamics in Urban Egypt*, Stanford: Stanford University Press, 2013.

Ⅵ-6　李小江・譚深主編，陳一筠・梁軍・劉今秀副主編『婦女研究在中国』河南人民出版社，1991年。

李小江編『婦女研究運動──中国個案』Oxford University Press（香港），1997年。

Ⅵ-7　辻村みよ子監修『東北大学21世紀 COE プログラム──ジェンダー法・政策研究叢書』全12巻，東北大学出版会，2004〜08年。

ジェンダー法学会監修『講座ジェンダーと法』全４巻，日本加除出版，2012年。

浅倉むつ子責任編集「特集：複合差別とジェンダー」『ジェンダー法研究』3，2016年。

Ⅵ-8　Sara Ruddick, *Maternal Thinking: Toward a Politics of Peace*, Boston: Beacon Press, 1989.

Diana Taylor, *Disappearing Acts: Spectacles of Gender and Nationalism in Argentina's "Dirty War"*, Durham and London: Duke University Press, 1997.

Verónica Gago, *La potencia feminista. O el deseo de cambiarlo todo*, Buenos Aires: Tinta Limón, 2019.

Ⅵ-9　杜学元『中国女子教育通史』貴州教育出版社，1995年。

鄭新蓉『性別与教育』教育科学出版社，2005年。

中華人民共和国教育部発展規画部『中国教育統計年鑑　2019』中国統計出版社，2020年。

Ⅵ-10　Mirjam Künkler and Roja Fazaeli, "The life of two mojtahedahs: Female religious authority in 20th Century Iran", Masooda Bano and Hilary E. Kalmbach eds., *Women, Leadership, and Mosques Changes in Contemporary Islamic Authority*, Leiden: Brill, 2011, pp. 127-160.

Keiko Sakurai, "Shi'ite Women's Seminaries (*howzeh-ye 'elmiyyeh-ye khahran*) in Iran: Possibilities and Limitations", *Iranian Studies*, 45(6), 2012, pp. 727-744.

Mirjam Künkler and Devin J. Stewart eds., *Female Religious Authority in Shi'i Islam*, Edinburgh: Edinburgh University Press, 2021.

Ⅵ-11　陸学芸主編『当代中国社会階層研究報告』社会科学文献出版社，2002年。

陳至立主編『女性高層次人材成長状況研究与政策推動』中国婦女出版社，2013年。

Ⅵ-12　Margery Wolf, *Revolution Postponed: Women in Contemporary China*, Stanford: Stanford University Press, 1985.

Ching Kwan Lee, *Gender and the South China Miracle: Two Worlds of Factory Women*, Berkeley: University of California Press, 1998.

Emily Honig, "Iron Girls revisited: Gender and the politics of work in the Cultural Revlution", Barbara Entwisle and Gail E. Henderson eds., *Re-Drawing Boundaries: Work, Households and Gender in China*, Berkeley: University of California Press, 2000, pp. 97-110.

佟新『異化与抗争──中国女工工作史研究』中国社会科学出版社，2003年。

Ngai Pun, *Made in China: Women Factory Workers in a Global Workplace*, Durham: Duke University Press, 2006.

Ⅵ-13　Max Gluckman, "Kinship and Marriage Among the Lozi of Northern Rhodesia and the Zulu of Natal", A.R. Radcliffe-Brown and Daryll Forde eds., *African Systems of Kinship and Marriage*, London, New York & Toronto: Oxford University Press, 1950, pp. 166-206 (Taylor and Francis, 2015).

Wakana Shiino, "Changes in the Traditional Social System of Polygyny: Kenya's Independence to the Present", *Contemporary Gender and Sexuality in Africa: African-Japanese Anthropological Approach* (African Potentials: Convivial Perspectives for the Future of Humanity), Langaa RPCID, 2021.

Ⅵ-14　党日紅・李明舜「『民法典　婚姻家族編』的変化要点及其価値引領」『婦女研究論叢刊』4，2020年７月。

坂部晶子編著『中国の家族とジェンダー──社会主義的近代化から転形期における女性のライフコース』明石

書店，2021年。

VI-15　若林敬子『中国の人口問題』東京大学出版会，1989年。

国家人口和計画生育委員会編『中国人口和計画生育史』中国人口出版社，2007年。

メイ・フォン（小谷まさ代訳）『中国「絶望」家族——「一人っ子政策」は中国をどう変えたか』草思社，2017年。

VI-16　Neda Atanasoski and Kalindi Vora, *Surrogate Humanity: Race, Robots, and the Politics of Technological Futures,* Durham: Duke University Press, 2019.

Catriona Mackenzie and Natalie Stoljar eds., *Relational Autonomy: Feminist Perspectives on Autonomy, Agency and the Social Self,* New York: Oxford University Press, 2000.

VI-17　レイウィン・コンネル（伊藤公雄訳）『マスキュリニティーズ——異性性の社会科学』新曜社，2022年。

Joseph H. Pleck, "American Fathering in Historical Perspective", Michael Kimmel ed., *Changing Men: New Directions in Research on Men and Masculinity,* Newbury Park, Calif.: Sage Publications, 1987, pp. 83-97.

S. J. Schoppe-Sullivan, G. L. Brown, E. A. Cannon, S. C. Mangelsdorf and M. S. Sokolowski, "Maternal Gatekeeping, Coparenting Quality, and Fathering Behavior in Families with Infants", *Journal of Family Psychology,* 22, 2008, pp. 389-398.

VI-18　Tiantian Zheng, *Ethnographies of Prostitution in Contemporary China: Gender Relations, HIV/AIDS, and Nationalism,* New York: Palgrave Macmillan, 2009.

潘綏銘・黄盈盈『性之変——21世紀中国人的性生活』中国人民大学出版社，2013年。

宋永毅（徐行訳）「広西文革における大虐殺と性暴力」明治大学現代中国研究所ほか編『文化大革命——〈造反有理〉の現代的地平』白水社，2017年。

VI-19　Ester Boserup, *Woman's Role in Economic Development,* New York: St. Martin's Press, 1970.

Gwendolyn Mikell, *African Feminism: The Politics of Survival in Sub-Saharan Africa,* Philadelphia: University of Pennsylvania Press, 1997.

Oyèrónké Oyewùmí ed., *African Women and Feminism: Reflecting on the Politics of Sisterhood,* Trenton: Africa World Press, 2003.

VI-20　Brain Harrison, "Women in a Men's House: The Women M.P.s, 1919-1945", *Historical Journal,* Vol. 29, No. 3, 1986, pp. 623-654.

Mary K. Nugent and Mona Lena Krook, "All-Women Shortlists: Myths and Realities", *Parliamentary Affairs,* No. 69 issuel, 2016, pp. 115-135.

VI-21　樋口直人『日本型排外主義——在特会・外国人参政権・東アジア地政学』名古屋大学出版会，2014年。

塚田穂高編『徹底検証　日本の右傾化』筑摩書房，2017年。

鈴木彩加『女性たちの保守運動——右傾化する日本社会のジェンダー』人文書院，2019年。

VI-22　Elizabeth Wilson, *Adorned in Dreams: Fashion and Modernity,* London: Virago Press, 1985.

Diana Crane, *Fashion and Its Social Agendas: Class, Gender, and Identity in Clothing,* Chicago: University of Chicago Press, 2000.

Amia Srinivasan, "What Is a Woman?", Suki Finn ed., *Women of Ideas: Interviews from Philosophy Bites,* Oxford: Oxford University Press, 2021.

VI-23　Ann Sutherland Harris and Linda Nochlin, *Women Artists 1550-1950,* Los Angels County Museum of Art, New York: Alfred A. Knopf, 1976.

Linda Nochlin, *Women, Art, and Power: And Other Essays,* London: Thames & Hudson, 1989.

Whitney Chadowick, *Women, Art, and Society,* London: Thames & Hudson, 1990.

VI-24　Fariba Adelkhah, *Being Modern in Iran,* New York: Columbia University Press, 2004.

Cyrus Schayegh, *Who is Knowledgeable is Strong: Science, Class, and the Formation of Modern Iranian Society 1900-1950,* Berkeley: University of California Press, 2009.

Mikiya Koyagi, "Molding Future Soldiers and Mothers of the Iranian Nation: Gender and Physical Education under Reza Shah 1921-41", *The International Journal of the History of Sport*, 26, 2009, pp. 1668-1696.

Homa Hoodfar ed., *Women's Sport as Politics in Muslim Contexts*, London: Women Living Under Muslim Laws, 2015.

VI-25 Jennifer L. Morgan, *Laboring Women: Reproduction and Gender in New World Slavery*, Philadelphia: University of Pennsylvania Press, 2004.

Bonnie G. Smith ed., *Women's History in Global Perspective*, 3 vols., Urbana: University of Illinois Press, 2004-05.

Tine de Moor and Jan Luiten van Zanden, "Girl Power: The European Marriage Pattern and Labour Markets in the North Sea Region in the Late Medieval and Early Modern Period", *Economic History Review*, Vol. 63, No. 1, 2010, pp. 1-33.

コラム

コラム1 Gavin R. G. Hambly ed., *Women in the Medieval Islamic World*, New York: St. Martin's Press, 1998.
Ann K. S. Lambton, *Continuity and Change in Medieval Persia: Aspects of Administrative, Economic and Social History, 11ᵗʰ-14ᵗʰ Century*, Albany, N.Y.: Bibliotheca Persia, 1988.

コラム2 Barbara Stollzenberg-Rilinger, Väter der Frauengeschichte? -Das Geschlecht als historiographische Kategorie im 18. und 19. Jahrhundert, in: *Historische Zeitschrift*, Nr. 262, 1996, S. 39-71.

コラム3 Margaret Walters, *Feminism: A Very Short Introduction*, Oxford: Oxford University Press, 2005.

コラム4 Johann Friedrich Blumenbach, *Über die natürlichen Verschiedenheiten im Menschengeschlechte*, Leipzig: Breitkopf & Härtel, 1798 (3. Auflage).

コラム8 Pat Jalland, *Death in the Victorian Family*, Oxford: Oxford University Press, 1996.

コラム10 申東源「日帝強占期，女医師許英粛の生と医学」『医史学』21-1，2012年。
朴眞慶「疾病の近代──日帝強占期の婦人病の意味と売薬広告」『アジア女性研究』60-3，2021年（いずれも韓国語）。

コラム11 フライア・ホフマン（阪井葉子・玉川裕子訳）『楽器と身体──市民社会における女性の音楽活動』春秋社，2004年。

コラム12 Ellen Boucher, *Empire's Children: Child Emigration and Child Welfare in the British World, 1869-1967*, Cambridge: Cambridge University Press, 2014.

コラム14 Sally Ledger, *The New Woman: Fiction and Feminism at the Fin de Siècle*, Manchester: Manchester University Press, 1997.

コラム15 Richard Stites, *The Women's Liberation Movement in Russia: Feminism, Nihilism, and Bolshevism 1860-1930*, Princeton: Princeton University Press, 1978.

コラム17 日本軍「慰安婦」問題 web サイト制作委員会編『Q＆A朝鮮人「慰安婦」と植民地支配責任』御茶の水書房，2015年。

コラム18 横田冬彦「近代京都の遊郭」京都橘女子大学女性歴史文化研究所編『京都の女性史』思文閣出版，2002年。
南博編『近代庶民生活誌13・14色街・遊郭』三一書房，1992-93年。

コラム19 Victoria de Grazia, *How Fascism Ruled Women: Italy, 1922-1945*, Berkeley: University of California Press, 1992.

コラム20 レギーナ・ミュールホイザー（姫岡とし子監訳）『戦場の性──独ソ戦下のドイツ兵と女性たち』岩波書店，2015年。

コラム21 Zoe Waxman, *Women in the Holocaust: A Feminist History*, Oxford: Oxford University Press, 2017.

コラム22 Mary J. Maynes and Ann Waltner, *The Family: A World History*, New York: Oxford University Press, 2012（三時眞貴子訳『家族の世界史』ミネルヴァ書房，近刊）。

コラム24 浅野慎一・佟岩『中国残留日本人孤児の研究——ポスト・コロニアルの東アジアを生きる』御茶の水書房，2016年。

コラム25 土屋由香『親米日本の構築——アメリカの対日情報・教育政策と日本占領』明石書店，2009年。

コラム26 戦後日本の食料・農業・農村編集委員会編『農村社会史』農林統計協会，2005年。

コラム27 Erik Barnow and S. Krishnaswamy, *Indian Film*, 2nd ed., Oxford: Oxford University Press, 1980.

Neepa Majumdar, *Wanted Cultured Ladies Only!: Female Stardom and Cinema in India, 1930s-1950s*, Urbana: University of Illinois Press, 2010.

コラム28 Marisa Farrugia, "The Plight of Women in Egyptian Cinema (1940s-1960s)", Ph.D. Dissertation, The University of Leeds, 2002.

コラム30 須田敏彦「増加するバングラデシュからの女性家事労働者」『大東文化大学紀要』58，2020年。

コラム33 Margot Badran, *Feminism in Islam: Secular and Religious Convergences*, Oxford: Oneworld Publications, 2009.

Myra Marx Ferree and Aili Mari Tripp eds., *Global Feminism: Transnational Womens's Activism, Organizing, and Human Rights*, New York: New York University Press, 2006.

図 版 出 典

カバー図版

オスマン・ハムディ・ベイ「クルアーンを唱える少女」（1880年）Wikimedia Commons.

ゲオルク・ミュールベルク「サーベルで決闘するドイツの学生たち」（1900年頃）Wikimedia Commons.

「金魚」（『少女画報』1927年6月号巻頭）熊本県菊陽町図書館蔵。

「2016年台湾でのプライドパレード」Wikimedia Commons.

「ボーヴォワール」*Observer*, 1960年3月20日。

「忘れ得ぬ『街に赤いスカートが流行』，趙静・姜黎黎主演，メインキャストの現在」『娯文娯視』https://baijiahao.
baidu.com/ より。

「家庭内でのヴィクトリア女王一家」（1843〜47年）https://www.rct.uk/collection/ より。

第 I 章

扉 図 　いずれも Wikimedia Commons.

I-1 　海の見える杜美術館蔵。

I-3 　康有為著，銭定安校訂『大同書』中華書局，1935年。

I-4 　Pinacoteca Nazionale di Bologna.

O. Ferrari, G. Scavizzi, *Luca Giordano. L'opera completa*, Electa Napoli, 1992.

L'amorevole maniera. Ludovico Lana e la pittura emiliana del primo seicento, Silvana Editoriale, 2003.

I-5 　Wikimedia Commons.

I-6 　Francis Philip, Stephanoff, Popular Pastimes, Being a Selection of Picturesque Representations of the
Customs & Amusements of Great Britain, in *Ancient and Modern Times: Accompanied with Historical
Descriptions*, 1816.

I-7 　Pieter van den Berge, *De Morgen /De vier tijden van de dag*, Theodorus, Danckerts, Amsterdam, 1702-1726.
http://hdl.handle.net/10934/RM0001.COLLECT.78589

I-8 　Library of Congress, Abdul Hamid II Collection. "Students, middle school Fatih Rüşdiyesi".
https://www.loc.gov/pictures/item/2001696041/

I-9 　「孝女感神」『点石斎画報』1897年（『点石斎画報——大可堂版』第十四冊，上海画報出版社，2001年）。

「宋若昭の墓誌銘」浙江大学図書館古籍碑帖研究與保護中心「中国歴代墓誌数拠庫」。

I-11 　British Library. Collection Item, *Man-Midwifery Dissected* by Samuel W. Fores: https://www.bl.uk/
collection-items/man-midwifery-dissected-by-samuel-w-fores

I-12 　Hildegard Westhoff-Krummacher, *Als die Frauen noch sanft und engelsgleich waren. Die Sicht der Frau in
der Zeit der Aufklärung und des Biedermeier* （Ausstellungskatalog）, Münster, 1995.

I-13 　仇十洲先生繪圖『列女傳』知不足齋藏版（圖本叢刊會，1923年）。

I-14 　Joseph Allen Boone, *The Homoerotics of Orientalism*, New York: Columbia University Press, 2014, fig. 189.

I-15 　スミソニアン博物館蔵。

I-16 　National Portrait Gallery, London. D14047.

I-17 　İstanbul Müftülüğü Arşivi, Kısmet-i Askeriye 5/421, fol. 15b-16a.

I-18 　いずれも Wikimedia Commons.

I-19 　Wikimedia Commons.

Ⅰ-20	https://artoftheworld.jp/musee-du-louvre/418/
Ⅰ-21	いずれも Wikimedia Commons.

第Ⅱ章

扉 図	「ウィンザー城での家族の団らん」Wikimedia Commons.

「イスタンブルの女子学校の生徒たち」

Library of Congress, "Group photograph of the students of the Mirgûn (Emirgân) middle school for girls".
　　http://loc.gov/pictures/resource/cph.3b28783/

「現在の横浜公園にあった港崎遊郭」Wikimedia Commons.

Ⅱ-1	パリ警視庁蔵。
Ⅱ-2	Hannah More by John Opie, Girton College, University of Cambridge. https://artuk.org/discover/artworks/hannah-more-195213
Ⅱ-3	Wikimedia Commons.
Ⅱ-4	東京藝術大学美術館蔵。
Ⅱ-5	"Women's World in Qajar Iran"よりジャハーンバーニー家の写真（イラン，19世紀末〜20世紀初頭）。 http://www.qajarwomen.org/en/items/31e129.html
Ⅱ-6	小原國芳・荘司雅子監修『フレーベル全集第 5 巻　続 幼稚園教育学　母の歌と愛撫の歌』玉川大学出版部， 1981年，75頁。
Ⅱ-7	Anonymous, "Musical Callisthenics at North London Collegiate," drawing, *The Girl's Own Paper*, 1882.
Ⅱ-8	Wikimedia Commons.
Ⅱ-9	東京都公文書館蔵『内外人結婚簿』。
Ⅱ-10	国立国会図書館蔵。
Ⅱ-11	Hind Wassef and Nadia Wassef, *Daughters of the Nil*. Cairo: The American University in Cairo Press, 2001, p. 83.
Ⅱ-12	「秋瑾」中華全国婦女連合会編著（中国女性史研究会編訳）『中国女性運動史1919-49』論創社，1995年。 「女子軍を写した写真」『婦女時報』第 5 号，1912年。 「纏足の靴」桐基生『三寸金蓮：奥秘・魅力・禁忌』（台北）産業情報雑誌社，1995年。
Ⅱ-13	Weaver's Union Committee, 1875.
Ⅱ-14	人口統計から筆者作成。

第Ⅲ章

扉 図	「列強による中国分割」Wikimedia Commons.

「カイロのフランス人仕立て屋のもとで買い物を楽しむトルコ系エジプト人女性たち」
　　https://9gag.com/gag/aGzWKoK

「インドのイギリス人」Wikimedia Commons.

「アメリカの反女性参政権運動用絵葉書」https://thesuffragepostcardproject.omeka.net/items/show/22

Ⅲ-1	"Happy and Glorious, Longo to Reign over Us, God Save the Queen!", *Illustrated London News* 26 June 1897: 863. Wikimedia Commons.
Ⅲ-2	David Forgacs, *Italy's Margins: Social Exclusion and Nation Formation since 1861*, Cambridge: Cambridge University Press, 2014.
Ⅲ-3	"A group of missionaries taking tea, Xiamen, China ca. 1890," International Missionary Archive, University of Southern California Digital Library, http://digitallibrary.usc.edu/cdm/singleitem/collection/p15799coll123/id/48423/rec/175 accessed Dec. 22,

2020.

フェリス女学院歴史資料室蔵。

Ⅲ-4 Wikimedia Commons, tableau de la confrérie du Puy Notre-Dame d'Amiens.

Ⅲ-5 「『パンチ』誌に掲載された「女性お断り」の諷刺画」Linley Sambourne, *Ladies Not Admitted, Punch,* 21 March 1896, p. 134, Felicity Hunt & Carol Braker, *Women at Cambridge: A Brief History,* University of Cambridge, 1998, p. 13.

「ケンブリッジ大学ガートン・カレッジ」筆者撮影。

Ⅲ-6 Instituto Politécnico Nacional, Archivo Histórico, CER (Miguel Beranard) foto 197, ESC Nacional de Doméstica.

Ⅲ-7 An attractive female doctor being approached by three burly men enquiring about nursing work. Wood engraving by G. Du Maurier, 1870, Wellcome Collection.

Ⅲ-8 Wikimedia Commons.

Ⅲ-9 「登録売春婦に対する警察規則（部分）」*Generalbericht über das Medizinal- und Sanitätswesen der Stadt Berlin in den Jahren 1879/1880,* Berlin: Hayn, 1882, p. 367 (Digitale Landesbibliothek Berlin, https://digital.zlb.de/viewer/image/16171712_1879_1880/388/LOG_0058/)

「「ヒモ」と売春婦たち」「ドイツ国内委員会の警告ポスター」Wikimedia Commons.

Ⅲ-10 Samudri Archives, Chennai, India.

Ⅲ-11 Wikimedia Commons.

Ⅲ-12 Wikimedia Commons.

Ⅲ-13 "Eugene Onegin and Vladimir Lensky's duel" (https://commons.wikimedia.org/wiki/File:Yevgeny_Onegin_by_Repin.jpg)

Ⅲ-14 「『東京騒擾画報』の口絵」https://visualizingcultures.mit.edu/social_protest_japan/trg_gallery.html

Ⅲ-15 *The Girl's Realm Annual,* May-Oct 1901, p. 971.

Ⅲ-16 「『イエロー・ブック』1894年4月15日号表紙」Wikimedia Commons.

「イングランドのバタシー公立図書館1階の間取り図」*The Library: A Magazine og Bibliography and Literature,* No.1, January 1899, p. 211.

Ⅲ-17 Arrest of a suffragette on Black Friday 1910-11-18, LSE Library, 7EWD/J/21.

Ⅲ-18 Wikimedia Commons.

1975年11月1日付の写真（出版社 Dar al-Hilal より）。

Ⅲ-19 Alice Salomon Archiv der Alice Salomon Hochschule Berlin, X.A1.1929a.14a.

Ⅲ-20 Anti-suffragette postcards from the Shut up series, Australia, 1890-1910 (https://nla.gov.au/nla.obj-1981714889).

第Ⅳ章

扉 図 「第一次世界大戦イギリスの募兵用ポスター」https://www.iwm.org.uk/collections/item/object/14592

「1920年代の日本政府・内務省によるスペイン風邪対策・公衆衛生ポスター」内務省衛生局編『流行性感冒』1922年（東洋文庫778，平凡社，2008年，158頁）。

「ドイツ軍の化学兵器・催涙ガスにより失明したイギリス人兵士」Wikimedia Commons.

Ⅳ-1 ©Imperial War Museum, Q54089

https://www.iwm.org.uk/collections/item/object/205287234

Ⅳ-2 エルンスト・フリードリヒ編（坪井主税，ピーター・バン・デン・ダンジェ訳編）『戦争に反対する戦争　写真集』龍渓書舎，1988年，187，200頁。

Ⅳ-3 『理蕃概要』台湾総督府民政部蕃務本署，1913年。

Ⅳ-4 『台北第三高等女学校第十五回卒業記念帖』1938年。

IV-5 『良友画報』第21期，1927年11月。

IV-6 石井香江『電話交換手はなぜ「女の仕事」になったのか――技術とジェンダーの日独比較社会史』ミネルヴァ
書房，2018年，表紙（Bildarchiv Preußischer Kulturbezitz（bpk）：所蔵）。

IV-7 鄭永福・呂美頤『中国婦女通史』第10巻，杭州出版社，2010年。

IV-8 Wikimedia Commons.

IV-9 中華人民共和国名誉主席宋慶齢同志故居編『紀念宋慶齢同志』文物出版社，1982年。

IV-10 *Sunday Oregonian*, Oct. 12, 1913.

IV-11 朱金楼「山額夫人在中国（中国におけるサンガー夫人）」『中国漫画』第6期，1936年4月。

IV-12 筆者撮影。

IV-13 『老月份牌』上海画報出版社，1997年。

IV-14 『良友画報』第102期，1935年2月。

IV-15 蒋祖林『丁玲伝』人民文学出版社，2016年。

IV-16 ロンドンの書店のショーウインドー（2021年9月）© Ute Aurand

第Ⅴ章

扉図 「アウシュヴィッツに到着したユダヤ人たち」（1944年），Selection on the ramp at Auschwitz-Birkenau, 1944
（Auschwitz Album）, Wikimedia Commons.

「中国の抗日映画『風雲児女』のポスター（1935年）」Wikimedia Commons.

「日本の戦後初の女性議員たち」男女共同参画局ホームページより。

Ⅴ-1 『読売新聞』1937年11月11日付。

Ⅴ-2 *Rosie the Riveter (detail)*, Norman Rockwell, 1943. Cover illustration for *The Saturday Evening Post*, May
29, 1943. ©1943 SEPS

Ⅴ-3 Wikimedia Commons.

Ⅴ-4 李子雲ほか編（友常勉ほか訳）『チャイナ・ガールの1世紀――女性たちの写真が語るもうひとつの中国史』
三元社，2009年。

Ⅴ-5 ロイス・ホイーラー・スノー編（髙橋正訳）『抗日解放の中国――エドガー・スノーの革命アルバム』サイマ
ル出版会，1986年。

Ⅴ-6 水野直樹・庵逧由香・酒井裕美・勝村誠編著『図録 植民地朝鮮に生きる 韓国・民族問題研究所所蔵資料か
ら』岩波書店，2012年。

Ⅴ-7 「婦女週刊」『盛京時報』1945（康徳2）年8月9日。

Ⅴ-8 内務省情報局作成の雑誌『写真週報』29号（1938年8月）の防空特集号。表紙には女優（東宝劇団・橘美枝
子）がガスマスクを携帯し配された。

Ⅴ-9 福岡市提供および筆者撮影。

Ⅴ-10 Sundari Anitha & Ruth Pearson, *Striking Women* (Lawrence & Wishart Ltd., 2018) 表紙。

'Thirty Thousand Colour Problems', *Picture Post* (London, England), Saturday, June 09, 1956.

Ⅴ-11 「国勢調査」をもとに筆者作成。

Ⅴ-12 エジプト労働組合総連合機関誌『労働』（1982年7月）表紙。

Ⅴ-13 師永剛・張凡編著『様板戯史記』作家出版社，2009年。

Ⅴ-14 松竹京都，1948年。

Ⅴ-15 『婦女雑誌』第13巻第1号（1927年）表紙（須藤瑞代『中国「女権」概念の変容――清末民初の人権とジェン
ダー』研文出版，2007年，181頁）。

『上海婦女』第3巻第4期（1939年）表紙（「近代婦女期刊資料庫」中央研究院近代史研究所近代史数位資料庫
https://mhdb.mh.sinica.edu.tw/）。

「上海で発行された女性向け定期刊行物」（グラフ）（連玲玲「戦争陰影下的婦女文化：孤島上海的婦女期刊初

　　　　探」『近代中国婦女史研究』第20期〔2012年12月〕75頁）。

V-16　『カラム』創刊号の表紙，1950年。

V-17　『薔薇族』創刊号，1971年。

第Ⅵ章

扉 図　いずれも Wikimedia Commons.

Ⅵ-1　映画『李双双』魯靭監督・李准脚本，中国，1962年。

Ⅵ-2　「デモ行進に参加するベティ・フリーダン」gettyimages.

　　　「1971年のウーマンリブ運動（NY）」

　　　Women's liberation rally in New York City on Aug. 26, 1971. Marty Lederhandler/AP

　　　　https://www.buzzfeednews.com/article/gabrielsanchez/womens-liberation-movement-photos-history

Ⅵ-3　Wir haben abgetrieben, in: *Stern*, 6.6.1971.

　　　　https://www.digitales-deutsches-frauenarchiv.de/akteurinnen/aktion-218

Ⅵ-5　筆者撮影。

Ⅵ-6　李小江提供。

Ⅵ-7　Donna Rotunno, A Representation of the American Me Too Movement（11 November 2017）

　　　　https://en.wikipedia.org/wiki/Me_Too_movement

Ⅵ-8　筆者撮影および Wikimedia Commons.

Ⅵ-9　筆者撮影。

Ⅵ-10　筆者撮影。

Ⅵ-11　『大衆電影』第1期，1985年。

Ⅵ-12　筆者撮影。

Ⅵ-13　筆者撮影。

Ⅵ-14　『中国統計年鑑』各年版より。

Ⅵ-15　各年版の『中国統計年鑑』および2010年の人口センサスデータより筆者作成。

Ⅵ-16　Researching Reform, https://research_reform.net

Ⅵ-17　J 153　Bündnis 90/Die Grünen, Landtagswahl 2006（Landesarchiv Baden-Württemberg Hauptstaatsarchiv Stuttgart）

　　　Skoda vRS 'Mega Man-Pram' Concept（engagesportmode.com）

　　　　https://engagesportmode.com/2013/07/26/skoda-vrs-mega-man-pram-concept/

Ⅵ-18　范坡坡撮影。雷民影像工作室作成の動画より。

Ⅵ-19　FAO. "Closing the gender gap in agriculture" March 7, 2011.

　　　http://www.fao.org/news/story/en/item/52011/icode/

Ⅵ-20　筆者作成。

Ⅵ-22　*Observer*, 1960.3.20.

Ⅵ-23　https://i1.wp.com/artmatome.com/wp-content/uploads/2016/06/matome484.jpg

Ⅵ-24　筆者撮影。

Ⅵ-25　B. G. Smith, *Women's History in Global Perspective*, vol. 1, 2004.

コラム

コラム1　Berlin, State Library, Ms. Diez A. fol. 70, Bild 22（Wikimedia Commons）.

コラム2　*The History of Women's History, Geschichte* des weiblichen Geschlechts（書影）.

コラム3　いずれも Wikimedia Commons.

コラム4　Wikimedia Commons.

コラム 5　Özbay（1999）オスマン帝国の人口センサス（イスタンブル・ムスリム世帯のサンプル調査）。「不明」には遠戚のほか，申告漏れの奴隷が含まれると考えられる。

コラム 6　*Uridu Khul'an*（Ahmad Awad 監督，2005年）DVDジャケット。

コラム 8　'Recovering from the Measles'. A watercolour drawing made by Rose Luard（c. 1893），Essex Record Office. D/DLu/ 98.

コラム 9　『婦人教会雑誌』第28号表紙（1890年 5 月）。

コラム10　『毎日申報』1937年 4 月24日付。

　　　　　『東亜日報』1926年11月24日付夕刊。

コラム11　Martina Helmig（Hg.），*Fanny Hensel, geb. Mendelssohn Bartholdy. Das Werk,* editi on text + kritik, 1997, p.15.

コラム12　George Cruikshank, Our 'gutter children', London: W. Tweedie, 1869.

コラム13　Wikimedia Commons.

コラム14　F. J. Erskine, *Lady Cycling: What to Wear and How to Ride,* London: Walter Scott, 1897.

コラム18　横田冬彦「『遊客名簿』と統計──大衆買春社会の成立」『「慰安婦問題」を／から考える』岩波書店，2014年。

コラム22　United States Holocaust Memorial Museum（写真番号10757）.

コラム23　島田正藏『戦災孤児の記録』1947年（国立国会図書館蔵）。

　　　　　富田英三「おそるべき子供」『漫画：見る時局雑誌』15巻 3 号，裏表紙，1947年（国立国会図書館蔵）。

コラム24　Wikimedia Commons.

コラム28　Wikimedia Commons.

コラム29　田川市石炭・歴史資料館「山本作兵衛コレクション」図録番号314。

コラム30　国連人口部の資料から筆者作成。

コラム34　Wikimedia Commons.

人名索引

事項索引

映画索引

執筆者紹介 （所属，専門，執筆順，＊は編著者）

＊山口みどり　　（編著者紹介欄参照）

＊弓削尚子　　　（編著者紹介欄参照）

＊後藤絵美　　　（編著者紹介欄参照）

＊長　志珠絵　　（編著者紹介欄参照）

＊石川照子　　　（編著者紹介欄参照）

野村鮎子　　　（奈良女子大学研究院人文科学系教授，中国文学・中国女性史）

小野仁美　　　（東京大学大学院人文社会系研究科助教，イスラーム法，ジェンダー史）

仙石知子　　　（二松学舎大学文学部准教授，中国近世小説）

新保淳乃　　　（武蔵大学非常勤講師，イタリア美術史）

荒木純子　　　（元　学習院大学文学部教授，アメリカ近代史）

赤松淳子　　　（文京学院大学外国語学部准教授，イギリス近世史）

杉浦未樹　　　（法政大学経済学部教授，オランダ経済史）

秋葉　淳　　　（東京大学東洋文化研究所教授，オスマン帝国史）

杉本史子　　　（立命館大学非常勤講師，中国近現代女子教育史）

川島慶子　　　（名古屋工業大学名誉教授，18〜20世紀フランス科学史（特にジェンダーと科学に関する研究））

長谷川まゆ帆　（立正大学文学部教授・放送大学客員教授・東京大学名誉教授，フランス近世史）

辻　大地　　　（九州大学大学院人文科学府博士後期課程，前近代イスラーム社会史）

鈴木則子　　　（奈良女子大学研究院生活環境科学系教授，日本近世史・医療社会史）

川津雅江　　　（名古屋経済大学名誉教授，近代イギリス文学・文化）

大塚　修　　　（東京大学大学院総合文化研究科准教授，イスラーム時代西アジア史）

小笠原弘幸　　（九州大学大学院人文科学研究院准教授，オスマン帝国史，トルコ共和国史）

中澤達哉　　　（早稲田大学文学学術院教授，東欧史）

武田千夏　　　（大妻女子大学比較文化学部教授，フランス近代史・政治思想史・女性史）

梅垣千尋　　　（青山学院大学コミュニティ人間科学部教授，イギリス思想史・女性史）

新實五穂　　　（お茶の水女子大学基幹研究院人文科学系准教授，西洋服飾史，フランス文化論）

並河葉子　　　（神戸市外国語大学外国語学部教授，イギリス帝国史，ジェンダー史）

阿部尚史　　　（お茶の水女子大学文教育学部准教授，イラン史）

村上　薫　　　（日本貿易振興機構アジア経済研究所主任研究員，トルコ地域研究）

小玉亮子　　　（お茶の水女子大学基幹研究院人間科学系教授，ドイツ近現代教育史）

中込さやか　　（立教大学グローバル・リベラルアーツ・プログラム運営センター特任准教授，イギリス近現代女子教育史）

畠山　禎　　　（北里大学一般教育部教授，ロシア近現代史）

森田朋子　　　（中部大学人文学部教授，幕末維新史）

横山百合子　　（国立歴史民俗博物館名誉教授，日本近世史）

嶺崎寛子　　　（成蹊大学文学部准教授，文化人類学，ジェンダー論）

須藤瑞代　　　（京都産業大学国際関係学部准教授，中国近代史・ジェンダー史）

竹内敬子（成蹊大学文学部特別任用教授，イギリス女性労働史）

岡崎弘樹（亜細亜大学国際関係学部講師，アラブ近代思想史，シリア文化研究）

小川眞里子（三重大学名誉教授・東海ジェンダー研究所理事，科学史，科学とジェンダー）

井野瀬久美惠（甲南大学文学部教授，イギリス近代史，大英帝国史）

小田原琳（東京外国語大学総合国際学研究院教授，イタリア近現代史，ジェンダー史）

小檜山ルイ（東京女子大学現代教養学部教授，アメリカ女性史，ジェンダー史）

寺戸淳子（国際ファッション専門職大学准教授，宗教人類学）

香川せつ子（西九州大学名誉教授，イギリス教育史）

松久玲子（同志社大学名誉教授，ラテンアメリカ地域研究，ラテンアメリカのフェミニズム運動史）

谷川穣（京都大学大学院文学研究科教授，日本近代史）

金津日出美（立命館大学文学部教授，日本近現代史，東アジア文化交流史）

出島有紀子（桜美林大学リベラルアーツ学群准教授，イギリス近代史）

田村俊行（立教大学学院史資料センター助教，イギリス近代史）

日暮美奈子（専修大学文学部教授，ドイツ近現代史）

井上貴子（大東文化大学国際関係学部教授，南アジア地域研究，インド芸能文化史）

玉川裕子（桐朋学園大学音楽学部教授，近代ドイツおよび日本の音楽文化史）

森本真美（神戸女子大学文学部教授，イギリス近代史）

野田恵子（明治大学兼任講師，ジェンダー・セクシュアリティ，イギリス文化・社会論）

兼子歩（明治大学政治経済学部准教授，アメリカ史）

森田直子（上智大学文学部准教授，ドイツ近代史，感情史）

藤野裕子（早稲田大学文学学術院教授，日本近現代史）

池田恵子（北海道大学大学院教育学研究院教授，イギリススポーツ史，日英比較スポーツ史）

八谷舞（亜細亜大学法学部専任講師，アイルランド近現代史）

菅靖子（津田塾大学学芸学部教授，イギリス史，デザイン史）

市川千恵子（奈良女子大学研究院人文科学系教授，イギリス文学）

佐藤繭香（武蔵大学人文学部教授，イギリス近現代史）

中野智世（成城大学文芸学部教授，ドイツ近現代史）

藤川隆男（大阪大学大学院人文学研究科教授，オーストラリア史）

林田敏子（奈良女子大学研究院生活環境科学系教授，イギリス近現代史）

北村陽子（名古屋大学大学院人文学研究科准教授，ドイツ近現代史）

松田京子（南山大学人文学部教授，日本近現代史，文化交流史）

洪郁如（一橋大学大学院社会学研究科教授，台湾近現代史）

石井香江（同志社大学グローバル地域文化学部教授，近現代ドイツの社会史）

リンダ・グローブ（上智大学名誉教授，中国近現代史）

栗原涼子（元 東海大学文学部教授，アメリカ史）

広岡直子（早稲田大学ロシア研究所招聘研究員，ロシア社会史）

松原宏之（立教大学文学部教授，アメリカ史）

姚毅（東京大学教養学部非常勤講師，中国近現代史）

香室結美（熊本大学文書館特任助教，文化人類学）

江上幸子（フェリス女学院大学名誉教授，中国近現代文学）

宋連玉（青山学院大学名誉教授，朝鮮近現代ジェンダー史）

横田冬彦（京都大学名誉教授，日本近世史）

田丸理砂（学習院大学文学部教授，ドイツ文学）

中村江里（広島大学大学院人間社会科学研究科准教授，日本近現代史）

佐藤千登勢（筑波大学人文社会系教授，アメリカ現代史）

山手昌樹（共愛学園前橋国際大学国際社会学部専任講師，イタリア近現代史）

武井彩佳（学習院女子大学国際文化交流学部教授，ドイツ現代史）

三時眞貴子（広島大学大学院人間社会科学研究科准教授，イギリス教育史）

広瀬玲子（北海道情報大学名誉教授，日本近代史・女性史）

沈潔（日本女子大学名誉教授，中国近現代社会史）

山本めゆ（立命館大学文学部准教授，レイシズム史，戦時性暴力）

浜井祐三子（北海道大学メディア・コミュニケーション研究院教授，イギリス現代史）

田中智子（京都大学大学院教育学研究科教授，日本近現代史・教育史）

倉敷伸子（四国学院大学文学部教授，日本近現代史）

坂井博美（南山大学人文学部教授，日本近現代史）

長沢栄治（東京大学名誉教授，中東地域研究）

中山文（神戸学院大学人文学部教授，中国現代演劇・文学，ジェンダー学）

木下千花（京都大学大学院人間・環境学研究科教授，日本映画史）

山田桂子（茨城大学人文社会科学部教授，南アジア近現代史）

光成歩（津田塾大学学芸学部講師，マレーシア地域研究）

前川直哉（福島大学教育推進機構准教授，ジェンダー／セクシュアリティの社会史（日本近現代））

大橋史恵（お茶の水女子大学ジェンダー研究所准教授，ジェンダー研究，中国地域研究）

吉原令子（日本大学商学部教授，アメリカ合衆国女性史，フェミニズム教育学）

水戸部由枝（明治大学政治経済学部教授，ドイツ近現代史）

木村信子（東洋大学人間科学総合研究所客員研究員，女性思想研究）

鳥山純子（立命館大学国際関係学部准教授，文化人類学（中東），ジェンダー論）

大濱慶子（神戸学院大学グローバル・コミュニケーション学部教授，比較教育学，ジェンダー論）

三成美保（追手門学院大学法学部教授・奈良女子大学名誉教授，ジェンダー法学，ジェンダー史，比較法制史）

林みどり（立教大学文学部教授，ラテンアメリカ思想文化史）

新保敦子（早稲田大学教育・総合科学学術院教授，中国教育史，社会教育）

桜井啓子（早稲田大学国際教養学部教授，比較社会学，イラン地域研究）

野依智子（福岡女子大学国際文理学部教授，ジェンダー史，女性労働史）

須田敏彦（大東文化大学国際関係学部教授，南アジア農村経済論）

椎野若菜（東京外国語大学アジア・アフリカ言語文化研究所准教授，社会人類学，東アフリカ民族誌）

松尾瑞穂（国立民族学博物館准教授，文化人類学）

遠山日出也（立命館大学 BKC 社系研究機構客員研究員，中国近現代女性史）

吉見義明（中央大学名誉教授，日本近現代史）

友松夕香（法政大学経済学部准教授，開発学，文化人類学，アフリカ農業史）

鷹木恵子（桜美林大学リベラルアーツ学群教授・図書館長，文化人類学，マグリブ地域研究）

星乃治彦（福岡大学名誉教授，ドイツ現代史）

奥田伸子（名古屋市立大学名誉教授，イギリス現代史）

海妻径子（岩手大学人文社会科学部教授，男性史研究，ジェンダー論）

眞嶋史叙（学習院大学経済学部教授，イギリス経済史・消費社会論）

香川檀（武蔵大学人文学部教授，近現代美術史）

山岸智子（明治大学政治経済学部教授，イラン地域研究・文化論）

周東美材（学習院大学法学部教授，社会学，音楽学）

浅田進史（駒澤大学経済学部教授，植民地主義・帝国主義研究）

《編著者紹介》

山口みどり（やまぐち・みどり）
　　現　　　在　大東文化大学社会学部教授
　　専　　　門　イギリス近代史・ジェンダー史
　　主要業績　"The Religious Rebellion of a Clergyman's Daughter", *Women's History Review*, 16. 5 (2007)
　　　　　　　『欲ばりな女たち――近現代イギリス女性史論集』（共著，彩流社，2013年）
　　　　　　　Daughters of the Anglican Clergy: Religion, Gender and Identity in Victorian England (Palgrave Macmillan, 2014)
　　　　　　　L・ダヴィドフ，C・ホール『家族の命運――イングランド中産階級の男と女 1780～1850』（共訳，名古屋大学出版会，2019年）
　　　　　　　『憧れの感情史――アジアの近代と〈新しい女性〉』（共編著，作品社，近刊）

弓削尚子（ゆげ・なおこ）
　　現　　　在　早稲田大学法学学術院教授
　　専　　　門　ドイツ近世・近代史，ジェンダー史
　　主要業績　『啓蒙の世紀と文明観』（山川出版社，2004年）
　　　　　　　『世界史のなかの女性たち』（共著，勉誠出版，2015年）
　　　　　　　『「世界史」の世界史』（共著，ミネルヴァ書房，2016年）
　　　　　　　『はじめての西洋ジェンダー史――家族史からグローバル・ヒストリーまで』（山川出版社，2021年）
　　　　　　　『岩波講座世界歴史15　主権国家と革命　15～18世紀』（共著，岩波書店，2023年）

後藤絵美（ごとう・えみ）
　　現　　　在　東京外国語大学アジア・アフリカ言語文化研究所助教
　　専　　　門　イスラーム文化・思想，ジェンダー
　　主要業績　『神のためにまとうヴェール――現代エジプトの女性とイスラーム』（中央公論新社，2014年）
　　　　　　　『クルアーン入門』（共著，作品社，2018年）
　　　　　　　『宗教と風紀――〈聖なる規範〉から読み解く現代』（共編著，岩波書店，2021年）
　　　　　　　『マイノリティとして生きる――アメリカのムスリムとアイデンティティ』（共編著，東京外国語大学出版会，2022年）
　　　　　　　『記憶と記録にみる女性たちと百年』（共編著，明石書店，2023年）

長　志珠絵（おさ・しずえ）
　　現　　　在　神戸大学大学院国際文化学研究科教授
　　専　　　門　日本近現代史
　　主要業績　『占領期・占領空間と戦争の記憶』（有志舎，2013年）
　　　　　　　『新体系日本史9　ジェンダー史』（共著，山川出版社，2014年）
　　　　　　　『岩波講座アジア・太平洋戦争 戦後篇　記憶と認識の中のアジア・太平洋戦争』（共著，岩波書店，2015年。ハングル Amoonhaksa, 2020）
　　　　　　　『〈母〉を問う――母の比較文化史』（共編著，神戸大学出版会，2021年）
　　　　　　　Borders in East and West: Transnational and Comparative Perspectives（共著，Berghahn Books, 2022）

石川照子（いしかわ・てるこ）
　　現　　　在　大妻女子大学比較文化学部教授
　　専　　　門　中国近現代史・ジェンダー史
　　主要業績　『戦時上海　1937～45年』（共著，研文出版，2009年）
　　　　　　　『ジェンダー史叢書2　家族と教育』（共編著，明石書店，2011年）
　　　　　　　『戦時上海のメディア――文化的ポリティクスの視点から』（共編著，研文出版，2016年）
　　　　　　　『女性記者・竹中繁のつないだ近代中国と日本――1926～27年の中国旅行日記を中心に』（共著，研文出版，2018年）
　　　　　　　『増補改訂版　はじめての中国キリスト教史』（共著，かんよう出版，2021年）

論点・ジェンダー史学

| 2023年6月10日 | 初版第1刷発行 | 〈検印省略〉 |
| 2023年9月10日 | 初版第2刷発行 | |

定価はカバーに
表示しています

	山 口 み ど り
	弓 削 尚 子
編著者	後 藤 絵 美
	長 志 珠 絵
	石 川 照 子
発行者	杉 田 啓 三
印刷者	坂 本 喜 杏

発行所　株式会社　ミネルヴァ書房
607-8494　京都市山科区日ノ岡堤谷町1
電話代表　(075)581-5191
振替口座　01020-0-8076

冨山房インターナショナル・新生製本

ISBN 978-4-623-09350-2
Printed in Japan

論点・西洋史学	金澤周作監修　藤井　崇・青谷秀紀・古谷大輔・坂本優一郎・小野沢透編著	本体3200円
論点・東洋史学	吉澤誠一郎監修　石川博樹・太田　淳・太田信宏・小笠原弘幸・宮宅　潔・四日市康博編著	本体3600円
論点・日本史学	岩城卓二・上島　享・河西秀哉・塩出浩之・谷川　穣・告井幸男編著	本体3600円
新しく学ぶ西洋の歴史	南塚信吾・秋田　茂・高澤紀恵責任編集	本体3200円
教養のための西洋史入門	中井義明・佐藤専次・渋谷　聡・加藤克夫・小澤卓也著	本体2500円
教養のための現代史入門	小澤卓也・田中　聡・水野博子編著	本体3000円
大学で学ぶ西洋史［古代・中世］	服部良久・南川高志・山辺規子編著	本体2800円
大学で学ぶ西洋史［近現代］	小山　哲・上垣　豊・山田史郎・杉本淑彦編著	本体2800円
はじめて学ぶイギリスの歴史と文化	指　昭博編著	本体2800円
はじめて学ぶフランスの歴史と文化	上垣　豊編著	本体3200円
はじめて学ぶドイツの歴史と文化	南　直人・谷口健治・北村昌史・進藤修一編著	本体3200円
はじめて学ぶイタリアの歴史と文化	藤内哲也編著	本体3200円
はじめて学ぶアメリカの歴史と文化	遠藤泰生・小田悠生編著	本体3500円
よくわかるイギリス近現代史	君塚直隆編著	本体2400円
よくわかるフランス近現代史	剣持久木編著	本体2600円
よくわかるアメリカの歴史	梅﨑　透・坂下史子・宮田伊知郎編著	本体2800円
よくわかる中国史	中西竜也・増田知之編著	本体3200円
よくわかる現代家族［第2版］	神原文子・杉井潤子・竹田美知編著	本体2500円
よくわかる家族社会学	西野理子・米村千代編著	本体2400円
よくわかるジェンダー・スタディーズ	木村涼子・伊田久美子・熊安貴美江編著	本体2600円
ジェンダー〈近代ヨーロッパの探究11〉	姫岡とし子他著	本体4500円
福祉〈近代ヨーロッパの探究15〉	髙田　実・中野智世編著	本体5000円

──────── ミネルヴァ書房 ────────

https://www.minervashobo.co.jp/